PARLONS MONGOL

Jacques LEGRAND

PARLONS MONGOL

Éditions L'Harmattan
5-7, rue de l'École-Polytechnique
75005 Paris

L'Harmattan Inc.
55, rue Saint-Jacques
Montréal (Qc) – CANADA H2Y 1K9

ISBN : 2-7384-5607-3

LA MONGOLIE ET LES MONGOLS

Il y a quelque sept cent cinquante ans, en 1254, l'empereur Möngke, petit-fils de Gengis khan, s'adressait pour la première fois à un souverain européen, le roi de France Saint Louis, qui lui avait dépêché son messager Guillaume de Rubrouck. Il appelait à une meilleure connaissance mutuelle, même si «nos terres sont éloignées, les montagnes hautes et les eaux étendues».

Ces précautions oratoires sont encore de mise. Les Mongols, leur pays, leur langue restent parmi les derniers grands méconnus de notre fin de millénaire. L'identité de ce peuple, son devenir actuel, son histoire, sa civilisation restent des mystères plus ou moins obscurs pour bien des Français par ailleurs cultivés. Stéréotypes et clichés tiennent trop souvent encore lieu de connaissance.

En quelques années, une évolution s'est néanmoins esquissée. Quelques reportages radiophoniques ou télévisés, dont la qualité et le niveau vont en s'améliorant, rendent l'image des Mongols plus vivante et plus proche. En nombre encore restreint, des touristes découvrent le pays et ses habitants. Des projets économiques et commerciaux voient le jour. Trente ans après l'établissement des relations diplomatiques entre la France et la Mongolie, s'ouvre une époque où ceux qui souhaitent mieux connaître ce peuple et ce pays se feront plus nombreux.

Le nom des montagnes du Khangaï sera, dans cette introduction, accompagné d'une forme Xangai, adaptée de la transcription plus rigoureuse utilisée dans le reste de l'ouvrage (xang^{əi}). Une notation fidèle à l'orthographe mongole traditionnelle et en usage dans la littérature scientifique aurait imposé Qangγai, la reproduction de l'orthographe cyrillique donnant Xangaj. Nous avons préféré une demi-mesure provisoire - une convention familière progressivement remplacée par une image plus fidèle de la prononciation mongole - afin d'éviter au lecteur un dépaysement trop immédiat. Le nom de la capitale mongole, Oulanbator, serait noté dans les mêmes conditions Ulanba:t^{ə}r (transcription stricte), Ulaanbaatar (inspiré de l'orthographe cyrillique) ou Ulaγanbaγatur (translittération de l'écriture mongole-uigur). Cette apparente confusion, liée à l'existence de plusieurs écritures et donc de plusieurs orthographes, s'éclairera bientôt !

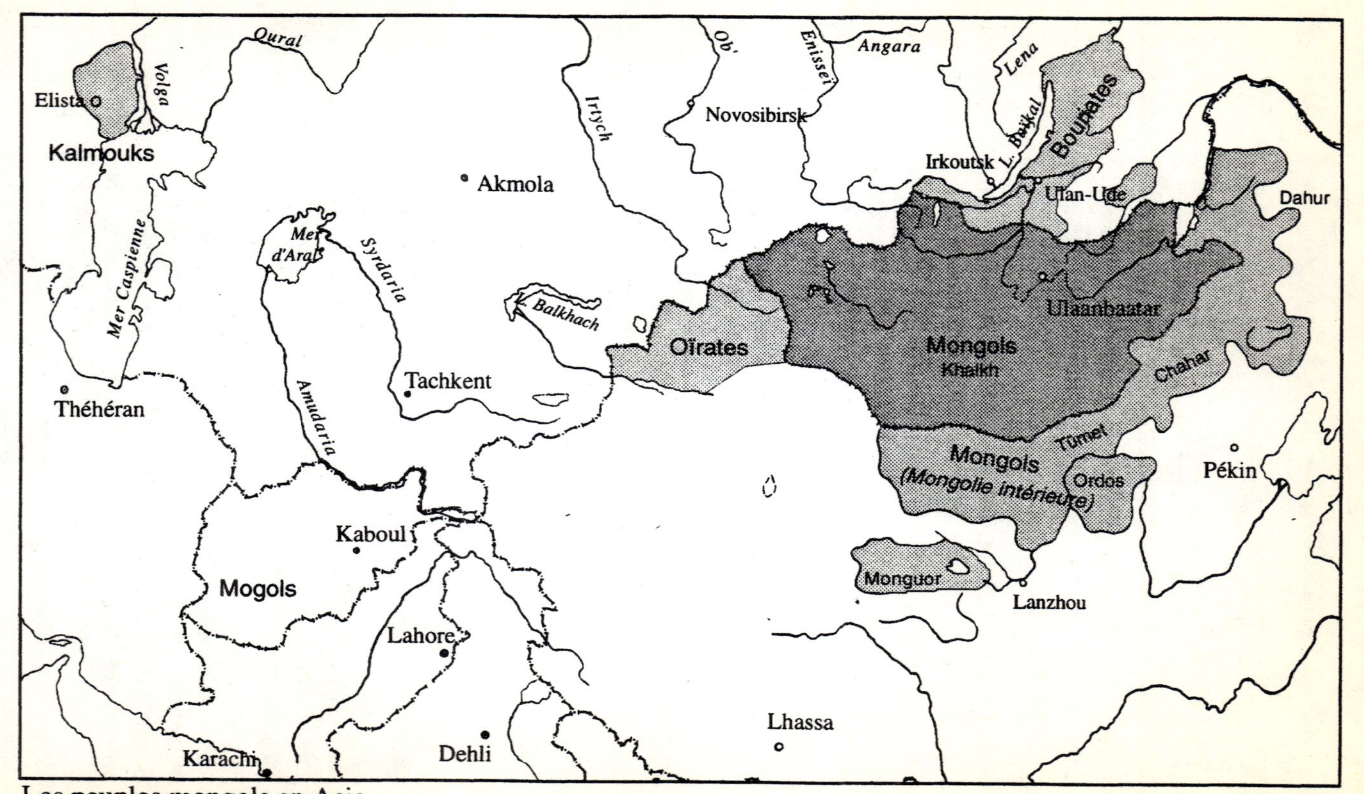

Les peuples mongols en Asie

Le monde mongol

La Mongolie, 2,4 millions d'habitants environ, seul Etat de langue officielle mongole, retiendra naturellement notre attention. Elle est le noyau central du peuplement mongol, mais ne le contient toutefois pas entièrement. Une aire continue s'étend de part et d'autre de son territoire, aussi bien en Chine qu'en Sibérie, des ilôts mongols se dispersant par ailleurs dans la grande zone de steppe, pastorale et nomade, qui s'étend de l'Océan Pacifique à la Mer Noire.

L'importance numérique de ces groupes est très variable. Hors de Mongolie, ils sont en règle générale très minoritaires, même dans des unités territoriales où l'autonomie des populations mongoles est officiellement reconnue.

Chine : environ 3,5 millions dont près de 3 dans la Région autonome de Mongolie intérieure, capitale Khöke khoto (Xöx xot), ainsi que dans les provinces limitrophes du Nord-Est (Heilongjiang, Jilin), Nord (Hebei) et Nord-Ouest de la Chine (Gansu, Ningxia, Xinjiang)

Russie : aux limites septentrionales de la Mongolie, les Bouriates (env. 350 000) associent à leur identité mongole de nombreux échanges avec les peuples turcs et sibériens. Leur principale région de peuplement est la République autonome Bouriate, capitale Ulaan-üde, à l'Est du lac Baïkal, mais ils sont également présents à l'Ouest du lac, dans deux Arrondissements nationaux.

Sur la rive occidentale du cours inférieur de la Volga, les Kalmouks (env. 150 000) sont installés dans la région (République autonome de Kalmoukie). Originaires de Mongolie occidentale, ils avaient émigré vers l'Ouest au cours de la première moitié du XVIIème siècle, très probablement en raison des tensions ayant accompagné la formation de l'Empire Züngar. Une grande partie d'entre eux, confrontés aux tentatives russes pour les contrôler, préféra rentrer en Asie centrale en 1770, où ils furent dispersés et démembrés par l'Empire mandchou. Une partie des Kalmouks, dans les tourmentes du XXème siècle (Révolution russe et Guerre civile, Guerres mondiales), a poursuivi plus à l'Ouest sa migration (Turquie, Tchécoslovaquie, France).

Signalons enfin l'existence, bien menacée, de communautés apparentées au Mongols : les Mogols d'Afghanistan (Aïmak, Hazara), qui seraient des résidus des Mongols de la conquête restés isolés avec la fin de l'Empire.

L'espace

Dans ses frontières actuelles, la Mongolie est un vaste losange de 1 565 000 km^2, étendu sur environ 2500 km d'Est en Ouest et 1200 km du Nord au Sud. A peu de choses près à la latitude de la France (la capitale mongole est sur le même parallèle que Laval).

Le relief présente une table grossièrement inclinée du Nord-Ouest au Sud-Est, dont l'altitude moyenne est proche de 1500 m. Cette pente générale est rompue par plusieurs massifs et chaînes montagneux : l'Altaï (de l'Ouest au Sud-Est, des sommets atteignant et dépassant 4000 m, son nom signifie *l'or*), le Khangaï (Xangai, atteignant 3900 m, ce massif, au centre du territoire mongol, a toujours fourni les conditions les plus favorables à l'élevage nomade. C'est ce qu'indique d'ailleurs son nom, dont le radical signifie *fournir, satisfaire les besoins*). Ce massif fut aussi le berceau des empires nomades, fil conducteur de l'histoire mongole et eurasiatique du premier millénaire avant notre ère au XVIème siècle. Le Khenteï (Xentei, au Nord-Est, 2700 m environ pour les sommets les plus élevés) possède les massifs forestiers les plus étendus et les plus denses, refuges de la zibeline et du ginseng. C'est aussi la terre natale de Gengis khan et le lieu où reposerait sa dépouille mortelle.

Au Nord-Ouest, les Saïan (3000 m) forment une barrière frontalière du Nord-Ouest mongol. Au XVIIIème siècle l'empire mandchou, qui venait de soumettre la Mongolie, a choisi d'installer sur ces crêtes des postes de garde, laissant au Nord une partie de ses nouvelles possessions. Cette région, dans laquelle une influence russe croissante se substitue à la souveraineté mandchoue, n'est autre que le Tuva, (Tanu-Tuva), annexée à l'URSS en 1945.

L'Est du pays, s'il n'est pas dépourvu de tout relief, possède surtout les plus vastes étendues de plaines, parfois si plates qu'on peut y observer la courbure du globe, avant de se relever, au delà des frontières actuelles, vers la double chaîne du Grand et du Petit Xingan qui empêche le passage des influences climatiques maritimes et contribue ainsi directement à la rigueur du climat.

Le climat

Le climat, continental, tient souvent en deux images : le froid et l'aridité. Certes, sans être un pôle du froid, la Mongolie connaît des hivers longs et rigoureux. Les gelées peuvent commencer en septembre et durer jusqu'en mai, parfois plus. Les minima absolus approchent ou dépassent -50°C, les moyennes de janvier sont de l'ordre de -30°C. En revanche, malgré la présence constante d'air polaire, l'été, est bref mais chaud, avec des maxima parfois supérieurs à +40°C.

Les précipitations sont médiocres, concentrées à 80% en été, sous forme de pluie souvent diluviennes . Les régions les plus arrosées, comme le Khangai, reçoivent 400 à 500 mm d'eau par an, mais le Gobi doit se contenter de moins de 100 mm. Ce bilan signifie une précarité de chaque instant, essentielle dans l'existence des éleveurs nomades d'Asie centrale. L'enneigement est faible, voire inexistant, au grand détriment de la végétation, des sols... et des animaux dont la neige est souvent alors la seule ressource en eau.

Alors que l'automne, ensoleillé, est marqué par une transition relativement paisible, le printemps est le moment de tous les dangers. Hommes et troupeaux, épuisés par les privations de l'hiver, affrontent le déchaînement des éléments. Alors que le soleil brille 250 jours par an, l'effondrement brutal de l'anticyclone sibérien déclenche alors des tempêtes épouvantables, qui peuvent engloutir des troupeaux entiers, comme en avril 1980, où une telle catastrophe avait causé la mort de 24 personnes et de 450 000 bêtes. Les vents violents attisent aussi l'incendie des forêts et des steppes desséchées, comme au printemps 1996.

Les vrais défis du climat mongol ne sont pas en fait dans ces niveaux absolus, mais dans l'irrégularité qui distord sans cesse chaque paramètre. Les moyennes pèsent peu face à une réalité qui s'ingénie à tromper toute prévision. Aucune certitude n'est de mise : la neige, trop rare pour protéger le sol et abreuver les bêtes, se fait congère mortelle dans la tempête. Qu'elle ne tombe pas, et le printemps tourne à la sécheresse. Que la pluie tombe trop tôt ou trop tard, un écart d'un mois est commun, le pâturage est aussi sûrement désolé. Que la chaleur soit tardive, ou les gelées précoces, avant que la laine ait repoussé assez dru sur l'échine des moutons tondus trop tard, et le troupeau déjà affaibli s'enfonce dans l'hiver nouveau sur des pâturages anémiés.

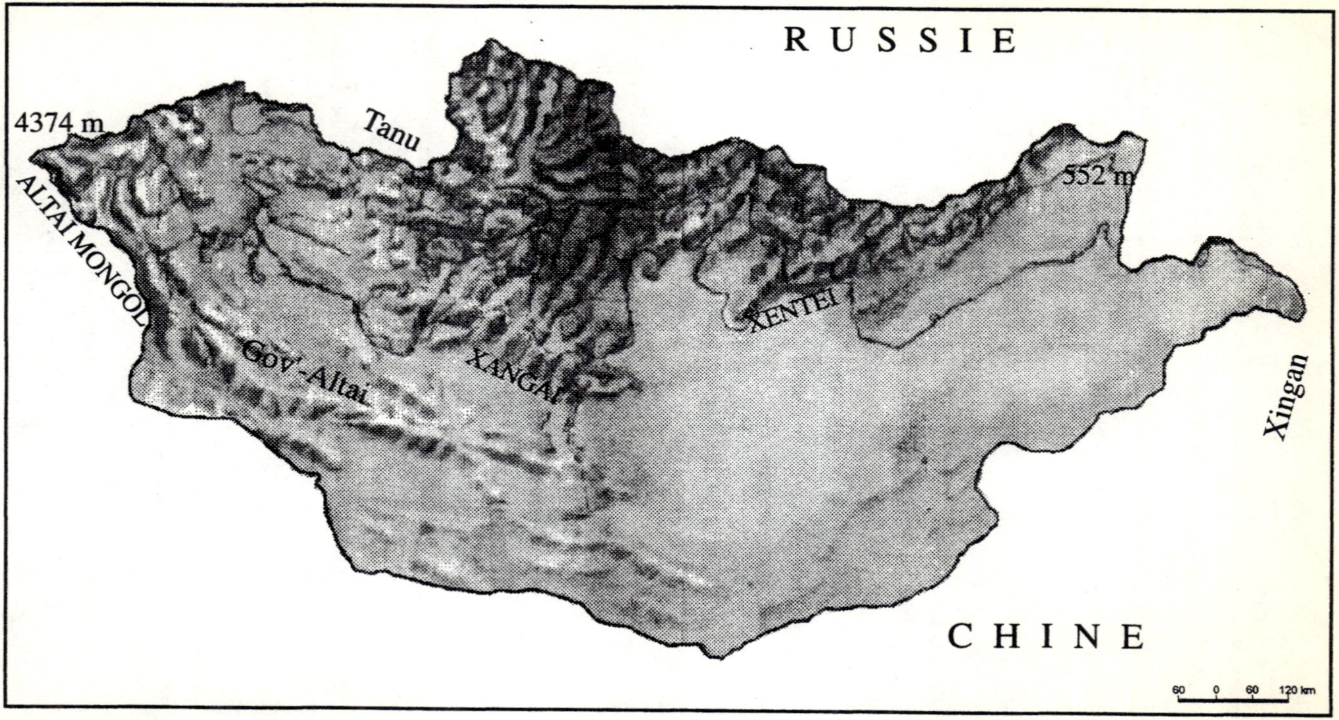

Vue générale du relief mongol

Le pastoralisme nomade

Sans tout ramener au climat, cette constance de l'imprévisible entretient la précarité des ressources et a imposé une règle du jeu complexe et originale, le pastoralisme nomade.

A une question sur les chances de modernisation de l'agriculture mongole, le président Otchirbat répondait lors de sa visite en France : «Nous élevons notre bétail depuis plus de deux mille ans, et j'espère bien que nous avons encore au moins deux mille ans devant nous». La remarque va au delà de la boutade. Elle est une clef unique pour le passé, elle engage l'avenir, et surtout elle montre que la conscience de cette identité essentielle n'abandonne pas des hommes engagés à toute force dans ce qu'ils appellent «rattraper le cours de l'histoire mondiale».

En un mot, les Mongols sont inséparables d'un héritage considérable, bien éloigné de l'errance des hommes suivant des troupeaux cherchant eux-mêmes leur pitance au hasard. Pas une technique, pas une oeuvre de leur culture, pas une page de leur histoire ne peuvent être saisies et comprises sans référence au nomadisme. Maîtrise et gestion des conditions et des contraintes que nous venons d'esquisser, le nomadisme a modelé non seulement le rapport des hommes à la nature et leur regard sur le monde, mais aussi l'organisation sociale, l'outillage intellectuel, les choix historiques. Il a aussi forgé une culture qui, sans être plus enfermée sur elle-même que toute autre, témoigne d'une originalité et d'une vitalité jamais démenties.

Adaptation et maîtrise des contraintes. Si l'agriculture n'est pas impossible dans ces conditions, elle a même dans l'ensemble de la région une tradition aussi ancienne que l'élevage, c'est bien ce dernier qui a assuré les meilleures réponses et tiré le meilleur parti des conditions montrées ci-dessus. La vieille quête du meilleur rapport entre ce que «coûte» et ce que «rapporte» une activité a conduit l'homme à s'orienter vers une production pesant aussi peu que possible sur l'équilibre et sur la reproduction des ressources, mais aussi peu agressive pour le milieu naturel : les labours, en écorchant un sol desséché, l'expose à une érosion éolienne souvent irréversible. Les rendements de la prairie naturelle sont faibles (une tonne de matière sèche à l'hectare - 100 g au m^2 - est un maximum, et il est évident qu'une herbe broutée en hiver ne repoussera que l'été suivant), et chaque bête doit disposer d'un espace étendu. En outre faut-il éviter que le troupeau, en occupant trop densément un pâturage, n'en détruise une partie par son propre piétinement.

L'autre élément essentiel est la gestion de l'eau. Outre la quantité limitée et l'irrégularité (l'absence de neiges éternelles et de glaciers prive les massifs montagneux de la fonte progressive de cette «eau en conserve»), le déséquilibre des saisons est brutal : en hiver, en plus de la sécheresse de l'air, rivières et sources sont inutilisables, gelées, mais les vallées protégées et le pourtour des pentes montagneuses offrent à la fois des abris relatifs, les congères dont la neige peut abreuver les bêtes et même les rares points d'eau qui résistent au froid. En été, par contre, l'eau est abondante le long des rivières et autour des lacs (mais la fraîcheur de l'altitude, moins infestée de mouches et de moustiques, a aussi ses avantages), et l'herbe y est moins chichement mesurée, qui peut repousser deux fois dans une bonne saison.

L'organisation et les activités doivent donc maintenir un équilibre précaire entre l'eau, la nourriture et l'abri. L'hiver, saison de toutes les pénuries constitue un véritable goulot d'étranglement.

Les grands traits de ce système sont dès lors clairement lisibles. Des troupeaux d'importance limitée nourrissent des groupes humains eux-mêmes restreints sur des espaces associant un pôle hivernal à l'espace des pâturages d'été et aux zones de liaison printanière et automnale. La mobilité nomade permet d'exploiter successivement ces ressources. Les troupeaux sont traditionnellement peu spécialisés, composés d'espèces dont les besoins et l'utilité sont complémentaires (les «cinq museaux» : chevaux, bovins, dont les yacks, ovins et chèvres, chameaux). L'ensemble de ces traits permet en particulier aux massifs montagneux, au lieu d'être des barrières séparant les hommes, d'accueillir les densités de population les plus fortes et de jouer un rôle central, comme l'illustre le massif du Khangaï. Mais les menaces sont constantes : outre les catastrophes naturelles, les concentrations de population ou de troupeaux, l'occupation trop prolongée d'un même site ou d'un même pâturage condamnent les ressources à une dégradation, à un épuisement auxquels la société nomade risque de succomber.

Un héritage technique : les réponses aux défis des éléments reposent sur un équipement apparemment rustique, mais tout en faculté d'adaptation.

Les techniques de l'élevage sont naturellement au premier plan des savoirs et des savoir faire. Si la domestication proprement dite est bien antérieure à la formation du nomadisme (les espèces connues, à l'exception peut-être du yack, ayant été introduites déjà domestiquées dans la région), la connaissance traditionnelle des animaux, au même titre que celle des pâturages, est essentielle. Avec parfois des surprises. Ainsi les critères de sélection des moutons portent plus sur la taille que sur la graisse, la viande ou la laine : c'est en l'occurrence rapidité et mobilité qui sont recherchées, la sécurité passant avant le rendement immédiat. De même, l'organisation de la reproduction fait naître les jeunes bêtes au printemps, saison de tous les dangers, seule chance pour qu'un sevrage assez précoce leur permette de survivre à l'hiver suivant... Un art savant guide l'ordre dans lequel les bêtes emprunteront les herbages, non seulement suivant les plantes plus ou moins indiquées suivant la saison pour chaque animal, mais aussi suivant la façon dont celui-ci se nourrit : le cheval cueille, la vache broute, la brebis tond, la chèvre arrache.

La vie quotidienne, dans ses objets les plus essentiels comme les plus simples, est modelée par cette rencontre constante de l'immensité et du microcosme humain. Celui-ci a son cadre et son image avec la *ger*, la «yourte» ou tente de bois et de feutre, ronde, seulement posée au sol. L'autre symbole en est le cheval, outil et compagnon de chaque instant, dont le crin fournit les cordages, le galop - les heures de chevauchée ou la fuite salvatrice, et le hennissement - l'inspiration des poètes... sans oublier l'*argal*, crottin séché dont le feu fait bouillir la soupe et le thé au lait.

Il en va de même d'une création propre aux peuples de la steppe, perfectionnement techniques - tels l'étrier ou l'arc réflexe - connaissance du terrain et ressources d'un art militaire original mêlés : l'archer à cheval, dont la supériorité guerrière ne fut battue en brèche qu'après la diffusion massive de l'arme à feu

Organisation sociale : devoir vivre en petits groupes, jouir d'une fortune qui n'est guère plus que le troupeau lui-même impose ses règles à la société : quels biens peut-on souhaiter amasser quand la richesse n'est richesse qu'aussi longtemps qu'elle est vivante, et quand son accumulation même apporte la ruine ?

Sous peine de surpeuplement fatal, les rassemblements importants de gens et de bêtes ne peuvent avoir, qu'un caractère provisoire et la dispersion, si elle est difficile à gérer dans le long terme, n'en est pas moins un optimum d'efficacité.

Les conséquences de cette contrainte majeure sont multiples : d'une façon générale, la société ne laisse qu'une faible place à la spécialisation professionnelle et sociale : en un mot, tout le monde est éleveur nomade. La société n'est pas exempte de coupures profondes, mais ignore les castes. Les dominations, les hiérarchies y sont le plus souvent éphémères, réponses à des besoins précis, inscrites dans leur époque, rarement pérennisées au delà d'une histoire immédiate qui engendre de nouvelles priorités et de nouvelles solutions. Dès le foyer familial, s'il est classique que la femme, dernière couchée et première levée, exécute les tâches les plus prenantes et les plus nombreuses, du moins n'est-elle pas la victime d'un asservissement que connaissent tant d'autres civilisations, et son rôle, son autorité en font un partenaire majeur.

Si chacun est éleveur, la production domestique doit faire face à l'ensemble des besoins, et il est rare que des couches spécialisées, qu'il s'agisse d'artisans, de marchands ou de guerriers se forment durablement. Ceci n'exclut pas l'oeuvre guerrière et politique d'un Gengis khan ou d'un Khubilaï, ni l'émergence de personnages tel Zanabazar, leur descendant direct, à la fois prince, dignitaire religieux, intellectuel et sculpteur, ni la maîtrise d'artisans comme le furent, chez les Mongols de la renaissance (XVI-XVIIème siècles), les ferronniers, serruriers et dinandiers les plus remarquables. Ceci se traduit aussi par un goût marqué et très répandu pour l'ingéniosité technique - qu'on pense à l'aisance avec laquelle les Mongols du XIIIème siècle surent exploiter, et souvent détourner au profit de leurs propres plans, les inventions de leurs voisins et rivaux - frappante chez des gens dont le mode de vie était réputé pour sa rudesse et son apparente simplicité.

Mais cette situation contient aussi la faible préparation des nomades aux contraintes d'une production et d'un mode de vie autres que le pastoralisme extensif. Elle crée aussi, si les échanges permanents qu'ils entretenaient avec des partenaires sédentaires sont rompus, des risques de pénurie subite et de dépendance dont les sociétés nomades ont fait à plusieurs reprises la cruelle expérience.

La dispersion «optimale» subit la pression qu'impose l'irrégularité permanente des ressources. Celles-ci sont limitées, fournies par des territoires dont l'utilisation saisonnière répond à des critères à la fois étroits et instables. La fixation juridique d'une «propriété» serait, dans ces conditions, vide de sens, et le droit du premier occupant est le plus communément accepté. Mais des concurrences voient le jour, nécessitant la mise en oeuvre de modes de régulation, la formation et l'affirmation de solidarités et de réseaux d'alliances. Celles-ci sont diverses : entraides de voisinage, alliances consanguines, aux stratégies matrimoniales. L'héritage est moins notre «succession» que la dispersion des enfants devenant adultes, essaimant avec leur part du patrimoine familial, mais aussi avec leur charge de solidarité.

La croissance démographique, la prospérité même, en accroissant l'importance et le nombre des troupeaux, pèsent lourd sur des pâturages qui ne sont que médiocrement extensibles. La société doit ainsi, à travers des périodes de tension et d'instabilité, rechercher des parades à la menace d'impasses dangereuses, qu'il s'agisse des voisinages immédiats ou des équilibres de l'ensemble du monde de la steppe.

A la fois dans leur vie quotidienne et dans leur histoire, les nomades doivent parfois renoncer à leur dispersion au profit de formes multiples et souvent complexes de rassemblement et de groupement. Il peut s'agir d'activités techniques nées des besoins saisonniers du pastoralisme, telle la tonte des moutons. Il peut aussi s'agir d'une urbanisation née en territoire nomade, beaucoup plus importante que la vision sédentaire n'est disposée à le reconnaître. Mais il s'agit aussi des impératifs de sécurité qu'engendrent la dispersion nomade, les concurrences et conflits qu'elle suscite, la multiplicité des alliances qui s'y nouent et s'y dénouent.

Les rassemblements que nous avons évoqués, lieux d'autodéfense, sont aussi des instances où s'élaborent les hiérarchies sociales (rapports de parenté et de voisinage le plus souvent mêlés, associant des partenaires de puissance et de richesse inégales, contribuant à la formation de lignages dominants, d'une aristocratie nomade).

Mais ils ne sont pas un but en soi. Nécessairement provisoire, la concentration des hommes et de leurs troupeaux ne peut être maintenue longtemps sans risques pour les pâturages. Ces dominations ne peuvent avoir pour but qu'un retour de la société nomade à son état "optimal" de dispersion. Chaque édifice nouveau sape ainsi ses propres bases d'autant plus sûrement qu'il est plus étendu. Son triomphe restaure le libre jeu des tensions, des concurrences et des alliances qui donnent le jour à de nouvelles tensions et pressions répondant à l'évolution renouvelée du monde nomade..

Les équilibres vitaux ne s'acquièrent qu'au prix d'une négociation permanente, d'une fermentation et d'un bouillonnement constant d'alliances et de compromis aussi nécessaires que fragiles. Cette politique nomade quotidienne, quelque harmonisation sur un pâturage d'hiver, quelque conflit pour un terrain de chasse à la zibeline, est la chair même de l'histoire nomade. Si quotidienne, si naturelle, en arrière plan si obligé, qu'elle ne laisse dans les sources que des traces le plus souvent ténues. Elle est la vie, et non l'événement. Un véritable art politique où le «rapport des forces» n'est pas la simple comptabilité des moyens matériels est nécessaire pour y faire prévaloir sa légitimité et ses intérêts, depuis la force guerrière, mais aussi la communication et l'éloquence jusqu'au prestige extérieur (que manifestent les titres honorifiques étrangers reçus en cadeau, par exemple) ou à la consécration religieuse...

Sans elle, deux millénaires d'histoire, la formation par les peuples nomades de l'Eurasie de grands empires, sont impensables (ou ne seraient plus que des accidents ou des coups de génie monstrueux). Ce mouvement est intimement lié au précédent, qu'il reprend et amplifie, par une de ces résonances qui font des risées et des ressacs l'entrechoquement des vagues d'une tempête.

Depuis le IIIème siècle avant notre ère, qui voit la naissance de la puissance Khünnü (Xünnü, les Xiongnu de l'histoire chinoise), et à des intervalles quasi cycliques d'environ deux siècles, un phénomène se répète, auquel on a donné le nom d'«Empires des steppes».

La soudaineté apparente de leur apparition va de pair avec leurs divisions pratiquement originelles (en particulier entre une aile orientale et une aile occidentale) et avec une longévité le plus souvent limitée. A l'issue d'une période de trouble et de désordre, un lignage émerge, et pour un temps, par la guerre et le jeu des alliances, impose une certaine harmonie au monde nomade. L'apparition d'institutions et d'instruments de relative centralisation, éventuellement empruntés à des modèles étrangers, ne peut toutefois masquer que le pastoralisme garde ici ses droits, qu'il est l'inspiration et la raison d'être de ces «empires».

Dès la formation des empires, des faits témoignent que les rapports propres à la société nomade restent omniprésents. Le nouvel empire n'existe que par la solidarité des alliances. Or celles-ci sont largement soumises à la reconnaissance d'intérêts toujours fluctuants et peuvent ainsi contribuer tout aussi normalement à sa dissolution qu'à son édification, cette contradiction n'étant ni anormale ni choquante.

Un exemple saisissant, où l'empire mongol n'est plus le produit de la seule autorité de son fondateur, est fourni par le détail de la création des 95 «Milliers» qui forment l'épine dorsale de l'empire : si le titre de «Seigneur de millier» est décerné en récompense des services rendus et de la loyauté personnelle témoignée à Gengis khan, la composition de l'unité est largement un jeu d'alliances et de rapports de parenté propre à chaque groupe nomade associé, rallié ou même vaincu.

Une observation s'impose. Il est assez courant de s'interroger sur l'appartenance ethnique, voire «raciale», des empires nomades. Tel serait «turc», tel autre «mongol», etc. Si on peut légitimement s'interroger sur l'identité des groupes dominants, il y aurait contresens à élargir cette interrogation à l'ensemble des populations impliquées. Le nom sous lequel chaque «empire» nous est connu, Khünnü, Xianbei, Ruanruan, Türk, Kitan, Mongols eux-mêmes, n'est pas un nom de peuple qui supposerait une identité uniforme. En un mot, la steppe centreasiatique n'est pas peuplée successivement de peuples différents. Chacun de ces noms désigne un édifice, un dispositif politique et culturel, cimenté mais aussi délimité par le pastoralisme nomade. Un trait remarquable de celui-ci a été précisément sa capacité à rassembler des groupes et des populations pastorales nomades d'origine et d'appartenance très diverses, sur lesquels les empiétements unificateurs sont en définitive restés assez superficiels.

On comprend d'ailleurs mieux ainsi l'attitude mongole à l'égard des peuples conquis, la mise en oeuvre de mesures soupçonneuses de division n'empêchant nullement les Mongols de faire appel à des collaborateurs issus de ces communautés pour l'exercice des plus hautes fonctions de l'empire. Il en va de même de la relative indifférence avec laquelle ils considéraient les particularités culturelles de ces peuples dès lors qu'ils n'en tiraient pas eux-mêmes profit ou au contraire ombrage. C'est sans doute le sens qu'il convient de donner, plus qu'un souci d'œcuménisme, à la célèbre «tolérance» religieuse des Mongols.

Alors que les surplus susceptibles de «payer» le développement des empires sont faibles et irréguliers, leur fonctionnement, le développement même modeste d'institutions telles que les relais de poste, le maintien d'armées permanentes, à plus forte raison les tentatives de ces empires pour maintenir et asseoir durablement leur existence, ne peuvent être appuyés sur les seules richesses dégagées par le pastoralisme nomade. C'est donc pour l'essentiel en reprenant les voies d'échange, de commerce, dans une aire déjà familière, en direction de partenaires eux-mêmes connus, que les conquêtes et leurs violences recherchent, pour le profit des empires nomades et surtout de leurs chefs, des ressources vitales.

C'est aussi cette histoire, avec ses heurts et ses atrocités, qui a assuré au pastoralisme nomade un rôle aussi constant, au premier abord aussi paradoxal, de passerelle, de voie de contact entre les cultures les plus diverses de l'immense complexe eurasiatique.

Gengis khan et l'empire

Nous avons insisté sur les grands traits d'un modèle dont la formation et les évolutions peuvent être suivies au fil des siècles. L'empire mongol, créé par Gengis khan (l'orthographe Cinggis qan, si elle est moins familière, est plus fidèle), appartient bien à cette filiation. Même s'il la transcende et y met sans doute un point final.

L'effondrement de la puissance nomade Kitan (cousins des Mongols, fondateurs en Chine du Nord de la dynastie des Liao, 916-1125) laisse au XIIème siècle le monde de la steppe en situation d'attente. Ce vide suscite des tentatives diverses de recomposition, d'où émerge au terme de décennies de conflits et d'âpre politique le lignage proprement mongol. Originaires des monts du Khenteï, peu nombreux, mais jouissant d'une position charnière entre steppe et forêt, entre espace nomade et zone d'influence de la Chine du Nord, apparemment forts aussi d'une tradition et d'une expérience déjà ancienne, en tous cas revendiquée, les Mongols s'imposent, avec à leur tête Temüjin, à qui est décerné le titre de Gengis khan. En quelques années, au début du XIIIème siècle (son intronisation définitive a lieu en 1206), Gengis khan édifie un pouvoir très efficace, dépassant sans doute de loin les ambitions de ses prédécesseurs, avec son organisation militaire et administrative (comme les relais de poste), ses institutions juridiques.

A l'unification de la steppe se combine et succède le contrôle de voisins souvent impliqués dans les conflits entre nomades : Uigur de Kashgarie, empire Jin (Jürched) de Chine du Nord, tribus forestières de Sibérie méridionale. Au point qu'il est malaisé de dire à quel moment commencent les conquêtes proprement dites.

De la Chine à l'Indus, de la Corée à la Caspienne, de grandes expéditions jettent les bases du plus grand empire qu'ait jamais connu le continent eurasiatique. Dès 1220-1223, une vaste chevauchée avancée, commandée par les meilleurs généraux de Gengis khan, Jebe et Sübötei, amène les Mongols aux frontières de l'Europe et inflige une terrible défaite aux princes russes (bataille sur la Kalka, 31 mai 1222).

Gengis khan meurt le 18 août 1227, alors que l'empire doit encore s'étendre, mais que s'annoncent déjà sa décomposition et son déclin. Ögedei, son troisième fils, que Gengis khan aurait désigné pour lui succéder (mais la longueur de l'interrègne laisse planer un soupçon sur la véracité de cette affirmation officielle), monte sur le trône en 1229.

Fondant la capitale impériale Kharakhorum dans les monts du Khangaï, coeur historique des empires nomade, il poursuit l'édification de l'empire et achève la soumission du Qwarazm (1231) et de la Chine du Nord (1234). Il jouit encore d'une autorité assez entière pour lancer en 1235 les plans de conquêtes plus ambitieuses encore que celles de son père : Chine des Song, Inde, Corée et, surtout, Occident. Si les premiers terrains s'avèrent moins aisés que prévu et si les Mongols s'y heurtent à des échecs plus ou moins sévères, le Caucase, la Russie et l'Europe orientale succombent entre 1236 et 1241. L'armée est la plus puissante que les Mongols aient rassemblée (mais n'a jamais compté guère plus de 140 000 hommes). Sous l'autorité de Batu, petit-fils de Gengis khan, et du vieux général Sübötei, compagnon du fondateur, elle est commandée par des princes de toutes les branches de la famille impériale, parmi lesquels deux futurs empereurs, Güjüg et Möngke.

Au printemps 1242, les Mongols atteignent l'Adriatique. L'aventure est toutefois sans lendemains. La conquête de l'Europe s'interrompt à la mort d'Ögedei (décembre 1241). Les luttes de succession, la formation d'empires souvent rivaux, marqués par des réalités locales trop dissemblables (Chine, Iran, Russie, oasis d'Asie centrale), ne permettront plus la reprise d'opérations comparables. Les grandes tentatives de ses successeurs, comme l'invasion du Japon par Qubilaï, se solderont par des catastrophes coûteuses.

En quelques décennies, l'empire se fragmente en plusieurs Etats dominés par des dynasties mongoles : Yuan en Chine, Il qan en Iran, Horde d'or aux confins de la Russie, empire Chagataïde de Samarcande et des oasis d'Asie centrale. L'intégration de ces dynasties aux pays conquis reste fragile malgré les apparences, la politique menée restant marquée par la lourdeur des prélèvements. La domination mongole n'en joue pas moins pour ces pays un rôle historique considérable, contribuant souvent à en dessiner le territoire moderne, comme c'est le cas avec la Chine des Yuan. Mais aussi, même si cette ouverture est brève, les empires mongols ouvrent, ou plutôt rouvrent, les grandes voies d'échange connues sous le nom des «Routes de la Soie», reliant la Méditerranée et l'Europe à l'Asie orientale. Par ce seul effet, le rôle des Mongols dans la naissance du monde moderne et d'une ambition planétaire est sans commune mesure avec le piaffement des sabots de leurs petits chevaux.

Victimes de leur propre politique d'exploitation, de la résistance des peuples soumis, mais aussi de la perte de leur solidarité nomade, les empires nés de la conquête périclitent au cours du XIVème siècle : de la mort de Qubilai en 1294 à 1368 en Chine, de la mort de Ghazan en 1304 à 1335 environ en Iran, à 1370 en Asie centrale avec l'auto-proclamation de Timur (Tamerlan) qui détruit lui-même en 1395 la Horde d'or, pourtant rétablie de la défaite que Dmitri, Grand prince de Moscou, lui avait infligée en 1380, au Champ de Kulikovo sur le Don.

La Mongolie après l'empire

Après l'empire, l'histoire mongole n'est plus jamais la même. La nation mongole est née, et les peuples dont il est question dans ce livre sont bien ses héritiers. Mais surtout, un dilemme essentiel se joue : l'histoire nomade est inséparable aussi bien de la mémoire que de l'oubli. Oubli, car la vie nomade est, nous l'avons compris, une réponse à des conditions sans cesse renouvelées, dans lesquelles la référence à un héritage est plus un handicap qu'un avantage. Mais mémoire aussi, car cet héritage est incontournable. La référence à Gengis khan est dès le XVème siècle un point de repère décisif, évoqué à bon ou à mauvais droit, mais aussi un véritable culte.

L'histoire des deux siècles qui suivent, tourmentée et souvent obscure, est marquée par une étrange hésitation entre puissances nouvelles et héritiers revendiquant la légitimité impériale avec des arguments d'un poids très inégal. Les Mongols occidentaux, ou Oirad, que l'unification impériale n'avait intégrés que très imparfaitement, tentent au début du XVème siècle de prendre la succession de l'empire défaillant. Mais l'entreprise est prématurée et disproportionnée. Signe des temps, les Oirad sont condamnés à se présenter sous le visage d'une légitimité gengiskhanide incarnée par des souverains fictifs.

Après des décennies de troubles (Esen, dernier prétendant oirad au pouvoir impérial est assassiné en 1455), c'est une authentique restauration qui rassemble une dernière fois les Mongols sous un souverain unique. Elle est conduite à la fin du XVème siècle par un descendant de

Qubilaï, Batumöngke, plus connu sous son titre Dayan qan, qu'il n'est pas exagéré de considérer comme un père de la Mongolie moderne.

Les partages successoraux qu'il opère au profit de ses nombreux fils, puis les divisions et les rivalités internes qui en découlent, ébauchent les frontières contemporaines. Aujourd'hui encore, le territoire de la Mongolie proprement dite correspond pour l'essentiel au domaine qu'il avait transmis à son fils cadet, cependant que les aînés s'étaient partagés les régions plus proches de la Chine (l'actuelle Mongolie intérieure).

Alors que le XVIème siècle est à bien des égards une époque de renouveau, voire de renaissance, c'est aussi paradoxalement le siècle qui marque le déclin définitif de l'unité mongole. Même après l'Empire, la Mongolie était restée une puissance redoutable et crainte. Cette menace reste deux siècles durant, pour la Chine des Ming, une obsession dont l'actuelle Grande Muraille affiche le témoignage. Mais la décomposition est inéluctable. La reprise des mécanismes propres à la société nomade joue contre l'affirmation prolongée d'une légitimité, fut-elle issue de Gengis khan, et les princes sont désormais plus jaloux de leurs propres prérogatives que désireux de se soumettre à un souverain ou soucieux d'un Etat bien oublié.

Ce déclin, contemporain de celui des Ming en Chine, favorise l'apparition d'une puissance nouvelle aux lisières de la Chine et de la Mongolie : les Mandchous. Ceux-ci se réclament explicitement de l'héritage mongol pour former à la fin du XVIème siècle le dernier grand empire asiatique, soumettant entre le XVIIème et le XVIIIème siècles la Chine (dynastie des Qing, 1644-1912), mais aussi la Mongolie, le Tibet, et une part considérable de l'Asie centrale (l'actuelle province du Xinjiang, la *nouvelle frontière*, et les régions limitrophes).

La soumission des Mongols aux Mandchous prend des formes multiples, ralliements volontaires de princes refusant l'autorité de leur souverain légitime (Ligdan khan, mort en 1634), manoeuvres politiques et diplomatiques, intimidation et manipulation des conflits entre Mongols, conquête militaire directe, où l'arme à feu fait son apparition, bouleversant les stratégies. La Mongolie du Sud est écrasée dès 1634. La Mongolie du Nord se soumet en 1691, prise en tenaille entre les Mandchous, un ambitieux empire oirad, les Dzungar (zü:n gar lit. *main gauche*, en fait *aile orientale*) et un nouveau venu en Sibérie, la Russie.

L'empire Dzungar, né au début du XVIIème siècle, qui exerce son autorité jusqu'au Tibet et aurait volontiers repris le projet d'unification mongole de ses devanciers du XVème siècle, est le dernier grand défi à la puissance mandchoue. Il succombe au milieu du XVIIIème siècle, sa population est alors méthodiquement massacrée ou déportée.

Pour trois siècles, la Mongolie est une possession de l'empire des Qing. Le poids démographique, économique, culturel de la Chine l'emporte progressivement sur les ambitions mandchoues qui n'étaient guère que stratégiques : un glacis sur les frontières septentrionales de l'Empire. La Mongolie est découpée en unités administratives nouvelles, les *Bannières* (xošu). Un système de charges et de corvées (relais de poste, postes de gardes, service des bureaux administratifs) s'installe au fil des années, cependant que le fardeau est alourdi par la pénétration toujours plus insistante de marchands et usuriers chinois qui condamnent le pays à un endettement irrémédiable. Dans cette situation critique, les monastères lamaïques constituent des refuges et des pôles de prospérité, mais aussi de légitimité nationale, alors que les princes mongols s'étaient faits les acteurs immédiats de la domination étrangère.

La Mongolie au XXème siècle

C'est une Mongolie divisée, appauvrie, marquée par un marasme profond, qui aborde l'époque contemporaine. La deuxième moitié du XIXème siècle y aggrave les effets de la domination des Qing, eux-mêmes confrontés à la crise que connaît la Chine de cette époque, sur fond de rivalités et d'affrontement entre les grandes puissances qui se partagent alors le monde.

C'est l'époque des grands soulèvement en Chine, dont celui des Boxers en 1900, des interventions étrangères, de la guerre russo-japonaise de 1904-1905 et du partage des zones d'influences entre les protagonistes, qui coupe l'aire mongole en deux - le Nord à la Russie, le Sud au Japon - sous le regard sourcilleux de la Grande Bretagne. Cet arrière-plan tourmenté ne reste pas sans effets. Les Mongols tirent profit de l'agonie des Qing pour reprendre leur indépendance, revendiquée -

autour du chef de l'Eglise lamaïque - dès juillet 1911 et proclamée le 1er décembre (le Gouverneur mandchou s'enfuit le 4). Mais ils doivent désormais compter avec le jeu des grandes puissances.

La Mongolie autonome (1911-1919) : le 16 décembre 1911, la Mongolie, indépendante, a un souverain, le chef de l'Eglise lamaïque (on emploie couramment le titre, d'ailleurs impropre, de Bogdo gegen). Elle devient ainsi un Etat, une monarchie théocratique inspirée à la fois par le modèle du Dalaï-lama au Tibet et par les conseils de modernisation que lui prodigue son protecteur de fait, la Russie tsariste.

Le poids politique du clergé n'a rien de fortuit : les monastères sont devenus en un siècle un pôle essentiel de la vie sociale, culturelle, économique de la steppe (ainsi, depuis des années, les relais de poste sont-ils affermés par les monastères, qui gèrent également une part dominante du transit caravanier entre la Chine et la Russie). Ils ont en outre assuré la formation, mais aussi la promotion des élites et de la vie intellectuelle. L'image de monastères dans lesquels on se contenterait de répéter des prières tibétaines ne représente pas toute la réalité.

L'histoire de cette époque présente deux faces. L'une est diplomatique. Quelques étapes, de 1913 à mai 1915, réduisent peu à peu l'indépendance de la Mongolie à une autonomie interne, la souveraineté chinoise étant réaffirmée, le soutien russe, guerre mondiale oblige, se faisant plus tiède. Les espoirs d'une réunification de tous les Mongols sont définitivement anéantis.

L'autre est plus importante à long terme : la Mongolie, même sous des formes encore hésitantes, s'engage dans une modernisation qui touche de nombreux domaines (techniques, édition et presse, éducation).

L'embellie est de courte durée, en partie en raison des faiblesses et des incohérences de la Mongolie autonome, en partie du fait des tempêtes qui ravagent l'Asie : révolutions et guerre civile en Russie, déchirements de la Chine entre les appétits des Seigneurs de la guerre et de leurs commanditaires étrangers. Dès 1918, les généraux chinois, tirant prétexte des troubles en Russie, restaurent leur domination en Mongolie, instaurent un régime d'occupation très dur, et abolissent l'autonomie (novembre 1919).

La période est une des plus troublées de l'histoire mongole. Des troupes russes blanches, débris des armées de l'amiral Koltchak, se replient en Mongolie. Au tournant de 1920-1921, un étrange aventurier, le baron Ungern von Sternberg y pénètre avec 800 hommes depuis la Mandchourie, s'empare de la capitale et y restaure la monarchie du Bogdo gegen, mêlant transformation du pays en base anti-bolchévique et rêves d'un grand empire asiatique. Les exactions auxquelles il se livre, pillages, réquisitions, mobilisation forcée, atrocités diverses détournent les nombreux Mongols qui avaient vu en lui leur libérateur. Les opérations militaires qu'il lance contre la Sibérie tournent au désastre, ses propres troupes finissant par le trahir et le livrer à l'armée rouge.

La Russie soviétique associe ses troupes à un mouvement révolutionnaire encore très minoritaire, organisé en Parti populaire mongol, qui a engagé dès mars 1921 la lutte contre l'occupant chinois dans le nord du pays et y a créé un Gouvernement provisoire. Contingent russe et détachements révolutionnaires mongols s'emparent de la capitale le 6 juillet. Une révolution s'amorce : le Bogdo gegen reste nominalement souverain, mais ses prérogatives sont limitées, les privilèges des princes et du haut clergé étant peu à peu remis en question.

L'histoire politique de la Mongolie est dès lors, pour près de 70 ans, étroitement liée à celle de l'URSS. La mort du Bogdo gegen en mai 1924 donne le signal d'une accélération décisive. Les tenants d'une simple restauration de l'indépendance nationale sont écartés en août par les partisans d'une révolution radicale, inspirée du modèle soviétique (c'est un représentant de l'Internationale communiste, le tchèque Bohumir Šmeral, qui propose de renommer la capitale mongole le *Héros rouge*, Ulaanbaatar). En novembre 1924, l'adoption d'une première Constitution fait de la Mongolie une République populaire, dont l'orientation est officiellement une «voie de développement non-capitaliste».

Les années suivantes sont faites d'embardées politiques dramatiques. Le tournant des années 20 et 30 est marqué par une tentative brutale et chaotique de copie de la collectivisation soviétique. Le pays est alors au bord de la guerre civile, un retour en arrière intervenant en 1932. Le petit élevage familial nomade bénéficie alors pour plusieurs années d'un répit salvateur.

Ce retour au calme est trompeur. Dans les années qui suivent, surtout de 1937 à 1939, le contrecoup des grandes purges staliniennes s'ajoute à la liquidation du clergé lamaïque et à la psychose de guerre qu'impose la menace japonaise pour déclencher des atrocités sanglantes : près de 30 000 condamnés à mort sont exécutés, auxquels s'ajoutent sans doute des dizaines de milliers de liquidations sans jugement. Peut-être 100 000 victimes, alors que le pays comptait moins de 800 000 habitants...

Après la Seconde guerre mondiale (la Mongolie orientale est le théâtre des importantes opérations de Khalkhyn gol, de mai à août 1939, couronnées par une cinglante défaite japonaise, avant de participer en août 1945 à la destruction des forces japonaises en Mandchourie et en Mongolie intérieure), l'orientation socialiste se confirme. Développement économique planifié, lancement en 1955 d'une nouvelle politique de collectivisation, pacifique cette fois, industrialisation dans les années 60 alignent la Mongolie sur le modèle soviétique et en font une «Démocratie populaire» ordinaire.

Les résultats sont contrastés. La modernisation, le développement matériel sont indéniables et l'identité de l'Etat Mongol est reconnue lors de son admission à l'ONU en 1961, suivie de l'établissement de relations diplomatiques avec de nombreux pays (les relations avec la France datent de 1965). Il est toutefois évident que la liberté de choix, que ce soit en matière de politique étrangère, de sécurité, mais aussi de développement et de coopération économique, est étroitement limitée par l'exclusivité de l'alliance soviétique. Les intérêts de l'URSS, et la logique des blocs qui prévaut alors, pèsent lourdement. Le conflit sino-soviétique place la Mongolie dans une situation très inconfortable, la prive des avantages d'une coopération multilatérale pourtant prometteuse (ouverture de la ligne ferroviaire transmongole le 1er janvier 1956).

A plus long terme, c'est le contenu même du modèle de développement, calqué sur la variante soviétique de l'urbanisation et de l'industrialisation européennes qui montre ses limites, ses faibles capacités d'adaptation aux conditions et aux besoins de la Mongolie.

Le manque de démocratie et l'immobilisme du régime font le reste. Dès le début des années 80, blocages et stagnation qui sapent le système sont perceptibles. Des tentatives de réforme, engagées à partir de

1984, restent partielles et insuffisantes, conduisant à la crise ouverte en 1989-1990. En quelques années, la Mongolie, qui cesse d'être «République populaire» avec l'adoption d'une nouvelle Constitution en 1992, s'engage dans la voie d'une démocratie pluraliste et de l'économie de marché.

La transition est sans doute malaisée. Les pénuries dramatiques qu'ajoutent pendant plusieurs années les nouvelles ruptures aux séquelles de la crise de l'ancien système sont douloureusement ressenties par la population. L'espoir qu'une aide financière internationale suffirait facilement à sortir de la crise un pays de deux millions d'habitants s'avère illusoire. Du moins l'atmosphère sociale et politique reste-t-elle paisible malgré les difficultés et le redressement, même si la conjoncture reste fragile, semble en passe d'être engagé.

Le problème du type et des rythmes de développement reste toutefois entier. La Mongolie est certes en possession d'un sous-sol aux richesses considérables. Mais leur exploitation sera-t-elle économiquement rentable, écologiquement et humainement acceptables ? Un développement équilibré doit continuer à faire une large place à la transformation des matières premières fournies par l'élevage, ce qui suppose une vaste modernisation de l'élevage associant savoir-faire traditionnels et technologies nouvelles. Cet effort nécessaire peut-il être accompli, tant par les Mongols que par leurs partenaires ?

Улаанбаатар Capitale de l'Etat
Дархан Ville à statut national
Ховд Province (аймаг,)
Ховд Chef-lieu de province (аймгийн төв,)

Pour des raisons de lisibilité, nous avons renoncé à porter sur cette carte l'orthographe mongole-uigur des chefs-lieux de province

La langue mongole

Nous n'aborderons pas ici la question très controversée des origines de la langue mongole. La question de parentés génétiques ou, au contraire, d'influences et d'emprunts entre langues mongoles, turques, toungouzes (et quelques autres...) reste un sujet très embrouillé. Peut-être est-ce même un faux débat, nourri par une illusion d'optique. Sans toujours s'en apercevoir, on se sert des méthodes de la comparaison entre langues contemporaines pour s'aventurer dans les profondeurs du temps, aux sources mêmes du langage humain. La langue mongole, il est vrai, prête à cette aventure. On l'a souvent dite «archaïque», «conservatrice». Mais sous ces termes un peu péjoratifs se cache une réalité : la langue mongole connaît certes des évolutions, mais celles-ci restent beaucoup plus circonscrites que ne l'ont été celles d'une langue comme le français. En un mot, le mongol du XIIIème siècle est infiniment plus proche du mongol contemporain que le français des mêmes époques.

Si les philologues ont pu isoler, au prix de travaux souvent remarquables, des périodes dans ce qui est décrit comme l'histoire de la langue : «mongol ancien» (jusqu'au XIII-XIVème siècles), «moyen mongol» (XIV-XVIème siècles), «mongol classique» (début XVIIème-début XXème siècle), «mongol contemporain», ces classifications restent fragiles, largement liées aux seules traces écrites, les changements orthographiques étant trop directement pris pour des évolutions de la langue. En un mot, l'histoire de la langue reste à faire, bien que des matériaux considérables soient d'ores et déjà disponibles.

Ce qui est vrai dans le temps l'est aussi dans l'espace. La langue mongole, parlée parmi des peuples très éloignés les uns des autres, de la Volga à la Mandchourie, des marches du Tibet à la Transbaïkalie, présente naturellement des différences dialectales sensibles. On distingue classiquement ainsi des dialectes occidentaux (Kalmouk, multiples dialectes oirad), orientaux (le mongol xalx, dominant en Mongolie proprement dite, mais aussi les dialectes de la majorité des Mongols de Mongolie intérieure, Caxar, Ordos, etc.), septentrionaux (Bouriates de Sibérie méridionale), mais aussi des groupes plus isolés, dont la définition prête souvent à débat (Mongols du Qinghai : Monguor, Bao'an, Dongxiang ; Dahur de Mandchourie), etc. On a sans doute privilégié un peu abusivement le critère géographique dans la répartition de ces dialectes. Au delà de l'importance des contacts locaux (ainsi les échanges entre le bouriate et les langues turques et sibériennes ont-ils eu des effets sensibles) et des faits lexicaux, l'examen des variations dialectales met en évidence des éléments avant tout phonétiques somme toute assez limités, portant sur des modifications d'intensité et d'aspiration étrangement proches des variations que présente l'évolution historique. Cette proximité est d'ailleurs confirmée par la relative facilité avec laquelle, passé un moment d'adaptation réciproque, la communication arrive à s'établir entre des Mongols parlant des dialectes différents (par exemple entre Xalx de Mongolie et Kalmouks de la Volga).

En un mot, qu'il s'agisse du temps ou de l'espace, parler de «la langue mongole» reste légitime, même si le pluriel «les langues mongoles» peut répondre à un intérêt pratique tout à fait respectable. Nous utiliserons désormais le terme «la langue mongole», avec cette précaution qu'il s'agira le plus souvent du dialecte des Mongols Xalx, base de la langue officielle actuellement en usage en Mongolie. Nous n'y serons toutefois nullement enfermés, les réalités que nous pourrions rencontrer dans d'autres dialectes ou à d'autres époques ne présentant que des variations relativement mineures.

Enfin, un sentiment très fort unit les Mongols à leur langue. Ce lien affectif et cette conscience font écho à ce qui précède. Nous en remarquerons maintes manifestations au fil des pages. Mais surtout, nous en observerons les racines dans les réalités de la langue.

Difficultés et intérêt présentés par l'étude du mongol sont souvent deux aspects des mêmes faits :

Offrant une vision profondément originale du monde, avec des mécanismes très ouverts de création lexicale, c'est en outre une langue sans genres, sans accords de nombre ou de personne (nous n'aurons pas l'occasion d'employer le terme de "conjugaison"), à la syntaxe très régulière.

Mais, outre une prononciation parfois déroutante, l'absence de ces points de repère familiers, qu'on recherche inconsciemment, source de bien des ambiguïtés, est moins une liberté qu'une redoutable exigence de rigueur...

Les sons

Les sons du mongol sont abordés ici au plus proche que possible des réalités de la langue, mais également sans cette simplification qui ne donne au lecteur le sentiment provisoire de la familiarité qu'en escamotant ce qui fait justement l'originalité et l'intérêt, en même temps que la difficulté du sujet.

Comme pour toute autre langue, les sons du mongol ne peuvent être décrits isolément - moins encore à travers leurs "ressemblances" ou "dissemblance" avec ceux d'une autre langue. Il faut inviter le lecteur à un effort qui n'a rien de gratuit. Il faut le convaincre que, contrairement à une mauvaise habitude bien française, il est illusoire de penser qu'on peut "bien parler" une langue sans "bien la prononcer". Mais "bien prononcer" ne veut pas dire simplement bien articuler les "r" ou les "g", encore moins "bien lire".

Audition et compréhension, maîtrise des difficultés de l'orthographe peuvent être allégées ou alourdies suivant le soin qu'on apporte à connaître et à comprendre l'organisation du son.

Un premier effort, parfois douloureux, consiste à se débarrasser de l'omniprésence de l'écriture. On cherche trop à voir à la fois dans l'écriture une image quasi-immédiate de l'oral (sinon d'aujourd'hui, du moins d'hier), et un guide sur lequel la parole devrait se régler. Que dire d'une langue où nous allons côtoyer deux écritures ?

Même les noms que nous donnons à nos lettres entretiennent la confusion : dès lors que nous avons baptisé "consonne" ou "voyelle" - définition qui est de l'ordre du son - des éléments de l'orthographe, il devient bien difficile de se libérer de la certitude qu'il y a bien là, entre l'image et le son, un lien en définitive "naturel".

Et pourtant, nos habitudes sont trompeuses : "a" est bien une voyelle. Mais "n" est-il une "consonne" quand il sert, derrière "a", à noter par "an" une voyelle [ã]. Alors que "e", dans "âne", n'est pas une voyelle mais indique que "n" est ici une consonne et non le signal d'une voyelle nasale. . .

Le mot : deux zones distinctes

Si la notion de "mot" peut être invoquée, c'est ici grâce à des points de repère physiques et fonctionnels fournis par la langue mongole.

Le mot mongol comporte en effet deux segments bien distincts, successifs et irréductibles l'un à l'autre : contexte initial et contexte non-initial (absent de certains monosyllabes). Chacun de ces contextes comporte des traits qui lui sont propres.

Le contexte initial, formé de la seule première voyelle ou du couple qu'elle forme avec la consonne initiale unique qui peut la précèder, est suivi du contexte non-initial comportant en nombre variable des unités formant entre elles un système profondément différent. Il en résulte une physionomie caractéristique de chaque contexte. Leur succession est décisive, l'identification du contexte guidant directement la compréhension :

	Contexte initial	Contexte non-initial
Voyelles	Présence obligatoire d'une voyelle ; timbres nombreux, choix élargi par la présence de nombreux traits subsidiaires (longueur, diphtongaison).	Nombreux mots n'y comportant pas de vraie voyelle ; non-pertinence du timbre et pertinence du seul choix arrondi / non-arrondi ("harmonie vocalique")
Consonnes	Choix restreint ; fréquente absence de toute consonne initiale (voyelle en initiale absolue) ; exclusion de certaines consonnes et des groupes de plusieurs consonnes.	Extension du nombre des consonnes disponibles ; apparition de variantes consonantiques variées ; nombreux groupes de consonnes.

Le lien entre ces deux contextes tient à la persistance, en contexte non-initial, d'inerties vocaliques issues du segment initial. L'existence du "mot" tient à ce que ces inerties persistent aussi longtemps que n'intervient pas un nouveau contexte initial qui, en quelque sorte, "rompt le charme" au profit d'une nouvelle séquence (c'est l'ensemble de ces phénomènes qu'on désigne par le terme d'"harmonie vocalique").

Les voyelles

L'identification de chaque mot repose largement sur la reconnaissance de sa voyelle initiale.

Voyelles initiales

Chaque contexte initial est identifié par la présence d'une voyelle qu'on peut distinguer selon son timbre, sa longueur, sa diphtongaison. Il n'existe qu'une voyelle par contexte initial : la langue mongole exclut la succession de deux voyelles présentant les traits propres à une voyelle initiale (ce qui limite nettement la diphtongaison pure).

La "frontière" du contexte initial est donc franchie dès lors qu'est émise la première voyelle. En un mot, pas de contexte initial - et donc pas de "mot" - sans une voyelle distinctive porteuse d'une au moins des oppositions énumérées plus haut ; pas non plus de contexte initial qui comporterait plus d'une voyelle de ce type.

Timbre : les oppositions de timbre sont propres au contexte initial, où elles constituent à coup sûr le facteur principal de différenciation et de distinction. On peut y dénombrer 7 timbres vocaliques : [a], [e], [o] , [ö] , [u], [ü] , [i] :

1) [a] - Voyelle ouverte, proche du [a] ouvert de *patte*, *date* : [am] *bouche ;* [az] *chance* ; [tal] *plaine, pan, face*

2) [e] - Voyelle ouverte, présentant un faible degré de rétrécissement entre la partie antérieure du dos de la langue et le palais dur (légère palatalisation antérieure). Prononciation proche du [ɛ] ouvert du français dans *bête*, *chaussette* : [em] *médicament* ; [en^{ə}] *ce, ceci ;* [er] *homme (adulte mâle) ;* [ger] *yourte*.

3) [o] - Voyelle ouverte comportant un léger arrondissement des lèvres. Très ouvert en contexte initial, proche du [ɔ] de *botte, motte* : [tos] *beurre ;* [bor] *gris ;* [on] *année , an ;* [ol-] *trouver*.

4) [ö] - Voyelle semi-fermée comportant un arrondissement sensible des lèvres. En fait, [ö] présente un cumul de la fermeture antérieure propre à [ɛ] et de l'arrondissement de [ɔ]. Intermédiaire entre celle des "e","œ","eu" et "u" du français. Elle présente d'une personne à une autre

d'assez sensibles différences d'ouverture : [mön] *celui-là* ; [ör] *trace ;* [mös] *glace* ; [mör] *trace.*

5) [u] - Voyelle à forte résonance postérieure, avec arrondissement très marqué des lèvres. Prononcé entre le [o] fermé de *chaud*, *pot* et le [u] de *cou, fou* : [us] *eau* ; [num] *arc* ; [dur] *goût pour. . .*

6) [ü] - Difficile à distinguer du timbre précédent pour bien des débutants francophones. La distinction entre ces deux voyelles est pourtant essentielle. Fortement antériorisée par rapport à [u] avec arrondissement des lèvres encore plus marqué (les lèvres sont presque fermées). Prononcé entre le [u] de *tout*, *cou, fou* et le [y] du "u" français de *plume*, *butte* : [üs] *cheveu, poil ;* [tür] *provisoire ;* [üg] *mot.*

7) [i] - est la voyelle la plus nettement antérieure, sans trace d'arrondissement des lèvres, la langue rétrécissant vigoureusement le passage de l'air au niveau du palais. Prononciation très semblable au [i] du français : [ir] *pointe ;* [bid] *nous ;* [il] *rayon.*

Nous pouvons opérer un regroupement de ces timbres en deux séries, *postérieure* et *antérieure*, selon la zone de résonance principale du timbre. La tradition mongole définit ici les voyelles. [a], [o] et [u], *postérieures*, comme "masculines" [er] (mais cette désignation n'a aucun rapport avec un genre, catégorie absente en mongol) ; cependant que [e], [ö], [ü] et [i],voyelles *antérieures*, sont dites "féminines" [em].

Longueur : l'opposition de longueur est une des sources des plus grandes confusions auxquelles donne lieu l'analyse des voyelles mongoles. Cette opposition (une différence de sens découlant de l'emploi de deux voyelles ne se distinguant entre elles que par leur durée) existe <u>exclusivement</u> pour la voyelle initiale. L'usage hélas très répandu du terme "voyelle longue" en contexte non-initial, encouragé par certaines apparences orthographiques est un complet abus de vocabulaire.

Même en syllabe initiale, certains allongements (noté ci-dessous par le signe [ː]) sont de simples effets mécaniques et non de véritables porteurs de distinction et de sens. C'est en particulier le cas dans la plupart des radicaux monosyllabiques, ainsi que dans de nombreux mots d'emprunt. Ainsi, il n'existe pas d'opposition réelle, démontrable, entre le radical monosyllabique [zaː-] du verbe *montrer, enseigner* et le radical [za-] des nombreux termes désignant l'*instruction*, l'*ordre*, le *pou-*

voir. La longueur occupe donc une place plus restreinte, dans la réalité des sons du mongol, que ne le suggère parfois l'orthographe et que ne le croient, à sa suite, locuteurs et observateurs.

Il n'en reste pas moins, une fois ces précautions prises, que le trait de longueur peut avoir une valeur distinctive propre :

[ul] *fondement, essentiel* ~ [uːl] *montagne ;*
[or] *trace* ~ [oːr] *tache mongolique* ;
[xan] *chef, souverain* ~ [xaːn] *empereur ;*
[ör] *dette* ~ [öːr] *autre*

Il est fréquemment tentant, et parfois fondé, de reconnaître une parenté de sens entre le mot "bref" et le mot "long". En fait, deux sources distinctes se sont probablement confondues : un vrai trait de longueur, souvent issu d'une diphtongue, le temps devenant un trait articulatoire parmi les autres ; et une emphase prosodique fixée dans le lexique.

Diphtongaison : comme le timbre et la longueur, la diphtongaison est une caractéristique de l'unique voyelle initiale. Elle subit les contraintes propres à celle-ci : les diphtongues présentant deux timbres consécutifs sont rarissimes. A l'exception de quelques mots d'emprunt le plus souvent d'origine chinoise comportant la diphtongue [ua], les diphtongues mongoles sont l'effet d'une fermeture partielle du passage de l'air entre le dos de la langue et la région antérieure du *palais* (d'où le terme de *palatalisation*, barbare, mais précis). Ces deux éléments, *fermeture* et *antériorité*, sont communs en mongol à toute palatalisation.

Les diphtongues sont principalement, sinon exclusivement, formées sur les timbres postérieurs. Ce fait tient à ce que l'antériorité des voyelles [e][ö][ü] (ce dernier timbre produisant toutefois quelques diphtongues) est déjà l'effet d'une forme atténuée de palatalisation et que les deux faits s'y neutralisent.

Diphtongues fermantes [~^{i}] :

[a]~[a^{i}] : [gal] *feu* ~ [ga^{i}l] *taxe* (avec une alternative [gaːl^{i}])
[o]~[o^{i}] : [or] *lieu* ~ [o^{i}r] *proche*

Diphtongues ouvrantes [j~]. Ici encore, ce phénomène n'est pas homogène, difficile à distinguer d'une consonne (alternance [j]/[z]) :

[a] ~ [ja] : [aw] *prends* ~ [jaw] *pars*

[o] ~ [jo] : [or] *lieu* ~ [jor] *mauvais présage*

Dans les cas les plus nombreux, la diphtongue (alors toujours considérée comme un [ja...]) est en fait un [ï] postérieur.

Voyelles non-initiales

Tout ce qui sépare deux consonnes n'est pas nécessairement une voyelle distinctive, et n'est donc pas une "vraie" voyelle. Et ce, quelle que soit l'image que l'écriture donne de ce fait.

Nous serons attentifs à la multiplication des sonorisations entre consonnes, souvent traitées à l'écrit comme des "voyelles", mais qu'il faut distinguer de celles-ci. Nous apprendrons à les reconnaître, et à les réaliser, sons fortement réduits, parfois à la limite de l'audible, parfois simplement élidés, et toujours nettement détimbrés. Certains d'entre eux, sans avoir le statut de voyelle, n'en sont pas moins très importants. Nous transcrirons ces sons sous la forme de petites lettres en exposant. Suivant les cas, leur réalisation rappellera, en plus faible, le timbre de la voyelle initiale (^{a}, ^{e}, ^{o}, ^{ö}). Nous ferons surtout place, le plus fréquemment, à une prononciation sans timbre repérable, notée [^{ə}].

Ce qui est identifié en contexte non-initial comme une "voyelle [i]" est l'effet d'un trait de palatalisation appartenant le plus souvent en propre à la première des deux consonnes. C'est ce que notera un petit "i" [^{i}] en exposant : [až^{i}l] *travail* [gur^{i}l] ou [gul^{i}r] *farine, semoule*.

La cohabitation entre simples sonorisations et vraies voyelles peut donner l'impression que celles-ci comportent un trait de longueur. En fait, certaines voyelles peuvent même être plus longues que les voyelles longues initiales (certaines finales peuvent être deux fois plus traînantes qu'une longue initiale). Ceci ne suffit pas à créer une opposition de longueur.

Ce qu'on appelle couramment "voyelle longue" non-initiale est simplement une voyelle distinctive, alors que ce qu'on appelle "brève" n'est dans ce contexte qu'une sonorisation non-distinctive. Nous verrons la part qui revient à l'orthographe dans cette confusion entre le non-initial et l'initial.

L'harmonie vocalique

La réalité qui se cache derrière ce terme est simple : l'harmonie vocalique mongole n'est pas un "mécanisme" mais un automatisme phonétique dépourvu de valeur distinctive propre. Elle n'est rien d'autre que la non-pertinence du timbre des voyelles non-initiales. Ajoutons qu'un grand nombre de manifestations attribuées à l'harmonie vocalique ne sont en fait que des conventions orthographiques portant sur les «lettres-voyelles» et non sur les sons proprement dits.

Rendons-lui pourtant son dû : elle joue un rôle important dans la démarcation et l'identification des mots et donc dans la compréhension. Elle est en outre la source principale de toute la morphologie mongole, où n'existe pas d'accord de genre ou de nombre.

Les timbres relevés en syllabe initiale, qui permettaient d'identifier les voyelles dans cette position, perdent leur pertinence en contexte non-initial. Il n'y a pas «attribution» aux voyelles du même timbre que celui de l'initiale mais maintien passif de ce timbre. Cette inertie de l'appareil articulatoire est subordonnée à la transmission optimale de la seule opposition entre une voyelle non-arrondie et une voyelle arrondie.

La croyance courante et profonde que «la voyelle, c'est le timbre» empêche souvent d'admettre d'emblée que les quatre timbres [a], [e], [o] et [ö] sont les diverses réalisations d'**une même et unique unité**, dont la forme échappe au choix volontaire. En d'autres termes, [a], [e], [o] et [ö] sont, hors du contexte initial, une seule voyelle. Il en va de même, de leur côté, pour [u] et [ü].

Concrètement, il n'est pas possible, derrière un même contexte initial, de rencontrer des oppositions entre [a] et [e], [a] et [o], [a] et [ö], [e] et [ö], de même, par ailleurs, qu'entre [u] et [ü].

Ainsi au terme [baran] *obscur, crépusculaire* ne s'oppose aucun *[baren], *[baron] ou *[barön]. On ne "choisit" pas ici pas de prononcer le second [a] : Le timbre n'est réalisé que par le jeu d'une inertie découlant de la voyelle initiale, et non sous l'effet d'un choix distinctif. Il en va de même entre [u] et [ü] : à [barun] *ouest, occidental / droit* ne s'oppose aucun *[barün]. Par contre, le choix est bien réel entre [baran] *crépusculaire* et [barun] *ouest, occidental.*

Une même unité grammaticale (ici un cas nominal) voit sa voyelle prendre plusieurs réalisations différentes en fonction du contexte initial du mot qu'ils marquent :

[nom] *livre* [nomos] *(à partir) d'un livre* [nomor] *par le livre*
[mal] *bétail* [malas] *(à partir) du bétail* [malar] *par le bétail*
[ger] *yourte* [geres] *(à partir) de la yourte* [gerer] *par la yourte*

Il y a bien réalisation d'un timbre, mais l'essentiel ici est la possibilité d'opposer ce suffixe [~ar, ~er, ~or, ~ör] à un autre [~ur, ~ür]

Le contexte non-initial ne présente donc d'oppositions qu'entre deux voyelles distinctives : à une voyelle /A/ présentant un degré nul ou faible d'arrondissement labial ([a][e][o][ö]) s'oppose une voyelle /U/ présentant un degré important d'arrondissement labial ([u][ü]). Nous emploierons désormais, pour représenter cette opposition en contexte non-initial, les termes de "voyelle non-arrondie" et "voyelle arrondie". Nous transcrirons ces voyelles selon leur timbre audible [a], [e], [o], [ö] d'une part ; [u], [ü] de l'autre, mais également, quand leur valeur distinctive sera en jeu, /A/ (non-arrondie) et /U/ (arrondie)].

Dans ces conditions, toute articulation autre que l'arrondissement est maintenue sans changement aussi longtemps qu'elle n'entre pas en conflit avec la véritable opposition :

- Un [a] initial est suivi de voyelles non arrondies dont la réalisation est également [a] :

[mana] *garde* ~ [mana^{g}ar] *par la garde* ~ [mana^{g}ara] *par (sa) garde*

Les autres timbres peu ou pas arrondis offrent une même image :

[ger] *yourte* ~ [gertes] *hors de la yourte* ~ [gertese] *de chez soi*
[nom] *livre* ~ [nomos] *du livre* ~ [nomoso] *de (ton) livre*
[xörö] *scie* ~ [xörögör] *à la scie* ~ [xörögörö] *avec (sa) scie*

La même permanence peut être observée aussi longtemps qu'une voyelle arrondie en suit une autre :

[šuwu] *oiseau* ~ [šuwunud] *oiseaux* ~ [šuwunudu ?] *des oiseaux ?*
[tülx-] *pousser* ~ [tülxür] *clef* ~ [tülxürü ?] *est-ce une clef ?*

Il y a ici maintien d'une même réalisation, due à la succession de voyelles distinctives de même nature, non-arrondies ou arrondies.

L'essentiel intervient lors d'un changement du degré d'arrondissement, dans un sens ou dans l'autre. Les modifications sont directement liées à la nécessité de rendre clairement perceptible l'appartenance arrondie ou non-arrondie de la voyelle. C'est ce trait qui se trouve modifié. Par contre les autres traits d'articulation ne subissent pas d'effet particulier :

[nuːr] *lac* ~ [nuːrar] *par le lac* ~ [nuːraru ?] *par le lac ?*
[züːn] *est, gauche* ~ [züːnes] *de la gauche* ~ [züːnesü] *de la gauche ?*

Ce changement est entièrement déterminé par la composition des unités qu'on utilise. Les exemples ci-dessus mettent en jeu des cas nominaux, associant une voyelle non arrondie /A/ et une consonne, et un pluriel nominal formant une combinaison voyelle arrondie /U/ + [d]. Changer la nature de la voyelle, c'est changer de suffixe, et donc de mot, de sens. Les suffixes /U/+[r] et /A/+[d] existent tous les deux, mais avec une toute autre valeur. Il ne s'agit pas d'euphonie, mais de procédés aussi différents que pourraient l'être des mots distincts.

Ainsi se constituent les deux "séries" couramment reconnues : la voyelle initiale étant soit postérieure [a][o][u], soit antérieure [e][ö][ü][i], les voyelles non-initiales vont devoir être arrondies ou non arrondies, mais restent postérieures ou antérieures.

Si le même timbre se maintient d'un bout à l'autre, comme dans [xar^{ə}nda^{g}ara] *avec son crayon*, ceci signifie qu'on fait appel à des unités (instrumental nominal, pronom réfléchi final) ne comportant aucun choix arrondi. Mettons [xar^{ə}nda] *crayon* au pluriel, celui-ci, [n/U/d], impose une réalisation [xar^{ə}ndanud] arrondie, mais toujours postérieure. Si le pluriel est à nouveau affecté de l'instrumental [/A/r], la réalisation devient alors [xar^{ə}ndanudar] *avec des crayons*.

Après une voyelle arrondie, le retour à une non-arrondie ne peut être que [a] (postérieur) ou [e] (antérieur), excluant toute ambiguïté. Alors qu'une suite de voyelles non arrondies à initiale [o] est [o-o-o], elle devient [o-u-a] si la deuxième voyelle est arrondie : [or^{ə}- *entrer* > orod] *étant entré*, mais [or^{ə}- > orul- *placer* > orulad] *ayant placé*. L'équivalent, pour les voyelles antérieures, est le passage de [ö-ö-ö] à [ö-ü-e] : [xögž^{i}- *se développer* > xögžöd] *s'étant développé*, mais [xögž^{i}- > xögžül- *développer* > xögžüled] *ayant développé* :

Réalisation des voyelles en fonction de la précédente :

	voyelle précéd.	voyelle /A/	voyelle /U/	Exemples
1	[a]	[a]	[u]	[xar^{ə}nda^{g}ara] [xar^{ə}ndanud]
2	[o]	[o]	[u]	[ornor] [ornud]
4	[u]	[a]	[u]	[uːlar] [ornudas] [dundur]
5	[e]	[e]	[ü]	[xelere] [xelnüd] [xelnüdere]
6	[ö]	[ö]	[ü]	[ödrös] [ödrüd]
7	[ü]	[e]	[ü]	[ödrüder] [xüzü] [xüzünes]
8	[i]	[e]	[ü]	[šire] [xičel] [xilnüd] [širenüdes]

Tableau général des voyelles mongoles :

Contexte initial				non-initial	
Timbre (brève)	longue	diphtongue fermante	diphtongue ouvrante	non-arrondie /A/	arrondie /U/
a	aː	a^{i}	ja/ï	a	u
o	oː	o^{i}	jo	o/a	u
u	uː	u^{i}	ju	a	u
e	eː	-	(je)	e	ü
ö	öː	-	(jö)	ö/e	ü
ü	üː	ü^{i}	jü	e	ü
i	iː	-	-	-	-

Les consonnes

Nous avons esquissé une image globale du système des sons mongols, insistant sur l'identité et l'économie respectives des deux contextes initial et non-initial. Ce qui était vrai avec les voyelles le reste avec les consonnes. Une remarquable symétrie se dégage entre les couples voyelle/consonne et initial/non-initial :

Ce "partage des responsabilités" entre les deux contextes établit l'économie de tout le système. Il assure la bonne transmission des distinctions de sons et de sens, il dicte les rythmes de l'élocution et du discours. Il est, en un mot, essentiel. C'est cet équilibre qui permet à la langue mongole, en ne plaçant alternativement le locuteur que devant les choix propres à un contexte initial ou au contraire non-initial, de maîtriser un inventaire de consonnes foisonnant, apparemment très complexe.

Consonnes initiales

Rappelons que le contexte initial est formé de la première voyelle du mot, soit seule, soit précédée d'une et unique consonne.

a) Les groupes de consonnes sont donc exclus de l'initiale et les mots d'emprunt les comportant, difficiles à prononcer pour un Mongol, sont manipulés et adaptés (ainsi [tar^{ə}kt^{ə}r] *tracteur*, [xor^{ə}m] *chrome*, etc.).

b) Des consonnes sont purement et simplement exclues de l'initiale, leur présence très clairsemée y étant presque toujours la trace d'un emprunt. C'est le cas du [l] et du [r], que nous rencontrerons au contraire omniprésents en contexte non-initial. Les mots d'emprunt y faisant appel présentent une "voyelle" plus ou moins stable : [ar^{ə}d^{iə}] *radio*, [aršan] *source thermale* (du sanscrit *rasayana*).

c) Certaines consonnes présentent entre les deux contextes des différences massives de prononciation. C'est le cas de l'unique consonne labiale orale : réalisée [b], plus rarement [p], en contexte initial (nous la retrouverons, prononcée de façon très variée, mais conservant son identité, en contexte non-initial : [b] [v] [w] [p] [f]).

On peut repérer quatre zones articulatoires principales, chacune étant occupées par plusieurs consonnes :

Certaines de ces consonnes appellent quelques commentaires.

- [b] et [p] ne sont jamais en opposition s'il ne s'agit pas d'emprunts.

- Les consonnes articulées au niveau du palais (palatales) présentent un évident parallélisme entre [z][c][s] et [ž][č][š]. Il ne s'agit pas d'une simple commodité de transcription mais de l'effet de la palatalisation, très nettement perceptible sur des consonnes déjà palatales, au point de permettre l'identification de couples de consonnes distinctes [z]/[ž], [c]/[č] et [s]/[š]. Ajoutons la semi-consonne [j] ("y" de "yack").

- Il n'existe que deux consonnes vélaires : l'une est l'occlusive /g/ et l'autre la fricative /x/. Cette dernière présente une réalisation apparemment assez homogène, mais le /g/ est réalisé de façon variable suivant l'environnement vocalique : si la voyelle initiale est antérieure [e][ö][ü][i], la consonne est réalisée comme le [g] de *guerre* ou *gui*. Par contre, dans un contexte vocalique postérieur [a][o][u], /g/ prend naissance loin à l'arrière du voile du palais [γ]. Quel que soit le vocalisme, une position assourdie provoque une prononciation [k].

[g], [γ] et [k] sont donc les réalisations de la même consonne /g/ : il ne peut exister deux mots *[γer] et [γar]. Nous adopterons ici une transcription simplifiée unique [g] recouvrant une grande variété de réalisa-

articulation	consonnes	exemples
labiale	[b], parfois [p]	[bal] *miel*
	[m]	[mal] *bétail*
dentale	[d]	[dal] *omoplate, 70*
	[t]	[tal] *plaine, pan*
	[n]	[nar] *soleil*
palatale	[z] [réalisé comme "dz"]	[zan] *caractère*
	[c] [réalisé comme "ts"]	[col] *titre honorifique*
	[s] [réalisé comme "ss"]	[sar] *lune, mois*
	[ž] [réalisé comme "dj"]	[žar] *soixante*
	[č] [réalisé comme "tch"]	[čan^{ə}r] *qualité*
	[š] [réalisé comme "Chine]	[šar] *jaune*
vélaire	[g]	[ger] *yourte ;*
	[γ]	[γar] *main, bras*
	[x]	[xar] *noir*

tion mais sans risque d'erreur. Le risque le plus grave n'est pas en effet dans un défaut mineur de prononciation du [γ] mais dans le risque de confusion entre [g] et [x], qui doit être très soigneusement évitée.

Consonnes non-initiales

L'inventaire des consonnes s'enrichit très nettement en contexte non-initial :

a) Les consonnes absentes de l'initiale, telles [l] ou [r] sont ici très largement représentées, au point d'être statistiquement les deux plus fréquentes. Cette symétrie est trop massive pour être le fait du hasard.

b) Plus important, et c'est là la principale caractéristique du système des consonnes mongoles, chaque consonne est un ensemble de variantes susceptibles de devenir distinctives. Il s'agit là d'un domaine complexe, où l'orthographe accumule les pièges. Pour une large part, la maîtrise de la prononciation du mongol et ses variations repose sur les identifications qui vont suivre. Enumérons ces variantes :

- *Consonne nue*, réduite à son articulation propre. Toutes les consonnes, au demeurant, ne sont pas en mesure d'assumer cette situation : [t][x][z][c] ne peuvent jamais être repérées comme "consonnes nues". C'est en position finale et devant une autre consonne, que la reconnaissance des consonnes nues est la plus aisée. Des consonnes généralement sonores s'assourdissent de façon classique : ainsi la consonne /g/ présente-t-elle alors une réalisation [k] (nous maintiendrons pourtant notre transcription [g]).

- *Consonne palatalisée*, dont l'articulation est accompagnée par une brève fermeture antérieure entre langue et palais. C'est le trait que nous avons observé à l'initiale dans le cas de [z]/[ž], [c]/[č] et [s]/[š]. En non-initiale, chaque consonne est susceptible de se doter d'un double palatalisé. On notera toutefois la rareté des consonnes palatalisées autres que [ž], [č] et [š] en présence d'un vocalisme antérieur (voyelle initiale [e][ö][ü][i]). Ce phénomène tient à ce que l'antériorité des voyelles étant déjà une palatalisation, les deux mécanismes se confondent.

La consonne palatalisée, transcrite à l'aide d'un [^{i}] : [r^{i}] [l^{i}] [m^{i}] [g^{i}], est de plus peu perceptible. Peu ou pas de "mouillure" comparable au "ñ" de l'espagnol, en particulier quand la consonne est isolée. Par contre, elle agit fortement sur la voyelle suivante. Alors que [mor^{i}] *cheval* est assez difficile à distinguer de ce que serait la prononciation de *[mor], la voyelle d'un suffixe grammatical comme l'*instrumental* [mor^{i} + or] *à cheval* semble devenir une diphtongue : [mor^{i}or/morior].

- *Consonne vocalisée*, recevant, comme dans la palatalisation, l'appui d'un trait subsidiaire, ici une légère et brève émission de voix, parfois une simple aspiration. Ce trait est au premier abord surprenant. Il n'est pas très difficile d'imaginer nos prononciations méridionales - "*Peuchère* ! " où le [r] final est fortement vocalisé. Plus difficile est souvent d'admettre que cet "accident" soit mis à profit pour distinguer du sens. Cette vocalisation n'est pas en outre aisée à distinguer de simples sonorisations entre consonnes, automatismes sans valeur propre.

Une consonne vocalisée se distingue de la consonne nue par son comportement . Alors qu'une consonne nue s'assourdit en finale, nous pouvons constater ici un maintien de la sonorité. Ce n'est pas une anomalie de prononciation mais un trait porteur de distinction. Ainsi /g/ présente en finale, en concurrence avec la réalisation sourde [k] déjà rencontrée, des réalisations [g] (en vocalisme antérieur) et [γ] (en vocalisme postérieur) : [bak] *équipe* s'oppose à [baγ] *petit* (nous transcrirons de façon distincte [bag] et [bag^{ə}]).

- Chacun de ces deux traits peut en outre être combiné à l'autre, élargissant encore l'inventaire des consonnes. On trouve donc en grand nombre des *consonnes vocalisées-palatalisées*, mais aussi *palatalisées-vocalisées*. C'est à des mécanismes de ce type qu'on doit la formation de pseudo-voyelles [iː] ou de pseudo-diphtongues [^{əi}] que nous présenterons ci-dessous. Bien reconnaître ces faits, qu'il est pourtant souvent tentant de considérer comme des "voyelles" ordinaires, est essentiel.

Ces différents faits présentent des prononciations très caractéristiques, associant une réalisation vocalique détimbré, légèrement fermée et antérieure associée à un effet de palatalisation, allant de [ə^{i}/^{əi}] à [i]. Nous verrons bientôt que l'orthographe de "gaxai" *porc* suggère une séquence "x + diphtongue", et telle est bien l'interprétation la plus courante. Il est donc tentant de prononcer alors *[gaxaï], erreur des plus banales. La prononciation est en fait [gax^{əi}], le [x^{əi}] ressemblant plus à "khè" qu'à "khaï". Il en va de même quel que soit le timbre de la voyelle initiale : [nox^{əi}] *chien* et non *[noxoï], [süːt^{əi}] *avec du lait, au lait* et non *[süːteï], etc.

Ces phénomènes sont inséparables de la consonne qu'ils affectent, aussi bien à la perception qu'à l'émission, il ne s'agit pas de "voyelles" ou de "diphtongues" autonomes suivant la consonne.

Relevons quelques points importants :

- Absence de plusieurs consonnes nues ([z], [c], [t], [x]) ;

- Les palatales palatalisées [ž], [č], [š] sont notées avec la transcription usuelle sous laquelle nous les retrouverons dans tout l'ouvrage et non [z^{i}], [c^{i}], [s^{i}]. Il n'en reste pas moins qu'elles sont les variantes palatalisées ordinaires de [z], [c], [s].

- Consonnes vocalisées-palatalisées et palatalisées-vocalisées semblent parfois faire double emploi et paraissent identiques en vocalisme antérieur : [mi][ri][ni] etc. Mais la similitude n'est pas totale : dans le cas des consonnes palatales, la palatalisation des vocalisées-palatalisées n'agit pas sur la consonne et on observe alors [zi][ci][si] au lieu des [ži][či][ši] des palatalisées-vocalisée.

- Enfin, la palatalisation est toujours antérieure, et même en vocalisme postérieur, on ne rencontrera qu'une consonne palatalisée [g^{i}], réalisée comme le [g] de *gui*, et jamais la réalisation postérieure [γ].

Cette présentation des sons du mongol a mis en place quelques définitions, attiré l'attention sur certains faits. Elle n'a pas la prétention de se substituer ni à une description fine et complète, ni aux longues séances d'apprentissage, ni à une pratique vivante. Elle fournit du moins au lecteur une transcription dont les bases lui seront connues.

L'image est simple : coupure des deux contextes, initial et non initial ; unique voyelle initiale (c'est la raison pour laquelle nous n'avons pas traité de l'accent : ce qu'on peut lui comparer est pour l'essentiel fixe et tombe naturellement sur cette première voyelle) ; influence de cette voyelle tout au long de l'inertie du mot ; nombreuses consonnes non-initiales associés à des traits sonores détimbrés mais souvent essentiels. La mise en exposant dans notre transcription des traits devant être réalisés réduits et détimbrés en donnera une représentation simple.

Consonnes non-initiales :

consonne	nue	palatalisée	vocalisée	vocalisée-palatalisée	palatalisée-vocalisée
b	b p f	b^i v^i w^i	$b^ə$ $w^ə$	$b^{əi}$ $w^{əi}$/bi wi	bi wi
m	m	m^i	$m^ə$	$m^{əi}$/mi	m^i
d	d t	d^i	$d^ə$	$d^{əi}$/di	di
t	-	t^i	$t^ə$	$t^{əi}$/ti	ti
n	n ŋ	n^i	$n^ə$	$n^{əi}$/ni	ni
l	l	l^i	$l^ə$	$l^{əi}$/li	li
r	r	r^i	$r^ə$	$r^{əi}$/ri	ri
z	-	ž (z^i)	$z^ə$	$z^{əi}$/zi	ži
c	-	č (c^i)	$c^ə$	$c^{əi}$/ci	či
s	s	š (s^i)	$s^ə$	$s^{əi}$/si	ši
g	k g	g^i	$g^ə$ $\gamma^ə$	$\gamma^{əi}$/gi	gi
x	-	x^i	$x^ə$	$x^{əi}$/xi	xi

Nous ne traiterons ici que des deux écritures actuellement en usage : les écritures mongoles uigur et cyrillique. Il s'agit dans les deux cas d'écritures alphabétiques. Rendons justice à l'une des plus singulières richesses du patrimoine mongol : avoir expérimenté presque chacun des systèmes d'écriture de l'Eurasie, mais aussi avoir à maintes reprises fait cohabiter depuis le XIIIe siècle plusieurs de ces écritures. Cette continuité et cette diversité rendent d'ailleurs moins paradoxale l'actuelle coexistence de deux écritures notant la même langue.

Après un rapide aperçu historique, nous proposerons pour chacune des deux écritures une description graphique des alphabets eux-mêmes. Les problèmes techniques qui se rencontrent à l'écriture et à la lecture des lettres et les conventions proprement orthographiques de chaque écriture seront abordés par la suite, au fur et à mesure des besoins.

Aperçu historique

L'écriture uigur est d'origine sémitique, dérivée de l'écriture sogdienne, elle-même empruntée aux écritures encore plus occidentales, syriaque et araméenne, qui ont aussi donné naissance aux écritures sémitiques modernes, principalement arabe et hébraïque.

Le nom donné ici à cette écriture (uigur-mongole, ou plus simplement ici uigur) tient aux origines de l'alphabet. Il n'est pas question de lui dénier la qualité d'"écriture mongole". Mais les écritures mongoles ont été trop nombreuses pour que le besoin d'une précision ne se fasse pas sentir. Comme le remarquait avec humour le linguiste et écrivain mongol B.Rinčen, chaque écriture mongole s'est, en son temps, dénommée "nouvelle écriture"...

Le terme "uigur" éveille parfois certaines réticences et suscite quelques confusions. Il ne peut y avoir aucune ambiguïté. Son emploi ne signifie rien d'autre que l'indication d'une filiation entre alphabets, et non entre systèmes orthographiques, moins encore entre langues, de même que l'écriture "latine" note des langues aussi diverses que le français, l'anglais, le polonais, le hongrois, le turc ou... le mongol, puisque l'expérience a aussi été tentée.

L'écriture mongole cyrillique (que nous appellerons désormais simplement "écriture cyrillique"), dérivée du cyrillique russe, se rattache à l'ensemble grec et latin des alphabets européens. Les deux écritures, aussi éloignées en apparence, possèdent donc une origine commune.

Le mongol a été également noté, aux XIII-XIVème siècles à l'aide d'une écriture adaptée du tibétain, l'écriture hP'ags-pa. Les caractères chinois, sans avoir fourni une écriture proprement mongole, étaient utilisés pour la notation d'au moins une langue protomongole importante, le kitan. Enfin, l'alphabet latin a connu en République populaire de Mongolie en 1940-1941 une utilisation éphémère.

A ces écritures s'ajoutent de nombreuses réformes et refontes, dont les plus célèbres sont l'écriture réformée mongole-oirad, dite "Ecriture claire", créée par le dignitaire lamaïque oirad Zaja-Pandita en 1648 et l'alphabet Sojombo, oeuvre du prince et dignitaire religieux, sculpteur et poète Zanabazar en 1686, toujours présent puisque le symbole figurant sur le drapeau mongol est emprunté à cette écriture. S'y ajoutent des modifications subies à plusieurs reprises par ces alphabets, et dont le dernier avatar fut l'écriture réformée au début du XXème siècle par le bouriate Agvandorži (Ecriture Vagindra). Ce tableau exceptionnellement vaste et riche est encore élargi par trois alphabets cyrilliques notant des langues mongoles (Xalx, Bouriate, Kalmouk). Enfin, L'écriture mongole-uigur est elle-même, à la fin du XVIème siècle, le modèle de l'écriture mandchoue.

Origines de l'écriture uigur-mongole

Diverses tentatives antérieures, dont les inscriptions turques de l'Orxon (VII-VIIIe siècles), attestent que l'écriture est un phénomène connu de longue date dans la région. Mais, si d'autres peuples de la steppe y ont eu recours antérieurement, rien ne permet de supposer que les Mongols eux-mêmes en aient été pourvus avant le début du XIIIe siècle.

C'est à cette époque, alors que s'édifie l'empire de Cinggis qan (Gengis khan) que les Mongols se dotent avec certitude d'une écriture dont l'écriture uigur actuelle est directement l'héritière.

Les hypothèses sur l'origine de cette écriture sont multiples, mais les documents font défaut : les Mongols auraient pu se doter d'une écriture issue de l'écriture uigur par des intermédiaires différents.

Ces hypothèses renvoient aux conditions qui prévalaient dans le monde nomade à la veille de l'unification mongole et en particulier à l'existence de groupements et d'alliances ethniques et culturelles hétérogènes. Une seule hypothèse est étayée par un témoignage direct : un lettré uigur, Tatatonga, dont l'existence historique est attestée par le Yuanshi, et jusqu'alors garde du sceau du souverain des Naiman, vaincu en 1204, aurait été chargé de veiller à l'instruction des fils de Cinggis qan. Il n'est donc question que de l'utilisation des compétences de "techniciens" uigur et non d'un emprunt fait aux Naiman eux-mêmes.

Selon une autre hypothèse, la source serait à rechercher chez les Kitan. D'une part, les Kitan, linguistiquement proches des Mongols, sont bien dotés d'une écriture (à vrai dire de deux, ce qui les rend plus proches encore). Cette écriture, la "petite écriture", distincte de la "grande écriture" élaborée à partir des caractères chinois, était d'ailleurs elle aussi un emprunt à l'écriture uigur et peut donc avoir constitué un prototype pour l'écriture mongole.

D'autre part, surtout, les Kitan sont les véritables prédécesseurs des Mongols dans la longue succession des hégémonies nomades, et leur rôle d'intermédiaires et d'interprètes, lors de la conquête mongole en Chine, est bien connu. Rien n'atteste toutefois une filiation directe et le contact direct avec les Kitan semble postérieur à l'adoption de l'écriture, du moins si on en croit la tradition.

C'est surtout la création de l'empire qui pousse à l'adoption d'une écriture. D'autant que le territoire gouverné s'étend et que les structures de l'administration gagnent en complexité. Il est possible que cette adoption ait été stimulée par la connaissance de l'expérience kitan. Mais ce besoin a pu être satisfait à la suite de contacts plus immédiats, voire accidentels, lors des luttes de l'unification, en particulier avec les lettrés uigurs capturés chez les Naiman par les Mongols.

Quoiqu'il en soit , cette écriture, après avoir affronté la concurrence d'autres systèmes graphiques s'impose jusqu'à l'époque contemporaine comme écriture nationale mongole.

L'adoption de l'écriture cyrillique

Le passage à une nouvelle écriture, fait en lui-même "banal" dans la tradition écrite mongole, est évidemment inséparable des changements politiques, économiques, sociaux et culturels qui bouleversent la Mongolie du XXe siècle. Ce passage est une nouvelle illustration de ce qu'aucun grand tournant dans l'histoire des peuples de la steppe et chez les Mongols en particulier n'intervient sans s'accompagner d'une remise en question des écriture en usage. Sans doute en va-t-il de même aujourd'hui.

Ce passage est très directement lié aux diverses étapes de la restauration de l'indépendance nationale, à la création de la République populaire de Mongolie, à la mise en oeuvre d'une "révolution culturelle". Celle-ci a connu des étapes et des contenus divers : les buts et les impératifs d'une alphabétisation massive, l'élévation rapide du niveau culturel de la population, mais aussi la négation brutale du passé. Au nom du progrès, il a été porté atteinte à des valeurs culturelles et nationales essentielles.

Pendant plusieurs dizaines d'années, la Mongolie s'est trouvé pratiquement en relations avec la seule URSS. En même temps que cette situation a sans doute permis à la Mongolie de subsister en tant qu'Etat, elle s'est trouvée entraînée dans l'orbite du "modèle soviétique". Ceci concerne aussi la vie culturelle. Maintes mesures ont fait moins l'objet d'un choix libre que d'un emprunt forcé ou d'une copie de prototypes soviétiques présentés à la fois comme summum du progrès et seules solutions praticables et idéologiquement acceptables. La réforme de l'écriture se situe au coeur de cette problématique.

Une première tentative intervient en avril 1930 avec le lancement de la latinisation (alors aussi en vogue pour l'alphabétisation de nombreuses langues non russes de l'URSS). Un Comité pour la latinisation est créé, mais dissous dès 1932. Le ministre de l'éducation d'alors, Batutemür, est d'ailleurs condamné, au cours des purges des années 1937-1939, pour avoir été un des initiateurs de cette "tentative pour détruire l'écriture nationale mongole".

La question revient à l'ordre du jour en 1940, quand la Mongolie entre dans une nouvelle étape de son développement, désormais socialiste. C'est encore alors à l'alphabet latin que vont encore les préférences des responsables mongols. On fixe comme objectif, en avril 1940, le passage en cinq ans à "l'enseignement de l'écriture latine et à l'emploi des chiffres arabes". C'est ainsi que la médaille décernée quelques mois plus tard aux participants aux batailles qui de mai à août 1939 avaient opposé les troupes soviétiques et mongoles à l'armée japonaise est, porteuse d'un "Halhin gol", du nom du lieu des combats, gravé en caractères latins.

En moins d'un an, on assiste à un revirement radical. Le 25 mars 1941, l'alphabet cyrillique, légèrement remanié, remplace l'alphabet latin comme écriture officielle. Ce revirement, qui n'est pas sans rapport avec les aléas de la politique linguistique soviétique elle-même, témoigne évidemment du poids politique dont l'URSS pèse dans la vie mongole. Il a aussi d'autres raisons (facilités techniques, apprentissage du russe plus facile pour les jeunes Mongols formés en URSS, etc.). Un rôle important revient, dans la mise au point du nouvel alphabet et dans sa popularisation à un jeune intellectuel, à peine tiré d'une prison où l'avaient jeté les purges staliniennes, Cendiin Damdinsüren (1908-1986).

Pendant la Seconde guerre mondiale, l'entrée en vigueur de la réforme est lente. Le 18 mai 1945, un échéancier officiel prévoit la rédaction en cyrillique de tous les actes et documents officiels à partir du 1er juillet 1950. L'alphabétisation connaît dès lors un réel succès. D'environ 20 % en 1940, la proportion d'alphabétisés passe à 42,2 % en 1947, 62,4 % en 1950. C'est en 1956 que l'analphabétisme est considéré comme éradiqué, 90,5 % des personnes de 13 à 45 ans sachant lire et écrire.

En 1954, la Chine semble vouloir suivre la même voie et adopte officiellement le cyrillique comme écriture mongole en Chine. Cette mesure, dont ne subsistent que quelques raretés bibliographiques, ne survit pas à la dégradation des relations entre la Chine, l'URSS et la Mongolie à partir du début des années soixante. L'écriture uigur reste seule écriture officiellement en usage parmi les Mongols de Chine.

Après le passage au cyrillique, la vie culturelle de la Mongolie est marquée pour plusieurs années par ce changement, les efforts faits pour l'implanter s'accompagnant d'une dévalorisation de l'écriture uigur, nommée dès lors [xu:$\check{c}^{i}$n bi$\check{c}^{i}$g] "Ecriture ancienne" - ou plus précisément "Vieille écriture" , avec une nuance dépréciative évidente. Elle est retirée de l'enseignement primaire et secondaire et cantonnée à une maigre place dans l'enseignement littéraire supérieur.

Une situation se crée, dans laquelle l'écriture uigur continue à être utilisée par les personnes ayant appris à lire avant 1945 (par exemple pour la prise de notes lors d'un entretien), et ne conserve qu'un vague prestige culturel, historique et esthétique (dos de livres, inscriptions votives, etc.). Au fil des années, malgré la parution d'assez nombreux ouvrages d'auto-apprentissage de l'écriture uigur, la masse de la population, en particulier la jeunesse, ignore de plus en plus largement l'écriture uigur et perd de ce fait le contact avec une part importante de son patrimoine culturel, littéraire et historique. En Chine, en particulier au cours des années sombres de la Révolution culturelle, c'est l'existence même d'une culture mongole qui s'est trouvée menacée.

Dans les deux pays, les années quatre-vingts ouvrent une période nouvelle. A la renaissance nationale et culturelle des Mongols de Chine répond la volonté affirmée toujours plus nettement en Mongolie de se réapproprier le patrimoine national. Une conséquence directe de cette attitude est la remise à l'honneur de l'écriture uigur en Mongolie, avec en particulier sa réinscription dans les programmes scolaires secondaires depuis 1987.

L'écriture est au coeur des changements politiques intervenus en 1989-1991. Revendication politique au cours des manifestations de l'hiver 1989-1990, pour lesquelles le cyrillique est le symbole de l'ancienne domination soviétique, le rétablissement de l'écriture uigur comme écriture nationale officielle est une des grandes orientations adoptées au printemps 1991 par le Parlement mongol. Le retour à l'écriture uigur doit alors s'opérer à partir de 1994.

On passe peu à peu d'un projet de bouleversement rapide à l'idée d'une transition devant s'effectuer en une dizaine ou une quinzaine d'années. En mars 1994, une instruction gouvernementale stipule encore que les actes officiels seront dorénavant rédigés en écriture uigur. Mais les enthousiasmes et hâtes excessifs sont sans doute retombés, la coloration symbolique et idéologique des premiers temps s'estompe ou ne passionne plus que des milieux restreints. L'opinion exprime à près de 70 % dans les sondages son rejet d'une réforme qu'elle pressent difficile et coûteuse, peut-être inefficace.

Il ne s'agit pas de rejeter l'écriture uigur (qui devrait être enseignée à partir de la 4ème classe pour 52,8 % des personnes interrogées), mais de refuser (à 87,3 %) que les documents officiels soient désormais rédigés dans une écriture que trop peu de citoyens pratiquent effectivement.

Il s'agit aussi d'organiser la cohabitation entre deux écritures qui, selon les mots du Président mongol P. Otchirbat, "appartiennent désormais toutes les deux à la culture mongole". Lors de sa session de juillet 1994, le Parlement mongol, tout en encourageant la poursuite du travail éducatif, remet en question le retour à un rôle unique et exclusif de l'écriture uigur comme écriture officielle.

Depuis cette date, les passions sont un peu apaisées, mais le sujet reste très présent, et les discussions animées. Après quelques hésitations, le Parlement adopte en juin 1995 un Programme national pour 1995-2005 qui relance la question, mais dont l'essentiel tient en déclarations d'intentions. On ne peut évidemment préjuger de l'avenir, et nous disserterions à l'infini sur les avantages et les inconvénients aussi bien de la situation présente que des multiples scénarios possibles. Constatons seulement qu'à ce jour les résultats obtenus restent modestes. Seuls 6,5 % des personnes interrogées lisent et écrivent couramment - et il s'agit principalement de personnes connaissant l'écriture uigur avant la réforme, 16,6 % lisent couramment mais éprouvent des difficultés à écrire, 30,6 % n'écrivent pas et se débrouillent tant bien que mal à la lecture, 21,4 % ne peuvent que déchiffrer lettre à lettre, 24 % avouent ne savoir ni lire ni écrire.

Les difficultés auxquelles la Mongolie est confrontée pour sortir d'une crise profonde ne sont sans doute guère propices à des investissements culturels massifs. Les technologies nouvelles seront, en cette matière aussi, d'un grand secours le moment venu : l'élaboration informatique de polices de caractères mongols n'a rien d'extraordinaire, et les moyens actuels de reproduction permettent d'espérer que les coûts de l'opération seraient sans commune mesure avec ceux qu'aurait entraîné la typographie classique. Encore faut-il que ces technologies soient maîtrisées et utilisées à bon escient et que la mise au point des outils, nous pensons à des logiciels en particulier, partent d'une analyse rigoureuse des besoins, des contraintes et des possibilités.

L'écriture mongole-uigur

Cette écriture, issue par emprunts successifs, des alphabets sémitiques anciens (araméenne, syriaque), doit à cette origine sa disposition apparemment si étrange : elle est écrite et lue verticalement, les colonnes étant ordonnées de gauche à droite.

On cherche souvent à rapprocher cette disposition de celle de l'écriture chinoise. C'est à tort : Les écritures sémitiques anciennes, comme plusieurs de leurs héritières, étaient disposées de droite à gauche. Sans inconvénient sur cire ou argile, le fait de passer la main sur les caractères qui viennent d'être tracés s'est avéré une gêne bien réelle avec l'invention de l'encre. Soit le sens de l'écriture est passé de gauche à droite, comme dans les écritures européennes, soit on a tourné la page d'écriture (comme dans la pratique fréquente des gauchers), le texte étant remis dans le sens "normal" à la lecture. Cette pratique s'est simplifiée avec le temps, et la lecture s'est adaptée à l'orientation de l'écriture.

Les lignes ci-dessous ne sont qu'une illustration, un premier regard à cette écriture :

[či ju xiːž ba^{i}n^{ə} ?]
Que fais-tu ?

[bi mong^{ə}l xel surč ba^{i}n^{ə}]
J'apprends la langue mongole

[mong^{ə}l xel sur^{ə}x durt^{əij}u ?]
Tu aimes étudier la langue mongole ?

[sur^{ə}x ix durt^{əi} gewč baːx^{ə}n xüč^{i}rd^{ə}ž ba^{i}n^{ə}]
J'aime beaucoup l'apprendre, mais c'est assez dur

Dans les pages qui suivent, nous irons du matériau graphique à l'alphabet, mais aussi, déjà, aux premiers éléments d'une tradition orthographique qui se dégagera dans la suite du livre.

Pour diverses raisons techniques, les écritures d'Asie centrale de même origine n'ont pas utilisé de caractères détachés et isolés. Les divers types d'écriture, y compris la typographie, ont conservé un lien très direct avec la cursive. Si le pinceau d'origine chinoise (le mot [biːr] qui le désigne est un emprunt direct) a connu une grande diffusion, les origines occidentales de cette écriture restent perceptibles dans le large usage de calames en roseau ou en bois taillé (xuls^{ə}n üz^{ə}g, mod^{ə}n üz^{ə}g). La typographie, récente (XIXème siècle), a succédé à une longue tradition de xylographie ([mod^{ə}n bar], chaque page étant gravée d'un seul tenant sur une planche). Le mot mongol est noté lié, le plus largement d'un seul mouvement, divers éléments - traits détachés de certaines lettres, signes diacritiques - étant placés après coup, comme nous le pratiquons couramment en cursive (barre du "t", points sur les "i").

Disposition verticale et persistance de la cursive ont des effets importants sur la forme des lettres. Il est souvent affirmé, et maintes descriptions s'en tiennent à cette image sans plus d'explications, que les lettres mongoles présenteraient des formes différentes suivant qu'elles sont en initiale, en médiane ou en finale dans le mot. Cette annonce a de quoi effrayer le débutant. Elle n'est heureusement que partiellement vraie.

1°) **Graphie médiane** : c'est la graphie la plus élémentaire, et nous la tiendrons pour la configuration essentielle de chaque lettre.

2°) **Graphie initiale** : les différences entre *initiale* et *médiane* sont du même ordre que dans les autres écritures alphabétiques présentant une distinction entre *majuscule* et *minuscule*. Les majuscules initiales ne sont en règle général rien d'autre qu'une amplification des traits graphiques constituant la minuscule.

Chaque mot mongol commence donc par une *majuscule* (qu'on pense à la majuscule initiale des substantifs allemands). Cette présence systématique tient sans doute à deux facteurs. Tout d'abord, la majuscule permet de reconnaître le début d'un mot nouveau. Par ailleurs, elle permet de retrouver sans effort la ligne d'écriture verticale après une suspension du geste. Les déformations des majuscules répondent souvent à cet objectif par un mouvement de balancier de part et d'autre de la ligne, associé à l'amplification du geste.

3°) **Graphie finale** : la raison d'être de graphies finales particulières s'apparente également étroitement à la gestuelle de l'écriture cursive. Le "moteur" est ici surtout dans la maîtrise de l'effort propre à l'écriture. On retrouvera donc ici les lettres médianes, plus ou moins affectées par l'intensité du geste, et non des configurations nouvelles

La variation est, comme en initiale, une amplification. Mais ici, le geste s'élargit pour relâcher le bras et évacuer le surplus d'énergie accumulée pour écrire le mot en continu. Le maintien permanent de celle-ci entraînerait vite, on le sait, fatigue, crispation, crampes et détérioration de la graphie. Le surplus d'énergie doit être éliminé après chaque mot pour permettre une écriture régulière et prolongée. C'est ce relâchement qui apparaît dans des formes terminales étirées. Celles-ci sont aussi modelées par le besoin d'une trajectoire retrouvant aisément la ligne d'écriture. Enfin, les dimensions prises par la graphie finale répondent aussi à une esthétique, à des styles calligraphiques et... à des modes.

Un exemple clair est fourni par la forme que prend en finale un petit jambage médian (image de gauche) : une *queue* étirée à droite de la ligne d'écriture (image de droite). La partie allongée vers la droite de cet élément correspond en effet à un geste final enchaîné sur un petit jambage encore présent (au centre). Ce geste terminal devient essentiel, au point que le jambage lui-même, toujours possible, est devenu le plus souvent facultatif, comme le montre la forme cursive la plus courante :

Dans le cas d'une boucle, on reconnaîtra son amplification :

[u] médian [u] final

mais, si la lettre est une boucle déjà amplifiée, la forme finale accentuera sensiblement ce trait :

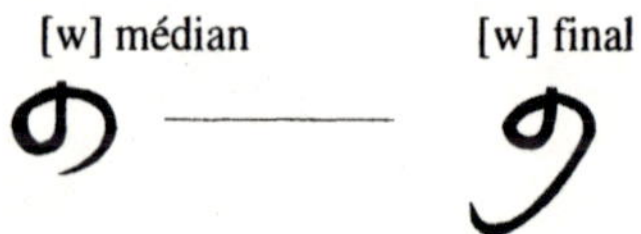

Les traits graphiques élémentaires

Comme toutes les écritures alphabétiques, l'écriture uigur fait appel à un matériau élémentaire très restreint : petit jambage, grand jambage et boucle (donnés ici sous deux formes, typographique et manuscrite) :

petit jambage :

grand jambage :

boucle :

Seuls ou entrant dans diverses combinaisons, ce sont ces traits qui forment à leur tour les diverses lettres.

Comme dans toute autre écriture alphabétique, des traits identiques entrent dans la composition de lettres différentes : deux petits jambages + , toujours reliés par leur base, donnent la lettre [g] ou [x] mais aussi éventuellement deux lettres consécutives, par exemple [an], l'aspect graphique étant le même.

Les traits graphiques forment une nomenclature précise où chacun porte un nom qui lui est propre :

A part le [gol] *rivière* ou [nuru] *épine dorsale* qui désigne simplement le trait empruntant la ligne d'écriture, on reconnaîtra le plus couramment le petit jambage, produit par une indentation de la ligne d'écriture, sans suspension du geste, dit "šüd" *dent*, ou "acag" *fourche, bifurcation*, (plusieurs autres termes sont également possibles). Son initiale présente une forme dite [tit^{ə}m] ou [tit^{i}m], du grec *diadema*), *diadème*, dont le mouvement de balancier permet de retrouver sans effort la ligne d'écriture. Nous avons vu sa forme finale dite *queue*. Une autre variante, à gauche de la ligne, donc symétrique de la précédente, prolonge des mouvements partant à droite ou revenant de droite à gauche. Ce trait est dit [orx^{i}c] *trait décoché*, mais aussi *chose ou personne abandonnée*, ou [cacl^{a}g^{a}] *éclaboussure* :

[x^{ə}] ; [w^{ə}] ; [r^{ə}]

Le deuxième grand trait est constitué d'un jambage oblique de longueur approximativement double de celle de la *dent* : est le [šilb^{ə}] *tibia* ou *tige* ; [urt šüd] *dent longue*, ou enfin [šulun šilb^{ə}] *tige droite*, pour le distinguer de plusieurs lettres auxquelles il sert de base :

[etg^{ə}r šilb^{ə}] *tige retroussée* ; [matg^{ə}r šilb^{ə}] *tige incurvée* ; [örg^{ə}st šilb^{ə}] *tige avec une épine ;* [gogcot^{oi} šilb^{ə}] *tige gansée*, également dite [ged^{e}st^{ei} šilb^{ə}] *tige avec panse* ou [senžt^{ei} šilb^{ə}] *tige avec bride* ; [bitü šilb^{ə}] *tige épaisse* ; [xölt^{əi} šilb^{ə}] *tige avec jambe*. Le grand jambage n'a pas de graphie initiale propre, sinon, en cursive, une amorce souvent comparable à celle du "diadème" du petit jambage.

Par contre, pour la graphie terminale, à nouveau, c'est le mouvement final de libération du geste, avant de retrouver la ligne d'écriture pour le mot suivant, qui devient représentatif, le grand jambage disparaissant en tant que tel :

Le dernier élément de base est la *boucle* : [ged^{ə}s] ou [xodod] *panse, estomac*, qui forme une boucle fermée à gauche de la ligne d'écriture, présentant un arrondi symétrique à droite en finale ou pour certaines lettres : . La fin de la boucle n'y franchit pas la ligne d'écriture.

Enfin, quelques traits semblent échapper à cet inventaire très réduit. Cette impression n'est que partiellement justifiée. Ainsi, le [zawž] *commissure des lèvres* est un grand jambage, dont la seule particularité est d'être à cheval sur la ligne d'écriture, comme le montre la cursive . Les deux traits et [ew^{ə}r] *corne* ([urda ew^{ə}r] *corne avant* ou de [elg^{ə}n talda ew^{ə}r] *corne du côté du foie*), ou [gez^{ə}g] *natte, tresse*, sont dérivés du rencontré plus haut. Ces "cornes" sont elles-mêmes différenciées : [žalžg^{ə}r ew^{ə}r] *corne en forme de "Za"* ; [sere ew^{ə}r] *corne en harpon, en fourchette*. On parle de [arda ever] *corne arrière*) pour désigner deux traits situés à droite de la ligne d'écriture. On distingue [ö:dö ever] ou [de:še ever] la *corne montante* du [l], et [uruga ever] ou [do:šo ever] la *corne descendante* du [m], dite aussi [gederge ever] ou *corne renversée*.

Ces différents traits, dont la liste n'est pas ici exhaustive, présentent entre eux des proportions relativement constantes. De façon un peu schématique, l'étalon peut être fourni par le petit jambage, dont la longueur définit aussi l'écart entre deux jambages successifs, le diamètre de la boucle, le grand jambage, pour sa part, ayant une longueur de une fois et demie à deux fois supérieure.

Quelques traits graphiques typographiques et cursifs

On notera le peu d'écart entre typographie et cursive. En haut à gauche, nous avons superposé le petit et le grand jambage. Distingués par leur seule dimension en cursive, ils présentent une différence plus nette en typographie. Cette distinction (triangle lié par une base à la ligne d'écriture pour le petit jambage, un sommet touchant la ligne pour le grand) est un bon exemple des survivances de la gravure xylographique. Le plan à graver pour chaque ligne de la planche devant être de largeur constante, les deux jambages sont de longueur comparable et c'est l'orientation convergente ou divergente des coups de gouge qui doit suffire à les différencier :

Alphabet

Avant de passer à l'organisation de ces traits élémentaires en un alphabet, soulignons le rôle essentiel de la ligne d'écriture. D'une part, les traits graphiques sont principalement situés à la gauche de la ligne, et seuls quelques éléments apparaissent à droite. D'autre part et surtout, certaines lettres débordant à droite de la ligne sont à cheval sur la ligne cependant que d'autres s'arrêtent à leur retour à la ligne d'écriture. Suivant les cas, l'élément "suivant", par exemple un petit jambage, constitue donc soit la fin d'une lettre, soit la lettre suivante.

Voyelles

La notation des voyelles en écriture uigur est à la fois simple, économique et ambiguë. Simple et économique en ce sens qu'elle ne fait appel qu'aux trois traits graphiques élémentaires (petit jambage, grand jambage, boucle) et qu'elle intègre à la perfection la structure phonologique des voyelles mongoles et la dualité des contextes initial et non-initial que nous avons commencé à entrevoir..

Ambiguë, car les mêmes signes peuvent noter des faits de natures diverses : voyelles initiales (oppositions de timbre et opposition de deux séries postérieure et antérieure), voyelles non-initiales (opposition entre non-arrondie et arrondie), mais aussi vocalisations et palatalisations, ainsi que diverses fonctions strictement graphiques.

Elles sont donc parfois difficiles à identifier si on cherche à voir dans chaque lettre l'équivalent direct d'un fait phonique. Les difficultés ne sont pas très éloignées des pièges qui guettent le lecteur des "lettres muettes" du français.

L'inventaire des voyelles est pour l'essentiel réduit au *petit jambage* pour les voyelles non arrondies ; à la *boucle* pour les voyelles arrondies ; au *grand jambage* pour la palatalisation, c'est-à-dire, là où il s'agit réellement d'une voyelle - en contexte initial, pour le [i].

Voyelles en contexte initial

Celui-ci étant constitué d'une seule voyelle, éventuellement précédée d'une unique consonne, les solutions orthographiques sont en nombre restreint.

Voyelle en initiale absolue

La présence d'une voyelle en initiale absolue est signalée par la mise en place d'un petit jambage en graphie initiale : . Ce "diadème" couronne donc toute voyelle majuscule. Passé ce signal, les difficultés peuvent commencer !

La voyelle [a] prend la forme d'un double jambage : . Le [e] confond signal initial et voyelle en un seul . On ne peut donc pas confondre [am...] et [em...].

Par contre, dans le cas des voyelles moyennement ou fortement arrondies, les risques de confusion sont plus importants. La seule distinction fournie n'est pas entre [o] et [u], [ö] et [ü], mais entre voyelles postérieures [o] et [u] et antérieures [ö] et [ü]. Ces deux dernières sont en effet affectées par un *grand jambage* qui indique, avec une clairvoyance remarquable, la légère palatalisation qui les caractérise : peut être lu aussi bien [om...] que [um...], cependant que peut être lu [öm...] ou [üm...].

Enfin, la voyelle antérieure [i], mais aussi son homologue postérieure [ï/ja], sont notées à l'aide d'un grand jambage suivant la marque de voyelle initiale : .

Voyelles derrière consonne initiale

La consonne occupant la position initiale, [a] et [e], également notées à l'aide d'un petit jambage , sont désormais identiques : peut être lu aussi bien [ma...] que [me...].

Pour les voyelles [o], [u], [ö] et [ü] : est aussi bien [mo] que [mu] et peut être lu soit [mö] soit [mü].

Si le grand jambage note bien la voyelle [i] en contexte initial, elle y note aussi la palatalisation de la consonne initiale (par exemple de [s] en [š]). Mais le grand jambage prend alors la place de la voyelle initiale, dont le timbre n'est plus noté. Ainsi une notation correspond-elle plus souvent à une lecture [šar...], [šor...] ou [šür...] que [šir...]. La réalisation [i] n'est probable que si le mot appartient au vocalisme antérieur, ce qui n'est pas toujours évident. Mais nous quittons déjà l'alphabet pour des problèmes orthographiques que nous résoudrons le moment venu.

Tableau écriture / lecture des voyelles en contexte initial :

Récapitulons ces informations dans un double tableau, l'un servant à l'écriture (comment écrire un [a] ou un [ö] ?), et l'autre à la lecture (que lire si on rencontre   ou   ?) :

voyelle	initiale absolue	derrière consonne
[a]		
[e]		
[o]		
[ö]		
[u]		
[ü]		
[i]		
	[a]	-
	[e]	-
	-	[a] ou [e]
	[o] ou [u]	-
	-	[o] ou [u]
	[o] ou [ü]	-
	-	[ö] ou [ü]
	[i] ou [ï/ja]	-
	(consonne [z/ž])	[i] ou palatalisation

Pour des impératifs de mise en page, les exemples en écriture uigur intégrés au texte seront désormais présentés horizontalement (les disposer verticalement en augmenterait démesurément le volume). Le lecteur excusera l'inconfort auquel nous le condamnons ainsi !

Voyelles longues

Les procédés sont essentiellement les mêmes en initiale absolue et derrière consonne (les parenthèses soulignent des formes rares) :

Lettre	unique		redoublée		dédoublée avec hiatus	
Voyelle	initiale absolue	après consonne	initiale absolue	après consonne	initiale absolue	après consonne
[aː]	[illegible]	[illegible]	[illegible]	[illegible]	[illegible]	[illegible]
[eː]	[illegible]	[illegible]	[illegible]	[illegible]	[illegible]	[illegible]
[oː]	[illegible]	[illegible]	[illegible]	[illegible]	[illegible]	[illegible]
[öː]	[illegible]	[illegible]	[illegible]	[illegible]	[illegible]	[illegible]
[uː]	[illegible]	[illegible]	[illegible]	[illegible]	[illegible]	[illegible]
[üː]	[illegible]	[illegible]	[illegible]	[illegible]	[illegible]	[illegible]
[iː]		[illegible]	[illegible]	[illegible]		[illegible]

Le lecteur mettra en relation ce tableau et les quelques exemples qui suivent : ᠠᠪᠤ [aːw] *papa*, ᠠᠭᠤᠯᠠ [uːl] *montagne*, ᠪᠢᠷ [biːr] *pinceau*, ᠲᠠᠤᠯᠠᠢ [tuːl^{əi}] *lièvre*, ᠡᠬᠦᠯᠡ [üːl] *nuage*, ᠳᠡᠪᠡᠯ [deːl] *deel (vêtement)*, ᠨᠠᠭᠤᠷ [nuːr] *lac*, ᠨᠢᠭᠤᠷ [nüːr] *visage*, etc.

Voyelles en contexte non-initial

L'écriture des voyelles non-initiales pourrait être très simple. L'écriture uigur opère avec une rigueur remarquable la démarcation entre l'initial et le non-initial. Il n'existe plus dans ce dernier que l'indication de l'opposition non-arrondie /A/ - arrondie /U/ et donc que deux voyelles écrites : la voyelle /A/, réalisée [a], [e], [o] ou [ö], toujours notée ; la voyelle /U/, réalisée [u] ou [ü], notée .

La réalité est plus complexe : Si tous les /A/ sont écrits et tous les /U/ écrits ,il ne s'ensuit pas que tous les sont des /A/ ni tous les des /U/ (de même que chaque "e" français n'est pas toujours la voyelle qu'on croit, quand "-ent" peut être soit la marque inaudible du pluriel verbal *diffèrent*, soit le [ã] de *différent*). Outre qu'ils entrent dans la composition de plusieurs autres lettres comme traits élémentaires, chacun de ces deux signes est en effet utilisé en outre à plusieurs fins, notant la vocalisation des consonnes, mais jouant aussi le rôle de signes intercalaires purement graphiques.

Une confusion importante concerne les "voyelles longues" qu'on croit reconnaître en contexte non-initial. En fait, ce qui apparaît dans le corps des mots sous les forme = + + ("a" + "g" + "a") ; = + + ("i" + "g" + "a") ; = + + ("a" + "g" + "u") ne note pas, comme en initiale, des voyelles longue [aː] ou [uː] : le premier trait, jambage ou boucle, n'est jamais une voyelle propre, mais un trait de vocalisation ou de palatalisation appartenant à la consonne qui précède, et qui lui reste attaché en toutes circonstances.

Ce fait est facile à mettre en lumière : le [l] qui produit de nombreux radicaux verbaux est vocalisé en - - , alors que celui qui forme un nom à partir d'un verbe ne l'est pas (- - -). De même ne peut-on confondre les deux radicaux -[barᵊ-] *s'accomplir, s'achever* et -[barⁱ-] *saisir, prendre ; construire.* Cette vocalisation pouvant être distinctive, l'écriture uigur l'isole donc de la voyelle par un hiatus graphique, outil essentiel qui n'est ici ni une "*consonne*" ni la "*marque d'allongement*" rencontrée en contexte initial. Il existe bien des rapports entre l'oral et le choix de cet outil, mais la logique en est principalement orthographique : ajouter directement la voyelle derrière un autre jambage "fabriquerait" qui ne pourrait être lu que [lx] ou [lg] au lieu de [la].

Sur les deux radicaux que nous venons de prendre en exemple, il est souvent nécessaire d'adjoindre des suffixes constitués d'une voyelle ou commençant par une voyelle. La voyelle étant notée par la seule lettre ou , elle est isolée du radical par une pseudo "consonne" {g} : – – [bara.../baru...] – – [bar^{i}a.../ bar^{i}u...]. Nous observerons la fixation de ce phénomène, dispositif essentiel de l'orthographe mongole uigur. Il est d'autant plus regrettable que l'orthographe cyrillique consolide l'impression de similitude (qui n'est que très partielle) entre ce phénomène et la notation du trait de longueur propre à la voyelle initiale.

Par contre, si la consonne précédente n'est ni vocalisée ni palatalisée, la voyelle est notée simplement comme dans [cagan] où le [g] est une consonne nue et non un hiatus, le /A/ se plaçant sans autre intermédiaire derrière lui.

Sans doute paraîtrait-il logique que nous traitions ici des diphtongues. Les exemples fournis, faisant largement appel à la connaissance des consonnes, auraient contraint le lecteur à d'incessants va-et-vient avec la suite de ce chapitre et à la recherche de lettres qui ne lui ont pas encore été présentées. Nous avons donc reporté la présentation orthographique des diphtongues à la fin de cette présentation alphabétique

Consonnes

Nous nous en tiendrons dans l'immédiat à un tableau strictement alphabétique. Nous donnerons en premier les graphies médianes, qui présentent les traits essentiels de chaque lettre de la façon la plus claire, et donnerons à leur suite les formes initiale et finale.

	Position :			
consonne	médiane	initiale	finale	observations
[n]				Vocalisé ou placé devant une voyelle (donc aussi en initiale), il est nécessairement accompagné à gauche de la ligne d'écriture d'un point , le [n] nu devant consonne et en finale en étant tout aussi *obligatoirement* dépourvu.
[b,w]				Une lettre unique note la consonne labiale non nasale. Médiane et initiale sont identiques. La lettre se termine avec le retour de cet arrondi à la ligne d'écriture. Tout élément intervenant lors du passage de la ligne appartient donc à la lettre suivante. Dans le cas où le [b,w] est suivi d'une boucle, celle-ci est enchaînée en continu comme dans [aːw] *papa* ;
				Seule la graphie finale franchit la ligne et prolonge de façon continue l'arrondi vers la gauche. On évite ainsi une confusion avec la forme finale de la boucle : , semblable au [b,w] initial et médian.
				Les lettres servant à la notation des labiales [p] et [f] dans les mots étrangers sont aussi des variations sur la même graphie.

Un certain nombre de consonnes sont facilement reconnaissables :

[m] Sur la ligne d'écriture, un jambage fournit le point d'ancrage à droite d'une "corne" descendante. En finale, la corne descendante prend place à l'intérieur de la courbe à droite de la "queue" terminale du jambage.

[l] Ces remarques s'appliquent aussi au [l], la corne étant alors montante. En finale, on lie d'un seul geste le jambage et la corne montante, nettement relevée pour éviter toute confusion avec une "queue".

[r] Grand jambage avec interruption et reprise de la ligne du haut vers le bas, formant ainsi une croix avec le grand jambage. La graphie initiale est identique à la graphie médiane. La graphie terminale présente un arc débordant nettement à droite de la ligne.

[s] C'est en fait un grand jambage chevauchant la ligne d'écriture. Anticipant sur l'orthographe, signalons que cette lettre note aussi bien [s] que [š]. Le groupe est toujours lu [š]. Médiane et initiale sont identiques.

[š] Sur la graphie du [s], marquée d'un double point diacritique à droite, cette lettre assure une notation de [š] réservée pour l'essentiel aux termes d'emprunt. Médiane et initiale sont identiques.

[c] Formée d'une corne montante anguleuse à gauche de la ligne d'écriture. Médiane et initiale sont identiques. Il n'existe pas de graphie finale.

[z] Formée d'une corne montante arrondie (ou oblique). En initiale, n'est formée que d'un grand jambage, à distinguer du {i} initial : . Souvent noté en cursive, il peut en découler une confusion entre [j] que [z]. Ne possède pas non plus de graphie terminale.

Suivies d'un grand jambage, elles notent, comme dans le cas de [s] et [š] les variantes palatalisées [č], et [ž] (en initiale absolue).

En pratique : la ligne d'écriture est interrompue en arrivant à la hauteur de l'embranchement de la corne, qui opère directement le retour à la ligne d'écriture :

2 1 1 2

[d/t]

La distinction entre [d] et [t] est une des principales difficultés de lecture des consonnes mongoles. D'une part, le même signe sert à noter les deux consonnes. D'autre part, la composition de la lettre semble complexe. En fait, elle associe une boucle et un jambage, seule la disposition se modifiant.

La graphie initiale comporte une boucle, située à droite de la ligne d'écriture, suivie d'un jambage. Il s'agit en fait de la graphie médiane ci-dessous ( ), ce que confirment les graphies des XIII-XIVème siècles. Le déplacement de la boucle vers la droite est un perfectionnement facilitant une tâche essentielle : fixer ou retrouver la ligne d'écriture grâce à la symétrie du balancement.

Devant une voyelle, une vocalisation, une palatalisation (donc aussi en initiale), [d] et [t] sont identiques.

[d]

La consonne non vocalisée, visible devant une consonne et en finale, est systématiquement identifiée comme [d] et est notée à l'aide d'une boucle suivie d'une dent (d'une queue en finale : , cursive :). Cette lettre, facile à confondre avec d'autres combinaisons de boucles et de jambages, doit faire l'objet d'un effort d'attention tout particulier.

Les deux consonnes vélaires /g/ et /x/ sont très directement apparentées. Elles présentent des variantes pour chacune des deux séries vocaliques. La notation de toutes ces consonnes repose sur une séquence de deux petits jambages et sur des manipulations de cette graphie de base.

Devant voyelle ou vocalisation :

[g]
[ẋ]

En vocalisme *postérieur* ([a],[o],[u]), et sauf devant une palatalisation, les deux consonnes sont notées à l'aide de deux dents consécutives. [g] est distingué de [x] par la présence de deux points. L'initiale comporte à droite un "arc" très ample qui n'est autre que le trait de liaison entre les deux dents, qui restent nettement visibles.

[g/x]

En vocalisme *antérieur* ([e],[ö],[ü]), les deux consonnes sont notées de façon commune par une lettre formée d'un arc à droite, identique en médiane et à l'initiale. L'arc se termine au retour à la ligne d'écriture, le dépassement signifiant le passage à la lettre suivante. Si l'arc est suivi par une boucle, celle-ci le prolonge sans rupture : .

[g^i/x^i]

La graphie "antérieure" s'emploie devant toute palatalisation, même si le mot est de vocalisme postérieur.

Devant consonne ou finale (consonne nue) :

[x] étant nécessairement vocalisé ou palatalisé, la consonne nue, qu'elle soit directement suivie d'une autre consonne ou en finale, est toujours perçue comme [g].

[g]

En vocalisme *postérieur* ([a],[o],[u]), elle est notée par un double jambage <u>sans</u> points diacritiques. En finale cursive, le deuxième jambage conserve la trace du jambage : toujours et non).

[g]

En vocalisme *antérieur* ([e],[ö],[ü]), la lettre est formé du même arc qui se termine à la ligne d'écriture. Seule la graphie finale franchit la ligne et prolonge de façon continue l'arrondi vers la gauche : cursive ; typographie .

La présence de la lettre et de ses diverses réalisations permet en général de supposer que le mot est en vocalisme antérieur. Il existe pourtant deux circonstances trompeuses : D'une part, la présence d'une palatalisation. D'autre part, la notation de [n] peut prendre la forme [ng]. Son usage obéit à des contraintes strictes, le plus souvent quand un [n] doit être suivi d'un [g] ou d'un [x]. Il s'agit d'une représentation phonétique, mais surtout d'un outil orthographique.

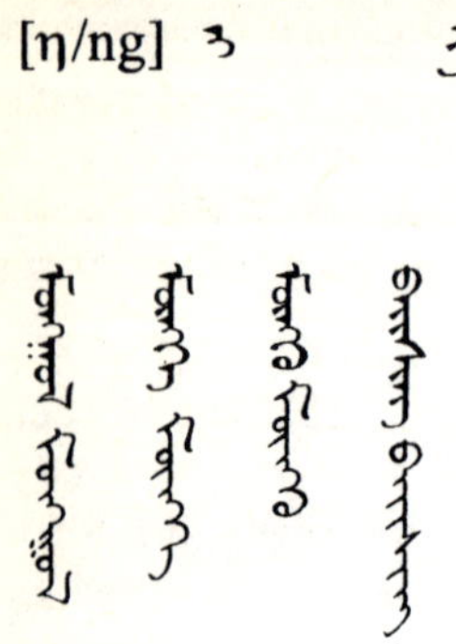

[ŋ/ng] La composition de ce groupe est un [n] sans point diacritique suivi d'un [g] "antérieur" (même dans le cas d'un mot de vocalisme postérieur). A noter, surtout en cursive, que la taille de l'"arc" du [g] est généralement réduite par rapport à celle d'un [g] ordinaire :

[moŋgᵊl] mongol, Mongolie
[möŋxᵊ] éternel, l'Empereur Möngke (1251-1259)
[möŋgᵊ] argent, monnaie, "centime"
[baⁱšⁱŋ] bâtiment, édifice, maison

b) Lettres spéciales notant des faits étrangers

Il s'agit d'un ensemble de lettres, surtout consonnes, réservées à la notation des mots d'emprunt. Cet ensemble est désigné par le terme "galig", qui désigne d'ailleurs d'une façon générale toute transcription.

Certaines de ces lettres sont très rares, n'apparaissant pratiquement que dans des noms propres, cependant que certaines, entrant dans la notation de termes d'emprunt fréquents sont d'usage courant

[w] Une même lettre présente deux lectures : [v/w] en position de consonne, [e] en position de voyelle.
[e] Ainsi le monosyllabe chinois "wen" sera-t-il transcrit , sans ambiguïté puisqu'une initiale vocalique aurait mis en place, même pour un emprunt, le "titem" qui nous est déjà familier :

[h] {h}, présent en particulier dans la transcription de nombreux mots d'origine tibétaine : [lxawᵃgᵊ] (tib. lhag pa) la planète Mercure, mercredi. A noter que cette lettre présente une graphie initiale "vocalique" ainsi que deux finales, vocalisée ou non

[f] Dont la parenté avec la graphie de la consonne
[p] labiale [b] a déjà été soulignée.

[š]	Déja mentionné, semblable à [s], mais affecté de deux points diacritiques à droite.
[k̊]	Parfois [g], lettre basée sur la graphie en arc des vélaires antérieures. La lettre est un croisement de la ligne d'écriture avec l'arc.
[ž̊] [č̊]	L'utilité principale de ces deux lettres est de noter une lecture non-palatalisée même en présence dans le mot d'emprunt d'une lettre "i" .
[ǰ]	Jambage initial inscrit dans un arc de [g/x] antérieur, note un fait comparable au "j" français .
[zhi] [chi] [shi]	Enfin, trois combinaisons de lettres notent, toujours associées au grand jambage de palatalisation, à la notation du chinois [zhi], [chi] et [shi].

Diphtongues

La notation de la diphtongaison en contexte initial donne lieu à plusieurs conventions importantes. On notera qu'à l'exception de la diphtongue [ü^{i}] les diphtongues à timbre antérieur [e] ou [ö] sont très rares, voire inexistantes.

Diphtongues fermantes

Pour une diphtongue finale, soit en contexte initial dans un monosyllabe, la diphtongue est un grand jambage de palatalisation (en graphie finale) suivant la notation de la voyelle simple : [a^{i}] *catégorie* ; [na^{i}] *amitié* ; [za^{i}] *espace* ; [o^{i}] *forêt* ; [xu^{i}] *tornade* ; [zü^{i}] *règle, loi* ; etc.

Dans tous les autres cas, la diphtongue redouble le jambage de palatalisation suivant la voyelle : [a^{i}l] *foyer, famille* ; [ba^{i}n ba^{i}n] *constant, souvent* ; [o^{i}r] *proche* ; [no^{i}t] *humide, humidité* ; [tu^{i}l] *extrémité, pôle* ; [zü^{i}l] *affaire, sorte.*

L'écriture uigur établit, à juste titre, un rapport très étroit entre une diphtongue [e^{i}] et le [iː] long largement rendu par le groupe graphique .

Soulignons une difficulté de lecture : dans le cas d'une diphtongue sur timbre arrondi [o, u, ü], il y a confusion entre la marque de palatalisation et le double jambage de diphtongaison, de sorte que, sauf autre information, le lecteur non prévenu ignore si ou est une diphtongue [ü^{i}], [o^{i}] ou [u^{i}].

Diphtongues ouvrantes

Deux cas doivent être distingués. Il existe d'une part, en nombre assez restreint, de véritables diphtongues ouvrantes, toujours en position initiale absolue et associées à des timbres divers. Ces diphtongues font appel à la lettre suivie de la voyelle (il n'y a pas ici de marque de voyelle initiale , étant d'ailleurs assimilé à une consonne, et effectivement proche de [z]) : [ja] et [je] ; [jo] ;   [jö] ; [ju] ; mais aussi [jü] où s'associent diphtongaison et trait de longueur.

D'autre part, tant en initiale absolue que derrière consonne un phénomène différent, souvent assimilé à une diphtongue [ja], intervient. Il est probable qu'il s'agit moins d'une véritable diphtongue que d'un [ï] postérieur, ce qui est souvent sa prononciation, et noté comme [i] par l'écriture uigur : [jama/ïma] *chèvre* ; [bjacx^{ə}n bïcx^{ə}n] *petit* ; [mjang^{ə}/mïng^{ə}] *proche* ; [njalx/nïlx] *nouveau né* (voir tableau page suivante) .

Ordre alphabétique

Il existe plusieurs versions de cet ordre. Elles ont en commun de placer en tête les voyelles, l'ordre des consonnes ayant présenté quelques variations mineures (il arrive que l'ordre de [m] et [l] soit inversé). La variante fournie ici est celle qu'on peut rencontrer le plus couramment dans les dictionnaires contemporains :

[a]	[e]	[i]	[o]	[u]	[ö]	[ü]	[n]
[b]	[p]	[x^{a}]	[x^{e}]	[g^{a}]	[g^{e}]	[m]	[l]
[s]	[š]	[t]	[d]	[c]	[z]	[j]	[r]
[w]	[f]	[k̊]	[h]	[c̊]	[z̊]	[j̄]	

Diphtongues fermantes

timbre		[ai]	[oi]	[ui]	[üi]
initiale	suivie				
	finale				
derrière consonne	suivie				
	finale				

Diphtongues ouvrantes

timbre	[ja/ï]	[jo]	[ju]	[jü]	[je/jö]
initiale					
derrière consonne					

L'écriture cyrillique

Alphabet adapté de l'écriture grecque, le cyrillique présente de ce fait des similitudes importantes avec celle-ci, mais également avec l'écriture latine. Son acquisition est facile, à condition de surmonter quelques pièges.

Malgré maintes apparentes similitudes, plusieurs graphies familières sont trompeuses. Ici encore, nous nous en tiendrons à une présentation de l'alphabet (l'ordre alphabétique standard étant respecté).

Alphabet

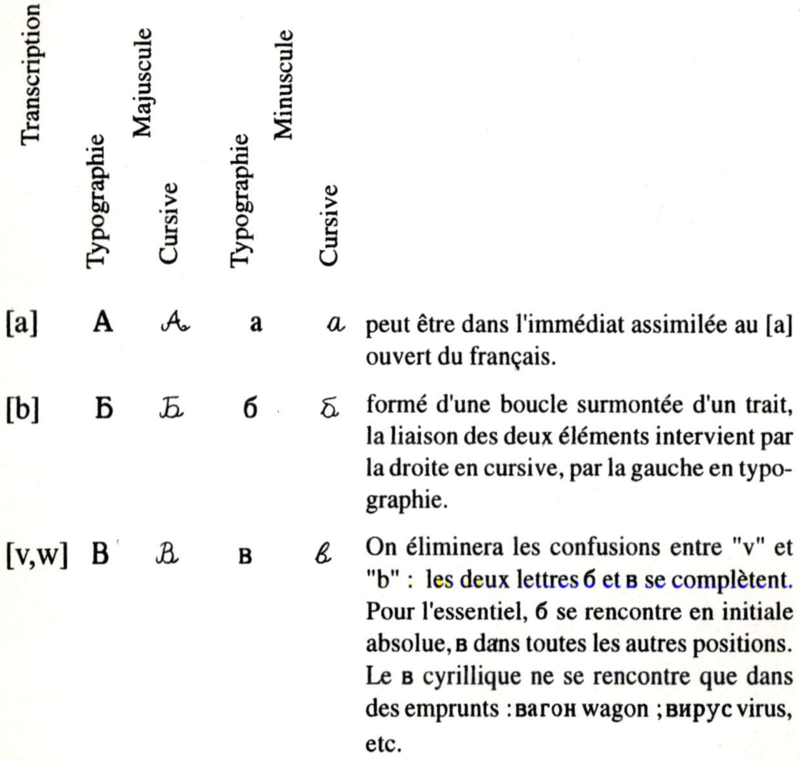

Transcription	Majuscule Typographie	Majuscule Cursive	Minuscule Typographie	Minuscule Cursive	
[a]	А	А	а	а	peut être dans l'immédiat assimilée au [a] ouvert du français.
[b]	Б	Б	б	б	formé d'une boucle surmontée d'un trait, la liaison des deux éléments intervient par la droite en cursive, par la gauche en typographie.
[v,w]	В	В	в	в	On éliminera les confusions entre "v" et "b" : les deux lettres б et в se complètent. Pour l'essentiel, б se rencontre en initiale absolue, в dans toutes les autres positions. Le в cyrillique ne se rencontre que dans des emprunts : вагон wagon ; вирус virus, etc.

On remarquera ici un trait assez général des graphies imprimées cyrilliques, dont la minuscule et la capitale sont identiques et ne se distinguent que par leurs dimensions.

[g]	Г	*Г*	г	*г*	note l'ensemble des variantes de /g/ rendues en écriture mongole uigur par deux lettres différentes.
[d]	Д	*Д*	д	*д*	adaptation très reconnaissable du *Delta* grec. En cursive, on prendra soin d'éviter toute identification avec le "g" cursif de l'alphabet latin.
[je]	Е	*Е*	е	*е*	lettre rare, le plus souvent dans des emprunts, la graphie n'appelle pas de remarques particulières.
[jo]	Ё	*Ё*	ё	*ё*	ne doit sa graphie qu'à une particularité du russe, où [jo] est un [je] accentué. On insistera sur la nécessité de ne pas omettre le tréma.
[ž]	Ж	*Ж*	ж	*ж*	La cursive est constituée par l'enchaînement de demi boucles ouvertes à gauche puis à droite, entourant un jambage vertical. *Rappelons que cette lettre note un son affriqué, que nous identifierons provisoirement au "j" de l'anglais "John", "Justice", etc.*
[z]	З	*З*	з	*з*	Présente une graphie proche du chiffre "3", la minuscule ne descendant pas, ou peu, sous la ligne d'écriture. Sa lecture appelle la même remarque que la lettre précédente.
[i]	И	*И*	и	*и*	En dépit de sa graphie cursive, ne doit pas être identifié au "u" latin, non plus d'ailleurs qu'à l'image d'un "N retourné". Surtout, l'usage de la lettre n'est pas toujours la marque d'un [i] distinctif.
[j]	Й		й	*й*	Identique à [i] mais surmontée d'un signe diacritique en forme d'accent circonflexe renversé. Cette lettre ne sert qu'à la notation des diphtongues en contexte initial et de variantes du trait de palatalisation non-initial : **ай** *catégorie* ; **ой** *forêt*, **баяртай** *au revoir. La majuscule cursive est inexistante dans la pratique, à la différence de la capitale d'imprimerie.*

[k]	К	*К*	к	*к*	ne se rencontre que dans quelques emprunts, le son [k] étant en fait un /g/ sourd.
[l]	Л	*Л*	л	*л*	adaptation reconnaissable du *Lambda* grec, limité à la hauteur de l'interligne. Il convient d'éviter en cursive toute confusion avec la lettre cyrillique [*г*] décrite plus haut. La majuscule est rare. La lettre elle-même est très fréquente, mais quasi-exclue en initiale, sauf dans des emprunts : лааз *bougie*, литр *litre*, etc.
[m]	М	*М*	м	*м*	on peut comparer cette lettre à la majuscule et à la capitale latine cursive, mais limitée à la hauteur de l'interligne.
[n]	Н	*Н*	н	*н*	il faut ici se débarrasser de toute référence à la lettre latine qui lui ressemble, du moins en majuscule et en capitale.
[o]	О	*О*	о	*о*	semblable à la graphie latine "o" et est en contexte initial un [o] ouvert. Le réaliser sous forme d'une boucle bien fermée, non barrée par la liaison avec la lettre suivante.
[ö]	Ө	*Ө*	ө	*ө*	lettre inconnue du cyrillique russe, dont la création a été rendue nécessaire par l'inventaire des voyelles mongol.
[p]	П	*П*	п	*п*	reproduit le *Pi* grec et se forme à l'aide de deux jambes verticales reliées horizontalement au sommet de l'interligne. Il s'agit en mongol d'une lettre rare, réservée pour l'essentiel aux emprunts. Les mots à initiale en п tels que пөмбөгөр *arrondi*, *boursouflé* présentent tous un doublon en б, ici бөмбөгөр , de même sens.
[r]	Р	*Р*	р	*р*	très fréquent dans le corps des mots, est exclu de l'initiale. Ne doit pas être confondu avec un "p" latin.
[s]	С	*С*	с	*с*	identique à la graphie du "c" latin, mais pas à toutes ses lectures. Le [s] mongol n'est jamais un [z], mais est toujours prononcé comme dans *ceci* .

[t]	Т	*Т*	т	*т*	la cursive minuscule est formée de trois jambages reliés par leur sommet. Pour éviter toute confusion avec la lettre cyrillique *ш* [š] aussi formée de trois jambages, mais reliés par leur base, la commodité de la lecture est assurée en surlignant le *т* et en soulignant le *ш*. Une solution plus radicale et tout à fait admise consiste à remplacer la graphie traditionnelle *т* par la graphie imprimée т.
[u]	У	*У*	у	*у*	de vocalisme postérieur ([a][o][u]), comporte une boucle nettement fermée.
[ü]	Ү	*Ү*	ү	*ү*	lettre propre au cyrillique mongol, appartient au vocalisme antérieur ([e][ö][ü][i]), possède une queue droite, sans boucle : уул *montagne* - үүл *nuage* ; ус *eau* - үс *poil.*
[f]	Ф	*Ф*	ф	*ф*	dérivé du *Phi* grec, est formé de deux boucles accolées symétriquement à un jambage vertical. Ne se rencontre que rarement, toujours dans des emprunts.
[x]	Х	*Х*	х	*х*	de même graphie que le "x" latin, avec lequel il faut donc veiller à ne pas le confondre, même pour le désigner. Très fréquent, en particulier en initiale, cette lettre correspond à deux lettres de l'alphabet mongol uigur.
[c]	Ц	*Ц*	ц	*ц*	Formé de deux jambages verticaux reliés horizontalement à leur base et auxquels est adjointe en appendice sous la ligne d'écriture une petite boucle fermée légèrement décalée vers la droite.
[č]	Ч	*Ч*	ч	*ч*	Un demi-jambage ne descendant pas jusqu'à la ligne d'écriture et se raccordant à un jambage vertical.
[š]	Ш	*Ш*	ш	*ш*	Trois jambages verticaux reliés par leur base. Nous avons signalé le risque de confusion entre cette lettre et le *т* "t" cyrillique en cursive normalisée.

[šč]	Щ	*Щ*	щ	*щ*	totalement absente en mongol, cette lettre est indiquée ici pour la forme.
["]	Ъ	*Ъ*	ъ	*ъ*	Ce signe, dit "signe dur" n'a pas en mongol de lecture spécifique. Il n'apparaît dans la morphologie orthographique que d'un seul suffixe grammatical, un impératif de 1ère personne.
[y]	Ы	*Ы*	ы	*ы*	N'apparait en mongol que dans la morphologie de deux unités grammaticales.
[']	Ь	*Ь*	ь	*ь*	ce signe, dit "signe mou" note la palatalisation d'une consonne. Il joue un rôle de signalisation important, qu'il partage avec la lettre и.
[e]	Э	*Э*	э	*э*	boucle ouverte à gauche et barrée horizontalement en son milieu. Sa lecture , quand elle note une voyelle distinctive, est un [ɛ] ouvert, que nous pourrons comparer au [ɛ] de *fête*, *nette*, etc.
[ju/jü]	Ю	*Ю*	ю	*ю*	jambage vertical enchaîné par une barre horizontale à une boucle fermée. Note les diphtongues ouvrantes produites sur les deux timbres arrondis [u] et [ü]. Il n'existe qu'une lettre pour les deux diphtongues postérieure [ju] et antérieure [jü].
[ja]	Я	*Я*	я	*я*	note la diphtongue ouvrante produite sur le timbre [a]. La graphie en est simple, mais doit être exécutée de façon continue et enchaînée de la gauche vers la droite. En effet, cette lettre, souvent décrite comme un "R à l'envers" (ce qui est tentant), est souvent exécutée inversée, du jambage de droite pour revenir en arrière à la boucle, ce qui doit être évité.

Ordre alphabétique

а	б	в	г	д	е	ё	ж	з	и	й	к	л
м	н	о	ө	п	р	с	т	у	ү	ф	х	ц
ч	ш	щ	ъ	ы	ь	э	ю	я				

Orthographe des voyelles

Il ne s'est agi ici que de présenter les lettres de l'alphabet. Exposer les rapports entre cette notation et la langue nous entraînerait dans un long périple. Il s'agit moins de "prononciation" que d'un cheminement souvent tortueux de l'alphabet à l'orthographe. Bien des conventions adoptées pour l'orthographe cyrillique ne sont rien d'autre qu'une transposition de celles de l'orthographe mongole uigur.

Comme dans le cas de l'écriture mongole uigur, Nous allons retrouver la trace de la palatalisation et de la vocalisation des consonnes, ce qui prendra la forme d'un tableau fourni plus loin.

Mais qu'en est-il des voyelles ? Sous peine de confondre lettres et sons, constatons à nouveau que les lettres "voyelles" méritent quelques précautions :

	Contexte initial voyelle toujours distinctive	Contexte non-initial
Lettre unique : а, э, о, ө, у, ү	Voyelle brève	Trait de vocalisation ou de sonorisation
Lettre double : аа, ээ, оо, өө, уу, үү	Voyelle longue	Voyelle distinctive : /A/ аа, ээ, оо, өө ou /U/ уу, үү

Le choix, judicieux dans son principe, d'utiliser une même combinaison (une ou deux lettres) dans deux contextes différents sans risque de confusion a introduit dans la pratique des erreurs graves : la démarcation essentielle entre contexte initial et non-initial a été largement perdue de vue, et la certitude erronée qu'une lettre indique une "voyelle brève" et deux lettres une "voyelle longue" tout au long du mot est à peu près générale.

De plus, la lettre unique étant choisie en fonction de la syllabe initiale, on assiste à une extension essentiellement orthographique du champ de l'«harmonie vocalique» au détriment d'indications précises fournies par l'écriture uigur. C'est en particulier le cas avec l'adaptation au cyrillique des conventions relatives à la vocalisation : ce qui était noté par un petit jambage ou par une boucle, sans préjugé de "timbre", est ici noté à l'aide d'une "voyelle" а, э, о, ө qui suggère, bon gré mal gré, une réalisation timbrée : [dor^{ə}mžl^{ə}-] доромжло- – abaisser ; [bar^{ə}gcal^{ə}-] барагцаала- – évaluer ; [nölöl^{ə}-] нөлөөлө- – influencer ; [baːt^{ə}r] баатар héros ; [erg^{ə}lze] эргэлзээ (н) hésitation ; [tatw^{ə}r] татвар impôt.

On s'en rend déjà compte, l'approche des orthographes mongoles (mongole uigur comme cyrillique) ne se réduit pas à la connaissance des lettres. Contentons-nous ici d'un tableau des faits qu'une analyse détaillée permet d'isoler (ici en graphie médiane).

Nous sommes ici en présence d'une base essentielle de l'orthographe mongole : de façon absolue en écriture mongole uigur, le cyrillique faisant varier ce qu'il croit à tort être des "voyelles brèves" obéissant à l'harmonie vocalique, ces unités sont **inaltérables** et la plupart des mécanismes orthographiques reposent sur la nécessité de préserver cette intégrité, en particulier par des hiatus qui les isolent les unes des autres. L'utilisation de l'une plutôt que d'une autre n'est pas un variation innocente, c'est un choix significatif, le remplacement d'une unité lexicale ou d'un suffixe grammatical par un autre, le sens du mot et du message s'en trouvant fortement altéré. De la reconnaissance des sons et des notations de l'alphabet, nous entrons dans un des domaines les plus fascinants de la langue mongole : le matériau significatif, les mots, le lexique et les unités grammaticales.

Orthographe des consonnes

consonne	écriture mongole uigur					écriture cyrillique				
	consonne nue	consonne vocalisée	consonne palatalisée	c. vocalisée-palatalisée	c. palatalisée-vocalisée	consonne nue	consonne vocalisée	consonne palatalisée	c. vocalisée-palatalisée	c. palatalisée-vocalisée
[b]	ᠪ	ᠪᠠ	ᠪᠢ	ᠪᠠᠢ	ᠪᠢᠢ	б в	ба	бь би	бай	бий
		ᠸᠠ		ᠸᠠᠢ			ва	вь ви	вай	вий
[c]	–	ᠴᠠ	ᠴᠢ	ᠴᠠᠢ	ᠴᠢᠢ	-	ц	ч	цай	ций
		ᠴᠣ		ᠴᠣᠢ						
[d]	ᠳ	ᠳᠠ	ᠳᠢ	ᠳᠠᠢ	ᠳᠢᠢ	д	да	дь ди	дай	дий
		ᠳᠣ		ᠳᠣᠢ						
[g]	ᠭ	ᠭᠠ ᠭᠣ		ᠭᠠᠢ		г	га	гь ги	гай	гий
	ᠭ	ᠭᠡ ᠭᠦ	ᠭᠢ	ᠭᠡᠢ	ᠭᠢᠢ					
[l]	ᠯ	ᠯᠠ ᠯᠣ	ᠯᠢ	ᠯᠠᠢ	ᠯᠢᠢ	л	ла	ль ли	лай	лий
[m]	ᠮ	ᠮᠠ ᠮᠣ	ᠮᠢ	ᠮᠠᠢ	ᠮᠢᠢ	м	ма	мь ми	май	мий
[n]	ᠨ	ᠨᠠ ᠨᠣ	ᠨᠢ	ᠨᠠᠢ	ᠨᠢᠢ	н	на	нь ни	най	ний
[r]	ᠷ	ᠷᠠ ᠷᠣ	ᠷᠢ	ᠷᠠᠢ	ᠷᠢᠢ	р	ра	рь ри	рай	рий
[s]	ᠰ	ᠰᠠ ᠰᠣ	ᠰᠢ	ᠰᠠᠢ	ᠰᠢᠢ	с	са	ш	сай	ший
[t]	–	ᠲᠠ ᠲᠣ	ᠲᠢ	ᠲᠠᠢ	ᠲᠢᠢ	-	та	ть ти	тай	тий
[x]	–	ᠬᠠ ᠬᠣ		ᠬᠠᠢ ᠬᠣᠢ		-	х(а)	хь хи	хай	хий
	–	ᠬᠡ ᠬᠦ	ᠬᠢ	ᠬᠡᠢ	ᠬᠢᠢ					
[z]	–	ᠵᠠ ᠵᠣ	ᠵᠢ	ᠵᠠᠢ	ᠵᠢᠢ	-	за	ж	зай	жий

Radicaux, suffixes et lexique

Pour former un mot, plusieurs unités s'associent tout en conservant leur identité propre : des suffixes sont adjoints à un radical initial. Ces unités ne sont pas totalement "invariables", mais leurs variations ne sont, que des réactions mineures à leur environnement. Le changement le plus perceptible concerne les voyelles, et l'«harmonie vocalique», mais nous avons vu qu'il ne s'agit que de contraintes phonétiques assez superficielles : observons une voyelle non-initiale [a], [e], [o] ou [ö], nous savons qu'elle est une forme de la même voyelle /A/.

Un remarquable système formel constitue non seulement le lexique, mais aussi les unités grammaticales. Un matériau restreint, dont le lecteur vient de faire la connaissance, se prête à un travail de combinaison, à un "jeu de construction" dont la connaissance est passionnante, mais surtout pratiquement utile.

Les ressources et les contraintes de ce système ne sont pas un mode d'emploi passe-partout : elles renvoient à la vision du réel et aux modes de communication propres à la culture mongole.

Il faut suivre le cheminement, souvent transparent, par lequel les mots portent l'information mais aussi le sens que prend cette information dans la vie et la conscience mongoles. Des faits parfois élémentaires doivent être présents à l'esprit. Que [tülxür] түлхүүр *clef* soit dérivé du verbe [tülx^{ə}-] – түлхэ- *pousser, repousser* peut étonner si on ignore la technologie des cadenas chinois et mongols. Un même mot désigne des réalités pour nous bien éloignées, comme [xaja] хаяа, à la fois *ligne de contact de la yourte avec le sol*, et *horizon*. Bien des exemples sont évidemment moins faciles à "décoder".

Or la traduction, si indispensable qu'elle soit dans la pratique, obscurcit irrémédiablement dans beaucoup de cas l'unité de ce message : elle substitue nos catégories à celle qui avait modelé la vision mongole, et empêche ainsi souvent de saisir un usage particulier dans l'ensemble de ce qu'un mot "veut dire", et peut dire.

[na^{i}rul^{ə}gč] найруулагч signifie à la fois *compositeur (de musique), metteur en scène,* mais aussi *préparateur (en pharmacie).* Ces diverses acceptions recouvrent une parenté simple et évidente : il s'agit de *quelqu'un qui assemble des éléments devant former un tout harmonieux.*

"Démontons" ce terme en un enchaînement d'unités plus simples :

- Une unité grammaticale [-gč] -гч , *participe d'agent : "ce qui ~, celui qui ~"* est ici mise en place sur un verbe [na^{i}rul-] *constituer, composer, former ;*

- Celui-ci n'est pas un radical simple. L'unité grammaticale [-ul-] -уул- implique un acteur extérieur dans l'accomplissement de l'événement : ici [na^{i}r^{ə}-] *se combiner, s'assembler.*

- Ce verbe est lui même dérivé du nom [na^{i}] най *bonnes relations, rapports amicaux* grâce à [-r^{ə}-] -ра- qui induit le sens *être le lieu de ~*. Producteur d'un verbe, il se distingue, sans que toute parenté soit perdue, du [r] -р, qui produit, lui, un nom ayant pour sens *le lieu de....* Symétrique du verbe [na^{i}r^{ə}-], le nom [na^{i}r] prend plus spécifiquement le sens de *fête* (le *lieu des bonnes relations*) avec ses propres dérivés, tel que [na^{i}rč] найрч *fêtard, débauché.*

Le radical initial [na^{i}] най- produit de nombreux mots dont le sens comporte les *bonnes relations* (entre 70 et 80). Derrière le radical, plusieurs choix sont ouverts : [na^{i}z] найз *ami ;* [na^{i}d^{ə}-] найда- *avoir confiance* ; etc. Ces mots ont leurs propres dérivés : [na^{i}zl^{ə}-] найзла- *être lié d'amitié ;* [na^{i}z^{ə}rx^{ə}-] найзарха- *se comporter avec amitié ;* [na^{i}dw^{ə}r] найдвар *confiance, espoir ; loyauté* ; [na^{i}r^{e}md^{e}l] найрамдал *amitié,* qui à leur tour...

Les mots sont donc constitués par une suite d'unités plus simples, que l'analyse permet de ramener à un nombre restreint de procédés élémentaires. Chacune de ces unités présente : 1) une régularité formelle ; 2) une valeur sémantique constante ; 3) un comportement syntaxique déterminé, verbal ou nominal, du mot formé.

On peut mettre ainsi en évidence, et utiliser, l'existence d'un système ne faisant appel qu'à un nombre limité d'unités à la valeur sémantique et à la capacité combinatoire permanente.

Les éléments du lexique, mais aussi les inventaires grammaticaux opèrent ainsi un croisement permanent entre des familles d'unités présentant soit un radical commun, soit des dérivations, suffixes ou chaînes de suffixes, identiques.

Si le système lui-même présente une logique très stricte, son utilisation n'ait rien d'un simple jeu de règles mécaniques. La formation du lexique, voire des unités grammaticales, est soumise à des pressions et à des tensions culturelles souvent fortes. De nombreuses combinaisons théoriquement possibles n'ont jamais obtenu le "droit" d'être des mots. A l'inverse, de nombreux mots ont accumulé une multiplicité souvent impressionnante au premier regard d'usages et de "sens" immédiats. D'autres encore se spécialisent dans une seule des multiples acceptions apparemment légitimes : [na^{i}rč] ne désigne pas n'importe quel *participant à la fête*, mais uniquement celui *qui se fait remarquer en ayant tendance à en abuser*. De même [ger] ᠭᠡᠷ гэр *la yourte*, point de repère essentiel de la culture mongole, fournit, à l'aide de la dérivation [-l^{ə}-] –ᠯᠠ– -ла^{4}-, le verbe [gerl^{ə}-] ᠭᠡᠷᠯᠡ– гэрлэ- dont le sens est exclusivement *fonder un foyer, se marier*.

On pourrait prendre ces divers avatars pour des homonymes, mais le phénomène est rarissime en mongol. Il s'agit ici d'une très riche polysémie : [xörs] ᠬᠥᠷᠰᠦ хөрс signifie concurremment *pellicule, peau mince* et *sol* ; [or/or^{ə}n] ᠣᠷ /ᠣᠷᠤᠨ ор /орон désigne à la fois la *trace*, et d'abord celle laissée par une yourte sur le sol, le *lieu*, la *place*, le *lit*, mais aussi la *résidence* et le *pays*, le tout construit sur le même radical que le verbe [or^{ə}-] ᠣᠷᠤ– ор(о)- *prendre place, se situer*, d'où *entrer* (*traduction partielle* qu'on a trop souvent tendance à donner pour "son" sens, ou à tout le moins pour son sens premier). C'est l'étendue de la signification de ce radical qui lui permet de contenir aussi bien [orul-] ᠣᠷᠤᠭᠤᠯ– оруул- *placer, investir* ([orul^{ə}lt] ᠣᠷᠤᠭᠤᠯᠤᠯᠲᠠ оруулалт *placement, investissement*), que [orl^{ə}g^{ə}] ᠣᠷᠤᠯᠭ᠎ᠠ орлого *revenu*, qu'on rapprochera de notre *rentrée d'argent*).

Il faut faire preuve de curiosité, de disponibilité et de prudence. Les fausses pistes ne manquent pas. Comme dans les autres langues, des étymologies courantes sont trompeuses et les homonymies sont souvent le fruit d'altérations et d'emprunts délicats à déceler.

Mais le risque est plus grand encore de passer à côté de la langue sans l'entendre en restant prisonnier des fausses certitudes de la traduction : Comment des mots traduits par *prononciation* et *opéra* pourraient-il être apparentés, même si l'on sait que le premier [duːdl^{ə}g] дуудлага comme le second [duːr^{i}] дуурь sont tout simplement dérivés du même radical [duː] ~ (~) дуу ~ *chant, voix, son* ? Mais ce qui est sans doute encore ici transparent le reste-t-il quand [xuru] хуруу *doigt* mais aussi pièces rayonnantes à la périphérie de certains modèles de [toːn^{ə}] тооно *charpente supérieure de la yourte* (permettant l'insertion des rayons du toit), doit être rapproché du radical verbal [xur^{ə}-] – хура- *se rassembler, se ramasser* ?

Un système économique et rigoureux

Les quelques exemples qui précèdent suggèrent que le mot mongol est un jeu de construction dont chaque pièce peut être identifiée et isolée. Cette approche aide à comprendre les motivations qui poussent la langue mongole à nommer telle réalité d'une façon plutôt que d'une autre : [niːsl^{ə}l] нийслэл désigne *la capitale* comme le point *d'où est issue la concorde*, la où notre *Capitale* voit *la tête*, où l'allemand *Hauptstadt* désigne la *ville principale* et où les langues slaves reconnaissent dans *Stolica, Столица*, le *siège du Trône*.

Un premier aspect, essentiel, de la dénomination mongole tient à la structure générale des mots. Les exemples précédents l'ont sans doute déjà montré : il n'y a de construction d'un mot que par adjonction à une unité initiale de nouvelles unités post-posées ou suffixées. En un mot, pas de préfixes. Ce fait, apparemment anecdotique, révèle un moteur essentiel de la dénomination et du jeu de l'information en mongol.

Le schéma est très simple : le mot, où chaque nouvelle unité est suffixée, adjointe derrière les précédentes, apparaît comme une sorte d'"entonnoir" partant d'une information lâche et vague qu'il canalise de façon toujours plus fine et précise. Ce mécanisme, progressif, inclut jusqu'aux procédés qui inscrivent le mot dans la syntaxe d'une phrase et dans le discours en général.

Le radical définit une première grande zone de "sens possible". Dans l'exemple [na^{i}rul^{ə}gč] найруулагч, [na^{i}] – най- "annonce" le domaine encore très global des *bonnes relations*.

Chaque nouvelle unité précise, rétrécit le champ de ce "sens possible" qui devient de plus en plus clairement un sens effectif et actuel. Ces choix successifs fournissent une indication sur le comportement obtenu, nom ou verbe ([r^{ə}-] fournit le verbe [na^{i}r^{ə}-] *être le lieu de bonnes relations, s'assembler* là où [z^{ə}-] -з- produirait le nom [na^{i}z] *ami*).

Avec l'affixe [-ul-] -уул- l'événement *s'assembler* ne s'accomplit plus de lui-même mais implique un acteur extérieur. Ce procédé très usuel est à la frontière du lexique et de la grammaire. On le reconnaît facilement dans [jaw^{ə}-] ява- *aller, partir* > [jawul-] явуул- *envoyer* ; [na^{i}d^{ə}-] найда- *avoir confiance* > [na^{i}dul-] найдуул- *faire confiance, confier.*

Le participe [-gč] -гч *ce(lui) qui* ~ est une forme du verbe, ici lexicalisée. Dans un message, de nouvelles unités interviennent. Par exemple un pluriel, ici [-d] -д [na^{i}rul^{ə}gč^{i}d] найруулагчид *les compositeurs* ; une unité de mise en relation (cas) entre *compositeurs* et un verbe : [na^{i}rul^{ə}gčdas] найруулагчдаас *[à partir] des compositeurs* ; un pronom : [na^{i}rul^{ə}gčdasa] найруулагчдаасаа *de ses (mes, leurs, etc.) compositeurs* :

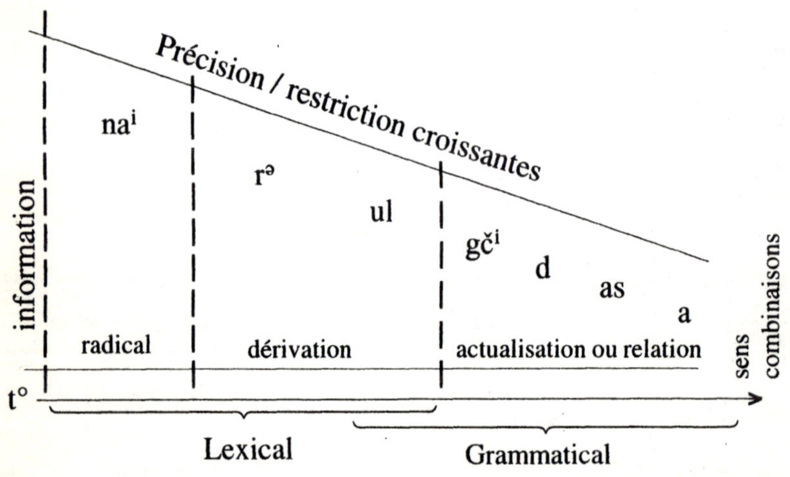

Radicaux monosyllabiques : une liste restreinte

Les exemples pourraient être multipliés par milliers. La langue mongole ne met en oeuvre qu'un nombre restreint d'unités significatives : radicaux et dérivations. L'apparente "pauvreté" de cet inventaire ne l'empêche pas de construire les quelques dizaines de milliers d'unités lexicales et les quelques centaines de procédés grammaticaux qui lui assurent une grande richesse thématique et stylistique.

Il n'existe pas, en français, de corrélation directe entre une "racine" et le début du mot, qui assurerait à lui seul une parenté (le "sa" initial de "savon", "sale", "saler" et "savoir"...). Le fait n'est pas universel.

Lorsque nous tentons de saisir des "familles lexicales" mongoles, il est tentant de prendre pour "radical" une unité lexicale préalable telle que le verbe [na^{i}r^{ə}-] – найра-dans le cas de [na^{i}rul^{ə}kč] найруулагч, et de s'en tenir là.

Un tel choix est même souvent légitime : le verbe [gerl^{ə}-] – гэрлэ- *se marier* apparaît bien comme le radical du nom [gerl^{ə}ks^{ə}d] гэрлэгсэд *époux, conjoint(s)* (en fait un pluriel lexicalisé de participe passé du même verbe). Mais, dans l'immense majorité des cas, de tels radicaux ne sont que des étapes intermédiaires et il est possible de remonter à un morphème radical strictement limité à la voyelle initiale et à l'éventuelle consonne qui la précède. La frontière qui isole les pertinences du contexte phonique initial se charge ainsi d'une réalité beaucoup plus profonde.

Naturellement, des évolutions historiques, parfois perceptibles, mais souvent voilées, ont forgé de vraies homonymies. Celles-ci sont très rares. [o^{i}] ой signifie simultanément *forêt, anniversaire* ou *commémoration* et *esprit, compréhension*, mais en fait sur deux radicaux distincts. Le premier (*forêt*) ayant présenté une aspiration initiale ([^{h}o^{i}] dans les transcriptions du XIVe siècle), est différent du radical [o^{i}] des autres termes, [o^{j}un] оюун *sagesse*, [o^{i}l-] – ойл-, [o^{i}lg^{ə}-] – ойлго- *comprendre*, mais aussi, plus primordial peut-être, [o^{i}-] – ой- *refléter, réverbérer, ricocher*.

Ces radicaux forment un inventaire restreint, une classe de morphèmes initiaux, unités dotées d'une réalité et d'un sens propres à chacune d'elle, qui ne peuvent intervenir qu'en tant que radicaux (v.

tableau ci-contre). Certains de ces radicaux existent comme mot autonome, nom ou verbe (c'est ce que nous avons vu avec [o^{i}-] – ой- ; [a^{i}-] – ай- ; etc.). D'autres, par contre, ne peuvent être rencontrés que comme élément initial d'une famille lexicale, mais sans pouvoir eux-même intervenir de façon isolée. La moitié environ des combinaisons initiales repérables forment des mots indépendants.

Le fait que certaines consonnes ne peuvent pas être rencontrées en contexte initial, telles les consonnes [l] et [r], alors qu'elles sont au contraire très fréquentes en dérivation, illustre un découpage essentiel : La langue mongole possède deux classes de morphèmes. Aux radicaux initiaux s'opposent formellement les unités qui entrent dans la construction des dérivations, tant lexicales que grammaticales.

A l'exception de quelques mots d'emprunt (commençant par exemple par un groupe de consonnes), tous les mots mongols commencent par une des syllabes ci-dessus. Dans la quasi-totalité des cas, chaque mot est bien l'aboutissement d'une chaîne de spécifications portant en dernier ressort sur un "sens" de l'unité initiale.

Ce sens est relativement facile à percevoir dans le cas où l'unité initiale existe elle-même en tant que mot (ce que nous avons vu avec les *bonnes relations* des dérivés de [na^{i}]). L'entreprise est évidemment plus difficile là où l'unité initiale doit être repérée grâce au sens des dérivés auxquels elle a donné naissance. Ici encore, il faut se méfier de la traduction : la valeur de chaque radical initial est moins un "sens" susceptible d'une traduction unique que la compréhension des parentés sémantiques présentes dans tous ses dérivés. Il faut donc s'attendre à l'indication d'un domaine très large, à explorer avec prudence.

L'existence d'un champ sémantique de la *segmentation* ou de la *limitation* (la famille des radicaux à consonne [x] initiale) se manifeste ainsi dans la cohérence de termes désignant aussi bien *limite, bord, frontière* qu'opérations ou outils matériels d'un *découpage.* On trouvera dans le même champ l'*existence*, l'*établissement* mais aussi la *transgression* d'une *limite* ou d'une *segmentation* (image proche du français *passer les bornes*) Cette vision inclut le monde matériel, les activités humaines, l'expression figurée et symbolique. Nous rencontrons ici la *folie* [xene] хэнээ, la *déviation* [xelb^{ə}r^{ə}l] хэлбэрэл, l'*excès* (mais aussi l'*origine* !) [xet] хэт.

Tableau des radicaux initiaux :

Ø	b	c	č	d	g	m	n	s	š	t	x	z	ž
a	ba	ca	ča	da	ga	ma	na	sa	ša	ta	xa	za	ža
aː	baː	caː	čaː	daː	gaː	maː	naː	saː	šaː	taː	xaː	zaː	žaː
a^{i}	ba^{i}	ca^{i}	ča^{i}	da^{i}	ga^{i}	ma^{i}	na^{i}	sa^{i}		ta^{i}	xa^{i}	za^{i}	ža^{i}
ja	bja		čja	dja	gja	mja	nja				xja		
e	be	ce		de	ge	me	ne	se	še	te	xe	ze	
eː	beː	ceː	čeː	deː	geː	meː	neː	seː	šeː	teː	xeː	zeː	žeː
i	bi		či	di	gi	mi	ni		ši	ti	xi		ži
iː	biː	ciː	čiː	diː	giː	miː	niː	siː	šiː	tiː	xiː	ziː	žiː
o	bo	co	čo	do	go	mo	no	so	šo	to	xo	zo	žo
oː	boː	coː		doː	goː	moː	noː	soː	šoː	toː	xoː	zoː	žoː
o^{i}	bo^{i}	co^{i}	čo^{i}	do^{i}	go^{i}	mo^{i}	no^{i}	so^{i}		to^{i}	xo^{i}		
jo													
ö	bö	cö				mö	nö	sö		tö	xö	zö	
öː	böː	cöː	čöː	döː	göː	möː	nöː	söː	šöː	töː	xöː	zöː	žöː
u	bu	cu	ču	du	gu	mu	nu	su	šu	tu	xu	zu	žu
uː	buː	cuː	čuː	duː	guː	muː	nuː	suː	šuː	tuː	xuː	zuː	žuː
u^{i}	bu^{i}				gu^{i}	mu^{i}		su^{i}		tu^{i}	xu^{i}	zu^{i}	
ü	bü	cü	čü	dü	gü	mü	nü	sü	šü	tü	xü	zü	žü
üː	büː	cüː	čüː	düː	güː	müː	nüː	süː	šüː	tüː	xüː	züː	žüː
ü^{i}	bü^{i}			dü^{i}	gü^{i}			sü^{i}	šü^{i}	tü^{i}	xü^{i}	zü^{i}	
ju													
jü													

NB Les cases vides indiquent des combinaisons non attestées.

Autre exemple : le radical [da^{i}] est au point de départ de nombreux termes désignant la *confrontation*, l'*hostilité*, l'*agression*, la *friction douloureuse*. C'est ce qu'expriment [da^{i}n] дайн *la guerre* ; [da^{i}s^{ə}n] дайсан *l'ennemi* ; [da^{i}t^{ə}-] – (–) дайта- *faire la guerre* ; mais aussi [da^{i}r] (ou) дайр *escarre* (sur le dos d'un cheval, due au frottement de la selle) et son quasi-homonyme [da^{i}r] дайр *cerf mâle adulte*.

A ce terme [da^{i}r] дайр correspond directement le verbe [da^{i}r^{ə}-] –(rarement –) дайра- *presser, serrer*, mais aussi *attaquer* et *humilier.* Son dérivé [da^{i}r^{ə}ld^{ə}-] – дайралда-, dont le suffixe [ld^{ə}] –– -лда- véhicule une modalité de réciprocité ou d'alternative, a le sens de *rencontrer*, plutôt réservé, dès qu'il concerne des êtres humains, aux rencontres inamicales (dans le cas le plus neutre, il indique qu'un événement *survient*).

Quand il forme un terme propre, le radical initial n'est pas un "super-mot" qui contiendrait tous ceux qui en sont dérivés, mais il illustre le champ sémantique qu'il inaugure. Il est aussi un mot parmi les autres, objet des mêmes tensions, glissements et variations d'usage.

Le radical [da^{i}] existe en tant que verbe [da^{i}-] – дай- de sens immédiat *surcharger une monture* (ou *un véhicule*). Ce sens anecdotique décrit bien un champ que nous identifions dans les termes cités plus haut : *adjoindre à l'excès, exercer une poussée* ou *une pression excessives,* et de là *agresser, manifester de l'hostilité,* etc. (v. l'idée commune à *charge, charger*, de la *charge à transporter* à la *charge de cavalerie*, à la *charge* d'une caricature, aux *charges* pesant sur un accusé).

Ni jeu de mots ni simple principe étymologique, le système offre une vision du monde découpée par les "secteurs" discontinus que lui offrent ses radicaux initiaux. Souvent déroutante au premier abord, cette grille de lecture est omniprésente, les mots d'emprunt récalcitrants en font les frais. Ce filtre est aussi assez proche de la conscience qu'ont les Mongols de leur langue. Si vous évoquez une prochaine *rencontre* en utilisant le verbe [da^{i}r^{ə}ld^{ə}-] au lieu de [uːlz^{ə}-] – уулза-qui évoque une *rencontre amicale*, vos chances sont grandes d'observer une certaine surprise chez votre interlocuteur : ce qui en français nous a permis d'oublier *contre* dans *rencontre* est inopérant en mongol.

La dérivation

S'il n'est pas un des 164 mots réduits à leur radical initial, tout mot mongol est l'adjonction à un radical d'unités de dérivation (entre trois et quatre en moyenne par unité lexicale). C'est la deuxième classe de morphèmes observables en mongol.

Les phénomènes observés plus haut peuvent choquer nos habitudes, mais nous sommes accoutumés à la rencontre de dérivations aussi bien dans le lexique (*voiture* > *voitur**ette*** ; *pierre* > *pierr**eux***, etc.) que dans les formes grammaticales (*mange-* > *mange**ons***).

En mongol, l'ampleur et la rigueur du phénomène sont remarquables : dès l'unité qui suit la première voyelle, un même mécanisme produit l'essentiel du lexique, mais aussi l'ensemble des procédés grammaticaux. Il s'agit d'un système fermé, formé d'unités en nombre fini, identifiables lors de chacune de leurs interventions, isolées ou au sein d'un suffixe plus complexe. Effet du caractère **initial** absolu du radical, il n'existe pas en mongol de préfixes.

Enfin, ces unités sont très clairement identifiées par la tradition elle-même, et l'orthographe mongole uigur - loin d'être une simple transcription phonétique - fournit sur ce plan des témoignages remarquables de la clairvoyance et la profondeur des observations accumulées depuis des siècles.

Les unités élémentaires

On peut isoler des dérivations élémentaires en nombre limité, et surtout de dimensions très restreintes, où chaque unité significative minimale effectivement disponible correspond à la réalisation d'un seul phonème.

L'originalité n'est pas dans le fait lui-même. Il est facile de trouver en français comme dans nombre de langues, des unités significatives elles aussi réduites aux dimensions d'un seul phonème ("à", "y", "et", "an", "en", "on", "un", "hein", "où", "ou"). Ceci ne signifie pas que "le phonème a un sens", mais qu'une unité significative élémentaire n'implique nullement la présence de plusieurs phonèmes.

Le plus frappant en mongol tient d'une part au caractère systématique et global du phénomène. Ce que nous venons d'observer sur quelques exemples présente en mongol une réalité générale : tout mot fait appel à ces unités et il n'existe pas de suffixe complexe qu'on ne puisse analyser en composants élémentaires.

Il y a plus important encore. Qu'il existe une unité significative "à" en français n'implique nullement que tous les [a] de la langue aient avec lui d'autres relations de parenté que phoniques (rien n'unit le "a" d'un passé simple et un "a" quelconque au sein d'une unité lexicale). L'analyse des unités significatives mongoles, lexicales et grammaticales, montre au contraire que la même unité formelle véhicule un contenu sémantique constant. En outre, elle joue un rôle permanent dans le comportement, nominal ou verbal, des mots qu'elle forme ou modifie.

Ces faits de première grandeur sont omniprésents. Ils n'en laissent pas moins un large degré de liberté aux habitudes et aux conventions : les unités élémentaires étant en nombre limité, chacune d'entre elle est porteuse, comme chaque radical initial, d'une indication de contenu assez rudimentaire, plus d'une "orientation" sémantique que d'un "sens" immédiat et précis. Ainsi la notion générale d'*adjonction* est-elle susceptible d'une multitude d'usages et de sens concrets dont aucune traduction uniforme ne peut rendre compte avec succès. Chaque unité lexicale ainsi constituée est ainsi susceptible de désigner des réalités sans rapports évidents entre elles, du moins pour nous.

D'autre part, chaque dérivation vaut par son sens propre, mais tout autant par les possibilités ou exclusions de combinaison qu'elle introduit (la dérivation adjectivale française, de *pierre* à *pierreux*, change souvent moins le "sens" que le comportement du mot).

Ces contraintes et ces points de repère sont essentiels. Ils identifient en particulier une appartenance nominale ou verbale qui oriente le comportement du mot tout entier. Cette "signalisation" indique les procédés "autorisés" à chaque point du message, mais crée aussi avec celles qui la précèdent un environnement qui permet à une même unité d'assumer plusieurs missions distinctes avec un minimum d'ambiguïté (un peu à la manière dont le "de" du français peut porter des sens assez différents suivant qu'il est entre nom et verbe dans "Il vient <u>de</u> Mongolie" ou entre deux noms dans "le cheval <u>de</u> mon père").

Exemple : une unité significative de forme [u] intervient largement dans la dérivation mongole. Dans deux cas, son usage est celui d'une dérivation proprement dites. Dans un troisième elle est un procédé énonciatif. Un usage [u] -ᠤ- -уу- * permet, sur un radical verbal, de produire un nom désignant *celui (ou ce) qui subit, est soumis à, est impliqué dans... :* [jad^{ə}-] ᠶᠠᠳᠠ- яда- *ne pas pouvoir, ne pas avoir les moyens de..., être épuisé* > [jadu] ᠶᠠᠳᠠᠭᠤ ядуу lexicalisé au sens de *pauvre*. De même, sur le radical [dar^{ə}-] ᠳᠠᠷᠤ- дара- *presser, appuyer, exercer une pression* > [daru] ᠳᠠᠷᠤᠭᠤ даруу *celui qui se soumet à la pression*, lexicalisé le plus souvent comme *modeste*.

Le deuxième usage de [u] -ᠤ- -уу-, proche du précédent a d'ores et déjà été rencontré à [l] dans la formation de [na^{i}rul^{ə}gč] ᠨᠠᠶᠢᠷᠠᠭᠤᠯᠤᠭᠴᠢ найруулагч. Toujours sur radical verbal, ce suffixe [ul] implique un agent extérieur dans la réalisation de l'événement. [ul] produit un nouveau verbe, le plus souvent actif et transitif là où le verbe initial était très souvent intransitif et de valeur "réfléchie". Il a souvent, au premier degré, le sens de *faire faire*, d'*impliquer quelqu'un dans...*

Le troisième procédé [u] ᠤᠤ уу transforme tout énoncé en interrogation. Ou plus exactement en une assertion appelant confirmation ou infirmation, impliquant l'interlocuteur dans la vérification d'une hypothèse, lui faisant porter la "responsabilité" - au sens propre du terme - de la vérité ou de la fausseté de ce qui est affirmé (nous en fait tout près - pour ce qui est du comportement du moins - de notre "n'est-ce-pas ?" ou du "isn't it ?" de l'anglais).

Dans tous ces emplois apparaît une grande communauté de sens : cette notion d'*implication de l'autre*, que celui-ci soit l'interlocuteur ou un sujet extérieur. Il s'agit en définitive d'un fait unique, isolé dans le premier cas, associé à une autre unité dans le deuxième, marquant tout le message pour le troisième.

L'ensemble des unités élémentaires comporte deux dérivations vocaliques (non-arrondie et arrondie) et des unités consonantiques et leurs variantes nues, vocalisées, palatalisées ou associant les deux derniers traits. Leurs nuances mériteraient de longues observations. Contentons-nous dans l'immédiat d'un tableau des formes orthographiques sous lesquelles nous rencontrerons ces unités :

Tableau des dérivations élémentaires (consonnes) :

s	nue	vocalisée	palatalisée	vocalisée palatalisée	palatalisée vocalisée
b	б, в	в, ва	вь ви	вай вий	вий
c		ц ца	ч чи	цай ций	чий
d	д т	д, да	дь, ди	дай дий	дий
g	г	г, га	гь ги	гай гий	гий
l	л	л, ла	ль ли	лай лий	лий
m	м	м, ма	мь ми	май мий	мий
n	н	н, на	нь ни	най ний	ний
r	р	р, ра	рь, ри	рай	рий
s	с	с, са	ш ши	сай сий	ший
t		т, та	ть ти	тай тий	
x		х, ха	хь хи	хай хий	хий
z		з, за	ж, жи	зай зий	жий

NB - Les cases vides correspondent à des unités absentes des mots mongols. Par ailleurs, les notations en -a (ва, ца, etc.) sont ici simplifiées et prennent en fait, suivant les cas, les quatre formes -a, -э, -o, -ө, les unités palatalisées postérieures prenant pour leur part les formes вай ou вой.

Formation des suffixes

Toutes les unités relevées ci-dessus peuvent être repérées isolées, et chacune d'elles constitue par elle-même un suffixe, dont les effets sur le comportement et sur le sens du mot formé sont identifiables.

La plupart d'entre elles sont fréquemment associées dans des combinaisons plus ou moins stables, reconnues comme telles et qui entrent dans des inventaires constamment disponibles. Ces suffixes complexes, au même titre que ceux qui ne sont constitués que d'un seul élément, jouent les deux rôles que nous avons dissociés : ils fournissent les mécanismes et le contenu de la dérivation lexicale, mais également les procédés et les formes de l'organisation syntaxique.

En fait, il n'existe aucune frontière formelle entre les deux types d'usage, et les différences résident plus dans l'usage et la fréquence de chaque unité que dans une opposition de nature. Un exemple, la forme de l'*indicatif fini* {b} -в, forme grammaticale s'il en est ([bol-] бол- *être, devenir* > [bol^{ə}w] болов *fut, est devenu*), n'a aucune difficulté à devenir une dérivation lexicale dans [bol^{ə}ws^{ə}n] боловсон *formé, instruit* ([bol^{ə}ws^{ə}n xüč^{i}n] боловсон хүчин *cadre, les cadres*); [bol^{ə}wsr^{ə}-] боловсро- *se transformer, se former* ; [bol^{ə}wsr^{ə}l] боловсрол *instruction.*

Les suffixes complexes ne sont pas des entités indivisibles "naturelles", mais des assemblages statistiques d'unités élémentaires dont on retrouve, le plus souvent de façon simple, le rôle sémantique et syntaxique. Aucune unité absente de la liste des suffixes élémentaires n'entre dans la formation d'un suffixe complexe. Par ailleurs, l'immense majorité de ceux-ci n'est formée que de deux éléments, plus rarement de trois, jamais plus. L'orthographe, lue avec naïveté, peut faire croire le contraire : un impératif est écrit voire , en cyrillique -аарай, donne évidemment une impression de profusion. En fait, le suffixe en question n'est formé que de deux éléments : une unité vocalique non arrondie /A/ et une unité {r} vocalisée-palatalisée [r^{əi}]. Un exemple de suffixe à trois éléments est fourni par la dérivation nominale [-wt^{ə}r] -втар qui permet de former des termes *approximatifs :* [šar] шар *jaune* > [šar^{ə}wt^{ə}r] шаравтар *jaunâtre* ; [ulan] улаан *rouge* > [ulawt^{ə}r] улаавтар *rougeâtre* ; [mu:] муу *mauvais* > [mu:wt^{ə}r] муувтар *médiocre.*

Dès lors qu'ils sont fixés dans la langue, ils acquièrent évidemment une réalité propre qu'il serait absurde de leur dénier : leur usage pratique n'oblige pas à refaire à chaque fois l'analyse de leurs constituants élémentaires. La trace de ceux-ci s'est d'ailleurs parfois estompée (ce qui transparaît, rarement, dans certaines orthographes).

On peut identifier un peu plus de deux cents suffixes mongols. Si les "vrais" suffixes sont des combinaisons de suffixes élémentaires, quelques uns soulignent l'absence de "frontière naturelle" entre des catégories linguistiques qui sont le plus souvent des découpages a postériori, imposés par la pratique et par l'usage. Certains mots, le plus souvent des noms, parfois encore disponibles, ont subi, ou sont en train de subir un processus de grammaticalisation qui tend à en faire des suffixes :

Le nom [dugar] дугаар *numéro, élément d'une liste* s'est suffixé en [-dugar] -дугаар -дүгээр constituant des numéraux ordinaux : [xoj^{ə}r] хоёр *deux* > [xoj^{ə}rdugar] хоёрдугаар *deuxième* ; [neg] нэг *un* > [negdüger] нэгдүгээр *premier*, concurrent de [anx] анх *premier* > [anxdugar] анхдугаар *premier*. On remarquera ici un processus complet de suffixation, qui soumet [-dugar] aux effets de l'harmonie vocalique.

Le nom [üg^{əi}] үгүй *non-être," inexistence", néant* fournit le prototype d'une évolution apparemment similaire quand il devient le suffixe négatif [-g^{əi}/-g^{üi}] : [sa^{i}n] сайн *bon, bien* > [sa^{i}ng^{üi}] *pas bon, mauvais*, [xar^{ə}nda] харандаа *crayon* > [xar^{ə}ndag^{üi}] *sans crayon*. Mais cette évolution est à la fois plus profonde, le nom perdant son radical en se suffixant à l'oral, et moins globale : l'orthographe mongole uigur maintient [üg^{əi}] үгүй : [sa^{i}ng^{üi}] = ; [xar^{ə}ndag^{üi}] = . Même suffixée, l'unité conserve une part d'autonomie en restant identifiée comme appartenant au vocalisme antérieur [-g^{əi}/-g^{üi}] ce que reconnaît l'orthographe cyrillique : [sa^{i}ng^{üi}] = сайнгүй ; [xar^{ə}ndag^{üi}] = харандаагүй.

Un cas similaire peut être observé avec une unité de relation nominale (cas), la forme [-ru] indiquant la *direction de, vers*. Il s'agit en fait du nom [uru] уруу *(vers) l'aval, le bas*. Sa grammaticalisation est évidente, quoiqu'encore imparfaitement reconnue à l'oral et dans l'orthographe cyrillique : *vers la ville* se dit [xotru] et s'écrit хотруу mais aussi хот руу ; *vers ici* se dit [endrü] et s'écrit эндрүү ou энд рүү, sacrifiant donc à l'harmonie vocalique. Mais l'orthographe mongole uigur maintient l'identité de [uru] : [xotru] s'écrit et [endrü] s'écrit . Le "suffixe" n'est pas affecté ici par l'harmonie vocalique et la forme , qui peut être parfois rencontrée (·), est une innovation encore bien fragile.

Bien des suffixes, aujourd'hui insoupçonnables, remontent sans doute à des "étymologies" comparables. Dans la présentation qui suit, les suffixes seront rapidement décrits dans leur composition formelle, leur valeur sémantique, leur comportement grammatical. Quelques exemples aideront le lecteur à identifier plus aisément chaque suffixe et à mieux en apprécier les effets dans le mot et dans la phrase.

Rappel essentiel, l'écriture uigur (et pour une part à sa suite l'écriture cyrillique) est un système orthographique, et non une transcription dont la reproduction phonique serait le seul objectif. Il n'y a rien là d'extraordinaire, et l'orthographe du français ne procède pas autrement. Les conséquences sont multiples : chaque unité, chaque suffixe, est doté d'une forme orthographique fixée et codifiée qui permet son identification et assure en particulier la discrimination entre les divers usages ("lexical" face à "grammatical" au sens traditionnel de ces termes en particulier) d'une même unité élémentaire ou complexe (un peu comme en français entre *différent, différant, différend*).

L'écriture uigur transmet moins la "lecture" orale des mots que leur structure suffixale et significative. Elle remplit d'ailleurs cette mission avec une clarté et une précision remarquables.

Ainsi les unités sont-elles notées indépendamment de leur réalisation phonétique immédiate, ce qui ne signifie d'ailleurs pas que la base des conventions soient sans rapport avec l'oral, comme le montre la nature des hiatus employés en mongol. Le suffixe nominal [-b^{ə}r/-w^{ə}r] indique *dans quoi s'incorpore le radical* (lit. *le lieu où s'accomplit ~*), aussi bien une "chose" qu'une "qualité" : [ol-] *trouver* > [olb^{ə}r] *trouvaille* ; [tat^{ə}-] *tirer* > [tatw^{ə}r] *impôt ;* [togt^{ə}-] *s'arrêter, se fixer* > [togtw^{ə}r] *permanence, fixité, stabilité ;* [xöt^{ə}l-] *mener par la bride* > [xöt^{ə}lb^{ə}r] *programme* ; [ögül^{ə}-] *dire* > [ögülb^{ə}r] *phrase* ; [si:l^{ə}-] *graver* > [si:lb^{ə}r] *gravure* ; [čad^{ə}-] *pouvoir, savoir* > [čadw^{ə}r] *capacité, habileté* ; mais aussi, parmi les créations récentes : [av^{i}a] *son* > [av^{i}al^{ə}-] *produire un son* > [av^{i}alb^{ə}r] *phonème* (lit. *là où s'accomplit la réalisation d'un son*).

Dans tous ces cas, indépendamment de la prononciation, le suffixe possède une orthographe unique où on remarquera tout particulièrement que le {r} est noté palatalisé sans que ceci corresponde à une réalisation perceptible à l'oral. Cette caractéristique orthographique est spécialement évidente pour les mots de vocalisme antérieur, où la palatalisation ne pourrait de toutes façons pas être perçue :

[tatw^{ə}r] татвар   [siːlb^{ə}r] сийлбэр   [togtw^{ə}r] тогтвор

[av^{i}alb^{ə}r] авиалбар   [ögülb^{ə}r] өгүүлбэр   [xöt^{ə}lb^{ə}r] хөтөлбөр

Le sens de ces combinaisons est le plus souvent clairement déductible du radical verbal. Certains termes appellent toutefois une interprétation plus attentive : [xiːs-] *se déployer, flotter au vent* > [xiːsw^{ə}r] хийсвэр *léger, frivole, superficiel, inconséquent*, terme qui par extension en vient à signifier *abstrait*, avec sans doute initialement une valeur péjorative (voir notre "*c'est du vent*") que le terme, dans cette dernière acception du moins, a désormais perdu.

Cette permanence formelle des suffixes est un élément essentiel de l'identification des procédés grammaticaux, mais aussi des unités lexicales. L'orthographe nous montre que [xelb^{ə}r] хэлбэр, un des nombreux mots mongols désignant la *forme* n'est pas constitué à l'aide du suffixe précédent, mais qu'il est une dérivation directe du radical verbal [xelb^{ə}-] хэлбэ- *façonner, modeler*.

Suggérant une classification, nous habituerons le lecteur à la physionomie étonnamment commune à tous les mots mongols, produits qu'ils sont sur le même modèle. Environ 400 noms sont construits à l'aide d'un suffixe [-ur/-ür] -уур -үүр fournissant des noms d'outils ou d'équipement (*là où quelqu'un ~*) : [ölg^{ə}-] өлгө- *accrocher, suspendre* > [ölgür] өлгүүр *patère, portemanteau* ; [taš^{i}-] таши- *frapper, claquer* > [tašur] ташуур *cravache*, etc. Plus important encore, nombreux sont les mots qui, à partir de radicaux différents, font subir grâce à un ensemble de dérivations identiques, un même traitement à l'information, bien au delà des significations immédiates. Par exemple, deux termes tels que [až^{i}gl^{ə}mx^{əi}] ажигламхай *observateur, curieux* et [sež^{i}gl^{ə}mx^{əi}] сэжиглэмхий *dubitatif, soupçonneux* tirent de leur parenté de dérivation ([-mx^{əi}] sur verbes en [-l^{ə}-]) une communauté de sens (*qui se distingue par un caractère ~*), mais également une similitude d'intervention syntaxique (priorité adjectivale).

Dans ces chaînes de dérivation, la gémination ou fusion, tant entre consonnes qu'entre voyelles, est exclue, ou en tous cas marginale. Ceci entraîne le jeu d'hiatus perceptibles à l'oral. L'adjonction d'un suffixe commençant par une voyelle à un radical terminé par une voyelle, fut-elle la même, ne se traduit pas par la gémination des deux voyelles, mais par l'intervention d'un mécanisme de freinage du passage de l'air, d'émission d'un bruit, en quelque sorte d'un parasite qui permet d'identifier la présence de deux voyelles, et non d'une seule : [xar^{ə}nda] *crayon* + [-ar] > [xar^{ə}nda^{g}ar] *au moyen d'un crayon.*

La nature du "bruit" qu'est l'hiatus oral mérite une observation précise. Proche d'une consonne, il se voit souvent reconnaître ce statut, et est interprété comme tel par l'orthographe, ce qui ne va pas sans risques de confusion.

L'articulation provoque un freinage, voire un blocage du flux d'air. Trois zones sont de ce point de vue utilisables : la région glottale et vélaire, le passage entre dos de la langue et palais, enfin le resserrement des lèvres. A des degrés divers, ces trois zones sont bien sollicitées, l'hiatus vélaire (entendu [^{g}] et souvent identifié comme [g]) jouissant d'une nette priorité du fait de sa position en amont, "à la source" de l'émission. Nous avons vu ce qu'il en était dans l'exemple ci-dessus. Mais un glissement de l'articulation vers la région palatale ou labiale produit l'hiatus "en cours de route", le plus souvent au niveau palatal :

[xar^{ə}nda] + [u?] *forme interrogative* > [xar^{ə}nda^{j}u ?] *est-ce un crayon ?* La présence de l'hiatus purement labial est moins évidente, et appelle l'analyse de certaines unités lexicales, mais aussi celle de l'origine du trait de longueur vocalique. Ce sont les disparités dialectales qui sont de ce point de vue les plus révélatrices. Ainsi, dans certaines zones du nord de la Mongolie, le vêtement national [deːl] est-il prononcé [dew^{ə}l], écho à un fait que nous rencontrerons dans l'orthographe.

La réalité orale de l'hiatus est donc évidente et simple. Le phénomène prend toute sa dimension, et sa complexité, quand la tradition orthographique le reprend à son compte et le systématise. Ces conventions ne visent pas à la notation de l'oral : si le cyrillique харандаагаар utilise bien un "г" qui rappelle l'oral [xar^{ə}nda^{g}ar], la forme uigur fait appel à un [b] c'est-à-dire justement à la notation d'un hiatus "labial". Sur consonne nue, le même suffixe fait appel à une notation palatale [^{j}] qui ne correspond à aucune réalisation orale : [nomor] . Dans le cas de [xar^{ə}ndaju?], l'orthographe uigur ne note aucun signe particulier : .

Chaque suffixe est identifié sous une forme orthographique unique et permanente. Ceci vaut évidemment en premier lieu pour les unités distinctives entrant dans la composition du suffixe. Dans le cas de l'unité [ar] observée plus haut, la voyelle non arrondie est toujours notée – – et la consonne non-vocalisé. Cette permanence donne au suffixe la notation – quelle que soit la réalisation phonétique [ar], [er], [or] ou [ör]. Mais l'orthographe du suffixe ne se limite pas aux seules unités distinctives. Elle incorpore également des éléments, dont certains peuvent avoir une réalité exclusivement graphiques, grâce auxquels le suffixe est distingué sans ambiguïté de son environnement. L'orthographe permet ainsi la reconnaissance permanente des suffixes. Le plus remarquable est que l'orthographe mongole emprunte, pour ses "séparateurs" entre suffixes, la notation de l'hiatus, et se sert judicieusement d'images "orales" pour des usages sans réalisation perceptible.

L'orthographe uigur n'a pas toujours recours à de tels séparateurs, même en présence d'un hiatus l'oral. Dans le cas nominal [-as] indiquant l'*origine, la provenance*, la présence éventuelle d'un hiatus oral est sans effet sur l'orthographe : [xar^{ə}nda] + [-as] > [xar^{ə}nda^{g}as] харандаагаас *d'un crayon, à partir d'un crayon.*

L'"hiatus orthographique" n'est pas avant tout une reproduction sonore, mais la transmission des dérivations dans leur intégrité. Par exemple, l'intervention d'une voyelle derrière une consonne vocalisée entraîne la présence d'un hiatus. Or la vocalisation de la consonne n'est pas une voyelle et n'entre pas en conflit avec cette dernière à l'oral : [bag^{ə} + ar] > [bagar]). L'objectif de l'hiatus est dans ce cas visuel : la voyelle étant notée /A/ ou /U/, sa mise en contact directe avec une voyelle entraînerait d'énormes difficultés de lecture. La séquence + > [...la...] ne pourrait être distinguée d'une séquence + > [...lg...].

Nous devons nous souvenir que le trait qui précède l'hiatus est partie intégrante de la première unité. Nous ne somme donc pas en présence de "voyelles longues" sur le même modèle que les voyelles longues du contexte initial : la voyelle est ici exclusivement l'élément ou qui suit l'hiatus, cependant que l'élément qui le précède est un trait de vocalisation ou de palatalisation propre à l'unité précédente, et qui préexiste toujours à l'intervention de la voyelle. Dans le cas de l'unité de subordination verbale [-ad] sa rencontre dans une séquence du type · · · tient systématiquement au fait que le radical du verbe est vocalisé (+ >), de même que la présence d'un groupe ~ tient à une palatalisation propre du radical [bar^{i} + ad > bar^{i}ad] + > .

Les "hiatus" séparateurs sont exclusivement empruntés à l'inventaire des réalisations de l'hiatus oral : {g} {j} {b} . Ce fait dénote en fait un "sens linguistique" et une conscience linguistique tout à fait remarquables.

L'orthographe des suffixes note et intègre fréquemment la présence permanente d'un hiatus. Ce phénomène est la fixation d'un contexte statistiquement dominant : les unités vocalisées sont très nettement plus fréquentes que les unités non-vocalisées. C'est le cas avec les radicaux verbaux, produits dans leur immense majorité par des consonnes vocalisées ({l} ≠ {r} ≠ {d} ≠ , etc.). Dès lors, les suffixes en voyelle ou commençant par une voyelle et intervenant sur des radicaux verbaux sont largement notés sous une forme ouverte par l'hiatus : {-a} ; {-a} ; {-ad} ; {-ač} ; {-ul} ; etc.

Dans tous ces cas, la forme de l'hiatus est une lettre {g} postérieure ou antérieure suivant les besoins. Il s'agit là de la forme dominante de l'hiatus. Cette forme en {g} fait évidemment écho à la réalité dominante de l'hiatus vélaire à l'oral. Cette prédominance s'affirme dans l'orthographe des unités et des mécanismes lexicaux. C'est en quelque sorte la forme de "droit commun", les formes palatales et labiales étant utilisées pour signaler un usage particulier, en particulier grammatical.

Une autre situation se crée lorsqu'une voyelle intervient derrière une autre. Une rencontre de ce type est fréquente à la frontière du radical initial, nécessairement clos par la première voyelle. Dans ce cas, l'hiatus est palatal, et est noté comme tel : ᠪᠠᠶᠠᠨ [ba^{j}an] баян *riche* ; ᠪᠠᠶᠠᠷ [ba^{j}ar] баяр *fête* ; ᠤᠶᠠᠨ [u^{j}an] уян *flexible, faible* ; ᠣᠶᠤᠨ [o^{j}un] оюун *sage, sagesse* ; ᠰᠣᠶᠣᠯ [so^{j}ol] соёл *culture*.

Pour une notation sans effet direct de l'oral, reprenons l'unité de relation nominale (cas *instrumental*) [-ar]. Elle présente une variation d'autant plus intéressante qu'elle n'est pas isolée : Les constituants distinctifs du suffixe sont, de façon invariable, -ᠶ- + -ᠠᠷ. Mais l'hiatus varie, présentant suivant les cas l'emploi de chacun des procédés possibles : *vélaire, palatal, labial*. Dans l'usage courant, seuls ces deux derniers sont mobilisés. Derrière un nom terminé par une consonne nue (où a priori aucun hiatus n'est nécessaire), l'hiatus prend une forme *palatale* : [nom] *livre* + [ar] > [nomor] ᠨᠣᠮ ᠢᠶᠠᠷ номоор. Derrière toute autre unité finale (voyelle, consonne vocalisée ou palatalisée), l'hiatus adopte une forme *labiale* [ax^ə] *frère aîné* + [ar] > [axar] ᠠᠬ᠎ᠠ ᠪᠠᠷ ахаар ; [mor^i] *cheval* + [ar] > [mor^{i}or] ᠮᠣᠷᠢ ᠪᠠᠷ ; [šire] *table* + [ar] > [šireger] ᠰᠢᠷᠡᠭᠡ ᠪᠡᠷ. On remarquera que cette mise en forme du suffixe est automatique, et correspond à des réalisations orales multiples : sans hiatus [axar] ; avec perception du trait de palatalisation [mor^{i}or] ; avec perception d'un hiatus vélaire [šireger]. Par contre, que le suffixe soit intégré à une combinaison stable, fixée par l'orthographe sous forme continue, et l'hiatus adopte une forme vélaire -ᠭᠠᠷ -ᠭᠡᠷ, ce que nous observerons le moment venu.

Un schéma strictement identique peut être observé dans le cas du pronom réfléchi (renvoi au sujet) [-a], dont les éléments distinctifs sont, pour l'orthographe uigur -ᠶ- + -ᠠ. On observera donc respectivement les formes ᠪᠠᠨ et ᠢᠶᠠᠨ mais aussi -ᠭᠠᠨ -ᠭᠡᠨ

Les éléments graphiques intercalaires : la fixation orthographique définitive de l'hiatus produit un effet secondaire curieux, parfois déroutant dans la pratique. La présence d'un hiatus répond à la situation la plus fréquente (radical vocalisé ou palatalisé dans le cas des suffixes verbaux) et ce besoin aboutit donc à la fixation permanente de l'hiatus dans l'orthographe du suffixe. Même une situation dans laquelle il est en principe superflu ne provoque pas sa disparition.

Or, la mise en contact directe d'un radical non vocalisé tel [gar-] – гар- *sortir, commencer* ; [bol-] – бол- *être, devenir* ; [bos-] – бос- *se lever, se dresser* ; [ü^{i}l^{ə}d-] – үйлэд- *faire, créer, effectuer*, etc., avec un suffixe commençant par hiatus ([-ad] –) provoquerait la lecture de celui-ci comme consonne (*[bolgod] et non [bolod]).

L'écriture uigur s'est donc dotée d'un outil remarquable, couramment pris à tort pour une "voyelle" alors qu'il s'agit d'un instrument strictement graphique. Il s'agit d'une boucle sans équivalent oral, "voyelle" fictive qui prend place entre le radical non-vocalisé et l'hiatus orthographique d'un suffixe, invariable sans inconvénient :

[gar-] – + [-ad] – = – – > гараад
[bol-] – + [-ad] – = – – > болоод
[xür-] – + [-ad] – = – – > хүрээд

Une bonne identification de ce signe, que nous désignerons sans autre rappel par la suite comme la *boucle intercalaire*, permet des identifications et des diagnostics très utiles.

Les données et exemples qui suivent, sans fournir une analyse détaillée de l'ensemble des suffixes, donneront au lecteur une image de la profusion observée, mais aussi des régularités qui font des unités significatives mongoles un système aussi solidement structuré.

> Dans les tableaux suivants, ainsi que dans la suite de l'ouvrage, la présentation des suffixes fera appel à un artifice. Donnés sous une seule forme par économie, l'existence éventuelle de plusieurs réalisations sera rappelée par un nombre en exposant. [-a], réalisé [-a, -e, -o, -ö] -аад, -ээд, -оод, өөд sera noté [-a] -aa^4. De même [-u], réalisé [-u, -ü] -уу, -үү sera noté [-u] -yy^2.

Suffixes de création lexicale

Les suffixes présentés dans le tableau ci-dessous ne constituent sans doute pas un inventaire exhaustif. Il ne s'agit pas moins d'un échantillon largement représentatif. Les données sont les suivantes : transcription ; orthographe mongole uigur ; orthographe cyrillique ; comportement syntaxique (N pour *nom,* V pour *verbe*, d'où NN pour *suffixe nominal sur radical nominal*, NV pour *suffixe verbal sur radical nominal*, VV pour *suffixe verbal sur radical verbal*, VN pour *suffixe nominal sur radical verbal*) ; valeur sémantique et brèves observations ; exemples.

-a	[illegible]	-аа^{4}	VN	indique, sans autre information, la *réalité*, l'*existence* de l'événement. Souvent présenté comme un *participe passé inachevé*, ce participe doit être saisi comme un *infinitif* au sens fort du terme. Cette «neutralité» délibérée, laissant intacte le sens premier du radical verbal en fait le procédé privilégié de nominalisation d'un radical verbal.	[med^{ə}-] мэдэ- *savoir, apprendre* > [mede] мэдээ *information, nouvelle* ; [bögl^{ə}-] бөглө- *obstruer, fermer, boucher* > [böglö] бөглөө *bouchon* ; [bar^{ə}-] бара- *finir, achever* > [bara] бараа *produit, marchandise ; tissu, étoffe*
-an	[illegible]	-аан^{4}	VN	les noms formés sur ce modèle ne se distinguent en fait des formes en [-a] «ordinaires» que par la présence permanente du [n] final qui en confirme la fixation nominale. L'identification d'une forme palatalisée est l'exemple d'un point encore incomplètement élucidé (v. le verbe [du:r^{i}a-] дууриа- *résonner*)	[ba^{i}ld^{ə}-] байлда- *combattre* > [ba^{i}ldan] байлдаан *bataille ;* [xöd^{ə}lg^{ə}-] хөдөлгө- *faire bouger* > [xöd^{ə}lgön] хөдөлгөөн *mouvement ;* [du:l^{ə}-] дуула- *chanter, résonner* > [du:l^{i}an] ( ) дуулиан *écho.*

-ač		-аач^4	VN	dérivation [-č] — -ч largement utilisée pour désigner un *agent*, une *activité*, une *profession* sur le *participe infinitif* [-a] — — -aa^4. Il produit donc des noms d'*agent*, de *personne qui accomplit ~*	[man^ə-] — мана- *garde* > [manač] манаач *garde, sentinelle* ; [bič^i-] — бичи- *écrire* > [bičeč] бичээч *greffier* ; [bar^i-] — бари- *prendre, faire tenir* > [bar^{i}ač] бариач *manipulateur, rebouteux.*
-as		-аас^4	VN	noms d'objet d'usage courant définis par leur emploi tel qu'il est exprimé par le verbe d'origine. Présente également des formes à [n] final : — — ; -аасан^4	[xad^ə-] — хада- *planter, piquer* > [xadas] хадаас *clou* ; [üd^ə-] — үдэ- *coudre, ligaturer* > [üdes] үдээс *fil, cordonnet* ; [nöx^ə-] — нөхө- *remplacer, rapiécer* > [nöxös] нөхөөс *pièce* (surtout sur un vêtement), mais aussi *remplaçant.*
-as		-аас^4	VN	variante du précédent, l'infinitif [-a] donnant naissance à des dérivations purement nominales, reconnues en écriture mongole uigur par la mise en place d'un hiatus palatal. Peut présenter le même [n] final que ci-dessus : — ; -аасан^4	[ul^i-] — ули- *hurler, gémir* > [ul^{i}as] ( ) улиас *tremble* (l'arbre, désigné en français par le mouvement constant de ses feuilles, l'est ici par leur bruit continu.
-b^{ə}r -w^{ə}r		-бар^4 -вар^4	VN	*accomplissement, l'achèvement*, le fait de *former un tout* spécifié par un [r] d'indication du *lieu*, de *localisation*, désigne *le lieu où s'accomplit ~*, phénomènes considérés comme la réalisation, l'accomplissement de l'événement du radical, mais aussi une *structure*, une *organisation*	[dag^ə-] — дага- *suivre* > [dag^{ə}w^{ə}r] дагавар *suffixe* ; [tat^ə-] — тата- *tirer* > [tatw^{ə}r] татвар *impôt* ; [sal-] — сал- *se détacher,* > [salb^{ə}r] салбар *section, branche* ; [töl^ə-] — төлө- *remplacer, payer* > [tölbör] төлбөр *payement, redevance* ; [ü^{i}ld-] — үйлд- *produire* > [ü^{i}ldw^{ə}r] үйлдвэр *entreprise.*

-c^{ə}		-ц	VN	*moyen* ou *instrument* permettant la réalisation de l'événement : si ce contenu peut sembler peu explicite d'emblée dans [jaw^{ə}-] – ява - *aller, partir* > [jawc] явц *démarche, processus, rythme* ou dans [med^{ə}-] – мэдэ- *savoir, connaître* > [med^{ə}c] мэдэц *savoir, connaissances, horizons (intellectuels)*, il est plus net dans [gar-] – гар- *sortir, traverser, grimper, partir* > [garc] гарц *passage (ce qui permet de traverser, par exemple un passage pour piétons)* mais aussi *rendement* (*ce qui sort*)	[suː-] – суу - *être assis, s'asseoir, résider* > [suːc] сууц *siège, résidence* ; [xar^{ə}-] – хара - *regarder, voir* > [xarc] харц *regard, vue* ; [on^{ə}-] – оно- *atteindre la cible, viser juste* > [on^{ə}c] онoц *réussite, taux de réussite, précision ;* mais aussi *les moyens appropriés* ; [nuː-] – нуу - *cacher, dissimuler* > [nuːc] нууц *secret*. Enfin, exemple des plus illustratifs : [xolb^{ə}-] – холбо- *lier, assembler, unir* > [xolb^{ə}-] холбоц *rime.*
-c^{ə}		-ц	NN	identique au précédent, mais sur radical nominal, il en est également sémantiquement très proche. Son contenu essentiel apparaît comme un *principe*, un *caractère central* de l'objet dénommé. Ce qui était ci-dessus un *instrument* (mais ce terme doit être pris sans trivialité) exprimait donc, appliqué à un radical verbal, *ce qui est le plus propre à ~*	[bag] баг *équipe, petit groupe* > [bagc] багц *paquet, baluchon ;* [öng^{ə}] өнгө *couleur, beauté, aspect extérieur, face externe,* mais aussi *variante, changement* > [öng^{ə}c] өнгөц *espace étroit et allongé ; étroit, léger, superficiel, hypocrite, simulateur* ; [ör] өр *centre de la yourte,* mais aussi *épigastre* > [örc] өрц *diaphragme.*
-c^{ə}-		-ц-	NV	verbes indiquant *avoir la possibilité de ~, être en situation de ~, profiter de ~* ou *subir, éprouver ~*	[xalu] халуу *chaleur* > [xaluc^{ə}-] – халууца- *sentir la chaleur, souffrir de la chaleur* ; [zewü] зэвүү *colère* > [zewüc^{ə}-] – зэвүүцэ- *être en colère, éprouver de l' indignation ; craindre*

-c^{ə}g		-цаг[4]	NN	termes désignant un trait ou caractère principal ou qualifiant un objet comportant ce trait	[er^{ə}g] эрэг *rive, rivage* > [er^{ə}gc^{ə}g] эрэгцэг *abrupt* ; [dow] дов *butte* > [dowc^{ə}g] довцог *bosselé, cahotique* ; [bömb^{ə}r] бөмбөр *tambour* > [bömb^{ə}rc^{ə}g] бөмбөрцөг *ballon, balle ; gonflé*
-č		-ч	NN	noms désignant l'*agent*, l'*utilisateur*, celui *qui met en mouvement*, *en action*	[mal] мал *bétail* > малч *éleveur* ; [em] эм *médicament* > [emč] эмч *médecin* ; [xöd^{ə}lm^{ə}r] хөдөлмөр *travail* > хөдөлмөрч *travailleur*
-č		-ч-	NV	*mise en mouvement*, *mise en action*, mais aussi *remise en action*, l'extension de ce contenu permettant aussi bien des effets immédiats, semelfactifs, que répétitifs ou itératifs	[xag^{ə}] хага adverbe indiquant la *dislocation*, la *destruction* ([xag^{ə} cox^{i}-] *casser, briser* > [xag^{ə}č^{i}-] –хагачи- *se briser d'un coup* et *émietter, briser menu* ; [xowxč^{i}-] –ховхчи- *se faire une écorchure* mais aussi *écorcher en permanence*
-č^{i}gn^{ə}-		-чигна-	NV	verbes désignant l'émission d'un bruit à partir d'onomatopées. Le rapport aux autres unités en [č] tient dans le renvoi à un agent : celui qui émet le bruit	[tür] тyp bruit de roulement, ou de grondement ([tür tar, tür tür]) > [türč^{i}gn^{ə}-] – турчигнэ- *faire un bruit de roulement* ; [tar] тар sorte d'entrechoquement > [tarč^{i}gn^{ə}-] – тарчигна- *tinter, s'entrechoquer* ; [šar] шар *crissement, grincement* ([šar šar], [šar šor], [šar šur], [šar šir], pas sur la neige ou grincement de chaussures) > [šarč^{i}gn^{ə}-] – шарчигна- *crisser, grincer.*

-č^{i}n		-чин	NN	ajoute la confirmation nominale en [n] à l'indication de l'*agent* identifié ci-dessus. Contribue à former une centaine de noms de profession ou d'activité	[mal] мал *bétail* > малчин *éleveur;* [až^{i}l] ажил *travail* > [až^{i}l] ажилчин *ouvrier* ; [an] ан *gibier ; chasse* > анчин *chasseur.*
-d-		-д-т-	NV	souvent oralisés [t] en mongol xalx, très minoritaires par rapport aux verbes formés en [-d^{ə}-] vocalisé, ces verbes présentent le contenu des dérivations [d] en général : *addition, adjonction, accumulation.* Ces verbes, sur des noms désignant des *dimensions*, ont le sens de *être* ou *devenir de plus en plus* ~	[urt] урт *long* > [urt^{ə}d-] – уртад- *s'allonger de plus en plus* ; [bog^{i}n^{ə}] богино *court* > [bog^{i}n^{ə}t-] – богинот- *raccourcir* ; [ix] их *grand* > [ix^{ə}d-] – ихт- *grandir* ; [örg^{ə}n] өргөн *large* > [örg^{ə}d-] – өргөт- *s'élargir*
-d^{ə}-		-да^{4}-	NV	la fréquence nuance d'*excès* attachée au sens des verbes en [-d^{ə}]est un effet normal des dérivations en [d], impliquant une *adjonction*, une *accumulation*, directement valorisée comme *excès, exagération* : [bag^{ə}] бага *petit* > [bag^{ə}d^{ə}-] – багада- *être trop petit, manquer* ; etc. Cet effet est d'autant plus sensible qu'existent sur le même radical d'autres dérivés verbaux présentant des nuances concurrentes, ou un profil plus neutre.	[tom] том *grand, gros* > [tomd^{ə}-] – томдо *être trop grand, trop gros* ; [cux^{ə}l] цухал *étroit, serré* ; mais aussi *nervosité, irritation* > [cux^{ə}ld^{ə}-] – цухалда- *être étroit, serrer* (vêtement), *s'énerver, s'irriter* ; [xorm^{əi}] хормой *pan d'un vêtement* > [xorm^{əi}d^{ə}-] – хормойдо- *prendre au collet, saisir par le vêtement* ; [nar] нар *soleil* > [nard^{ə}-] – нарда- *se brûler au soleil, attraper un coup de soleil.*
-d^{ə}		-д	VN	forme quelques noms sur radical verbal. Ces noms semblent étroitement spécialisés, associés à des actes ou à des attitudes corporels	[xan^{i}a-] – ханиа- *tousser* > [xan^{i}ad] ; ханиад *grippe* ; [ine-] – инээ- *rire* > [ined] ; инээд *le rire*.

-dᵊl	[illegible]	-дал⁴	VN	produit pratiquement librement sur tout radical verbal des noms désignant *ce qu'il y a dans ~*, champ très large pour des termes souvent, mais non exclusivement abstraits	[jawᵊ-] – ява - *aller, partir* > [jawdᵊl] явдал *démarche, allure (cheval) ; phénomène, événement* ; [baⁱ-] – бай- *être* > [baⁱdᵊl] байдал *état, situation* ; [suː-] – суу - *s'asseoir* > [suːdᵊl] суудал *siège* ; [boː-] – боо, *envelopper ; faire obstacle* > [boːdᵊl] боодол *emballage, paquet*
-dᵊs	[illegible]	-дас⁴	VN	noms de choses permettant l'exécution, mais surtout résultat ou résidu de l'événement du radical	[taⁱrᵊ-] – тайра- *couper, scier* > [taⁱrdᵊs] тайрдас *billot, planche à découper* ; [ogtᵊl-] – огтол- *enlever, amputer* > [ogtᵊldᵊs] огтолдос *fragment, tronçon* ; [šigšⁱ-] – шигши - *cribler, tamiser* > [šigšⁱdᵊs] шигшдэс *criblure, son.*
-du	[illegible] [illegible]	-дуу²	NN	formant des déterminants indiquant généralement un *excès de ~*. Dérivation nominale en [u] – – -уу² sur le dérivé verbal (NV) en [d] – – -да-⁴ ayant souvent le sens d'*excès (être trop ~ ; devenir trop ~)*.	[gan] ган *sec, sécheresse* > [gandᵊ-] – ганда- *sécher, se dessécher, faire trop sec* > [gandu] гандуу *sécheresse catastrophique* ; [xecü] хэцүү *dur, difficile* > [xecüdü] хэцүүдүү *trop difficile*
-g	[illegible] [illegible]	-г	VN	le plus souvent noms d'objets matériels. Les abstractions ne sont pas exclues, mais il s'agit souvent dans ce cas de glissements à partir de sens premiers plus terre à terre : [zurᵊ-] – зура - *tracer, dessiner* > [zurᵊg] зураг *dessin, trait, tracé ; tableau* ;	[bičⁱ-] – бичи - *écrire* > [bičⁱg] бичиг *écrit, document* ; [ažⁱ-] – ажи- *observer* > [ažⁱg] ажиг *observation*, mais aussi *qui attire l'attention, spectaculaire* ; [zorⁱ-] – зори - *tendre vers, s'appliquer à* > [zorⁱg] зориг *courage.*

-g^{ə}		-г(a)	VN	noms désignant le plus largement *ce qui,* ou *celui qui, exécute ou accomplit* l'événement du radical : [dar^{ə}-] – дара- *presser, écraser* > [dar^{ə}g^{ə}] дарга *chef, supérieur.*	[nudr-] – нудар- *cogner, frapper* > [nudr^{ə}g^{ə}] нудрага *poing* (mais aussi la rencontre de l'habileté et de l'expérience dans ce que nous dénommons le *coup de main* ou la *patte*). ; [tul-] – тул- *s'appuyer sur, prendre appui* > [tul^{ə}g^{ə}] тулга *support, appui* et surtout *trépied*
-g^{əi}		-гай -гой -гий	NN	principalement déterminant. Semble très proche de son homonyme [-g^{əi}] -гай -гой -гий , mais s'en distingue par la nature du radical qu'il peut marquer.	[xawt^{ə}g] хавтаг *planéité* > [xawtg^{əi}] хавтгай *plat, plan* ;[xarc^{ə}g^{əi}] харцагай-*faucon*, aussi connu sous la forme non palatalisée [xarc^{ə}g^{ə}] харцага.
-g^{əi}		-гай -гой -гий	VN	déterminants sur radical verbal comportant souvent une finale vocalisée-palatalisée. Désignent souvent une position, une configuration	[sond^{əi}-] – сондой- *être en trop, se dépareiller* > [sondg^{əi}] сондгой *impair ; surnuméraire* ; [xelt^{i}-] – хэлтий- *se courber, s'infléchir* > [xeltg^{i}] хэлтгий *courbe, penché sur le côté.*
-g^{i}- -x^{i}-		-ги- -хи-	NV	sans doute moins un suffixe que la combinaison dégradée entre une onomatopée et le verbe [xi:-] – хий- *faire, mettre émettre*, fréquent dans un tel usage : [tas xi:-] – тас хий- (тасхий-) *faire «crac»*). Cette origine reste présente dans le statut relativement instable de la consonne. Le verbe décrit le bruit émis, voire sa source	[tur] тур onomatopée de *roulement, frottement* ou *grincement* («trrr») > [turg^{i}-] – турги- *grincer, émettre un roulement* ; [šu:] шуу bruit violent comme celui du vent soufflant en tempête («shhhh») > [šu: g^{i}-] – шууги- *mugir, gronder* ; [bor] бор bruit de *bouillonnement*, très semblable à notre *borborygme* > [borg^{i}-] – борги- *bouillonner, jaillir* (voir [borg^{i}o] боргио *rapide sur une rivière, jaillissement, fontaine*).

-g^{i}n^{ə}- -g^{ə}n^{ə}-		-гина- -гэнэ-	NV	[-g^{ə}n^{ə}-/-g^{i}n^{ə}-] -гина-^{4} procédé fournissant, comme le précédent, des verbes à base d'onomatopées, les bruits évoqués étant généralement des résonances, des percussions	[xan] хан *tintement métallique* > [xang^{ə}n^{ə}-] хангина- *résonner, tinter*. La construction est la même pour [dün] дүн > [düng^{ə}n^{ə}-] дүнгинэ- *sonner, faire «düng düng»* ; [gon] гон > [gong^{ə}n^{ə}-] гонгина- *résonner, faire «gong gong»*.
-g^{ə}n^{ə}		-гана	NN	appellations botaniques ou zoologiques : [xul^{ə}] хул *louvet (robe de cheval)* > [xulg^{ə}n] хулгана *«souris»*, *«rat»* en fait plusieurs espèces de rongeurs. On observe un sous-suffixe [-zg^{ə}n^{ə}] -згана^{4} : [güzelzg^{ə}n^{ə}] гүзээлзгэнэ *fraise des bois*.	[alt] алт *l'or* > [alt^{ə}g^{ə}n] алтгана nom de plusieurs plantes de la famille des *Caragana* (*C. microphylla Lam.* dite aussi [üx^{ə}r xarg^{ə}n] үхэр харгана *Caragana des vaches*). C'est la même dérivation qui fournit ce même *Caragana* : [xar] хар *noir* > [xarg^{ə}n] харгана *Caragana*.
-g^{ə}r		-гар^{4}	VN	déterminants nominaux caractérisant la *forme*, l'*aspect physique*. Souvent formés sur radicaux verbaux en consonne vocalisée palatalisée. L'adjonction de [-g^{ə}r] entraîne la perte de la palatalisation : [salx^{əi}-] салхай- *être large, avoir l'allure d'un sac* > [salx^{ə}g^{ə}r] салхгар *large, flottant* ;	[alc^{əi}-] алцай- *écarter (les pieds)* > [alc^{ə}g^{ə}r] алцгар *bas sur pattes, aux jambes torses* ; [bömb^{əi}-] бөмбий- *enfler* > [bömb^{ə}g^{ə}r] бөмбөгөр *enflé, gonflé* (voir [bömb^{ə}g] бөмбөг, *ballon*) ; [gonz^{əi}-] гонзой- *être étiré, être ovale* > [gonzg^{ə}r] гонзгор *oblong, allongé*.
-gt^{əi}		-гтай	NN	noms ou titres de personnes définies ou caractérisées par un caractère qui leur est attribué. Bien que la forme du suffixe rendant cette *attribution* suggère un usage déterminant, ces termes sont très couramment, voire exclusivement substantifs.	[er^{ə}] эр *homme (mâle)* > [er^{ə}gt^{əi}] эрэгтэй *masculin* ; [em^{ə}] эм *femme* > [em^{ə}gt^{əi}] эмэгтэй *féminin* ; [xat^{ə}n] хатан *princesse* (de [xan] хан) > [xat^{ə}gt^{əi}] хатагтай *Dame, Madame* (Бовари хатагтай *Madame Bovary*).

-l		-л	VN	comme [-l^{ə}-] ci-dessous dans le sens NV, constitue un «commutateur» verbo-nominal systématique. Pratiquement, il est toujours possible de passer d'un radical verbal à un nom, sans variation de sens le plus souvent, en lui affectant cette unité. Sur radical en consonne nue, il est naturellement précédé de la boucle intercalaire.	[san^{ə}-] – сана- *penser, avoir une idée* > [san^{ə}l] санал *avis, opinion, proposition ; voix, vote* ; [üx^{ə}-] – үхэ- *mourir* > [üx^{ə}l] үхэл *mort* ; [zan^{ə}-] – зана- *menacer* > [zan^{ə}l] занал *menace* ; [on^{ə}-] – оно- *atteindre la cible, viser juste* puis *deviner, comprendre* > [on^{ə}l] онол *théorie, compréhension* ; [xiče-] – хичээ- *s'efforcer* > [xičel] хичээл *effort* ; *leçon* scolaire ; etc.
-l-		-л-	*V	à l'exception des cas où [l-]est intégré à la modalité verbale [-ul-], les verbes en [-l-] non vocalisé sont peu nombreux, mais d'usage courant. Comme dans les autres verbes en consonne nue, la valeur sémantique a priorité sur l'usage purement grammatical. Ici : *définition*, *insistance* plus que la verbalisation d'un nom, caractéristique de [-l^{ə}-]. Il s'agit en fait d'une dérivation primaire, et non d'un simple changement de comportement syntaxique, et le radical n'est pas toujours un mot disponible, attesté en tant que tel.	[bol-] – бол- *être, devenir, être possible* ; [sal-] – сал- *se détacher de, se séparer, se priver de* ; [öšg^{ə}l-/ öš^{i}gl-] – өшгөл-/өшигл- *taper du pied, piétiner, piaffer* ; [dolil-] – долийл- *loucher* en rapport avec [dol^{i}r] долир *strabique*. Mais : [ogt^{ə}] огт *pas du tout* > [ogt^{ə}l-] – огтол- *couper, amputer* ; [bür] бүр/бүрий *chaque ; absolument* mais aussi *fin, bout* > [bürl-] – бүрл- *décéder* ([bürl^{ə}gč] бүрлэгч *défunt*, réservé en principe à la *victime d'un décès subit, accidentel, violent*).
-l^{ə}-		-ла-	NV	procédé essentiel de formation lexicale verbale, cette unité pouvant assez librement être mobilisée pour la formation d'un verbe nouveau à partir de tout radical nominal	[emel] эмээл *selle* > [emell^{ə}-] – эмээллэ- *seller* ; [až^{i}l] ажил *travail* > [až^{i}ll^{ə}-] – ажилла- *travailler* ; [ger] гэр *yourte* > [gerl^{ə}-] – гэрлэ qui a non le sens matériel de *planter une yourte*, mais celui de *fonder un foyer, se marier*.

-lg^{ə}		-лга	VN	noms désignant en règle générale l'*incorporation* de l'événement du radical *dans un objet* une *pratique* ou un *résultat concret* : [bod^{ə}-] — бодо- *penser, réfléchir* > [bodl^{ə}g^{ə}] бодлого *politique*, au sens d'*une politique*, *mise en oeuvre pratique d'une pensée*, et non l'ensemble des notions associées au *pouvoir* ou à la *légitimité politiques*.	[üz^{ə}-] — үзэ- *voir* > [üzl^{ə}g] үзлэг *examen, revue, inspection* ; *divination, prédiction*; [zor^{i}-] — зори- *tendre à* ou *vers, s'acharner à* > [zor^{i}lg^{ə}] зорилго *but, objectif* ; [unš^{i}-] — унши- *lire* > [unšl^{ə}g^{ə}] уншлага *lecture* ; [bar^{i}-] — бари- *prendre, saisir ; construire* > [bar^{i}l^{ə}g^{ə}] барилга *construction.*
-lt^{ə}		-лт	VN	noms généralement substantifs proches des noms en [-l]. Il y a parfois distinction : [on^{ə}-] — оно- *atteindre la cible, viser juste* puis *deviner, comprendre* > [on^{ə}lt] онолт *débat, discussion, point litigieux* distinct de [on^{ə}l] онол *théorie, compréhension*, mais aussi doublons [dewš^{i}-] — дэвши- *s'élever* ; *aller de l'avant* > [dewš^{i}l] дэвшил et [dewš^{i}lt] дэвшилт *élévation, avancement ; progrès.*	[dar^{ə}-] — дара- *presser, appuyer* > [dar^{ə}lt] даралт *pression* ; [ol-] — ол- *trouver* > [ol^{ə}lt] ололт *découverte* ; [nem^{ə}-] — нэмэ- *ajouter* > [nem^{ə}lt] нэмэлт *supplément* ; [za:-] — заа- *montrer* > [za:lt] заалт *indication* ; . Des doublons complets peuvent être rencontrés comme dans : [xögž^{i}-] — хөгжи- *se développer* > [xögž^{i}l] хөгжил *développement* et [xögž^{i}lt] хөгжилт *développement, progrès* ; .
-lx^{ə}-		-лха-	NV	insistant sur le fait de se *distinguer*, de se *mettre en évidence*, ce suffixe illustre la dévalorisation qui frappe l'orgueil et la vantardise en produisant des verbes qui critiquent ces défauts. Mais si [er^{ə}] эр *homme (mâle)* > [er^{ə}lx^{ə}-] — эрэлхэ- *braver, être arrogant*, nettement péjoratif, [er^{ə}lx^{ə}g] эрэлхэг *présomptueux, bravache*, peut être aussi laudateur (*courageux, brave*).	[ner] нэр *nom, réputation* > [ner^{ə}lx^{ə}-] — нэрэлхэ- *se vanter, être orgueilleux* ; [durg^{ui}] дургүй *qui n'aime pas* > [durg^{ui}lx^{ə}-] — дургүйлхэ- *afficher son hostilité, étaler son dégoût.*

-lž -lž^{i}n		-лж лжин	NN	dénominations zoologiques ou botaniques (ces deux domaines sont largement, en mongol, un champ unique, ce qui n'implique aucune confusion mais une vision très synthétique de la «nature»). Désigne aussi des polygones (le rapport n'est pas aussi arbitraire qu'il y semble, les deux séries de termes faisant appel au *processus*, à la *formation* attachés à [ž].	[šar] шар *jaune* > [šar^{i}lž] () шарилж *Artémise* ou *armoise*, genre représenté dans la steppe mongole par au moins 75 espèces ou variétés ; [teme] тэмээ *chameau* > [temelž^{i}n] тэмээлжин *autruche*. [gur^{ə}w] гурав *trois* > [gurw^{ə}lž^{i}n] гурвалжин *triangle, triangulaire* ; [dör^{ə}w] дөрөв *quatre* > [dörw^{ə}lž^{i}n] дөрвөлжин *carré, rectangulaire*.
-l^{ə}n		-лан^{4}	VN	désigne le plus souvent des abstractions, mais la frontière entre «abstrait» et «concret» est moins étanche que l'opposition «logique» des termes ne le suggère. Peut aussi désigner des réalités matérielles, mais à partir de verbes dénommant une activité	[žarg^{ə}-] – жарга- *être heureux* > [žarg^{ə}l^{ə}n] жаргалан(г) *bonheur, félicité, joie* ; [zow^{ə}-] – зово- *souffrir* > [zowl^{ə}n] зовлон *souffrance, tourment* ; [zus^{ə}-] – зуса- *passer l'été* > [zusl^{ə}n] зуслан(г) *campement d'été, estivage*.
-l^{ə}n		-лан^{4}	NN	noms à usage généralement substantif. Il s'agit par exemple de noms désignant le bétail par un âge lié à tel trait de croissance (qu'on pense à notre *daguet* et à la pousse des bois que ce terme utilise comme repère de l'âge). La dérivation permet aussi de former des noms d'*institution*.	[šüd] шүд *dent* > [šüdl^{ə}n] шүдлэн *bête de 2 ans révolus (chevaux, bovins), ou d'un an révolu (ovins, chèvres)* ; [sojo] соёо *croc, grande dent* > [sojol^{ə}n] соёолон *bête de quatre ans révolus* ; [xüre] хүрээ *cercle* > [xürel^{ə}n] хүрээлэн *institut, comité* ; [dug^{ш}] дугуй *anneau, rond* > [dug^{ш}l^{ə}n] дугуйлан *cercle (association)*
-l^{i}		-ль	VN	comparables à [-l] -л, voire en proposant des doublons palatalisés à des formes existant sans palatalisation	[sa:-] – саа- *traire* > [sa:l^{i}] сааль *traite* ; [cac^{ə}-] – цаца- *asperger* > [cac^{ə}-] цацал *aspersion*.

-l^{i}n		-лин	NN	les termes ainsi constitués sont indifféremment déterminants ou substantifs, donnant souvent une indication de *matière*	[nogo] ногоо *vert, verdure* > [nogol^{i}n] ногоолин *malachite* .
-l^{ə}g		-лаг -лиг	NN	*objet* incorporant la *substance* du radical. Généralité, mais suppose également largement une forme concrète : [töm^{ə}r] төмөр *fer* > [töm^{ə}rl^{ə}g] төмөрлөг *métal* ; [bajan] баян *riche* > [bajal^{ə}g] баялаг *richesse(s)*. Ces termes interviennent surtout comme déterminants.	[sür] сүр *grandeur, puissance* > [sürl^{ə}g] сүрлэг *grandiose, imposant, menaçant* ; [möng^{ə}] мөнгө *argent* > [möng^{ə}l^{ə}g] мөнгөлөг *argenté* ; [max] мах *chair, viande* > [maxl^{ə}g] махлаг *charnu, corpulent.*
-m		-м	NN	noms acquérant, par rapport à celui dont ils sont dérivés, une nuance de *globalité*, de *généralité*, voire d'*abstraction* plus large, débouchant sur des spécialisation de sens et d'usage très sensibles	[erč^{i}] эрч *inertie* > [erč^{i}m] эрчим *énergie, intensité* ; [ined] инээд *rire* (nom.) > [ined^{ə}m] инээдэм de même sens, mais avec nuance de *dérision, burlesque,* [ined^{ə}mč] инээдэмч *boute-en-train.*
-m		-м	VN	qualifient ou désignent un *ensemble*, une *collectivité*, une *communauté*, mais aussi un objet jouant un rôle d'*intermédiaire*, de *liaison* comme [tox^{ə}-] тохо- *seller* > [tox^{ə}m] тохом *tapis de selle* ou [gar-] гар- *sortir, passer, grimper,* > [gar^{ə}m] гарам *gué, traversée*	[na:d-] наад- *s'assembler ; se distraire* > [na:d^{ə}m] наадам *fête, distraction, réjouissance* ; [erd^{ə}-] эрдэ- *compter sur, s'appuyer sur ;* éventuellement *avoir une confiance excessive en soi* > [erd^{ə}m] *savoir, science* (ainsi définie comme l'*ensemble de ce sur quoi on peut s'appuyer*)
-ms^{ə}g		-мсаг	NN	surtout déterminant, associe souvent au sens du radical un jugement de valeur péjoratif : [ix] их *grand ; très* > [ix^{e}ms^{ə}g] ихэмсэг *grand, grandiose,* mais aussi *hautain, arrogant*	[gojo] гоёо *beau* > [gojoms^{ə}g] гоёомсог *magnifique* ; *apprêté,dandy* ; [xü:x^{ə}n] хүүхэн *fille* > [xü:x^{ə}ms^{ə}g] хүүхэмсэг *efféminé*

-ms^{ə}r	[illegible]	-мсар	VN	effet ou résultat de l'événement (ce qui *ressort de*) : [ux^{ə}-] – уха- *comprendre* > [ux^{ə}ms^{ə}r] ухамсар *conscience ; intelligence*	[san^{ə}-] – сана- *penser, avoir une idée* > [san^{ə}ms^{ə}r] санамсар *idée, intention* ; [son-] – сон- *entendre* (radical "fossile" > [son^{ə}r] сонор *ouïe*) > [son^{ə}ms^{ə}r] сономсор *à l'ouïe fine*
-mš^{i}g	[illegible]	-мшиг	NN	noms décrivant l'*état* ou la *situation de ~* . souvent associés à [-t^{əi}] -тай et [-g^{ui}] -гүй ь [aj^{ə}mš^{i}gt^{əi}] аймшигтай *effrayant;* [aj^{ə}mš^{i}gg^{ui}] аймшиггүй *intrépide*	[a^{i}-] – – ай- *avoir peur* > [aj^{ə}mš^{i}g] аймшиг *peur*; [ga^{i}x^{ə}-] – гайха- *s'étonner, admirer* > [ga^{i}x^{ə}mš^{i}g] гайхамшиг *stupeur ; admiration*
-mt^{ə}	[illegible]	-мт	VN	*ensemble, généralité* prise en elle-même, souvent incorporée à une réalité concrète : [dar^{ə}-] – дара- *presser, appuyer, exercer une pression* > [dar^{ə}mt] дарамт *pesanteur, fardeau*	[bar^{i}-] – бари- *prendre, tenir, construire* > [bar^{i}mt] – баримт *fait ; document* ; [boː-] – боо- *emballer* ; *faire obstacle* > [boːmt] боомт *obstacle, barrière* > *poste frontalier* > *port (maritime).*
-mtg^{əi}	[illegible]	-мтгай -мтгий	VN	dérivé de radicaux verbaux, fournit des déterminants indiquant la *tendance à ~ ; le fait d'aimer à ~* ou *être sujet à ~* . En fait, doit être considéré comme un dérivé adjectival du suffixe précédent, dont la *généralité* est ici *ce qui distingue* le déterminé	[coč^{i}-] – цочи- *sursauter, trembler* > [coč^{i}mt^{ə}g^{əi}] цочимтгой *craintif* ; [ič^{i}-] – ичи- *avoir honte* > [ič^{i}mt^{ə}g^{əi}] ичимтгий *honteux* ; [xirt^{ə}-] – хиртэ- *se salir* > [xirt^{ə}mt^{ə}g^{əi}] хиртэмтгий *salissant,* aussi *qui aime se salir.*
-mž	[illegible]	-мж	VN	noms à valeur généralisante, assez souvent comparables à nos dérivations nominales en «~-ité» : [bol-] – бол- *être, devenir, pouvoir* > [bol-] – бол- *éventualité, possibilité*	[büt^{ə}-] – бүтэ- *se constituer, se réaliser* > [büt^{ə}mž] бүтэмж *efficacité* ; [büte-] – бүтээ- *créer, réaliser* > [bütemž] бүтээмж *productivité* ; [o^{i}lg^{ə}-] – ойлго- *comprendre* > [o^{i}lg^{ə}mž] ойлгомж *compréhension*

-m^{ə}		-м	VN	*ensemble, collectivité*, ou *élément d'un ensemble*, qu'il s'agisse d'une valeur ou d'un objet : [saː-] – саа-*traire* > [saːm] саам *lait de jument frais*	[tatg^{ə}lz^{ə}-] – татгалза-*refuser, s'abstenir* > [tatg^{ə}lz^{ə}m] татгалзам *opposition* ; [nug^{ə}l-] – нугал-*courber* > [nug^{ə}l^{ə}m] нугалам *vertèbre*
-m^{ə}d		-мад^{4}	NN	déterminants de valeur initiale *adjoint, agrégé, à la catégorie, à la communauté des ~* . L'usage peut glisser : [axm^{ə}d] *aîné* mais aussi *capitaine* (l'*aînesse*, *senior* ou *major* pour désigner la *supériorité hiérarchique* n'a rien d'exotique).	[al^{i}m^{ə}d] алимад = [al^{i}wa] аливаа *quelque ~ que ce soit* ; [ax] ах *frère aîné, aîné* > [axm^{ə}d] ахмад *âgé, plus âgé ; ancienneté* ; [egč] эгч *soeur aînée* > ; [egčm^{ə}d] эгчмэд *âgée, vieille* (pour une femme).
-m^{ə}g		-маг^{4}	VN	surtout déterminants, qualifiant des objets *incorporant ~* . Définissent des *traits de caractère humain* : [xuːr-] –хуур-*tromper* > [xuːrm^{ə}g] хуурмаг *trompeur, menteur*	[xol^{i}-] – холи- *mélanger* > [xol^{i}m^{ə}g] холимог *mélangé ; mélange, amalgame* ; [busr^{ə}-] –бусар-*manquer à sa parole* > [bus^{ə}rm^{ə}g] бусармаг *déloyal*.
-ms^{ə}g		-мгай -мгой -мгий	VN	proche du précédent, dont il est une simple palatalisation, forme des déterminants de *qualité* (*qui se singularise par ~*)	[gar-] – гар- *sortir, ressortir* > [gar^{ə}mg^{əi}] гарамгай *éminent* ; [čad^{ə}-] –чада-*pouvoir, être capable de ~* > [čad^{ə}mg^{əi}] чадамгай *capable, compétent, doué*.
-m^{ə}l		-мал^{4}	VN	[-m^{ə}l] – -мал^{4} VN a priori déterminants, mais aussi intégrés comme substantifs : [bud^{ə}-] – буда-*teinter, colorier* > [budm^{ə}l] будмал *teinté, colorié ; teinture* ([budm^{ə}l gaz^{ə}r] будмал газар *teinturerie*)	[bič^{i}-] – бичи- *écrire* > [bičm^{ə}l] бичмэл *écrit* ([gar bičm^{ə}l] гар бичмэл *manuscrit*) ; [malt^{ə}-] – малта-*creuser* > [maltm^{ə}l] малтмал *creusé, excavé ; minéral* (*«extrait d'une mine»*) ; [tat^{ə}-] – тата- *tirer* ; *hacher* > [tatm^{ə}l] татмал *viande hachée, émincé*

-m^{i}		-мь	VN	outil ou instrument permettant la *réalisation de ~*	[ux^{ə}-] – уха- *creuser, évider* > [ux^{ə}m^{i}] ухамь, ухми *gouge* ; [bo:-] – боо-ici *entraver* > [bo:m^{i}] боомь *collet.*
-n		-н	NN VN	surtout déterminants, confirmés ou établis comme nominaux, que le radical soit nominal ou verbal. [-n] – -н «décerne» le caractère nominal à des radicaux non définis a priori, comme c'est le cas avec nombre de radicaux primaires (limités au couple initial consonne + voyelle).	[xurd] хурд *vitesse* > [xurd^{ə}n] хурдан *rapide* ; [tar^{ə}g^{ə}] тарга *engraissement* > [targ^{ə}n] тарган *gras ;* [öt^{ə}g] өтөг *épaisseur* > [ötg^{ə}n] өтгөн *épais, visqueux.* [sa^{i}-] – сай- radical verbal/nominal > [sa^{i}n] сайн *bon, bien.* [šing^{ə}-] – шингэ- *se liquéfier, se , s'infiltrer* > [šing^{ə}n] шингэн *liquide, fluide*
-n -ŋ		-н -нг	VN	très probablement une simple variante du suffixe précédent, dont la particularité orthographique finale permet d'éviter toute confusion avec une unité de relation verbale (gérondif), également de forme [-n] – -н.	[xald^{ə}-] – халда-*être contaminé* > [xald^{ə}n] халдан *souillure, contamination* ([xalt^{ə}n] халтан *barbouillé* ; [e:d^{ə}-] – ээдэ- *fermenter, aigrir* > [e:d^{ə}n] ээдэн *bouillie de farine, colle de pâte*, aussi dite [zut^{ə}n] зутан *bouillie maigre* sur le radical [zut^{ə}-] – зута- *être maigre, être clair, être coupé* (pour une nourriture).
-nc^{ə}r		-нцар[4]	NN	noms souvent déterminants désignant une forme ou une structure et soulignant en particulier une *ressemblance avec ~.*	[xe:] хээ *dessin, ornement* > [xe:nc^{ə}r] хээнцэр *décoratif, orné, élégant* (nuance ironique de *dandysme*) ; [čon^{ə}] чоно *loup* > [čon^{ə}nc^{ə}r] чононцор *chacal* ; [am] ам *bouche* > [am^{ə}nc^{ə}r] аманцар *beau parleur*

-ng^{ə}		-нга^{4}	VN	noms indiquant l'*effet*, le *résultat* ou l'*issue de ~* : [xörᵊ-] – хөрө- *refroidir* > [xörᵊngᵊ] хөрөнгө *produit du refroidissement=ferment* (d'où aussi, par analogie, le *capital*)	[xiče-] – хичээ- *s'efforcer* > [xičengᵊ] хичээнгэ *zélé, soigneux* ; [xatᵊ-] – хата- *durcir, sécher* > [xatᵊngᵊ] хатанга *solidifié, trempé.*
-ng^{i}		-нги -нгэ	VN	formé dans les mêmes conditions que l'unité précédente, il s'en distingue assez peu et pourrait être une simple variante alternative : [xatᵊ-] – хата- *durcir, sécher* > [xatᵊng^{i}] хатанги *solide, rigide* à comparer à [xatᵊngᵊ] ci-dessus.	[togtᵊ-] – тогто- *s'établir* > [togtᵊng^{i}] тогтонги *stable* ; *stagnant* ; [idᵊ-] – идэ- *manger* > [idᵊng^{i}] идэнгэ *appétissant* ; *comestible* ; [turᵊ-] – тура- *maigrir* > [turᵊng^{i}] туранги *émacié*
-ng^{ui}		-нгуй -нгүй -нгий	VN	déterminants nominaux signifiant l'*effet*, le *résultat* ou l'*issue de ~* : [xiče-] – хичээ- *s'efforcer, faire effort* > [xičeng^{ui}] хичээнгүй *diligent, zélé, soigneux*, à comparer à [xičeng^{ui}], ci-dessus.	[xura-] – хураа- *amasser, assembler* > [xurang^{ui}] хураангуй *concentré, résumé, abrégé* ; [delgᵊrᵊ-] – дэлгэрэ- *se répandre, s'élargir, s'ouvrir* > [delgᵊrᵊng^{ui}] дэлгэрэнгүй *détaillé, in extenso.*
-nx^{əi}		-нхай -нхой -нхий	VN	déterminants nominaux le plus souvent proches des formes en [-ng^{i}] : [turᵊ-] – тура- *maigrir, dépérir* > [turᵊnx^{əi}] туранхай *amaigri, émacié, affaibli* (voir [turᵊng^{i}] ci-dessus).	[tatᵊ-] – тата- *tirer* > [tatᵊnx^{əi}] татанхай *tiré, tendu* ; [noːrᵊ-] – ноор- *s'user* > [noːrᵊnx^{əi}] ноорнхой *usé, élimé, râpé*
-nᵊ-		-на^{4}-	NV	seule dérivation lexicale en [nᵊ] vocalisé, et présentant le comportement verbal "normal" en ce cas, son sens est souvent décrit par la tradition mongole comme *se mouvoir comme quelque chose de ~* .	[tom] том *gros, grand* > [tomnᵊ-] – томно- *bouger (pour* ou *comme quelque chose* ou *quelqu'un de gros)* ; [bardᵊm] бардам *vantardise, orgueil, fanfaronnade* > [bardᵊmnᵊ-] – бардамна- *fanfaronner, plastronner, se vanter.*

-r		-р	VN	une des dérivations les plus productives, forme près de 2000 noms désignant *le lieu où ~, l'endroit de ~*, que le contenu de *localisation* soit matériel ou symbolique	[belče-] бэлчээ- *paître* > [belčer] бэлчээр *pâturage* ; [nöxᵊ-] нөхө- , *remplacer, suppléer, récompenser, dédommager* > [nöxᵊr] нөхөр *compagnon* (*substitut, suppléant*, peut-être aussi *celui qui dédommage* ou *se dévoue*), *camarade ; mari.*
-rxᵊ-		-рха^4-	NV	verbes signifiant *se distinguer par ~, se faire remarque par ~* ce qui, dans l'échelle mongole des valeurs, est très largement pris en mauvaise part comme une *vantardise* ou autre conduite *hautaine :* [ix] их *grand* > [ixᵊrxᵊ-] ихэрхэ- *traiter avec hauteur, faire l'important*	[ax] ах *frère aîné, aîné* > [axᵊrxᵊ-] ахарха- *jouer les grands frères, manifester du paternalisme* ; [dargᵊ] дарга *chef* > [dargᵊrxᵊ-] даргарха- *se prendre pour un chef, abuser de son pouvoir.*
-rxᵊg		-рхаг^4	NN	déterminants nominaux (rares substantifs). Dérivation nominale en [-g] du verbe ci-dessus. Les termes décrivant des comportements humains sont surtout péjoratifs, pour les mêmes raisons. On trouve, sur radicaux en [r], une variante [-lxᵊg] -лхаг^4 : [erᵊlxᵊg] эрэлхэг *courageux.*	[u:l] уул *montagne* > [u:lᵊrxᵊg] уулархаг *montagneux* ; [ix] их *grand* > [ixᵊrxᵊg] ихэрхэг *hautain ;* [jos] ёс *règle, coutume* > [josᵊrxᵊg] ёсорхог *pédant* ; [amᵊ] ам *bouche* > [amᵊrxᵊg] амархаг *bavard*
-rxu		-рхуу^2	NN	est lui aussi à l'évidence une dérivation nominale en [u] sur les verbes en [-rxᵊ-] ci-dessus. L'effet de sens est le même. On retrouve, ici aussi, une variante [-lxu] -лхуу^2 qui atteste de la régularité du mécanisme : [erᵊlxü] эрэлхүү *bravache.*	[els] элс *sable* > [elsᵊrxü] элсэрхүү *sablonneux* = [elsᵊrxᵊg] элсэрхэг ; [owᵊrxu] оворхуу signifie *trompeur, fourbe* = [owᵊrxᵊg] оворхог ; [xü:xᵊn] хүүхэн *jeune fille, jeune femme* > [xü:xᵊrxü] хүүхэрхүү *efféminé*

-r^{ə}-		-pa^{4}-	NV	verbes qui impliquent en général que l'événement présente une étendue : [nogo(n)] ногоо(н) *vert* > [nogor^{ə}-] ногоорo- *verdir, se couvrir de verdure* (mais aussi «*devenir tout vert*» c'est à dire *bouffir par l'alcool*). Voir un [-r^{ə}-] sur radical verbal présent dans diverses combinaisons.	[uxan] ухаан *esprit, science* > [uxar^{ə}-] ухаара- *comprendre, imaginer* ; [cö:n] цөөн *peu,* > [cö:r^{ə}-] цөөрө- *se raréfier* ; [gegen] гэгээн *clarté, rayonnement* > [geger^{ə}-] гэгээрэ- *s'illuminer ; s'instruire* (*science =lumières*).
-r^{i}		-рь -ри -р	VN	le *lieu de ~ , l'endroit où vient s'accomplir ~*. La plupart dénomment un lieu concret, mais aussi une *entité* plus abstraite, ce que montre la diversité des usages de [su:-] суу- *s'asseoir, être assis, résider, rester* > [su:r^{i}] суурь- *base, fondement ; siège lieu, place ; résidence, campement*	[nem^{ə}-] нэмэ- *ajouter* > [nem^{ə}r] нэмэр *ajout, apport, contribution ;* [ba^{i}-] бай- *être* > [ba^{i}r] байр *lieu, place, logement, appartement ;* [bu:-] буу- *mettre pied à terre, descendre* > [bu:r^{i}] буурь, буйр *lieu où on met pied à terre, emplacement de montage d'une yourte*
-s-		-c-	NV	comme avec les dérivations verbales en [-d-] non vocalisé, les noms de *dimension* produisent des verbes en [-s-] ayant le sens de *devenir ~* .	[urt] урт *long* > [urt^{ə}s-] уртас- *s'allonger* ; [zuzas-] зузаас- *s'épaissir* ; [örg^{ə}s-] өргөс- *s'élargir*.
-s^{ə}-		-ca^{4}-	NV	verbes exprimant le sentiment d'une *envie*, d'un *manque*, d'une *privation*, le fait d'être *hors de ~* ; mais aussi *être issu de ~, sortir de ~*.	[max^{ə}] мах *viande* > [max^{ə}s^{ə}-] махса- *manquer de viande* ;[xar^{ə}m] харам *jalousie ; regret* > [xar^{ə}ms^{ə}-] харамса- *envier ; regretter*
-s^{ə}		-c	NN	cette dérivation, à distinguer du pluriel nominal en [-s] -c, forme des noms désignant aussi bien des objets que des événements	[adu] адуу *bétail, cheval* > адуус (адгуус) *animal, bestiau* ; [görö] гөрөө *gibier,* > [görös^{ə}] гөрөөс *antilope ;* [dür] дүр *figure, aspect* > [dürs] дүрс *figure, ressemblance*

-s^{ə} -s^{ə}n		-c -сан^{4}	VN	moins fréquente en dérivation directe sur radical verbal que la forme précédente, fournit des noms désigner le *produit de ~*, l'*émission*, l'*expectoration de ~*	[xö:-] хөө- ici *gonfler, monter* (pâte qui fermente) > [xö:s] хөөс *écume* ; [nul^{i}m^{ə}-] нулима- *cracher* > [nul^{i}ms] ; нулимс *larme* ; [še:-] шээ- *uriner* > [še:s] шээс *urine*.
-s^{ə}-		-сан^{4}	NN	variante du suffixe précédent en déterminant. Quelques termes sont toutefois associés à cette seule forme orthographique. A ne pas confondre avec [-s^{ə}n] -сан^{4} , forme du participe passé.	[da^{i}-] дай- *«hostilité, d'agressivité»* > [da^{i}s^{ə}n] дайсан *ennemi ;* [žir^{ə}ms^{ə}n] жирэмсэн *enceinte, gravide* ; [xo:s^{ə}n] хоосон *vide, pauvreté*.
-s^{ə}		-саг^{4}	NN	déterminants qualifiant *l'appétit* (propre ou figuré) *pour ~*, le *manque de ~* dérivés du verbe en [-s^{ə}-] ci-dessus.	[mor^{i}] морь *cheval* > [mor^{i}s^{ə}g] морьсог *fou de cheval ;* [el^{ə}g] элэг *foie* (notre *"coeur"*) > [el^{ə}gs^{ə}g] элэгсэг *cordial, bienveillant ; fidèle*
-s^{ə}r		-сар^{4}	NN	[-s^{ə}r] -сар^{4} NN nom désignant l'*espace où prend place ~* ; *d'où provient ~*.	[zaw] зав *espace ou temps libre* > [zaws^{ə}r] завсар *intervalle, interstice, pause, entre ;* [am^{ə}] ам *bouche* > амсар *goulot, ouverture*
-š^{i}-		-ши-	NV	verbes indiquant le *passage d'un état à un autre*. Notons un cas révélateur : [xon^{ə}g] хоног *journée (24 heures)*, dont le sens premier est *passer la nuit, la nuit* elle-même > [xon^{ə}gš^{i}-] – хоногши- *se fixer dans la mémoire*, voire *devenir une idée fixe, obséder*, c'est-à-dire *devenir de toutes les nuits*.	[ald^{ə}r] алдар *gloire, célébrité* > [ald^{ə}rš^{i}-] – алдарши- *devenir célèbre, être célèbre* ; [zöw] зөв *juste, exact* > [zöwš^{i}-] – зөвши- *discuter, se consulter* ; [gem] гэм *tort, préjudice* > [gemš^{i}-] – гэмши- *«s'installer dans le préjudice»* = *regretter, éprouver du remord*.

-ša-		-шаа[4]	NV	procédé associé au précédent, dont il est dérivé. Ces verbes présentent un sens subjectif très marqué : *considérer comme ~, ressentir ~. Pardonner* : [öršö-] – эршөө- est produit [ör] өр *centre de la yourte*, mais ici *épigastre*, siège des sentiments : [ör zö:l^{ə}n] өр зөөлөн *bon coeur, compassion, bonté.*	[zöw] зөв *juste* > [zöwšö-] – зөвшөө- *approuver, justifier* ; [o^{i}] ой ici *raison, intelligence* > [o^{i}šo-] – ойшоо- *apprécier* ; *montrer de la compréhension* ; [xan^{i}] хань *ami, compagnon* > [xan^{i}ša-] – ханьшаа- *traiter amicalement* ; [te:r] тээр *fardeau* > [te:rše-] – тээршээ- *prendre comme une corvée.*
-s^{i}g		-шиг	NN	à la frontière du suffixe [-g] dérivé de [-š^{i}-] ci-dessus et d'une unité nominale autonome [š^{i}g] *comme, comme si, semblable a*, décrit la ressemblance au moins relative du déterminé avec le contenu du radical. La forme détachée (бага шиг) est toujours possible sans changement de sens.	[bag^{ə}] бага *petit* > [bag^{ə}š^{i}g] багашиг *plutôt petit* ; [mod] мод *bois* > [modš^{i}g] модшиг *comme du bois, comme en bois* ; [xörg^{ə}n] хөнгөн *léger* > [xörg^{ə}nš^{i}g] хөнгөншиг *plutôt léger*
-š^{i}		-ш	VN	substantifs dénommant, selon la tradition, l'*effet* ou le *reflet* : [bul^{ə}-] – була- *ensevelir, enterrer* > [bulš] булш *sépulture* ; [dar^{ə}-] – дара- *presser* > [darš] дарш *silo* ;	[id^{ə}-] – идэ- *manger* > [id^{ə}š] идэш , *nourriture* ; [u:-] – уу- *boire* > [u:š] ууш *boisson* ; [on^{ə}-] – оно- *atteindre la cible, viser juste* > *deviner, comprendre* > [on^{ə}š] онош *diagnostic*
-sx^{i}-		-схий-	VV	verbes à valeur *instantanée, subite* mais aussi *fragmentaire*, composés du verbe [xi:-] – хий- *faire, mettre* et d'un déterminant. Symétrique à cette forme, le maintien du déterminant de [xi:-] – хий- : [agd^{ə}s agd^{ə}s xi:-] – агдас агдас хий- *se produire brusquement* (v. ci-contre).	[durl^{ə}-] – дурла- *aimer* > [durl^{ə}sx^{i}-] – дурласхий- *tomber amoureux* ; [bar^{əi}-] – барай- *s'assombrir* > [barsx^{i}-] – барасхий- *changer brusquement de mine* ; [agd^{əi}-] – агдай- *se ratatiner* > [agd^{ə}sx^{i}-] – агдасхий- *se faire brusquement* : [agd^{ə}sx^{i}n zogs^{ə}-] *s'arrêter net.*

-šr^{ə}-		-шра^{4}-	NV	verbes indiquant qu'un changement d'état *intervient et s'incorpore dans une réalité* : [züg] зүг *direction, azimut* > [zügšr^{ə}-] – зүгшрэ- *subir un apprentissage, un dressage ; se discipliner* ([zügšrül-] – зүгшрүүл- signifiant directement *dresser*).	[ol^{ə}n] олон *nombreux* > [olšr^{ə}-] – олшро- *se multiplier* ; [sana] санаа *idée, envie* > [sanašr^{ə}-] – санаашра- *penser avec obstination, poursuivre une idée ; avoir une grande envie* ; [ta^{i}w^{ə}n] тайван *paix* > [ta^{i}wšr^{ə}-] – тайвшра- *s'apaiser, rester tranquille* ;
-t^{ə}-		-та^{4}-	NV	verbes très proches des dérivés en [-d^{ə}-] – -да-^{4} sans critères évidents de différenciation. Indiquent une *superposition* ou *accumulation* : [üje] үе *segments consécutifs, superposés* (*période, génération, articulation, maillon, syllabe,* etc. > [üjet^{ə}-] – үетэ- *être feuilleté, être formé de couches.*	[gem] гэм *tort, préjudice* > [gemt^{ə}-] – гэмтэ- *subir un sort, un préjudice* ; [mös] мөс *glace* > [möst^{ə}-] – мөстө-. (mais aussi [mösd^{ə}-] – мөсдө-) *geler, se couvrir de glace* ; [can] цан *givre, gelée blanche* > [cant^{ə}-] – цанта- *givrer, se couvrir de gelée blanche.*
-t^{ə}		-т	NN VN	ne semble pas intervenir en tant que dérivation autonome, mais en premier ou en deuxième élément de suffixes ayant la valeur d'*adjonction d'un caractère* ou *d'une qualité*. Voir [-t^{ə}n], [-t^{əi}], [-mt], [-lt^{ə}].	[bar^{i}-] – бари- *saisir, bâtir* > [bar^{i}mt] баримт *base, fait, preuve* ; [sa:-] – саа- *traire ; raccourcir* (par un noeud) > [sa:lt] саалт *traite ; raccourcissement* ; [o^{i}lg^{ə}-] – ойлго- *comprendre* > [o^{i}lg^{ə}lt] ойлголт *compréhension ; concept.*
-ta		-таа^{4}	NN	[-ta] -таа^{4} NN attribue aux noms de nombre un sens itératif ([dax^{i}n to:] дахин тоо *nombres répétitifs* de la tradition mongole). S'applique aussi aux termes généraux de pluralité. Enfin, [-ta] peut être oralisé, et noté en cyrillique, sans voyelle [-t^{ə}] -т.	[gurw^{ə}n] гурав *trois* > [gurw^{ə}nta] гурвантаа *à trois reprises* ; [dörw^{ə}n] дөрөв *quatre* > [dörw^{ə}ntö] дөрвөнтөө *à quatre reprises* ; [ol^{ə}~] ~ оло~ *plusieurs, beaucoup* > [ol^{ə}nto, ol^{ə}nt^{ə}] олонтоо, олонт *à maintes reprises.*

-t^{ə}		-т	NN	déterminant *porteur d'un caractère associé*. Présente souvent une variante [-d^{ə}] : [gada] гадаа *dehors* > [gadat] гадаад *extérieur, étranger* (mais [gadadas] гадаадаас *de l'étranger*).	[us] ус *eau* > [ust] уст *aqueux, aquatique* ; [mor^{i}] морь *cheval* > [mor^{i}t] морьт *équestre, à cheval :* [mor^{i}t cer^{ə}g] морьт цэрэг *cavalerie, cavalier*
-t^{ə}		-тай -той -тэй	NN	variante palatalisée de [-t^{ə}] (le passage de à suit la norme de la graphie suivie) indique moins un *caractère intrinsèque* que la mise en contact d'éléments qui *cohabitent* (on peut souvent parler d'*accompagnement*). Cette unité forme également d'autres suffixes : [-gt^{əi}], [-mš^{i}gt^{əi}], [-š^{i}t^{əi}].	[mede] мэдээ *nouvelle* > [medet^{əi}] мэдээтэй *attentif, conscient* ; [tam^{ə}g] тамга *sceau* > [tam^{ə}gt^{əi}] тамгатай *estampillé ; titulaire d'un sceau* ; [mor^{i}t^{əi} cer^{ə}g] морьтой цэрэг *soldat à cheval*, qu'il soit ou non membre de la *cavalerie*.
-t^{ə}n		-тан^{4}	NN	nom désignant *celui auquel peut être associé le caractère ~*	[am^{i}] амь *souffle, vie* > [am^{i}] амьтан *animal, être vivant ;* [erd^{ə}m] *savoir* > [erd^{ə}mt^{ə}n] эрдэмтэн *savant* ; [žigür] *aile* > [žigürt^{ə}n] *oiseau.*
-u		-уу^{2}	VN	unité d'une exceptionnelle importance tant pratique que pour la compréhension des mécanismes de la dérivation mongole (plus de 500 termes). Aussi bien déterminants que substantifs désignant en premier lieu *la personne qui subit, est soumise à ~, s'investit dans ~*, mais aussi un *phénomène dont la portée pour l'homme* est soulignée : [gand^{ə}-] ганда- *faire (trop) sec* > [gandu] гандуу *sécheresse (calamité).*	[dar^{ə}-] дара- *écraser* > [daru] даруу *qui se soumet à la pression = modeste* ; [jad^{ə}-] яда- *ne pas pouvoir* > [jadu] ядуу *qui ne peut pas («n'a pas les moyens») = pauvre* ; [sogt^{ə}-] согто- *s'enivrer* > [sogtu] согтуу *ivre* ; [sags^{əi}-] сагсай- *se dresser, se hérisser ; se vanter* (*"se dresser sur ses ergots"*) > [sagsu] сагсуу n'a retenu que le sens figuré péjoratif : *vantard, prétentieux, orgueilleux.*

-un		-уун^{2}	VN	variante du précédent, déterminants décrivant principalement des sensations ou des comportements humains : [ser^{ə}- ser^{i}-] – – сэрэ- *s'éveiller* > [serün] сэрүүн *éveillé, vigilant* ; сэрүүн *frais, frisquet.*	[tewd^{ə}-] – тэвдэ- *s'agiter, se presser* > [tewdün] тэвдүүн *hâtif, pressé, agité, impatient* ; [xal^{ə}-] – хала- *s'échauffer, se brûler* ; *se troubler, rougir* ; *être un peu ivre* > [xalun] халуун *chaud, chaleur; fièvre ; canicule*
-ul		-уул^{2}	VN	forme, avec les suivants, de noms d'*outils*, d'*instruments* ou d'*institutions* (lit. *ce qui permet à quelqu'un de ~, là où quelqu'un peut ~*). Bien que proches, ne sont pas interchangeables.	[xar^{ə}-] – хара- *regarder* > [xarul] харуул *(poste de) garde* ; [tagn^{ə}-] – тагна- *épier, espionner* > [tagnul] тагнуул *reconnaissance, espionnage* ; *espion* ; *éclaireur*
-un		-ууль -үүл	VN	on prendra garde au trait de palatalisation. Instable à l'oral, indécelable dans les mots de vocalisme antérieur, noté par l'écriture uigur mongole mais souvent abandonné en cyrillique : [dag^{ə}-] – дага- *suivre* > [dagul] дагуул *suiveur*, se spécialise dans le sens de *satellite* .	[surg^{ə}-] – сурга- *enseigner* > [surgul^{i}] сургууль *école* ; [song^{ə}-] – сонго- *choisir* > [songul^{i}] сонгууль *élection* ; [torg^{ə}-] – торго- *fixer, coudre* ; *gêner, dresser un obstacle* ; *frapper d'une amende* > [torgul^{i}] торгууль *amende*
-ur		-уур^{2}	VN	près de deux mille noms répertoriés, désignant des *instruments* et *outils* à partir du verbe définissant leur usage : [ölg^{ə}-] – өлгө- *suspendre* > [ölgür] өлгүүр *patère, crochet*	[žign^{ə}-] – жигнэ- *cuire à la vapeur* > [žignür] жигнүүр *cuiseur à vapeur* ; [asa-] – асаа- *allumer* > [asagur] асаагуур *briquet*
-ur^{i}		-ууръ -үүр	VN	note souvent l'*effet, la sensation, le sentiment de ~*. On notera à nouveau l'écart entre la notation orthographique du trait de palatalisation et sa présence effective à l'oral et en cyrillique	[agn^{ə}-] – агна-*chasser* > [agnur] агнуур *chasse* ; [žigš^{i}-] – жигши- *être écoeuré* > [žigšür] жигшүүр *dégoût* ; [zow^{ə}-] – зово-*souffrir* > [zowur] зовуур(ь) *douleur* ; *plainte.*

-wa		-ваа^{4}	NN	forme un nombre limité de combinaisons, dans lesquelles il s'associe surtout à des pronoms interrogatifs auxquels il ajoute une valeur de globalité indéfinie (*tout ce qui est comme ~*)	[al^{i}] аль *quel* > [al^{i}wa] аливаа *n'importe quel, tout ~* ; [jam^{ə}r] ( ) ямар *comment, quel, de quelle sorte* > [jam^{ə}rwa] ( ) ямарваа *de quelque manière*
-wč^{i}		-вч	NN	noms désignant un objet *dont l'usage est associé à ~* : [at^{ə}] ат *chameau castré* > атавч *selle, bât pour chameau.*	[xaja] хаяа *horizon, bord, pourtour de la yourte* > хаявч *pièce de toile ou de feutre déroulée autour du bas de la yourte ;* [erx^{i}] эрхий *pouce* > [erx^{i}wč] ( ) эрхийвч *doigtier (tir à l'arc).*
-wt^{ə}r		-втар^{4}	NN	indique, sur un radical nominal, souvent une couleur, le caractère approximatif d'un déterminant, proche pour bien des emplois, de nos adjectifs en *-âtre* : [cagan] цагаан *blanc* > цагаавтар *blanchâtre.*	[ulan] улаан *rouge* > [ulawt^{ə}r] улаавтар *rougeâtre* ; [xar] хар *noir* > [xar^{ə}wt^{ə}r] харавтар *noirâtre* ; [xurd^{ə}n] хурдан *rapide* > [xud^{ə}wt^{ə}r] хурдавтар *assez rapide*
-x^{i} -x -x^{ə}n		-хь -хи -х -хан^{4}	NN	déterminants a usage souvent pronominal, ce qui s'applique par exemple à un nom marqué au génitif : [ax] ах *frère aîné* > [ax^{i}n] ахын *du frère aîné* (relationnel nominal *génitif*) > [ax^{i}nx] ахынх *celui du frère aîné*. Associé au cas *datif-locatif*, il forme une combinaison *qui se passe à ~, qui à lieu en ~* ou numérale ordinale. Cet assemblage présente une orthographe [dax^{i}] -дахь -дэх ou [dax^{i}n] -дахин	[dara] дараа *après* > [darax^{i}] дараах(ь) *ultérieur ;* [min^{i}] минь *mon* > [min^{i}x] минийх *le mien ;* [ted^{ə}] тэд *ils, eux* > [tedn^{i}] тэдний *leur(s)* > [tedn^{i}x] тэднийх *le(s) leur(s) ;* [dor^{ə}n] дорно *Orient* > [dorn^{ə}d] ( ) дорнод *à l'Est* > [dorn^{ə}d^{ə}x^{i}n] дорно дахин *oriental* ; [neg] нэг *un* > [negd^{ə}x] нэгдэх lit. *qui est en «un», premier* ; [xoj^{ə}rd^{ə}x] хоёр дахь (дохь) *deuxième*

-x^{əi}		-хай -хой -хий	NN VN	noms de plantes à fruits vésiculeux ou ovoïdes, mais également d'organes comportant, pour l'anatomie mongole traditionnelle, des cavités ou vésicules. Voir également [-rx^{əi}] -рхай -рхой -рхий : [ewd^{ə}-] эвдэ- *casser, abîmer* > [ewd^{ə}rx^{əi}] эвдэрхий *cassé, abîmé ; ruine*	[agčax^{əi}] агчаахай *Dictamnus das.* ; [jamax^{əi}] ямаахай *Sphallerocarpus gr.* ; [a^{i}mx^{əi}] аймхай *trachée* ; [ajulx^{əi}] аюулхай *plexus* ; [bulč^{i}rx^{əi}] булчирхай *glande* ; [sad^{ə}rx^{əi}] садархай *coeur-foie-poumons* ; [ux^{ə}rx^{əi}] ухархай *orbite de l'oeil.*
-x^{ə}n		-хан^{4}	NN	souvent présenté comme *diminutif*. Cette valeur n'est qu'un des usages de son sens *limitatif*. Lié à un usage adverbial : [sa^{i}n] сайн adj. > [sa^{i}x^{ə}n] сайхан adv. avec relative spécialisation entre *bon* [sa^{i}n] et *beau* [sa^{i}x^{ə}n]. L'effet *«diminutif»* de [-x^{ə}n] est le plus sensible dans le cas des numéraux.	[nar^{i}n] нарийн *étroit* > [nar^{i}x^{ə}n] нарийхан *étroitement* ; [cew^{ə}r] цэвэр *propre* > [cew^{ə}rx^{ə}n] цэвэрхэн *proprement* ; [gur^{ə}w] гурав *trois* > [gurwul] гурвуул *à trois* > [gurwulx^{ə}n] гурвуулхан *à trois seulement, à pas plus de trois*
-x^{i}r- -x^{i}r^{ə}-		-хир- -хира-	NV	combinaison du verbe [-x^{i}-] *faire* et de [-r^{ə}-] (voir plus haut) également réalisé [-g^{i}r^{ə}-] , les verbes produits désignent des cris (en particulier animaux), onomatopées ou interjections.	[barxr^{ə}-] бархра- *crier, hurler* ; [xürxr^{ə}-] хүрхрэ- *rugir* ; [curx^{i}r-] цурхир- *rugir* (pour une foule), *faire du vacarme*, termes qu'on rapprochera sans peine de [xašg^{i}r-] хашгир- *hurler*
-xun		-хуун	NN	[-xun] -хуун^{2} fournit sur radical verbal des noms désignant un résultat escompté, un terme attendu de l'événement du radical. Il s'agit d'une variante nominale du *participe «futur»* en [x] -х (v. ci-dessous).	[ögül^{ə}-] өгүүлэ- *dire* > [ögül^{ə}xün] өгүүлэхүүн *prédicat* ; [šat^{ə}-] шата- *être brûlé, brûler, s'enflammer* > [šat^{ə}xun] шатахуун *combustible, carburant* : [tus^{ə}gd^{e}-] тусагда- *être reflété* > [tus^{ə}gd^{ə}xun] тусагдахуун *reflet*

-z^{ə}		-з	VN	le sens est celui du radical ou d'un de ses emplois, avec une nuance de conformité à une *indication*, une *appréciation*, une *orientation*. Attention : cette unité n'est souvent rien d'autre que le chinois 子 *zi* *"chose"* : [so^{i}z^{ə}] сойз *brosse* < *shuazi* ; [čüd^{ə}nz] чүдэнз *allumette* < 取灯子 *qudengzi*	[ol-] ол- *trouver* > [olz] олз *trouvaille ; butin* (*répartition de ce qui a été «trouvé»* ; [šar] шар *jaune* > [šarz^{ə}] арз *alcool de 1ère distillation* ; [xalz^{ə}] халз *bande ; percée, trouée* > *chauve ; droit devant soi* ([xalz^{ə} tul^{ə}ld^{ə}-] халз тулалда- *se battre en duel*)
-ž^{i} -ž^{i}n		-ж -жин	NN	noms de femelles d'animaux domestique sur un nombre limité de radicaux, en particulier sur ceux de divers numéraux . On notera au passage la trace de radicaux élémentaires : [gu-] pour [gur^{ə}w] гурав, [dö-] pour [dör^{ə}w] дөрөв	[gu-] гу- *trois* > [gun^{ə}] гуна *taurillon de 3 ans (2 ans révolus)* > [gunž^{i}] гунж *génisse de 3 ans* ; [dö-] дө- *quatre* > [dön^{ə}] дөнө *taureau de 4 ans* > [dönž^{i}] дөнж *vache de quatre ans.*
-ž^{i}-		-жи-	NV	plus de deux cents verbes indiquant que *se déroule un processus, qu'une une évolution est en cours.* La *transitivité* véhiculée par ce que nous nommons ici un *processus*, peut être plus directement concrète : [šil] шил *crête, arrête* > [šilž^{i}-] шилжи- *franchir, traverser, passer* (d'un endroit à un autre).	[jas] яс *os* > [jasž^{i}-] ясжи- *s'ossifier* ; [jum] юм *chose* > [jumž^{i}-] юмжи- *se matérialiser* ; [mal] мал *bétail* > [malž^{i}-] малжи- *accroître son cheptel, «faire du bétail»* ; [bajan] баян *riche* > [bajaž^{i}-] баяжи- *s'enrichir.*
-ž^{i}r^{ə}-		-жра-[4]	NV	dérivé de l'unité précédente, ce procédé composite met en jeu le [-r^{ə}-] à usage verbal déjà observé. L'événement est donc présentée comme un *processus* venant *prendre place* dans la réalité dénommée.	[ang^{i}] анги *à part, détaché* ; *classe, détachement, catégorie* > [ang^{i}žr^{ə}-] ангижра- *se détacher de, se libérer de, se passer de* dérivé du sens premier ; [sa^{i}n] сайн *bon* > [sa^{i}žr^{ə}-] сайжра- *s'améliorer.*

L'examen des données qui précèdent permet quelques observations, qu'il s'agisse du comportement des unités ou de leur valeur sémantique :

Combinaisons

L'opposition entre nom et verbe est ici décisive : l'unité est-elle verbale ou nominale, peut-elle se "brancher" elle-même sur un nom ou sur un verbe ? Les réponses sont en règle générale liées à des degrés de probabilité variables. Ainsi les unités réalisées par une consonne non-vocalisée présentent-elles, souvent de façon très nette, une "priorité" nominale. En sens inverse, l'unité réalisée par la même consonne, vocalisée cette fois, a les plus grandes chances de produire un verbe. Ces phénomènes, sans être des automatismes absolus, induisent une certaine prévisibilité, sensible dans la structure, le maniement, et même l'orthographe de bien des procédés (les "anomalies" sont en outre à examiner avec la plus grande attention, et souvent le plus grand profit).

Chaque unité peut donc être repérée selon le comportement verbal ou nominal de la combinaison sur laquelle elle intervient et selon le comportement de la nouvelle combinaison dérivée :

Nom	=	Nom
Nom	→	Verbe
Verbe	=	Verbe
Verbe	→	Nom

Un autre critère se combine au précédent : la nouvelle unité s'adjoint-elle simplement aux précédentes, allongeant la chaîne de dérivation, ou au contraire se "substitue"-t-elle à la dernière unité du radical qu'elle modifie, indiquant en fait l'existence de dérivations parallèles sur un même radical plus simple ?

Valeur sémantique

Nous avons essayé de rendre une idée peu à peu familière au lecteur : la reconnaissance d'un sens, d'un contenu sémantique, ne signifie pas nécessairement la possibilité - et moins encore l'obligation - de l'exprimer simplement dans "nos" mots. Ici, le contenu sémantique de chaque unité de dérivation - celles-ci étant en inventaire restreint - reste une indication de champ qui peut nous sembler assez vague, rudimentaire.

Mais chacune de ces unités, si elle existe bien en tant que telle, n'a pas une multitude de sens. Elle possède un contenu unique, qui permet une multitude de dénominations. Celles-ci forment pour la langue mongole un ensemble cohérent, ce que les traductions, aussi excellentes qu'elles puissent être pour chaque terme pris séparément, sont impropres à rendre. Comment dire qu'un même suffixe chargé d'un contenu unique de *segmentation* véhicule dans des mots différents les valeurs de *coupure, acuité, exemption* comme c'est le cas avec les unités en [x] ?

Les identifications proposées ici, qui demandent toujours à être affinées, ne sont évidemment pas le fruit de l'imagination. Elles découlent de l'observation d'un grand nombre de mots bien réels, de leurs sens et de leurs usages. Pour autant, nous ne proposons pas ici un "mode d'emploi" qui permettrait d'utiliser ces unités et ce système à sa guise. On est souvent frappé par la facilité avec laquelle la langue mongole se dote de néologismes, mais il serait dangereux de s'aventurer sur un terrain qui est aussi celui de siècles de pratiques et de communication. Un exemple de l'enchevêtrement des sens et des usages : il semble probable qu'il existe un rapport sémantique entre le verbe [xar^{ə}-] ᠬᠠᠷᠠ – хара- qui signifie *regarder, distinguer* et *voir* et le nom [xar^{ə}] ᠬᠠᠷ᠎ᠠ хар *noir*. Ce dernier terme s'est chargé de valeurs telles que l'idée d'une appartenance *roturière :* [xar^{ə} xün] ᠬᠠᠷ᠎ᠠ ᠬᠦᠮᠦᠨ хар хүн lit. *homme noir* a d'abord le sens d'*homme du commun* (mais aussi de *mari*), sens que nous retrouvons dans [xarc] ᠬᠠᠷᠠᠴᠤ харц *serviteur*. On reconnaîtra sans doute la même nuance dans [xar^{ə} xel] ᠬᠠᠷ᠎ᠠ ᠬᠡᠯᠡ хар хэл ou [xar^{ə} jar^{i}a] ᠬᠠᠷ᠎ᠠ ᠶᠠᠷᠢᠶ᠎ᠠ хар яриа *argot* (lit. *langue noire* ou *parler noir*). Mais le même terme a pris aussi le sens de *laïc* quand il est opposé à [šar^{ə}] ᠰᠢᠷ᠎ᠠ шар *jaune*, devenu le symbole du Bouddhisme lamaïque. Simultanément, et pour la même raison sans doute, [xar^{ə}] ᠬᠠᠷ᠎ᠠ хар désigne aussi le *chamanisme*, "concurrent" traditionnel du lamaïsme, dans l'expression d'origine lamaïque [xar^{ə} šaš^{i}n] ᠬᠠᠷ᠎ᠠ ᠱᠠᠰᠢᠨ хар шашин *religion noire* Par contre, référence vestimentaire, [xar^{ə} lam] ᠬᠠᠷ᠎ᠠ ᠯᠠᠮ᠎ᠠ хар лам *lama noir* est un nom donné aux prêtres chrétiens.

Tout comme les champs sémantiques initiaux, les champs décrits par les unités en dérivation doivent être appréhendés avec prudence. Résumons à très grands traits, sans doute imparfaitement, le découpage du réel qui se manifeste dans la dénomination mongole (dans l'ordre alphabétique de la transcription, sans valeur logique, ou hiérarchique).

Voyelles : Les deux unités de dérivation en voyelles constituent des unités significatives élémentaires parmi les autres (rappelons qu'il ne s'agit ici que des voyelles "vraies", distinctives par elles-mêmes). On peut dans une large mesure considérer les deux voyelles comme sémantiquement symétriques l'une de l'autre :

- l'unité {u} (réalisée par les voyelles distinctives [u][ü] non initiales) indique l'*implication d'un sujet*, et en particulier de *l'interlocuteur* dans l'événement. Elle marque facilement un message comme hypothétique, d'où sa valeur "interrogative" ;

- l'unité {a} (réalisée par les voyelles distinctives [a][e][o][ö] non initiales) pose la *réalité,* l'*existence* intrinsèque (ou affirmée comme telle) de ce qui est dénommé. C'est le contenu qui se manifeste dans de nombreuses unités tant lexicales que grammaticales. Cette valeur assertive comporte un usage fréquemment exclamatif.

La symétrie des deux unités sur ce point se confirme avec l'existence de deux procédés exclamatifs distincts : [šü] ᠱᠦ шуу et [da, de] ᠳᠠ даа, дээ. Souvent employés simultanément (sous la forme orale [šüde], mais aussi [šde]), ces deux procédés ne sont pas interchangeables : le premier est nettement associé à la "prise à parti" de l'interlocuteur, et correspond à une sorte de "*n'est-ce pas, qu'en pensez vous ?*", alors que le second impose une affirmation du style "*et voilà, c'est comme ça !*".

Consonnes :

Unité {b} (réalisée par l'ensemble des consonnes labiales, surtout [b] et [w]) : *accomplissement, achèvement,* fait de *former un tout*. Le verbe [sed^{ə}-] ᠰᠡᠳᠦ- сэдэ- *penser, inventer, élaborer* fournit le dérivé [sed^{ə}w] ᠰᠡᠳᠦᠪ сэдэв *thème, problème, argument, sujet de devoir (scolaire)*. On trouve aussi cette idée dans l'identité propre à chaque fragment issu d'un partage avec [xuw^{i}] ᠬᠤᠪᠢ хувь signifiant aussi bien la *part* (voire aujourd'hui le %) que le *destin* (le lot qui vous échoit ; soulignons au passage que c'est ce mot qui forme le nom de l'empereur Khubilai), issu d'un radical désignant un découpage. C'est aussi cette unité qui intervient pour produire l'indicatif *accompli, fini* [-w] -ᠪᠠ -в : le verbe [xar^{ə}-] ᠬᠠᠷᠠ- хара- *regarder* nous donnera ainsi [bi xar^{ə}w] ᠪᠢ ᠬᠠᠷᠠᠪᠠ би харав *j'ai regardé*.

Unité {c} : *outil, instrument, élément constituant (qualité)* de l'événement. Sur le radical [jaw^{a}-] ява- *aller, partir, se passer*, on trouvera [jawc] явц *allure, tempo* mais aussi *phénomène, processus*... ; [xar^{ə}-] хара- *regarder* fournit [xarc] харц *regard* mais aussi *aspect, apparence*.

La variante palatalisée {č} est pour sa part spécialisée dans la désignation de l'*agent*, de *celui qui met en mouvement, en action*. Sur le radical [em] эм *médicament* est produit le dérivé [emč] эмч *médecin*. Sur le nom [zox^{i}ol] зохиол *oeuvre, création* on trouvera [zox^{i}olč] зохиолч *écrivain*... Seul ou associé à d'autres unités, c'est le suffixe quasi obligé des noms de métier.

Unités {d} et {t} : *orientation vers, centripète, attribution, adjonction et accumulation,* débouchant facilement sur la désignation de l'*excès* (ainsi, sur le nom [tom] том *gros, grand*, la dérivation {d^{ə}} crée *être trop gros, trop grand*. La notion d'*adjonction* indique souvent l'*attribution d'un caractère*. C'est ce que montre une unité grammaticale nominale très utilisée, formée d'un {t} vocalisé palatalisé [t^{əi}], dont l'emploi est souvent équivalent à celui de notre *avec*, mais aussi du verbe *avoir*, inexistant en mongol. C'est d'ailleurs également ce contenu d'*accumulation* qui permet à [d] d'être la principale marque du pluriel.

Unité {g} et {x} : sous différentes formes, nue, vocalisée ou palatalisée, ces unités dénomment les résultats d'une *délimitation* ou d'une *segmentation*. Cette définition peut paraître très vague. Il s'agit aussi bien de l'identification d'un objet *singulier*, *individualisé*, d'une *chose* (c'est le plus fréquemment le cas des unités {g}) comme dans [cec^{ə}k] цэцэг *fleur*, dérivé d'un radical [cec^{ə}-] цэцэ- qui désigne la *floraison* en général, [cec^{ə}rl^{ə}k] цэцэрлэг *jardin*. La dénomination peut sembler plus abstraite, mais aussi plus claire dans le cas de [xon^{ə}k] хоног *jour, tranche de 24 heures* dérivé du verbe [xon^{ə}-] хоно- qui a le sens très précis de *passer la nuit*. Les dérivations en {g} et {x} rassemblent ce qui constitue, pour la langue mongole, une même activité de première importance : *découpages* concrets, *catégorisations* du réel, opérations de *mise à part, distinction, mise à l'écart, exclusion*, etc. Ce dernier contenu engendre plusieurs usages particulièrement révélateurs. Le radical [dar-] дар- porteur en particulier du verbe [dar^{ə}-] – дара- *presser, exercer une pression*, présente un dérivé nominal célèbre, [darx^{ə}n] дархан dont le sens premier, et l'usage historique le plus essentiel, est tout simplement *celui qui est soustrait à la pression*, c'est-à-dire *exempté, affranchi, exonéré* (de ses obligations, particulièrement fiscales). Le terme a conservé jusqu'à aujourd'hui cette valeur première en entrant dans la désignation d'une *réserve* ([darx^{ə}n ca:z^{ə}t gaz^{ə}r] дархан цаазат газар lit. *lieu frappé d'une interdiction*). Le sens souvent donné comme essentiel, *artisan*, voire *forgeron*, découle en fait, pour des raisons historiques, de cette valeur première.

Autre exemple amusant, le nom [zalxu] (parfois) залхуу, régulièrement traduit par *paresseux* (traduction correcte dans la pratique) est un dérivé du verbe [zalx^{ə}-] – залха- dont les usages courants sont *être fatigué de..., être dégoûté de...* mais aussi, ce qui éclaire l'ensemble : *remettre à plus tard l'accomplissement de ses devoirs*. Là est la clef : [zalx^{ə}-] – залха- est en effet lui-même le dérivé d'un radical [zal] dont le champ est celui de *l'ordre* et de l'*autorité*, et qui est porteur en particulier du verbe [zal^{ə}-] – зала- *mener le bétail au pâturage*, mais aussi *diriger, convoquer, inviter fermement*. Le *paresseux* est donc *celui qui se soustrait aux directives, aux ordres*. Tout comme *celui qui s'y soumet,* ou les *subit* est [zalu] залуу qui ne signifie pas *obéissant,* mais... *jeune*. Cette valeur de *direction* se confirme dans un terme qui nous montre au passage la multiplicité des usages qui se construisent sur une même lignée formelle (en fait ici [-ur] – -уур forme un suffixe spécifique) : [zalur] залуур, qui signifie concurremment *tuteur* (pour redresser), *perche servant à diriger une barque ou un radeau* mais aussi, aujourd'hui, *gouvernail, commandes d'un avion* et bien sûr le *volant d'une voiture*.

Unité {l} : si cette unité semble associée à une valeur de *détermination* très sensible dans ses usages autonomes (une "particule" [l^{ə}] apporte une nuance de "*c'est bien celui qui...*" ou de "*c'est tout à fait*") son usage le plus massif consiste à faire basculer l'unité marquée dans son comportement syntaxique et ses possibilités de combinaison. Principalement non vocalisé dans le sens verbe-nom et vocalisé dans le sens nom-verbe, il transforme un nom en verbe ou un verbe en nom au fur et à mesure des besoins. Les [l] redoublés qu'ont pourra rencontrer ici où là dans le lexique mongol (pratiquement les seules "consonnes doubles" présentes, bien réalisées de façon distincte) ne sont donc jamais des traditions ou des fantaisies orthographiques, mais l'effet de deux commutations verbo-nominales successives : le verbe [až^{i}ll^{ə}-] – ажилла- *travailler* part d'un radical verbal [až^{i}-] – ажи- nominalisé en [až^{i}l] ажил *travail* avant d'être "reverbalisé" par l'intervention du [-l^{ə}-] – -ла-.

Unité {m} : souvent décrit par la tradition mongole comme "outil" ou "instrument" de l'unité marquée, il s'agit plutôt de l'indication d'un *ensemble*, d'une *communauté* (et ainsi sans doute cette valeur d'"outil" contenue dans l'idée de *tout ce qui contribue à...*). C'est la valeur qu'on peut observer dans le terme [naːd^{ə}m] наадам le "Naadam" ou grande fête (le Grand Naadam est tout simplement la fête nationale mongole). Ce terme veut tout simplement dire *rassemblement* ou, pour être plus précis, désigne la *communauté de ceux qui viennent vers ici* [naːd-] – наад-. C'est un effet similaire qui apparaît dans [xur^{i}m] хурим *rassemblement de fête*, souvent pour une *noce*, qui indique très explicitement la *communauté de ceux qui ont été assemblés*, ici sur le verbe [xura-] – хураа- *assembler, réunir, ramasser*.

Unité {n} : fortement marquée par ses emplois directement grammaticaux, l'unité {n} est porteuse des notions de *mise en relation*, de *rapport*. Elle présente une association très claire entre *mise en relation*, fonction de détermination et appartenance nominale, au point d'être caractéristique de cette dernière. Tel est le contenu d'un phénomène connu sous le nom exotique de «n secret» : l'apparition, le plus souvent seulement orale, et pour une partie seulement des noms mongols, d'un {n} en finale de la dérivation lexicale. Le nom [šire] ширээ + [-d] – -д (cas "datif-locatif") est réalisé [širend] (plus rarement) ширээнд. Il s'agit en fait de mots dont l'appartenance nominale pourrait être mal perçue, et ce pour des raisons variées (emprunts ou, comme ici, confusion possible avec des formes verbales). Ainsi, alors que ce phénomène ne touche que moins de 10 % des noms mongols, cette proportion passe à plus de 60 % pour les noms d'emprunt clairement avérés (leur structure interne ne permettant pas de présupposer utilement leur comportement nominal). Il en va de même lorsque la forme du nom (dans [šire] la finale du radical en voyelle non-arrondie) peut entraîner une confusion avec une unité verbale (ici le participe infinitif, lui aussi réalisé [-a], [-e], [-o], [-ö]).

Unité {r} : le *lieu* ou *siège* de l'événement. [bajar] баяр est à la fois *fête* et *joie*, c'est-à-dire *lieu* ou *siège de* [baja-] -бая- radical commun aux notions de *joie* et de *prospérité*. Dans sa variante palatalisée (mais ce trait n'est parfois maintenu que par l'orthographe mongole uigur), sa valeur est très transparente : [suː-] суу- à la fois *s'asseoir* et *être assis* devient, après intervention de [-r^{i}-] -р(ь, и), [suːr^{i}] суурь *siège, lieu,* voire *campement* (proche parent, mais distinct de [suːc] суух *siège* (*lieu*, mais surtout *meuble qui sert à s'asseoir*) ; on reconnaîtra le même sens dans [ba^{i}r] байр où le verbe *être* usuel, ainsi spécifié, donne naissance à un dérivé nominal ayant donc naturellement le sens de *lieu, endroit* (*là où on est*) avec une spécialisation aujourd'hui très courante : *résidence, appartement.*

Unité {s} : porteuse d'une valeur *centrifuge*, c'est-à-dire intervenant dans tous les cas où sont évoqués une *origine,* un *point de départ ou de repère*, une *référence, un résultat.* L'extension de ce champ est considérable, et les acceptions aussi bien directes que figurées sont très nombreuses. C'est ce qui se manifeste dans la polysémie d'un verbe tel que [xas^{ə}-] хаса- à la fois *découper, amputer, soustraire.*

La variante palatalisée [-š-] -ш(и)- associe à ce contenu général l'effet de "mouvement" déjà signalé et désigne le *passage d'un état à un autre*, la *transformation en ...* ce qui donne lieu le plus souvent à des interprétations en termes d'"état" plutôt qu'en termes de "processus". [elb^{ə}k] элбэг *abondant, abondance* est ainsi dérivé en [elb^{ə}kš^{i}-] элбэгши- *être abondant,* mais avec plus précisément la valeur d'être *"devenu abondant, passé à l'état d'abondance".*

Unité {z} : fournit les grands traits du champ de l'*orientation*, de l'*indication*, de l'*autorité*. C'est ce que manifestent les nombreux dérivés de [cz^{ə}] ээ un des nombreux termes désignant le *destin*, mais avec une nuance de *contrainte*, de *sort subi*, tels [ez^{ə}n] эзэн *seigneur, maître* ; [ez^{ə}rx^{ə}g] эзэрхэг *autoritaire, despotique* ; etc.

La forme palatalisée {ž} est pour sa part particulièrement importante, associant l'*orientation* au *mouvement*, elle véhicule la notion même de *processus en cours*, insistant sur le déroulement. Ses interventions sont nombreuses, tant lexicales que grammaticales (nous verrons le moment venu l'importance d'un des principaux procédés de subordination verbale : [-ž] -ж). En dérivation lexicale, un de ses usages principaux produit des verbes exprimant précisément un *processus, le cours d'une transformation* ou *d'une acquisition* : [bij^{ə}] бие *corps* donne [bij^{ə}ž^{i}-] биежи- *se former, prendre corps* ; [mong^{ə}l] монгол *mongol* donne [mong^{ə}lž^{i}-] монголжи- *se mongoliser, devenir mongol.* Mais le contenu du *processus* apparaît quand [xon^{i}] хонь *mouton, ovin* donne le verbe [xon^{i}ž^{i}-] хоньжи- qui ne signifie pas "*devenir mouton*", mais *posséder davantage de moutons*, de même que [nut^{ə}gž^{i}-] нутагжи-, créé à partir de [nut^{ə}k] нутаг *territoire*, ne signifie pas "*devenir un territoire*" mais *avoir un territoire plus étendu, gagner du territoire.*

Ces verbes en {ž} forment souvent des paires avec des verbes en {š}, rencontrés plus haut, qui dénomment le *changement d'état*. La nuance est souvent difficile à poser avec évidence, et l'usage mongol actuel a tendance à n'y voir que de simples synonymes. Quelques exemples montreront que les choses sont moins simples : Si la différence entre [erülž^{i}-] эрүүлжи- et [erülš^{i}-] эрүүлши- dérivés de [erül] эрүүл *santé*, avec le sens de *guérir, recouvrer la santé, s'assainir* est difficile à établir, certains couples de verbes sont plus nettement distincts. Ainsi [cer^{ə}kž^{i}-] цэрэгжи- *se doter de troupes* mais aussi *s'entraîner, faire des exercices militaires* est-il opposé à [cer^{ə}kš^{i}-] цэрэгши- *se militariser*, tous les deux provenant de [cer^{ə}k] цэрэг *armée, soldat.* Plus net encore, [nut^{ə}gž^{i}-] нутагжи- *gagner du territoire*, que nous venons de voir, possède un double [nut^{ə}gš^{i}-] нутагши- *avoir pour territoire, s'installer, s'adapter.* Enfin, les noms des saisons sont l'occasion d'une nette distinction : [nam^{ə}r] намар *automne* fournit aussi [nam^{ə}rž^{i}-] намаржи- *passer l'automne* que [nam^{ə}rš^{i}-] намарши- *être* (*devenir*) *automnal, arriver (pour l'automne)*, les autres noms de saisons présentant le même effet de couple.

La création lexicale

Nous ne pensons pas nécessaire de revenir sur les formes dans lesquelles s'élabore le lexique mongol. On aura tout loisir de revenir aux pages qui précèdent, chaque mot rencontré dans la suite de l'ouvrage pouvant y être exploré et disséqué.

Nous ne détenons encore qu'une partie des clefs : les contraintes formelles ne sont pas tout. Les mots ne se constituent qu'à l'aide des unités que nous venons de présenter, mais la création lexicale, répond à des besoins, des sources d'inspiration, des analogies et images qui plongent leurs racines dans la société, l'histoire, la culture, la multiplicité des échanges et des contacts.

Comme pour toutes les langues, croire qu'à une chose devrait correspondre un mot et que chaque mot ne désignerait qu'une chose est une illusion. Bien des combinaisons formellement possibles restent inutilisées, cependant que les mots existants présentent souvent une riche polysémie, diversité de sens immédiats et d'usages qui n'en facilite d'ailleurs pas l'usage pratique. Il existe très peu de vrais homonymes : un même radical, suivi des mêmes dérivations, fournit un même mot.

Même si les rapprochements peuvent étonner (et même si le sentiment de cette identité est parfois perdu) le rapport entre les usages et les sens immédiat et le contenu potentiel du radical et de ses dérivations reste étroit. En d'autres termes, il n'est pas nécessaire de voir des jeux de mots là où on ne doit voir que l'étendue et les manifestations diverses d'une même notion : le fait que [zax] захь signifie simultanément le *bord*, le *col d'un vêtement*, et le *marché* ne doit rien au hasard. Ce dernier sens n'est qu'un usage de la valeur de *frontière* également attesté et renvoie à l'histoire des échanges frontaliers entre nomades et sédentaires, et aux relations sino-mongoles, surtout sous les Ming.

Les conditions du pastoralisme nomade sont évidemment présentes dans bien des dénominations : [töl] төл *croît, jeune bétail*, construit sur la notion de *remplacement, d'adjonction à ~*, est au point de départ du verbe [töl^{ə}-] төлө- *payer*, en fait souvent *rembourser, remplacer*, ce que confirme son dérivé [tölö] төлөө *pour*, qui fournit lui-même [tölöl^{ə}-] төлөөлө- *représenter, suppléer...* [or^{ə}n] орон souvent traduit par *pays* fournit le verbe [or^{ə}nž^{i}-]

– оронжи- *prendre pour résidence, s'installer*, dont le sens premier décrit un moment majeur dans la vie de la société nomade, puisque c'est à cette occasion que s'effectuent les successions : *se marier et quitter le campement paternel*, en un mot *aller chercher sa propre place.*

Un des traits caractéristique du système est la grande liberté de création lexicale qu'il tolère, les unités et suffixes élémentaires étant somme toute en assez petit nombre pour rester à peu près disponibles pour chaque locuteur. La création de termes nouveaux, assez transparents pour ne pas apparaître comme des néologismes hasardeux, est donc pour les Mongols une activité constante. Ici encore, l'originalité est moins dans le fait lui-même que dans son ampleur et sa régularité.

Le lexique mongol, malgré sa souplesse et sa flexibilité, reste dans les limites que lui assignent les unités de dérivation, mais aussi leurs modèles d'associations. Les évolutions et la formation de mots nouveaux, ou de leurs usages, sont parfois dictées par la vie elle-même : de [šat^{ə}-] – шата- *brûler, se consumer* est dérivé [šat^{ə}xun] шатахуун qui, ayant désigné tout *combustible*, s'est désormais spécialisé dans le sens de *carburant*.

Les paires lexicales

Un phénomène important, tant par sa fréquence que par ce qu'il révèle des mécanismes essentiels de la création lexicale mongole, tient à l'apparition, là où un seul terme semblerait suffire, de paires lexicales. Ces paires sont formées librement, mais certaines sont assez fixées et reconnues pour que le procédé porte un nom dans la tradition grammaticale, [xoršo üg] хоршоо үг *mots coopératifs*, et qu'on en ait même établi des dictionnaires (l'un d'eux, publié en Mongolie intérieure en 1981, relève environ 1650 assemblages de ce type) : [öws nogo] өвс ногоо *végétation* (litt. *herbe-verdure*) ; [nas žil] нас жил *âge* (litt. *année d'âge-année*) ; [als xol] алс хол *loin* (litt. *loin-loin*) ; [na^{i}r na:d^{ə}m] найр наадам *fête* (litt. *fête-fête*) ; [xjan^{ə}n šalg^{ə}-] хянан шалга- *contrôler* (litt. *vérifier-vérifier*).

C'est avec les noms que ce procédé, assez composite en apparence, se manifeste avec le plus de clarté (les verbes faisant nécessairemenrt appel à un mécanisme de subordination, le plus souvent le [-n] qu'on a pu repérer dans l'exemple précédent). Plusieurs éléments interviennent sans doute dans la formation des paires, qui n'obéissent pas à un modèle unique, et bien des frontières sont ici difficiles à cerner. Certains sont des couples déterminants-déterminé (adjectif-nom) comparables à notre *château-fort*. D'autres sont probablement des calques reprenant des modèles empruntés : [xüṇ am] хүн ам *population* (*chiffre de la ~*, litt. *homme-bouche*) est bien semblable au chinois 人口 *renkou* de même composition et de même sens. Dans d'autres cas, des notions sont dénommées à l'aide de termes complémentaires : les *femmes* peuvent être désignées comme [em^{ə}s ox^{i}d] эмэс охид litt. *mères-filles* ; l'*âge* encore comme [am^{i} nas] амь нас litt. *vie-âge* ; la *nourriture* comme [ideš u:š] идээш ууш litt. *aliment-boisson* (mais aussi [ideš težel] идээш тэжээл litt. *aliment-aliment*, ce dernier terme, seul ou en paire avec [öws] өвс *herbe*, désignant aussi le *fourrage* [težel, öws težel] litt. *herbe-aliment*).

On peut relever en outre certaines associations apparemment dictées par des préoccupations de style ou de rythme : [ew eje] эв ээ *concorde* litt. *concorde-paix* ; [es^{ə}rgü tes^{ə}rgü] эсэргүү тэсэргүү *contre* litt. *contre-contre*, que le parallélisme soit le fait d'un radical commun ou d'une même dérivation, comme dans [er^{ə}lx^{ə}g xüč^{i}rx^{ə}g] эрэлхэг хүчирхэг *courageux, brave* litt. *brave-puissant.*

Le domaine de loin le plus étendu et le plus intéressant concerne toutefois les paires dans lesquelles les deux termes sont des synonymes qui paraissent souvent difficiles à distinguer par la traduction. Là est pourtant l'essentiel : les synonymes mongols ne "veulent pas dire" la même chose, mais décrivent la même réalité vue sous divers angles. Cette valeur propre à chacun des termes, sans être toujours consciente, n'en reste pas moins présente, et la description s'éclaire en faisant appel à deux dénominations concurrentes, comme les faisceaux croisés de deux projecteurs dissipent les ombres.

De façon plus directe, le système que nous avons décrit dans les pages précédentes permet à un mot mongol de "couvrir" une zone de sens étendue correspondant en général à plusieurs emplois concrets où ce sens se manifeste. Ainsi, [xuw^{i}] хувь dénomme-t-il tout ce qui est le *résultat d'un découpage*, ce qui lui permet de dénommer aussi bien la *part*, la *partie*, l'*exemplaire*, le *pourcentage* que le *destin*, quand celui-ci est compris comme le *sort,* le *lot* ou *la part qui échoient* (à la différence du *destin* qui découle d'une *orientation* ou *volonté supérieure*, mais aussi d'une *prédiction* [zaja] заяа dérivé du radical [za-/ zaː-] за- заа- *montrer, guider, instruire*). Le sens perçu pour la paire tient ainsi à la "zone" commune, au détriment des autres valeurs ou nuances :

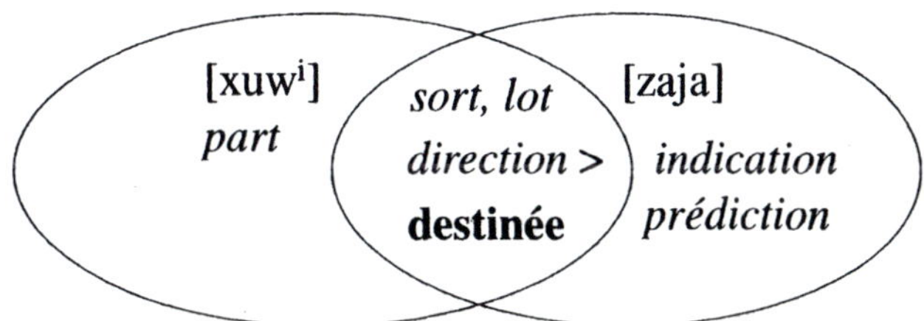

Chaque terme est ainsi un ensemble potentiel d'informations, qu'il est souvent nécessaire de spécifier. Ce qui peut naturellement être l'objet de la syntaxe peut aussi être l'effet de ce "croisement" de deux termes dont les usages présentent une valeur commune : [xuw^{i} zaja] хувь заяа ne peut plus désigner que le *destin*, la *destinée*.

Les paires lexicales peuvent être liées à la nécessité d'élucider un terme d'emprunt, mais elles sont d'autant plus vivaces et mieux fixées que l'un des termes, ou les deux, présentent une plus grande richesse de sens et une plus large diversité d'emplois :

[ür] үр tout à la fois *fruit, semence, grain, produit, effet,* entre en combinaison avec de nombreux termes :

[aš^{i}g] ашиг *profit* > [ür aš^{i}g] *profit, bénéfice* ;
[dün] дүн *somme* > [ür dün] *résultat, bilan* ;
[xü:x^{ə}d] хүүхэд *enfant* > [ür xü:x^{ə}d] *progéniture* ;
[ač] ач *petit-fils* > [ür ač (ou ač ür)] *descendance* ;
[tar^{i}a] тариа *grain* > [ür tar^{i}a] *grain, céréales*, dites aussi [amu tar^{i}a] амуу тариа ; etc...

Autre exemple, [erx] эрх signifie à la fois le *droit* et le *pouvoir*, en fait le *droit* conçu comme la *capacité* ou la *force de l'accomplir*. Plusieurs combinaisons élucident son évidente ambiguïté :

[čölö] чөлөө *liberté* > [erx čölö] *liberté* ;
[med^{ə}l] мэдэл *compétence, pouvoir* > [erx med^{ə}l] *pouvoir* ;
[xemže] хэмжээ *mesure, limite* > [erx xemže] *compétences*.

Ce dernier terme, [xemže], souvent compris dans le seul sens de *mesure* ([ar^{ə}g^{ə} xemže] арга хэмжээ *moyens, mesures*) associe mieux cette notion à celle de *limitation, restriction*, très reconnaissable dans divers dérivés du radical [xem] хэм *mesure*, mais surtout *cadre, limites*, quand nous le retrouvons dans les paires [xem xemže] хэм хэмжээ *limites* ; [xemže xjazg^{ə}r] хэмжээ хязгаар *limites, restrictions* cependant que [xjazg^{ə}r] lui-même forme dans [xil xjazg^{ə}r] хил хязгаар un des noms de la *frontière*.

Chaque exemple aide d'ailleurs autant à pénétrer le sens de chaque mot qu'à éclairer la notion qui naît de la rencontre de deux termes : dans [nut^{ə}g dewsg^{ə}r] нутаг дэвсгэр *territoire*, le premier terme définit un *espace de relations* alors que le deuxième seul annonce l'*étendue* que contiennent ses multiples usages (*natte, tapis, sol, territoire...*). La multiplicité des enchevêtrements permet aussi de mieux comprendre le nombre des apparents synonymes, dont chacun est en définitive bel et bien unique, même si la traduction tend à les uniformiser : notre *forme* doit être rendue en mongol par des termes différents suivant que cette *forme* est un *modèle à reproduire* [xew] хэв, un *constituant isolable* [xelb^{ə}r] хэлбэр, un *aspect visuel* [dür] дүр, une *silhouette* [dürs] дүрс, un *apparentement générique* [töl^{ə}w] төлөв, [törx] төрх, une *substance* [maj^{ə}g] маяг, une *variété* [janz] янз, le *fruit d'une évolution* [šinž] шинж, un *état* [ba^{i}d^{ə}l] байдал. Encore ne sommes-nous pas à l'abri d'un oubli... On conçoit l'étendue des nuances rendues par les paires associant ces termes entre eux ou avec d'autres ([xew] *forme/modèle* + [xu:l^{i}] *loi* > [xew xu:l^{i}] хэв хууль *norme*).

Les mots d'emprunt

Les mots étrangers occupent en mongol une place particulière. Bien entendu, la langue mongole, comme toutes les autres, a nourri et entretient de nombreux contacts, directs ou indirects, avec les langues les plus diverses.

Depuis des siècles, les peuples de la steppe ont bâti des cultures étroitement apparentées, et la proximité linguistique est évidemment un des domaines où cette parenté se manifeste. Entre langues mongoles, turques, tunguz, les échanges et les perméabilités sont évidents. Ce qui l'est moins est la nature profonde des faits observés. Nous n'entrerons pas vraiment ici dans le débat, d'ailleurs souvent scolastique, entre parenté génétique et emprunts. Pas plus que nous ne nous prononcerons sur les ressemblances supposées entre mongol et hongrois ou toute autre langue.

Le sujet est important, il ne peut être évoqué en quelques lignes. Sans récuser toute notion de parenté génétique (mais les découpages entre langues "indo-européennes", "altaïques" ou autres semblent alors bien fragiles), il nous semble que la part des emprunts directs ou indirects, accumulés au fil d'une histoire souvent bouleversée, est largement plus immédiate et perceptible. Nous nous intéresserons surtout ici à des emprunts évidents et avérés.

La première constatation tient à leur petit nombre : dans un dictionnaire orthographique récent, le lexique mongol occupe 456 pages, les mots d'emprunt clairement reconnus comme tel - à peine six. Le fait même qu'ils puissent être mis à part peut surprendre. Mais nous avons signalé à propos de l'écriture mongole-uigur l'existence de lettres spéciales. Il faut en fait parler d'une orthographe propre aux mots étrangers. Ainsi, la lettre [n] y est-elle toujours affectée d'un point, y compris dans des contextes où l'orthographe mongole l'exclut formellement.

Certes, le mongol contemporain connaît les [festival] фестиваль ; les [olimpiad] олимпиад ; les [monopol^{i}] монополь ; les [koeficient] коеффициент.

Les emprunts plus anciens sont également présents, termes chinois (*da* 大 *grand* > [daː] даа a pu se poser, pour certains emplois honorifiques, en concurrent de [ix] их, de même sens), tibétains, sanscrits, turcs, russes passés en mongol, comme le *nomos* [nom] ном du grec, parfois clairement identifiables, parfois si profondément assimilés par le lexique mongol qu'ils sont pratiquement impossibles à déceler.

Nous avons signalé plus haut la présence, dans plusieurs mots chinois, de l'unité *zi* 子 *chose*. Un autre trait peut être signalé. Bien que l'unité [r] proprement mongole soit très productive, certains noms à [r] final n'ont rien à voir avec elle : la prononciation chinoise du Nord ayant souvent recours à une rétroflexe (*er* 儿 son proche du [r] de l'anglais *more*), celle-ci est assimilée en mongol à une consonne [r] et reproduite comme telle dans l'orthographe. C'est le cas de *wa(er) tuile, terre cuite* > [waːr] ваар *céramique, vase* ; *mao(er) chat* > [muːr] муур *chat* ; *li(er) poire* > [waːr] лийр *poire* ; *bi(er) pinceau* > [biːr] бийр *pinceau*.

Les mots étrangers subissent, souvent en quelques années ou quelques dizaines d'années, une érosion radicale et sont remplacés par des termes proprement mongols.

Certains emprunts prennent la forme de calques : le *train* [galt ter^{ə}g] галт тэрэг *char à feu* reproduit le chinois *huoche* 火車 de structure identique. Le cas le plus fréquent est toutefois différent. La notion décrite par le mot d'emprunt est transmise à l'aide de mots mongols qui visent le plus souvent à en proposer une définition :

bémol = [do:šlul^{ə}g^{ə}] доошлуулага *ce qui fait descendre* ;
dièse = [de:šlül^{ə}g] дээшлүүлэг *ce qui fait monter* ;
phonème = [aw^{i}alb^{ə}r] авиалбар *ce qui définit un son* ;
morphème = [bütew^{ə}r] бүтээвэр *ce qui met en forme* ;
standard = [ad^{i}ltgur] адилтгуур *l'"outil" à rendre semblable* ; mais
standardiser = [xewšül-] хэвшүүл- *rendre conforme à un modèle* ;
sémaphore = [dox^{i}olur] дохиолуур *l'"outil" à faire des signaux* ;
moteur = [xöd^{ə}lgür] хөдөлгүүр *l'"outil" à mettre en mouvement.*

Ces tendances assimilatrices sont aidées par la facilité avec laquelle chaque mot mongol est porteur d'une large polysémie. La notion étant dénommée, elle peut aussi bien signifier une définition générale que désigner un objet singulier et concret : [xünd] хүнд est à la fois *lourd, le poids, la pesanteur* et il faut bien peu de chose pour passer à [xündr^{ə}l] хүндрэл *la gravitation.*

C'est précisément cette disponibilité et cette souplesse qui manque aux mots d'emprunt. Outre certaines difficultés de prononciation - par exemple les groupes de consonnes à l'initiale - les mots d'emprunts sont en général mal intégrés au système mongol (le sous-alphabet spécial inventé à leur intention est révélateur). Ils s'avèrent impropres à transmettre, tant au plan du sens qu'à celui du comportement syntaxique du mot, les informations essentielles que transmet un mot mongol. C'est la raison pour laquelle les noms d'emprunt sont massivement affectés du "n secret", dont le rôle est de confirmer l'identité nominale.

A l'inverse, comme nous l'avons vu, le radical du mot mongol en oriente le sens général et chaque unité de dérivation précise cette signification tout en fournissant des signaux syntaxiques très clairs. Toutes les conditions se trouvent ainsi réunies pour que la langue mongole restreigne la place des mots d'emprunt et mobilise les ressources de son propre mécanisme de création lexicale pour "digérer" l'apport étranger.

Unités grammaticales

L'ensemble des mécanismes linguistiques remplit sous des formes diverses une même mission essentielle : rapprocher les sens possibles ou probables des ressources lexicales de la signification immédiate et concrète recherchée par le message et le discours.

Les unités lexicales ne fournissent qu'un catalogue d'informations potentielles, quelles qu'en soient la richesse, l'apparente précision, ou même la banalité la plus terre-à-terre. Si le choix de certaines d'entre elles au détriment des autres est déjà riche de sens, il reste encore à rapprocher ces potentialités des réalités et d'une situation pour en faire un message *actuel*. C'est cette mission que remplissent les diverses marques gramaticales (nous employons ce mot au sens étroit de "*formant des inventaires limités*"), toutes suffixées en mongol. Certaines sont destinées à organiser les relations au sein du message. Elles seront examinées lors de la présentation des structures syntaxiques dont elles sont un outil essentiel. Les autres spécifient, *actualisent*, l'unité lexicale qu'elles marquent.

Unités d'actualisation

Nous rassemblons ainsi en une même catégorie les unités opérant selon un modèle unique : des modalités suffixées fournissant une information actuelle, circonstancielle, sur l'unité lexicale qu'elles marquent. Ces unités sont dans le prolongement direct de la dérivation lexicale. Nous les distinguons essentiellement des unités assurant en priorité la mise en relation entre deux termes, la *détermination* d'un terme par un autre.

L'actualisation consiste-t-elle en un passage du lexique à la grammaire ? Pour une part seulement. Certains des procédés qui suivent sont inséparables de la production d'un message (par exemple les *indicatifs*) au point que leur étude suppose l'analyse syntaxique.

D'autres procédés, par contre, contribuent couramment à l'enrichissement des inventaires lexicaux au point que la frontière peut sembler bien conventionnelle. Les éléments entrant dans la structure des suffixes d'actualisation sont les mêmes qui forment la dérivation lexicale. Les glissements d'un statut de suffixe grammatical commun à celui d'un élément figé dans une unité lexicale sont fréquents (ainsi de *pluriels* lexicalisés en y perdant leur sens de *nombre*).

Bien des procédés sembleront ici familiers. On reconnaît des actualisations nominales et des actualisations verbales distinctes. Ceci joue d'ailleurs un grand rôle en identifiant le statut verbal ou nominal du mot :

Actualisation nominale. On peut inclure en général dans cette famille les marques de *nombre* ou de *genre*. Ces dernières étant inconnues en mongol, nous examinerons les formes du *pluriel*.

Actualisation verbale. Nous sommes accoutumés à des inventaires développés, comportant aussi bien les marques de personne ou de nombre que celles des différents modes. En mongol, en l'absence de flexion personnelle, nous observons des marques modales (*indicatifs, impératifs, participes*), mais aussi une famille de procédés qui, affectant l'unité lexicale et précédant l'inscription dans le message immédiat par une actualisation ou une relation, fournit une orientation préalable souvent essentielle.

Entre ces divers instruments, plusieurs classifications, sémantiques ou fonctionnelles, sont possibles. Au plan sémantique, l'ensemble de ces actualisations couvre un éventail très large des divers degrés et formes d'accomplissement de l'événement. Mais une des classification les plus utiles est liée à une notion syntaxique centrale, le prédicat.

Prolongeant la présentation de la dérivation, nous aborderons en premier les grandes modalités d'orientation et, à leur suite, les participes. S'il s'agit de procédés par bien des aspects dissemblables, ils présentent une parenté : le fait de ne pas être limités à la seule fonction prédicative.

Une catégorie particulière est par contre constituée par les procédés d'actualisation exclusivement prédicatifs. La rencontre d'une unité ainsi marquée fournit un signal décisif : elle est le noyau déterminé par toute la phrase qui la précède, et elle ne peut remplir d'autre rôle.

Actualisation nominale

Cette catégorie n'est représentée que par les marques du pluriel. D'autres éléments existent, comme des formes diminutives, mais celles-ci sont à traiter comme des procédés de dérivation lexicale.

Pluriel

Deux éléments sont ici liés : d'une part, le pluriel, comme toute actualisation, constitue un apport d'information, une spécification du terme marqué. Il s'agit toujours en mongol d'un choix significatif, de la réponse à un besoin expressif, et non d'une morphologie des «accords» comme nous la rencontrons en français. D'autre part, surtout, le nom mongol auquel s'applique le pluriel *n'est pas* un singulier. Pure dénomination, l'unité lexicale est de nombre indifférencié. Ce qui est simple à comprendre quand on constate que [mal] мал signifie aussi bien *bétail* que *bestiau* ou [cer^{ə}g] цэрэг aussi bien *armée* que *soldat* doit être généralisé à l'ensemble du lexique.

Des limites s'imposent à l'emploi du pluriel : utile pour l'expression de la multiplicité, il n'en est pas le seul moyen. L'usage de déterminants numéraux ou exprimant la pluralité ([ol^{ə}n] олон *beaucoup* ; [xed xed^{ə}n] хэд хэдэн *quelques* ; [zar^{i}m] зарим *certains* ; etc.) rend l'emploi du pluriel superflu, voire déplacé. Par ailleurs, l'emploi du pluriel est généralement associé aux êtres humains, et dans une moindre mesure aux autres êtres animés. Il est possible de dire «*des livres*», «*des tables*», mais les situations dans lesquels cet emploi est légitime sont très rares, souvent artificielles. Il faut connaître le pluriel mongol pour s'en servir avec parcimonie.

Formes du pluriel :

Le pluriel est véhiculé par plusieurs procédés suffixaux. De la façon la plus large, les pluriels mongols modernes sont associés à l'unité [d], porteuse d'un contenu d'*adjonction, accumulation* (voire, comme nous l'avons remarqué à plusieurs reprises, d'*excès*). L'unité [-d] -д peut intervenir seule, mais est le plus souvent le terme final du binôme [-ud] -уүд^2, procédé actif. Il existe un procédé alternatif, aujourd'hui résiduel, mais dont l'importance dans l'histoire de la langue et dont la portée logique sont considérables.

Au pluriel en [d] s'oppose un pluriel en [s], unité porteuse d'un contenu de *dissociation, séparation, soustraction.* Ainsi à des pluriels désignant l'*agrégation d'individus en un tout,* la langue mongole a également opposé une vision du pluriel comme *décomposition du tout en ses éléments.* Il y a là une illustration forte du cheminement sémantique du mongol, où les mêmes phénomènes sont vus sous des angles radicalement différents.

[-d] -д forme aujourd'hui le pluriel d'un nombre limité de noms. On le rencontre d'une part sur des noms à consonne finale palatalisées ou vocalisées palatalisées : [emč] эмч *médecin* > [emč^{i}d] эмчид *médecins* ; [sur^{ə}gč] сурагч *élève* > [sur^{ə}gč^{i}d] сурагчид *élèves* ; [mor^{i}] морь *cheval* > [mor^{i}d] морид, морьд *chevaux* ; [nox^{əi}] нохой *chien* > [nox^{ə}d] нохoд *chiens.*

Les pluriels en [-d] -д sont également présents sur certains noms terminés en [l], [n] et [r] nus. Dans ces cas, liés au lexique socio-historique, on observe une substitution du [-d] -д à la consonne finale du nom : [tüšm^{ə}l] түшмэл *ministre, fonctionnaire* > [tüšm^{ə}d] түшмэд *ministres, fonctionnaires ;* [xan]/[xa:n] / хан/хаан *souverain, empereur* > [xad]/[xa:d] / хад/хаад *souverains, empereurs* (à ne pas confondre avec [xad^{ə}] хад *rocher*) ; [ez^{ə}n] эзэн *maître, suzerain* > [ez^{ə}d] эзэд *maîtres, suzerains* ; [noj^{ə}n] ноён *seigneur* > [noj^{ə}d] ноёд *seigneurs* ; [nöx^{ə}r] нөхөр *compagnon* > [nöx^{ə}d] нөхөд *compagnons, camarades* ; [erd^{ə}mt^{ə}n] эрдэмтэн *savant* > [erd^{ə}mt^{ə}d] эрдэмтэд *savants.* Enfin, [-d] -д apparaît sur quelques noms à voyelle finale, comme dans [šuwu] шувуу *oiseau* > [šuwud] шувууд *oiseaux.*

Il existe, mais sous forme figée, une variante vocalisée [-d^{ə}] -д : c'est la forme plurielle des pronoms démonstratifs [en^{ə}] энэ *ceci, ce* > [ed] эд *ceux-ci, eux ;* [ter] тэр *cela, ce* > [ted] тэд *ceux-là, eux.* De même pour le pronom personnel de première personne : [bi] би *je* > [bid] бид *nous.*

La lexicalisation d'unités affectées du suffixe [-d] les prive de sa valeur de pluriel grammatical. Le suffixe, désormais partie intégrante de l'unité lexicale se plie au statut général du lexique mongol, non spécifié en nombre : [xü:x^{ə}~] ~хүүхэ~ radical de plusieurs termes relatifs à la *jeunesse* et à l'*enfance* (comme [xü:x^{ə}n] хүүхэн *jeune fille, jeune femme*, [xü:x^{ə}ld^{əi}] хүүхэлдэй *poupée, marionnette*) > [xü:x^{ə}d] хүүхэд *enfant* (et non spécifiquement *enfants*). Il en va de même dans [sa^{i}n] сайн *bon, beau* > [sa^{i}d] сайд *Excellence, Ministre.*

[-s] -с Le pluriel en [-s] -с est pour sa part définitivement figé. Les noms pouvant former un tel pluriel sont en nombre restreint : [ax] ах *frère aîné* > [ax^{ə}s] ахас *frères aînés* mais surtout *Les anciens* ; [njalx] нялх *nouveau né* > [njalx^{ə}s] нялхас *nouveaux nés* ; [u:l] уул *montagne* > [u:ls] уулс *montagnes ;* [üg] үг *mot* > [ügs] үгс *mots ;* [ü^{i}l] үйл *affaire* > [ü^{i}ls] үйлс *affaires* ; [nox^{əi}] нохой *chien* > [nox^{ə}s] нохос *chiens* (notons plusieurs pluriels pour un même nom).

Le degré élevé de fixation des pluriels en [-s] -с aboutit fréquemment à une lexicalisation propre de ces termes (ce que nous avons noté pour [ax^{ə}s] ахас *Les anciens*). C'est ce qui intervient également dans le cas de [xün] хүн *être humain* > [xümüs] хүмүүс dont le sens est plus généralement *les gens* qu'un simple pluriel de *homme* (on observera au passage l'écart formel entre les deux termes).

C'est un fait similaire qui fournit le terme [ul^{ə}s] улс *gens, peuple, ulus* (institution de la Mongolie impériale qu'on a pu comparer à un *apanage*, mais qui en désignait d'abord la population) avant de désigner dans la Mongolie contemporaine la *nation* et l'*Etat*. Nous voyons dans ce mot le pluriel d'un nom actuellement connu sous la forme [u:l] уул *fondamental, essentiel* que son emploi en déterminant rapproche nettement d'un démonstratif.

[-ud] -уүд[2] Aujourd'hui procédé productif principal, ce suffixe a le mérite, par rapport à [-d] -д, d'être moins ambigu. Celui-ci peut en effet être confondu, en particulier à l'oral, avec plusieurs autres procédés, dont le très fréquent *datif locatif* [-d] -д -т) : [emč^{i}d] peut signifier aussi bien *au médecin* (эмчид) que *les médecins* (эмчид).

Les formes orthographiques et répondent au contexte, étant formé sur les radicaux en consonne nue, cependant que / intervient sur les autres radicaux : [nom] ном *livre, doctrine* > [nomud] номууд *livres* ; [bič^{i}g] бичиг *écrit, texte* > [bičgüd] бичгүүд *écrits*. Normalement détaché, il est parfois écrit lié au nom : [ar^{ə}g^{ə}] арга *moyen, procédé* > [argud] аргууд *moyens, procédés*.

Ce suffixe est accompagné de plusieurs variantes répondant soit à des contraintes formelles, soit à des emplois spécifiques (comme il est courant, la conservation, peu courante en mongol, d'autant de «cas particuliers» peut traduire la relative rareté d'emploi de ces procédés).

Il existe ainsi une forme en {l} final, présentant une graphie liée [-ul] -уул^{2} (voir ci-dessous [-čul] -чуул^{2}). Cette unité, rarement répertoriée est propre, pour quelques mots seulement, à des désignations spatiales ou temporelles : [deːd] дээд *supérieur* > [deːdül] дээдүүл *les supérieurs* ; [doːd] () доод *inférieur* > [doːd] доодуул *les inférieurs* ; [xo^{i}t] хойт *postérieur* > [xo^{i}tul] хойтуул *postérieurs, ultérieurs*.

Signalons les cas les plus notoires. Quand le nom mis au pluriel présente un [-ŋ] -н(г) final, l'oral réalise un [g] repris par l'orthographe uigur et cyrillique. Le suffixe uigur est en outre alors attaché au radical : [aŋ] ан *chasse, gibier* > (et non *) ангууд *chasses, gibiers* ; [dug^{ui}l^{ə}ŋ] дугуйлан *cercle* > [dug^{ui}l^{ə}ŋgud] дугуйлангууд *cercles*.

Les autres variantes de {n}, y compris le {n} «secret», mais aussi les noms en voyelle ou en consonne vocalisée palatalisée présentent un suffixe [nud] -нууд^{2}, noté détaché en écriture uigur : [erd^{ə}mt^{ə}n] эрдэмтэн *savant* > [erd^{ə}mtnüd] эрдэмтнүүд *des savants* ; [mod(n)] мод(он) *arbre, bois* > [modnud] моднууд *arbres* ; [šire(n)] () ширээ (н) *table* > [širenüd] ширээнүүд *tables* ; [dal^{əi}] далай *mer* > [dal^{əi}nud] далайнууд *les mers*.

Dans tous les exemples rapportés, la présence orthographique du [n] correspond bien à une réalisation orale, quelle qu'en soit l'origine, mais des formes [-nud] -нууд^{2} sont parfois associées à des consonnes finales vocalisées (comme dans [ax] ах *frère aîné* > [ax^{ə}nud] ахнууд *frères aînés*), mais aussi à d'autres consonnes finales que {n} : [xadnud] *empereurs,* enchaînant un pluriel sur un autre.

[-čud] -чууд^{2} et son double [-čul] -чуул^{2} (chaque mot formé sur un modèle peut être sans changement de sens réalisé sous l'autre forme) forment des pluriels désignant *les êtres humains formant une catégorie* (comparable au français *article défini + pluriel*) : [mong^{ə}l] монгол *mongol, Mongolie* > [mong^{ə}lčud] монголчууд *les Mongols* ;[em^{ə}gt^{əi}] эмэгтэй *féminin, femme* > [em^{ə}gt^{əi}čüd] эмэгтэйчүүд *les femmes* ; [bag^{ə}] бага *petit* > [bag^{ə}čud] багачууд (ou [bag^{ə}čul] багачуул) *les enfants* ; [zalu] залуу *jeune* > [zalučud] залуучууд *la jeunesse* ; [baj^{ə}n] баян *riche* > [baj^{ə}čud] баячууд (ou [baj^{ə}čul] баячуул) *les riches*.

Enfin, une forme [nar] нар est généralement décrite comme un des «suffixes du pluriel». Le terme est en fait un peu impropre. [nar] нар n'est pas un suffixe, mais un nom désignant l'existence d'une collectivité humaine. [emč nar] эмч нар *le corps médical* n'est pas le pluriel de [emč] эмч *médecin*, dont le pluriel «ordinaire» est [emč^{i}d] эмчид. ; [bagš nar] багш нар *le corps enseignant*

Il subit bien une évolution vers un statut suffixal. On peut observer à l'oral, et en écriture cyrillique, un effet de l'»harmonie vocalique» (ne serait-ce qu'orthographique) : [dü:n^{ə}r] дүү нэр *les cadets* pour [dü: nar] дүү нар, qui reste toutefois la norme ; [togočn^{ə}r] тогооч нор *les cuisiniers* pour [togoč nar] тогооч нар.

Au moins un mot montre que [nar] est bien susceptible d'un comportement suffixal : [exn^{ə}r] эхнэр *épouse,* que l'écriture uigur mongole nous fournit sous les deux orthographes et . Ce terme, dérivé de [ex^{ə}] эх *mère*, confirme aussi que [nar] définit l'appartenance à une collectivité et non un pluriel grammatical : [exn^{ə}r] signifie *celle qui fait partie des mères* et non *les mères*.

Actualisation verbale

Une première catégorie de procédés d'actualisation verbale est constituée de suffixes qui confirment le comportement verbal de l'unité lexicale (accès aux actualisations exclusivement prédicatives), et en orientent le contenu sémantique dans un nombre restreint de grandes directions, en autant de grands rapports entre ce que «dit» le verbe et le monde extérieur.

Comme *toute autre unité lexicale*, le verbe mongol n'assure qu'une pure *dénomination*. Cette idée semble simple, mais nous éprouvons le plus souvent une difficulté quasi métaphysique à concevoir que le verbe n'implique en général aucun objet extérieur (alors que nous n'hésitons pas à concevoir le nom sans attributs obligatoires), qu'il est *a priori sans sujet et sans objet*. Nos classifications classiques s'y avèrent souvent inopérantes, en particulier le couple *transitif / intransitif*.

Schématiquement, un verbe mongol est en lui-même son propre événement, d'où la prédominance d'une *valeur réfléchie* ([xögž^{i}-] ᠬᠥᠭᠵᠢ- хөгжи- signifie <u>*se*</u> *développer* et non *développer*), qu'il se suffit à lui-même, se déroule de lui-même et par lui-même, et que les accidents extérieurs, acteurs et résultats de cet événements, sont des informations complémentaires, toujours facultatives, qui ne doivent être explicitement formulées que lorsque le besoin s'en fait sentir.

Telle est bien la mission de la détermination syntaxique. Mais le verbe mongol peut aussi établir ses contacts avec l'extérieur par l'intermédiaire de ce que nous pouvons décrire comme une «interface» : la valeur potentielle de l'unité lexicale passe au filtre de diverses catégories de l'expérience avant d'être inscrite dans les mécanismes immédiats d'un énoncé. A la frontière de la grammaire et du lexique, les procédés que nous allons présenter ici, souvent lexicalisés, permettent de rapprocher le verbe des conditions de l'expérience relatée.

Factitifs

Ils constituent une rupture avec l'«autisme» du radical verbal. Soit quelqu'un favorise la réalisation de l'événement ou s'y investit, y est impliqué, soit celui-ci est décrit comme non plus s'accomplissant sur lui-même, mais se matérialisant dans une réalisation extérieure.

Implication d'un acteur externe : le procédé, [-ul-] ou [-ül-], associe à une dérivation en voyelle arrondie, [u] ou [ü] suivant le vocalisme du radical, une consonne nue [l]. Comme pour tout suffixe commençant par une voyelle, une palatalisation finale du radical affecte en vocalisme postérieur la prononciation de la voyelle, réalisée [-ⁱul-].

A coup sûr une des unités les plus productives de tout le système mongol de dérivation, le suffixe indique que *quelqu'un est impliqué, participe* ou *subit*, d'où une valeur *factitive* qui lui est le plus largement reconnue. Cette valeur n'épuise pas la matière du suffixe. [-ul-], incorporant au verbe un *acteur externe* ou signifiant plus largement l'intervention dans le verbe ainsi marqué d'un *rapport à l'externe* conduit aussi le *factitif* à exprimer une *extériorisation* très proche de la *transitivité*, ce qu'illustrent par exemple toutes les formations en [-ul-] sur verbes dérivés en [-ž-].

L'orthographe cyrillique suivant l'oral (-уул-, -үүл-, -иул- suivant les cas), l'orthographe mongole uigur ne varie que suivant le vocalisme du radical en insérant l'hiatus -ᠭ- ou -ᠭ- (-ᠭᠤᠯ- -ᠭᠦᠯ-) :

[jawᵊ-] ᠶᠠᠪᠤ- ява-*aller* > [jawul-] ᠶᠠᠪᠤᠭᠤᠯ- явуул-*faire aller, envoyer*
[medᵊ-] ᠮᠡᠳᠡ- мэдэ- *savoir* > [medül-] ᠮᠡᠳᠡᠭᠦᠯ- мэдүүл- *informer* ;
[üzᵊ-] ᠦᠵᠡ- үзэ- *voir* > [üzül-] ᠦᠵᠡᠭᠦᠯ- үзүүл- *montrer* ;
[oršⁱ-] ᠣᠷᠣᠰᠢ- орши- *être placé* > [oršul-] ᠣᠷᠣᠰᠢᠭᠤᠯ- оршуул- *placer, mettre,* mais aussi *inhumer, enterrer* ;

Matérialisation extérieure : pose autrement le fait que le verbe débouche sur une réalisation, ce que nous traduisons souvent par l'alternative entre *intransitif* et *transitif* (ainsi de *s'arrêter* à *arrêter*). Alors que l'unité précédente peut être utilisé pratiquement librement, celle-ci n'est présente que pour un nombre relativement restreint de verbes.

Souvent présentées comme deux, voire trois, suffixes distincts, ses formes sont les variantes faciles à repérer d'un même procédé.

Le procédé est essentiellement constitué d'une voyelle non arrondie. Le message porté par cette unité est : «*les choses sont ainsi*» et produit ici un verbe du type «*faire que ~ s'accomplisse*».

Le radical verbal se termine le plus fréquemment en consonne vocalisée ou palatalisée. L'unité est alors une voyelle non-arrondie (prononcée [-a-], [-e-], [-o-], [-ö-], [^{i}a] ou [^{i}o] suivant le vocalisme et la palatalisation du radical) :

[zogs^{ə}-] – зогсо- *s'arrêter* > [zogso-] – зогсоо- *arrêter*, «*faire en sorte que ça s'arrête*» ;
[öng^{ə}r^{ə}-] – өнгөрө- *passer* > [öng^{ə}rö-] – өнгөрөө- *faire passer* ;
[xat^{ə}-] – хата- *se dessécher* > [xata-] – хатаа- *sécher, durcir (transitif)* ;
[büt^{ə}-] – бүтэ- *se créer* > [büte-] – бүтээ- *créer, former* ;

Par contre, sur radical verbal non vocalisé en [n], [b], [g] et surtout [d], [r], [s] et [l] (il n'en existe qu'un peu plus de 200 dans tout le lexique mongol, mais certains sont très courants), le [g] n'intervient plus comme hiatus, mais comme consonne, suggérant l'existence de deux unités distinctes. La voyelle subit pour sa part une réduction en une simple vocalisation :

[xan-] – хан- *se satisfaire* > [xang^{ə}-] – ханга- *fournir ;*
[xür-] – хүр- *atteindre* > [xürg^{ə}-] – хүргэ- *adresser ;*
[gar-] – гар- *sortir* > [garg^{ə}] – гарга- *émettre.*

Enfin, sur radical en voyelle, en diphtongue ou en consonne vocalisée palatalisée, le suffixe devient [-lg^{ə}-] – – -лга- . L'explication de ce phénomène, qui tient aux risques d'ambiguïté qui découleraient du voisinage entre la voyelle finale du radical et le couple hiatus-voyelle du suffixe, dépasserait le cadre du présent ouvrage :

[suː-] – суу- *s'asseoir* > [suːlg^{ə}-] – суулга- *asseoir* ;
[neː-] – нээ- *s'ouvrir* > [neːlg^{ə}-] – нээлгэ- *ouvrir* ;
[ineː-] – инээ- *rire* > [ineːlg^{ə}-] – инээлгэ- *amuser* ;
[ba^{i}-] – бай- *être* > [ba^{i}lg^{ə}-] – байлга- *créer, maintenir, placer, laisser* (y compris au sens de *laisser dans l'état,abandonner*).

Sur radicaux en [d] ou [s] non vocalisés, l'assourdissement est reconnu en notant le [g] par un [x] en écriture uigur mongole, cependant que l'écriture cyrillique a choisi de noter une séquence [-tg-] : [negd-] – нэгд- *s'unir* > [negtg^{ə}-] – нэгтгэ- *unir* ; [bos-] – бос- *se dresser* > [bosg^{ə}-] – босго- *redresser, ériger*.

L'orthographe cyrillique, calquée sur l'oral, conforte l'impression de deux, voire trois procédés distincts. Mais l'orthographe uigur souligne l'identité des deux cas : – – ou – – suivant le vocalisme du radical. Derrière une consonne vocalisée, la «consonne» est un simple hiatus, la dent finale étant donc une authentique voyelle. Par contre, sur radical en consonne nue, et en l'absence d'une boucle intercalaire qui confirmerait son statut d'hiatus, le [g] réagit comme une véritable consonne, la dent qui le suit se trouvant réduit à une simple vocalisation :

Les traductions (par un usage souvent immodéré des *faire...* suivi d'un infinitif) sont au demeurant facilement trompeuses et masquent les différences, délicates à rendre, entre cet *acteur* extérieur dont l'*implication* est pourtant essentielle dans [-ul-] et la *réalisation* souvent matérielle qu'exprime [-a-/-g^{ə}-/-lg^{ə}-]. L'existence simultanée de factitifs parallèles [öng^{ə}rül-] – өнгөрүүл- et [öng^{ə}rö-] – өнгөрөө- *faire passer* ; ou [ba^{i}lg^{ə}-] – байлга- *créer*, distingué de son doublon [ba^{ig}ul-] – байгуул- spécialisé le plus souvent dans le sens moderne d'*organiser* impose une réflexion sur les rapports entre valeur propre des procédés et libertés de leur usage. Constater le fait est une chose, faire la part de la nuance et toujours disposer de traductions entièrement satisfaisantes en est une autre...

Passifs

Une actualisation verbale spécialisée souligne le caractère *subi* de l'événement et présente de grandes ressemblances avec notre *passif*. La similitude s'arrête toutefois à la traduction. Là où nous connaissons un mécanisme syntaxique, il s'agit en mongol d'un procédé de dérivation.

L'emploi le plus large en mongol contemporain revient à [-gd^{ə}-]. Il existe en outre une forme plus archaïque en [-d^{ə}-] et en [-t^{ə}-], intervenant sur des radicaux en consonne nue [g], [w] ou [r] :

[xar^{ə}-] – хара- *regarder, voir* > [xar^{ə}gd^{ə}-] – харагда- *être vu ; sembler, paraître* ; [aw-] – ав- *prendre* > [awt^{ə}-] – авта- *être pris* ou [aw^{ə}gd^{ə}-] – авагда- *être pris* ; [bar^{i}-] –бари- > [bar^{i}gd^{ə}-] – баригда- *être saisi* ;

La particularité la plus importante du passif mongol concerne (on excusera cette petite anticipation) la syntaxe de l'expansion qui désigne celui par ou pour qui s'accomplit l'événement exprimé au passif (et qu'on s'entête à désigner comme le «sujet logique», alors que la phrase a un sujet tout à fait normal, seul le verbe décrivant un mode d'accomplissement de l'événement). Le *datif locatif* indique ici clairement une *attribution* et un *bénéficiaire* :

[xon^{i} čon^{ə}d id^{ə}gd^{ə}w]
[illegible]
Хонь чонод (чононд) идэгдэв
Le mouton a été mangé par le loup (litt. *au loup*)

[ojutn^{i}g surgul^{i}d ird^{ə}g n^{i} bagš^{i}d med^{ə}gdle]
[illegible]
Оюутныг сургуульд ирдэг нь багшид мэдэгдлээ
(l'unité [n^{i}] est un pronom, fréquemment possessif, utilisé ici comme marqueur du sujet [ird^{ə}g] *la venue, le fait que vienne*)

On peut voir qu'à l'exception du *datif-locatif* marquant [bagš], qui n'est donc plus sujet, la phrase a pu rester inchangée.

Evitons un petit piège : un *instrumental* dans une phrase telle que [bat dargar song^{ə}gd^{ə}w] [illegible] Бат даргаар сонгогдов ne signifie pas que *Bat a été choisi* ***par*** *le chef*, mais qu'il *a été choisi* ***en qualité*** *de chef* (ou *élu président*).

Alternatifs et rythmiques

Plus «lexicales» encore, du moins pour nos habitudes courantes, sont les unités qui indiquent que l'événement est accompli de façon périodique, qu'il s'agisse d'un échange, d'un aller-retour, mais aussi d'un phénomène rythmique, dont la valeur d'*activité* plutôt que d'*action* est ainsi soulignée. Ces procédés ont en commun un mécanisme de formation où un radical verbal produit un nom ou un pseudo-nom en [-l] qui permet à son tour la mise en place de diverses dérivations Nom > Verbe

L'unité [-ld^{ə}-] fait intervenir, alternatifs et conjoints, deux termes souvent antagoniques. Derrière le [-l-] nominal, l'unité spécifique, comme toujours avec [-d^{ə}-], véhicule une idée d'*adjonction,* d'*accumulation* pouvant aisément exprimer l'*excès*, la *confrontation,* l'*agression* ou l'*agressivité*, ainsi que la *réciprocité* et l'*alternative*. C'est ce que souligne par exemple le sens de la manipulation [ba^{i}-] – бай- *être* > [ba^{i}ld^{ə}] – байлда- *s'affronter, livrer bataille*, cependant que [bar^{i}-] – бари- *saisir* fournit [bar^{i}ld^{ə}-] – барилда- *s'empoigner*, et plus spécifiquement *lutter*, *pratiquer la lutte* ; [da^{i}r^{ə}-] – дайра- *attaquer, heurter* > [da^{i}r^{ə}ld^{ə}-] – дайралда- *se rencontrer, s'affronter*. Et peut-être est-il un peu crû, mais du moins explicite, que l'*acte sexuel* soit décrit par le verbe [jaw^{ə}ld^{ə}-] – явалда- lit. *aller et venir* formé à partir du verbe [jaw^{ə}-] – ява- *aller* !

Dans [-lc^{ə}-], l'alternative se fait *alternance rythmique*, voire *cyclique*, *réciprocité*, *profit mutuel* ; l'activité décrite *forme un tout cohérent* : [sur-] – сyр- *apprendre* > [sur^{ə}lc^{ə}-] – суралца- *faire des études ;* [jar^{i}-] – яри- *parler* > [jar^{i}lc^{ə}-] – ярилца- *converser, bavarder ;* [or^{ə}-] – оро- *prendre place, entrer* > [or^{ə}lc^{ə}-] – оролцо- *participer, tenir sa place.*

[-lz^{ə}-], souvent lexicalisé, assure au verbe marqué une valeur *répétitive*, souvent associée à un mouvement, ce qui lui fait exprimer une valeur *rythmique,* voire *spasmodique*.

[dad^{əi}-] – дадай- *être petit, court* > [dad^{ə}lz^{ə}-] – дадалза- *gesticuler, s'exciter, faire des mouvements brefs et désordonnés* ; [bamb^{əi}-] – бамбай- *être gros et mou* > [bamb^{ə}lz^{ə}-] – бамбалз- *trembloter, grelotter* ; [dalb^{əi}-] – далбай- *être large et plat, étalé, déployé* > [dalb^{ə}lz^{ə}-] – далбалз- *flotter, se balancer.*

[-g^{ə}lz^{ə}-] [-w^{ə}lz^{ə}-] directement dérivés de [-w^{ə}lz^{ə}-] sont souvent considérées comme interchangeables. En fait, sans généraliser abusivement, [-w^{ə}lz^{ə}-] indique essentiellement le caractère répétitif, permanent, de l'événement, la dénomination des phénomènes tels que les *vibrations, contractions, tremblements, spasmes,* cependant que [-g^{ə}lz^{ə}-] indique plutôt un *retour sur ~*, voire une *remise en question* de l'événement, d'où une valeur souvent négative.

[tat^{ə}-] – тата- *tirer, trainer ; retenir ; émincer, hacher* > [tatg^{ə}lz^{ə}-] – татгалз- *se retenir de, refuser, s'abstenir* ; [tatw^{ə}lz^{ə}-] – татвалза- *trembler nerveusement, être pris de tics, exécuter des mouvements spasmodiques ;* [tüd^{ə}-] – тyдэ- *s'arrêter, faire une halte* > [tüdg^{ə}lz^{ə}-] – тyдгэлзэ- *s'abstenir* ; [damn^{ə}-] –

дамна- *porter avec une palanche* > [damn^{ə}g^{ə}lz^{ə}-] – дамнагалза- *hésiter, douter* (dont on admirera au passage la richesse imagée)

Collectif

Il n'existe pas de flexion du pluriel dans le verbe mongol. Il est néanmoins possible de signaler que l'événement s'accomplit «à plusieurs» à l'aide de l'affixe [-cga-] – – -цгаа-[4] :

[na^{i}z jar^{i}cgaw] найз ярьцгаав *les amis se sont mis à parler* (le pluriel *les amis* n'étant transmis que par la modalité, facultative, du verbe). [na^{i}z jar^{i}w] найз ярив peut signifier aussi bien *un ami s'est mis à parler*, que *les amis se sont mis à parler*, aucune indication de nombre n'étant obligatoire.

La phrase [ojut^{ə}n mong^{ə}lor jar^{i}d^{ə}g] Оюутан монголоор ярьдаг, non actualisée du point de vue du nombre signifie aussi bien *l'étudiant parle mongol* que *les étudiants parlent mongol*. Elle peut être spécifiée : [ojut^{ə}n mong^{ə}lor jar^{i}cgad^{ə}g] Оюутан монголоор ярьцгаадаг *Les étudiants parlent mongol*.
On retiendra le «*Bonjour*» (litt. *allez-vous bien ?*) adressé à plusieurs personnes : [sa^{i}n ba^{i}cganu] сайн байцгаана уу ? au lieu de l'habituel [sa^{i}n ba^{i}nu] сайн байна уу ?

Enfin, quelques procédés, eux aussi largement lexicalisés mais toujours disponibles illustrent, en concurrence avec des déterminants, le caractère *momentané*, *subit*, *unique* , mais aussi la *mise en situation* de l'événement :

-č^{i}x^{ə}- -č^{i}- – – -чих -ч(и)- signale que l'événement s'accomplit *de façon subite, brutale, d'un coup, radicalement*.
[suː-] –суу- *s'asseoir* > [suːč^{i}(x^{ə})-] ()–суучи(ха)- *tomber assis ;* [aw-] – ав- *prendre* > [awč^{i}(x^{ə})-] ()– авчи(ха)- *prendre d'un coup* (et son doublon [awač^{i}-] – аваачи- *arrêter, capturer*).

[-r^{ə}-] – – -pa[4]- cette unité, qui pourrait être classée parmi les dérivations lexicales provoque un renforcement du caractère réfléchi, ou plutôt autonome, spontané, intériorisé de l'événement. Elle exprime *être le siège, le théâtre, le lieu de ~, être en situation de ~, en état de ~* et non l'événement lui même :

[asg^{ə}-] – асга- *verser, répandre* > [asg^{ə}r^{ə}-] – асгара- *se renverser* ; [gut^{ə}-] – гута- *s'abimer* > [gutr^{ə}-] – гутра- *être en mauvaise posture ; avoir le cafard* ; [med^{ə}-] – мэдэ- *savoir* > [medr^{ə}-] – мэдрэ- *sentir, avoir la sensation de ;* [ewd^{ə}-] – эвдэ- *casser* > [ewdr^{ə}-] – эвдрэ- *se briser.*

[-zn^{ə}-] – -зна- modalité verbale elle aussi à la frontière des procédés de dérivation lexicale, cette unité signale que l'événement est *momentané, instantané, provisoire*. Cette dernière unité suggère un rapprochement entre des procédés apparemment distincts. Nous pouvons en effet la comparer à [ba^{i}z^{ə}] байз, produit sur le même radical *être* et ayant le sens de *Stop ! Arrête !* La parenté avec le prohibitif [-uz^{əi}] semble très direct. Le sens *arrêter par un ordre* de [ba^{i}z^{ə}] байз, est dès lors directement à la source du sens du suffixe [-zn^{ə}-] : *provisoire* n'y signifie pas *bref*, mais *interrompu rapidement* :

[am^{ə}r^{ə}-] – амра- *se reposer* > [am^{ə}rzn^{ə}-] – амарзна- *prendre un peu de repos* ; [an^{i}-] – ани- *fermer les yeux* > [an^{i}zn^{ə}-] – анизна- *fermer l'oeil un instant* ; [xiče-] – хичээ- *faire effort* > [xičezn^{ə}-] – хичээзнэ- *en mettre un petit coup* ; [azn^{ə}-] – азна- et [ba^{i}zn^{ə}-] – байзна- *s'interrompre brièvement, remettre à un peu plus tard*, dérivés de deux verbes *être* [a-] – а- et [ba^{i}-] – бай-.

Nous n'évoquerons que rapidement les larges possibilités qu'ont ces unités, indépendantes les unes des autres, de se combiner sur un même radical, chacune spécifiant l'ensemble déja constitué. Pratiquement aucune combinaison n'est exclue, les enchaînements de factitifs et de passifs (et vice versa) étant parmi les plus fréquents, comme dans [ba^{ig}ul^{ə}gd^{ə}-] – байгуулагда- *être organisé.* La difficulté tient ici à ce que bien de ces combinaisons ont à la fois tendance à se lexicaliser, et acquièrent souvent alors un sens spécialisé, et conservent leur réalité et leur maniement d'origine.

Participes

Les participes forment une catégorie particulière de l'actualisation du verbe. A la différence des modalités précédentes, dont l'effet principalement sémantique ne remet pas en question le fonctionnement verbal, ils produisent des unités qui, sans abandonner leur réalité verbale, acquièrent la quasi-totalité des comportements d'un nom. Ils forment ainsi des «passerelles» entre le verbe, sans cela enfermé dans sa fonction de prédicat, et le nom aux multiples visages. Actualisations, ils fournissent des informations propres sur l'accomplissement de l'événement.

Mais c'est surtout en syntaxe, sans trop anticiper, que les participes possèdent une puissance remarquable : «je suis verbe, voyez mes déterminants ; je suis nom, voyez mes déterminés». Les participes peuvent être spécifiés par les mêmes procédés de détermination, cas nominaux et gérondifs, que toute autre forme verbale. Mais ils se comportent aussi eux-mêmes comme tout autre nom. Le participe est ainsi le «Janus bifrons» qui assure souvent à la phrase souplesse et efficacité.

Ce rôle est d'autant plus considérable que leur effet d'*actualisation* est absolu (à la différence de la valeur des gérondifs) et qu'ils sont loin de faire double emploi avec les indicatifs.

Tout comme ces derniers, les participes mongols usuels sont en nombre limité (cinq), et leur usage pratique immédiat est sans grande surprise. Pas plus qu'ailleurs on ne trouvera ici de flexion complexe, impliquant des distinctions de genre ou de nombre. Les variations observées ne sont que l'effet de contraintes due au contexte phonique.

Participe fini

Une des unités grammaticales les plus usuelles, décrit l'événement comme *accompli*, *achevé*, voire *dépassé*, d'où son large emploi aussi bien comme déterminant que comme prédicat pour indiquer le *passé*.

Il est formé d'une consonne vocalisée [s^ə], et d'un [n] final signalant le comportement nominal de l'ensemble (avec boucle intercalaire)

[jaw^ə-] – ява- > [jaws^{ə}n] явсан *parti* ;
[bol-] – бол- > [bols^{ə}n] болсон *été, devenu* ;
[ir^ə-] – ирэ- > [irs^{ə}n] ирсэн *venu* ;

Participe futur

Cette définition temporelle, dictée par un des emplois fréquents de ce participe, découle en fait d'une valeur plus large, l'*assignation d'un terme, d'une limite* à l'événement décrit. C'est en ce sens qu'il définit l'*usage auquel est destiné* le déterminé de ce participe. Ainsi l'*avion* est-il [nis^{ə}x ong^{ə}c] нисэх онгоц, litt. la *barque à voler*, cependant que le *stade* est [ceng^{ə}ld^{ə}x xürel^{ə}n] цэнгэлдэх хүрээлэн, litt. l'*enceinte à (pour) se distraire*. La valeur *future* est évidemment un cas particulier de ce sens général, comme dans l'*an prochain* [ir^{ə}x žil] ирэх жил (l'*année à venir*).

Le procédé se réduit à une consonne [x]. Son orthographe mongole uigur associe à la consonne une vocalisation en boucle ( ) sans usage de la boucle intercalaire :

[or^{ə}-] оро- > [or^{ə}x] орох *à entrer* ;
[aw-] ав- > [aw^{ə}x] авах *à prendre* ;
[gar-] гар- > [gar^{ə}x] гарах *à sortir* ;
[id^{ə}-] идэ- > [id^{ə}x] идэх *à manger* ;

Participe infinitif

Souvent décrit comme un participe *passé non fini*, il est, au sens le plus strict du terme, un *in-finitif*, conférant un comportement de participe à un verbe tout en limitant explicitement l'information au contenu du radical lexical, pure dénomination, sans nuance temporelle ou aspectuelle accidentelle. La valeur *passée*, quand elle est présente, est plus un reflet du contexte qu'un apport propre.

Sa forme est une simple voyelle non arrondie, prononcée donc [a], [e], [o] ou [ö] suivant le vocalisme du radical, et qui subit naturellement les effets d'une consonne palatalisée en fin de radical ([^{i}a] ou [^{i}o]). L'orthographe cyrillique rendant compte de cette réalité, l'écriture mongole uigur note automatiquement une lettre-hiatus ou , quitte à faire intervenir la boucle intercalaire sur les radicaux en consonne nue.

[bar^{i}-] бари- > [bar^{i}a] бариа *qui saisit, saisissant* ;
[bol-] бол- > [bolo] болоо *qui devient, étant* ;
[ög-] өг- > [ögö] өгөө *qui donne, donnant* ;

Participe répétitif

Exprime une expérience courante, la *régularité*, le caractère *habituel* ou la *répétition* d'un événement. Ce que le français exprime souvent à l'aide du présent ou de l'imparfait (*Le matin, je me lève de mauvaise humeur* ; *quand j'allais à l'école, je mangeais à la cantine*) est transmis en mongol par un procédé spécialisé, qui se trouve être un participe. Exprimant ce seul contenu, il vaut aussi bien pour le passé que pour le présent ou le futur, informations qui devront être éventuellement fournies par d'autres moyens.

Il est formé d'une consonne vocalisée [dᵊ] suivie d'un [g] nu. Les variations orthographiques concernent, suivant le vocalisme du radical, pour l'écriture mongole uigur, la notation du [g] par – ou – (sans boucle intercalaire) et, pour le cyrillique, la notation de la vocalisation du [dᵊ] : -даг, -дэг, -дог, -дөг :

[jawᵊ-] – ява- > [jawdᵊg] явдаг *va (régulièrement)* ;
[bol-] – бол- > [boldᵊg] болдог *devient, est (id.)* ;
[nis-] – нис- > [nisdᵊg] нисдэг *vole (id.)*
[suː-] – суу- > [suːdᵊg] суудаг *est assis (id.)*

Participe exécutif

Désigne l'*agent* de l'événement. La fréquence de ses emplois humains et des usages lexicalisés ne doit pas tromper et la notion d'*agent* est ici très large (*ce qui...* et non seulement *celui qui...*). Il est formé des deux consonnes [g] et [č], les deux écritures faisant appel en cas de besoin à une lettre intercalaire (а,э,о,ө en cyrillique, boucle en écriture uigur) :

[jawᵊgč] – ява- > явагч *qui part* ;
[orᵊgč] – оро- > орогч *qui entre* ;
[awᵊgč] – ав- > авагч *qui prend* ;
[idᵊgč] – идэ- > идэгч *qui mange* ;

Lexicalisation des participes

Les participes associent à un éventail unique de potentialités syntaxiques (déterminants comme déterminés de noms et de verbes) ce qui reste un des aspects de leur valeur d'actualisation : entrer dans le lexique, où ils sont alors des noms «presque comme les autres».

Comme en français, et à côté de véritables créations nominales issues d'un radical verbal (*mange- > mangeur ; gratte- > grattage*), les participes sont un moyen commode pour faire d'un verbe un nom. En mongol, deux participes sont de ce point de vue très actifs : le *participe exécutif* que nous venons de rencontrer et qui fournit surtout des noms d'activités humaines :

[sur-] сур- *étudie-* > [sur^{ə}gč] сурагч *élève* ;
[ud^{i}rd-] удирд- *dirige-* > [ud^{i}rd^{ə}gč] удирдагч *dirigeant,*
[nis-] нис- *vole-* > [nis^{ə}gč] нисэгч *aviateur,* et
[nisg^{ə}-] нисгэ- *faire vole-* > [nisg^{ə}gč] нисгэгч *pilote*.
On rencontrera ainsi des dizaines de noms, souvent très courants ([üz^{ə}gč] үзэгч *spectateur*, [xjan^{ə}gč] хянагч *contrôleur*), formés sur ce modèle.

D'autre part, le *participe infinitif*, dont l'intérêt est précisément de ne charger le sens du radical du verbe d'aucun «parasite» temporel ou aspectuel :

[dalb^{ə}-] далба- *flotter au vent* > [dalba] далбаа *quelque chose qui flotte au vent* : *drapeau,* mais aussi *voile* ;
[xar^{ə}-] хара- *voir, regarder, distinguer* > [xara] хараа *vue*, *champ visuel*, mais aussi *mire de visée*.

Le pluriel du participe fini est dans certains cas lexicalisé sous la forme [-gs^{ə}d] -гсад[4] . Le {g} ne figure habituellement que dans l'orthographe uigur du participe, sans réalisation orale. Ceci suggère une formation «savante» que confirme l'emploi fréquent des termes de ce type dans un registre officiel, voire juridique, et désignent le plus fréquemment une ou des personnes, la valeur plurielle s'effaçant lors de la lexicalisation : [gerl^{ə}-] гэрлэ- *se marier* > [gerl^{ə}gs^{ə}d] гэрлэгсэд *le(s) conjoint(s)*.

Indicatifs

A la différence des procédés précédents, les indicatifs, comme les impératifs présentés à leur suite, ne se contentent pas de prolonger par une précision nouvelle les informations potentielles fournies par le lexique. Ils constituent un degré ultime d'actualisation, déjà inséparables de la formation d'un message et de sa syntaxe. Ces unités ne peuvent être que prédicats de la phrase, et cette exclusivité passe avant leur sémantique propre. En outre, seules les unités lexicales susceptibles d'accueillir ces marques peuvent être considérées comme des verbes.

Les indicatifs précisent les grandes formes de réalisation et de déroulement de l'expérience. En nombre réduit, on en compte quatre usuels en mongol contemporain, leur contenu, comme celui de toutes les unités grammaticales, est très global, et le *sens* qu'ils confèrent doit être dégagé avec prudence, sans correspondances trop mécaniques avec d'autres langues. Le *temps* est une dimension importante, toutefois moins exclusive que ne l'affirme la tradition française. Aussi essentiels sont les grands modes d'accomplissement de l'événement, défini comme l'*aspect*. Le mongol nous apprend à ne pas opposer ces deux optiques.

Indicatif accompli

Le prédicat ainsi marqué présente l'événement de la phrase comme *accompli, fini* (au double sens du terme), et donc le plus souvent *passé*. Ce procédé a une valeur événementielle, l'*accompli* étant souvent *achevé* dans le temps, mais aussi *formant un tout*. Ainsi [sa^{i}n až^{i}ll^{ə}w] сайн ажиллав a-t-il plus le sens de *il a accompli un bon travail* que celui de *il a bien travaillé* (mais moins bien maintenant)

Sa forme est une consonne [-w] -в (que nous avons rencontrée avec le même contenu dans les gérondif *conditionnel* [-w^{ə}l] -вал et *concessif* [-wč] -вч) :

[bol^{ə}w] бол- > болов *est devenu, devint, fut* ;
[gar^{ə}w] гар- > гарав *est sorti, sortit* ;
[ir^{ə}w] ирэ- > ирэв *est venu, arriva* ;

La boucle intercalaire, normalement absente, n'apparaît que sur les radicaux à finale en consonne nue [w] : [aw-] *prendre* > *prit.*

Indicatif non-accompli

Qualifie un événement initié dans le passé, mais perçu dans son *déroulement* et non dans son *achèvement*. Celui-ci n'est toutefois pas formellement exclu et est plutôt laissé dans le vague. Il sert couramment à décrire un *état*, mais c'est aussi, par prédilection, l'indicatif du *récit*. C'est en ce sens, plus que sur un plan temporel, qu'il se rapproche le plus de notre *imparfait*.

Sa forme est complexe et met en jeu un des mécanismes d'évolution de la langue mongole, le passage d'une structure syntaxique au statut de suffixe. Il se présente en apparence comme une consonne [ž] accompagnée d'une voyelle [e] indépendante de l'harmonie vocalique, le [ž] laissant la place à un [č] derrière les radicaux en consonne nue [w], [g], [r] et [s] (sans recours à la boucle intercalaire en orthographe uigur).

En fait, la «voyelle» [e] n'en est pas une : l'ensemble du procédé (comme le montre l'écriture uigur) est une locution dans laquelle une détermination verbale (gérondif) en [-ž] -ж précède un auxiliaire au participe [-x] -x palatalisé [-x^{əi}, -x^{üi}] -x, -хуй (la consonne est bien un [x], et jamais un [g]). Celui-ci s'intègre au suffixe avec perte du radical (le verbe *être* [a-] a-), la consonne vélaire subissant une réduction en simple hiatus devant la vocalisation palatalisée, toujours perçue comme antérieure.

[id^{ə}-] – идэ- > [id^{ə}že] иджээ *mangeait* ;
[suː-] – суу- > [suːže] суужээ *était assis* ;
[gar-] – гар- > [gerče] гарчээ *sortait* ;

Orthographe uigur modernisée en / : – *partait* ; – *saisissait* ; – *sortait*

Indicatif immédiat

Comme l'indique le terme par lequel nous le désignons, il décrit un événement proche, sa valeur première étant précisément dans cette quasi simultanéité entre le moment où l'événement se produit et celui où on en parle. Il peut aussi bien décrire un événement qui *vient de se produire* qu'un événement qui est *sur le point de survenir*. Il désigne donc moins le *temps* qu'une *actualité* de la situation et on ne sera donc pas étonné de lui faire correspondre, au gré de la situation, aussi facilement un futur qu'un passé. On peut d'ailleurs de ce point de vue le rapprocher de maints emplois de notre *indicatif présent* : «*Il y a cinq minutes, j'entre dans la salle et je le trouve*» ou «*Attends-moi, j'arrive*»).

Sa forme est une consonne [l] suivie d'une voyelle non arrondie, prononcée suivant le contexte vocalique [a], [e], [o] ou [ö]. En écriture uigur, boucle intercalaire pour les radicaux en consonne nue :

[or^{ə}-] – оро- > [orlo] орлоо *vient d' (va) entrer* ;
[bol-] – бол- > [bollo] боллоо *vient de (va) devenir* ;
[ög-] – өг- > [öglö] өглөө *vient de (va) donner* ;
Orthographe uigur modernisée – : – ; – ; – ; – .

Indicatif présent-futur

Décrit presque indifféremment un événement en cours ou attendu. Il s'agit d'un fait *actuel*, que cette actualité désigne ce que fait effectivement le sujet (par opposition par exemple avec un présent d'*habitude*, qui sera exprimé autrement) ou ce qu'on escompte qu'il fera. La langue mongole n'ignore pas la différence entre le présent et l'avenir. C'est toutefois l'ensemble des déterminants dans la phrase qui éclaire le plus efficacement cette distinction.

[jaw^{ə}n/jawn^{ə}] – ява- > явна *part, partira* ;
[bol^{e}n/boln^{ə}] – бол- > болно *devient, est, sera* ;
[id^{e}n/idn^{e}] – идэ- > иднэ *mange, mangera* ;

En écriture uigur, à cette forme actuellement en usage correspond plus classiquement une forme en – . C'est en fait un autre indicatif proche par le sens, parfois décrit comme *prolongé*, le *futur* proprement dit ayant été marqué par un indicatif – . Mais ces formes sont tombées en désuétude, et sont sans équivalents oraux réels (leur emploi relève d'un archaïsme voulu) :

– – ; – – ; – – ; – – ; – – ; – – ; – –

Impératifs

Les impératifs constituent en mongol un ensemble beaucoup plus large qu'en français. Aux suffixes de deuxième personne, s'en ajoutent en effet d'autres qui permettent de transmettre sa volonté à une troisième personne, mais aussi à soi-même (ce que nous connaissons avec le français "Marchons !"). Des procédés divers peuvent graduer, de l'intention allusive à l'ordre catégorique, l'intensité de l'expression. Il faut se garder de chercher ici un catalogue simple où chaque unité aurait une valeur fixée une fois pour toutes, bien des choses dépendant du type de discours, de la situation, etc.

Impératifs de deuxième personne

Impératif radical

Le plus simple, comme dans beaucoup de langues, se réduit au radical verbal lui-même. Ce procédé, le plus souvent réservé à l'oral, où il est très présent, exprime une volonté directe, éventuellement un ordre. A l'écrit, il est la forme privilégiée des *consignes* appelant une exécution simple et immédiate, comme dans les intitulés d'exercices scolaires.

[jaw] ᠶᠠᠪᠤ- ява- > ᠶᠠᠪᠤ яв *pars, partez, va, allez* ;
[bar^{i}] ᠪᠠᠷᠢ-бари- > ᠪᠠᠷᠢ барь *saisis, saisissez* ;
[id] ᠢᠳᠡ- идэ- > ᠢᠳᠡ ид *mange, mangez* ;

Sa brièveté, et la nuance catégorique qui peut s'y attacher, sont atténuées par un redoublement : [jaw jaw] *allez donc* ; [or or] *entrez, s'il vous plaît* ; [suː suː] *assieds-toi, je t'en prie* ;

Il peut être accompagné d'unités exclamatives [lda] ᠯ ᠳᠠ л даа et est alors parfois pris pour un suffixe propre (-лдаа^4) : [jaw^{ə}lda] *allez* ; [or^{ə}ldo] *entrez* ; [suːlda] *asseyez-vous*.

Impératif écrit marqué

Ce procédé, dont il est parfois tentant de faire l'«impératif standard», assure l'expression usuelle de l'impératif à l'écrit. Il est également utilisable à l'oral, où il acquiert une nuance de politesse, voire d'officialité.

Il consiste en une voyelle non arrondie ([a], [e], [o] ou [ö]) suivie d'une consonne [r^{əi}]

– ява- > [jawar^{əi}] яваарай *pars, partez, va, allez* ;
– идэ- > [ider^{əi}] идээрэй *mange, mangez* ;
– өг- > [ögör^{əi}] өгөөрэй *donne, donnez* ;
Attention : – бари- > [bar^{i}ar^{əi}] бариарай *prends*

Impératif oral marqué

Tout aussi fréquent que le précédent dans le discours oral usuel, il est beaucoup plus rare à l'écrit, ce qui le fait parfois passer, à tort, pour un peu marginal. Il s'agit à nouveau d'une construction issue de la syntaxe, un participe infinitif [-a]^4 – – -aa^4 n'étant que le déterminant du pronom personnel de deuxième personne [či] чи *C'est toi qui ~*. On lui prête souvent une valeur d'*exigence* plus forte que pour le suffixe précédent.

Il est formé d'une voyelle non arrondie ([a], [e], [o] ou [ö]) suivie d'une consonne [č]

– бари- > [bar^{i}ač] бариач *saisis, saisissez* ;
– оро- > [oroč] орооч *entre, entrez* ;
– өг- > [ögöč] өгөөч *donne, donnez* ;

Impératif solennel

Bien qu'il s'agisse d'un procédé archaïque, nous ne résistons pas au plaisir de donner ici l'impératif de majesté, formule finale de tout édit impérial, qui nous servira ici à illustrer la diversité des suffixes impératifs. On ne le rencontre encore aujourd'hui que dans les formules de politesse les plus honorifiques, les mots d'ordre, les slogans, les appels solennels, voire grandiloquents (son emploi hors de ce contexte frisant le ridicule) :

[tawt^{əi} mor^{i}l^{ə}gt^{u}n] Тавтай морилогтун *Bienvenue* ! (litt. *Chevauchez commodément !*) ;

– оро- > [or^{ə}gt^{u}n] орогтун *entrez* ;
– нэгд- > [negd^{ə}gt^{u}n] нэгдэгтүн *prenez* ;
– өг- > [ög^{ə}gt^{u}n] өгөгтүн *donnez.*

Impératifs de troisième personne

C'est par eux que nous agirons sur une tierce personne par l'intermédiaire de l'interlocuteur direct ou que nous exprimerons un voeu, un souhait (ce que nous formulons dans des locutions telles que *Qu'il* ~ ou *Pourvu qu'il* ~). Deux procédés sont ici couramment disponibles, le premier est surtout oral, l'autre étant réservé à des usages plus cérémonieux et à l'écrit :

L'un comprend une consonne [g] (entendue [k]) après le radical :

[jaw^{ə}-] – ява- > [jaw^{ə}g] яваг *qu'(il) parte* ;
[bar^{i}-] –бари- > [bar^{i}g] бариг *qu'(il) saisisse* ;
[id^{ə}-] – идэ- > [id^{ə}g] идэг *qu'(il) mange* ;

Le second associe une consonne vocalisée [t^{ə}] et une consonne vocalisée [g^{əi}]. La première consonne, comme dans les suffixes [x^{u}l] ou [gt^{u}n] est un bon exemple des aller-retour qui s'accomplissent souvent entre l'orthographe et la prononciation. La vocalisation du [t] n'est pas en effet une véritable voyelle (ce que même l'orthographe cyrillique reconnaît, en n'employant qu'une seule lettre у ou ү au lieu des deux уу ou үү qui indiqueraient une voyelle), mais sa lecture est généralement exagérée. On aura soin de ne pas en appuyer trop le timbre :

[aw-] – ав- > [awt^{u}g^{əi}] автугай *qu'(il) prenne* ;
[bol-] – бол- > [bolt^{u}g^{əi}] болтугай *qu'(il) soit* ;
[ir^{ə}-] – ирэ- > [ir^{ə}t^{u}g^{əi}] иртүгэй *qu'(il) vienne* ;

Son niveau d'emploi apparait bien dans des formules consacrées telles que [mand^{ə}-] – манда- *s'élever* > [mand^{ə}t^{u}g^{əi}] мандтугай *Vive... !* (*qu'il s'élève*) ou [sön^{ə}-] – сөнө- *se détruire* > [sön^{ə}t^{u}g^{əi}] сөнөтүгэй *A bas... !* (*qu'il se détruise*).

Impératifs de première personne

C'est par eux que je me prends moi-même comme interlocuteur. Réservés en français au pluriel (*Marchons, marchons !*), il s'agit en mongol d'un procédé très usuel, la frontière étant très mince entre le fait de se donner un ordre (ou du courage : *Bon, j'y vais !*), l'annonce d'une intention et un futur très immédiat qui en est le plus souvent la réalisation. Ici encore deux procédés, le premier étant un procédé oral d'usage constant, cependant que le second, très proche de l'impératif de troisième personne vu ci-dessus, en partage la solennité.

Le premier est une palatalisation finale, plus ou moins clairement accompagnée d'une vocalisation (mais l'orthographe, en suggérant une véritable voyelle, tend un piège difficile à éviter). On observera au passage les particularités orthographiques cyrilliques, en particulier l'usage des lettres rarissimes Ъ ъ (dont c'est la seule apparition en mongol) derrière consonne en vocalisme postérieur et Е е (présent à quelques exceptions près dans des mots d'emprunt) en vocalisme antérieur :

[jaw^{ə}-] ява- > [jaw^{jə}] явъя *que je parte* ;
[or^{ə}-] оро- > [or^{jə}] оръё *que j'entre* ;
[id^{ə}-] идэ- > [id^{jə}] идье *que je mange* ;
[ög-] өг- > [ög^{jə}] өгье *que je donne* ;

Le second est tout à fait parallèle à la forme [-t^{u}g^{əi}], mais adjoint la consonne vocalisée [g^{əi}], dont la prononciation appelle les mêmes observations que dans [-t^{u}g^{əi}] à une consonne vocalisée [s^{ə}], dont l'intervention *impérative* n'est pas limitée à ce seul suffixe :

[jaw^{ə}-] ява- > [jaws^{u}g^{əi}] явсугай *que je parte* ;
[or^{ə}-] оро- > [ors^{u}g^{əi}] орсугай *que j'entre* ;
[bol-] бол- > [bols^{u}g^{əi}] болсугай *que je sois*.

- Le prédicat et les différents types de prédicats ; les copules.
- La détermination et la subordination :
    - l'ordre
    - unités de détermination
        - nominales : cas, postpositions
        - verbales : gérondifs.
- Les pronoms
- L'expansion et la structure de la phrase
    - La phrase à expansions nominales (phrase simple)
    - La phrase à expansions verbales (phrase complexe)
- L'interrogation
- La négation
- La conduite du discours
    - L'ordre des déterminants et des expansions
    - Discours rapporté et discours indirect

Un impératif premier consiste à traduire l'expérience multiforme en une suite linéaire d'informations. Cette traduction, aussi étendue que soit l'expérience, doit prendre la forme de fragments de discours assez brefs pour rester compatibles avec la durée d'une expiration et avec la mémoire immédiate. Ces contraintes élémentaires sont dictées par l'oralité première du langage. Elles sont toujours présentes, même si l'intonation permet de faire passer plusieurs informations simultanément et si l'écrit permet d'échapper aux limites de durée évoquées plus haut - et le mongol ne se prive pas de cette ressource.

A cette première délimitation (linéaire, relativement brève), s'ajoutent un ou des modèles d'organisation, la syntaxe, qui font du fragment de discours une phrase. Le rapport à ce qui précède est simple : pas plus qu'un mot n'exprime la totalité de ce qu'il dénomme (sans quoi notre lexique le plus "simple" ressemblerait aux interminables formules des nomenclatures pharmaceutiques), la phrase ne transmet explicitement tous les rapports qui peuvent s'établir entre les informations qu'elle utilise pour former un message. Le sens d'une phrase tient aux informations qu'elle retient ou tait, mais aussi aux relations qu'elle dit ou au contraire ne fait que suggérer.

Dans une phrase très simple, telle que *Le cheval mange de l'herbe*, la relation entre le *cheval* et l'*herbe* ne s'établit que grâce à l'intermédiaire de l'élément central qu'est le verbe *mange* :

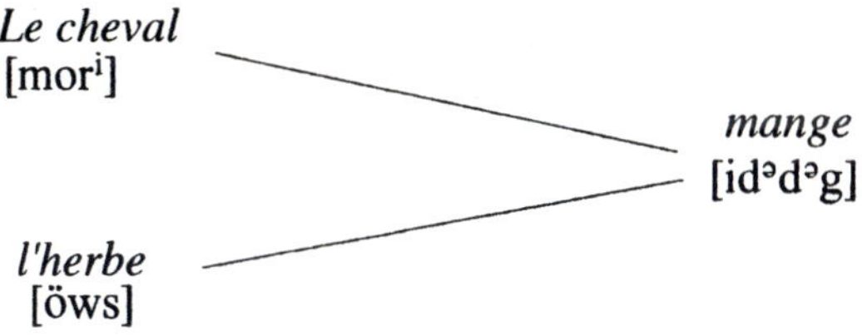

Enrichissant le schéma, créons la phrase *Le cheval noir mange avec appétit l'herbe tendre.* Un effet très net, proche d'une causalité, s'établit entre *appétit*, et *tendre* mais cette relation n'est pas exprimée directement :

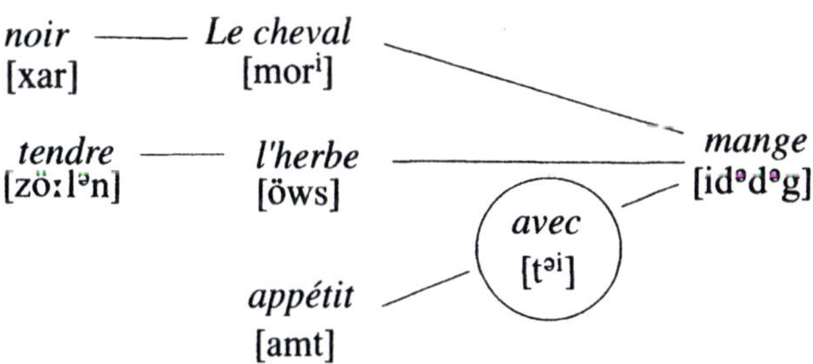

[xar mor^{i} zöːl^{ə}n öws amt^{ə}t^{əi} id^{ə}d^{ə}g]
Le cheval noir mange l'herbe tendre avec appétit

Cet exemple, aussi rudimentaire soit-il, met en lumière la place nécessaire d'un élément central du système syntaxique mongol : le *prédicat.*

Le Prédicat

Tous les mots de la phrase prise en exemple se rattachent en définitive à une seule et même unité : le verbe *mange*. L'examen de toute autre phrase courante conduirait à un résultat similaire (même si la réalité courante est parfois plus déroutante) : il existe dans toute phrase une unité et une seule, réceptrice directe ou indirecte de la totalité des relations exprimées. En d'autres termes : une phrase est l'ensemble des unités et des relations aboutissant à une seule et même unité.

C'est exclusivement en ce sens que nous utiliserons le terme de *prédicat* (notion purement syntaxique qu'on ne confondra pas avec l'acception logique du terme *prédicat*). A cette unité, le reste de la phrase apporte, sous la forme de fragments qui sont autant d'*expansions* du *prédicat*, les compléments et spécifications jugées nécessaires pour que le sens voulu soit effectivement perçu. Dans la phrase mongole, cette unité, ce noyau, occupe la position terminale :

[ojuta^{ə}n **ir^{ə}w**] оюутан ирэв *(l')étudiant* ***est venu***
[bat **ojut^{ə}n**] Бат оюутан *Bat (est)* ***étudiant***
[mor^{i} **xurd^{ə}n**] морь хурдан *(le) cheval (est)* ***rapide***

Trois aspects se complètent ici :

a) Définition de la fonction elle-même : le prédicat est défini comme la seule unité qui, dans une phrase donnée, n'intervient que comme déterminée. En d'autres termes, il n'a pas de déterminé ou est lui-même le déterminé absolu de l'ensemble de la phrase. C'est ce fait qui détermine en mongol sa position finale.

b) Unités susceptibles de la remplir : si certains procédés sont explicitement exclus de la fonction prédicative, c'est pour être eux-mêmes nécessairement déterminants. Hormis cette exclusion, le choix du prédicat est très large. On rencontrera donc des phrases nominales aussi bien que verbales.

c) Existence de procédés appropriés à sa réalisation : des procédés exclusivement réservés à la marque du prédicat rapprochent les informations potentielles du lexique d'un événement ou d'une situation, en assurant l'*actualisation*.

Prédicat verbal

[bagš surgul^{i}d **orlo**] Багш сургуульд орлоо *Le professeur **est entré** dans l'école.*
[malč^{i}n xot^{ə}d **gar^{ə}n**] Малчин хотод гарна *L'éleveur **partira** à la ville.*
[en^{ə} ong^{ə}c odo **nis^{ə}w**] Энэ онгоц одоо нисэв *Cet avion **s'est envolé** maintenant.*

Les participes, malgré leur origine, se comportent comme des prédicats nominaux. Les prédicats verbaux sont donc marqués des seules actualisations verbales exclusivement prédicatives : *indicatifs* et *impératifs*. L'avantage de ces procédés spécialisés est précisément d'éviter toute ambiguïté. Dans la phrase [ojuta^{ə}n ir^{ə}w], nous savons grâce à la marque d'indicatif [-w] que l'événement [ir^{ə}-] *arrive-* est accompli. Mais nous savons surtout que [ir^{ə}w] est, et ne peut être que prédicat d'une phrase. Il en irait de même pour l'impératif [irer^{əi}] .

Cette distinction entre prédicats exclusifs et non-exclusifs est d'une importance considérable. C'est la base de l'opposition entre le verbe (qui peut seul posséder des marques exclusivement prédicatives) et le nom (dépourvu de cette possibilité). Le verbe, certes, ne se limite pas à la fonction de prédicat, et le nom est susceptible de remplir cette fonction. Mais les ressources et les contraintes propres à chacune des deux grandes classes y restent étroitement associées.

Prédicat nominal

[en^{ə} emč **mes zas^{ə}lč**] энэ эмч мэс засалч *ce médecin (est) **chirurgien***
[en^{ə} ong^{ə}c **önd^{ə}r**] энэ онгоц өндөр *cet avion (est) **haut***
[en^{ə} ong^{ə}c **sönögč**] энэ онгоц сөнөөгч *cet avion (est) un **chasseur*** (le prédicat est le participe exécutif lexicalisé du verbe [sönö-] *détruire*)

Copules

Toutes les phrases nominales présentent une ambiguïté commune. Leur prédicat peut être non seulement déterminé mais aussi déterminant d'une unité intervenant après lui. Il peut donc être pris, non pour le prédicat de la phrase, mais pour un déterminant de la phrase suivante. Pour pallier cette difficulté, des "indicateurs", désignés traditionnellement par le terme de *copule*, signalent que le nom ou le participe rencontré est bel et bien prédicat. Il s'agit en quelque sorte d'un leurre : le dernier mot de la phrase risquant de déterminer ce qui vient après lui, on lui offre cette possibilité en lui associant un déterminé qu'une probabilité forte identifie comme fin de la phrase.

Deux unités courantes assurent cette mission : d'une part le démonstratif, [mön] мөн *celui-ci, celui-ci même, bien celui-ci* qui insiste sur l'identité de l'objet désigné. Il est utilisé quand le prédicat est un mot généralement employé comme déterminant nominal (adjectif ou adverbe) :

[en' mor^{i} **xurd^{ə}n mön**] Энэ морь хурдан мөн *ce cheval est rapide*
[či ol^{ə}n **xar^{ə}ndat^{əi} mön**] Чи олон харандаатай мөн *Tu as beaucoup de crayons* (litt. *toi, avec beaucoup de crayons*).

[mön] reste tout à fait disponible comme démonstratif soulignant l'identité : [bi mön bagšas asuw] Би мөн багшаас асуув *J'ai demandé à ce professeur-là.*

L'autre procédé est l'unité nominale [jum] юм *chose*. Ce terme banal subit d'ailleurs un dédoublement orthographique intéressant, l'unité lexicale étant notée (parenté de la notion de *chose* avec le pronom interrogatif *quoi* [ju] юу). L'emploi privilégié de [jum], à la différence de [mön], est d'identifier comme prédicat les substantifs, et surtout les participes :

[en' min^{i} **ger jum**] Энэ миний гэр юм *C'est ma* ***yourte***
[na^{i}z čin' **gars^{ə}n jum**] Найз чинь гарсан юм *Ton ami (est)* ***sorti.***

Ce qui est une sage précaution avec le participe *fini* ou avec le participe *de répétition* est impératif avec les autres participes, en particulier avec les participes *futur* et *infinitif*. Il existe une grande probabilité pour que ces participes, quand ils sont prédicats, le soient d'une phrase interrogative ou négative, la copule levant la confusion :

[ter šin^{ə} nom^{i}g en^{ə} žil **aw^{ə}x jum**] Тэр шинэ номыг энэ жил авах юм *Il* ***achètera*** *de nouveaux livres cette année*

[bagš surgul^{i}asa **gara jum**] Багш сургуулиасаа гараа юм *Le professeur* ***(est) sorti*** *de son école* (cette construction, sans être incorrecte, est rare, le participe infinitif jouant d'autres rôles, généralement plus probables).

On peut assimiler aux copules l'unité [biː] бий, буй fréquemment mais non-exclusivement prédicative, qui confirme l'existence de la "chose" nommée, d'où un sens qui est souvent celui de *il y a...* :

[nom^{i}n sand ol^{ə}n **nom biː**] Номын санд олон ном бий ***Il y a*** *beaucoup de* ***livres*** *dans la bibliothèque*

[dorž^{i}d ix sa^{i}x^{ə}n **zur^{ə}g biː**] Доржид их сайхан зураг бий *Dorj* ***a*** *de très beaux* ***tableaux*** (litt. *à Dorj* ***il y a*** *de très beaux* ***tableaux***)

Il semble par contre souhaitable de ne pas étendre la définition de copule aux formes régulières des verbes *être* auxiliaires [ba^{i}-] бай-, [bol-] бол- et [a-] а- (ce dernier étant archaïque et défectif), qui fournissent un prédicat verbal et doivent être traités comme tels.

L'expansion et la détermination

Les précisions jugées utiles sont mises en place grâce à un ensemble de procédés, que nous traiterons ici comme les états et usages multiples d'un même mécanisme, défini par le terme général de **détermination**. Ce terme décrit, quels que soient les procédés mis en oeuvre, toute situation dans laquelle une unité ou un ensemble d'unités en spécifient une autre (par exemple : *cheval* ***noir*** , et non *blanc* ; *la voiture* ***du livreur***, et non *du médecin* ; ***Jean*** *arrive*, et non *Paul* ; etc.).

C'est donc la même catégorie générale qui sera mise en oeuvre pour décrire et interpréter la place, le rôle et la forme prise aussi bien par un simple qualificatif de nombre ou de couleur que par les expansions complexes d'un verbe prédicat. Cette approche, tout en assurant bien entendu la présentation propre de chaque procédé, permet de mieux en comprendre les parentés, malgré des niveaux apparemment très éloignés de l'organisation syntaxique. Elle permet aussi d'accepter des particularités déroutantes, par exemple le caractère facultatif du sujet mongol . Enfin, elle rend plus clair les choix à effectuer. Ainsi, entre deux langues possédant constructions adjectivales, prépositionnelles, etc. (*paternel / du père / que le père a...*), rien ne garantit l'équivalence sémantique des procédés ni que les usages soient identiques dans les deux langues. On maîtrise de fréquentes erreurs ou imperfections dès lors qu'on a compris que, sous des formes différentes, les divers procédés remplissent une même mission.

L'essentiel est donc dans cette double constatation : la détermination est un mécanisme unique, commun à des faits de réalité et de niveau très variables ; mais par ailleurs, chacun des procédés de détermination, s'il remplit une fonction similaire, l'exerce selon sa réalité propre et répond à un besoin particulier de la communication.

Les divers types de procédés :

Le mongol identifie les *déterminants* et les *déterminés* à l'aide d'une hiérarchie propre de procédés plus ou moins familiers dans beaucoup d'autres langues : l'ordre des unités et des membres de la phrase ; des inventaires d'unités relationnelles spécialisées, propres à la détermination de telle ou telle catégorie grammaticale en fonction de l'appartenance verbale ou nominale du déterminant et du déterminé.

Ordre : Le principe est, en mongol, simple et s'applique à tous les types de détermination, soulignant leur parenté : le déterminant précède systématiquement et obligatoirement le déterminé. Il s'agit là d'un impératif absolu, dont les conséquences sont multiples. Il suffit d'inverser l'ordre de deux termes pour renverser dans le même temps leur hiérarchie syntaxique.

Dans [xar mor^{i}] ᠬᠠᠷ᠎ᠠ ᠮᠣᠷᠢ хар морь [xar] *noir* est un déterminant de [mor^{i}] *cheval*. Le sens de l'expression est donc *(le, un) cheval noir*, éventuellement *(c'est) un cheval noir*. Par contre, dans [mor^{i} xar] ᠮᠣᠷᠢ ᠬᠠᠷ᠎ᠠ морь хар, c'est [mor^{i}] qui détermine [xar], l'expression ayant le sens de *(le) cheval* *<u>est</u>* *noir*. La différence est donc très nette avec le français, où l'inversion *cheval noir / noir cheval* n'a pas de signification syntaxique et est largement un choix de style.

Bien entendu, ceci ne signifie pas que chaque unité soit toujours le déterminant de celle qui la suit comme dans des enchaînements du genre *la marche de l'escalier de la cave de la maison de Paul*. Le plus souvent, la phrase se faisant plus complexe, chaque déterminant n'a toujours, sauf artifice, qu'un seul déterminé, mais un même déterminé reçoit lui-même plusieurs déterminants, parallèles les uns aux autres (et donc non déterminés entre eux) bien que concrètement successifs : [sa^{i}x^{ə}n xurd^{ə}n xar mor^{i}] ᠰᠠᠶᠢᠬᠠᠨ ᠬᠤᠷᠳᠤᠨ ᠬᠠᠷ᠎ᠠ ᠮᠣᠷᠢ сайхан хурдан хар морь *un beau cheval noir rapide* voit trois déterminants préciser, chacun pour son propre compte un même déterminé. Nous examinerons le moment venu l'effet des choix qui restent ici ouverts.

Nous aurons recours à une illustration en "arbre". Cet outil ne sacrifie pas à un formalisme gratuit. La phrase représentée n'est pas "réécrite" dans un code abstrait, mais seulement "écorchée" pour faire apparaître simultanément la place et le rôle de chaque unité et de chaque relation :

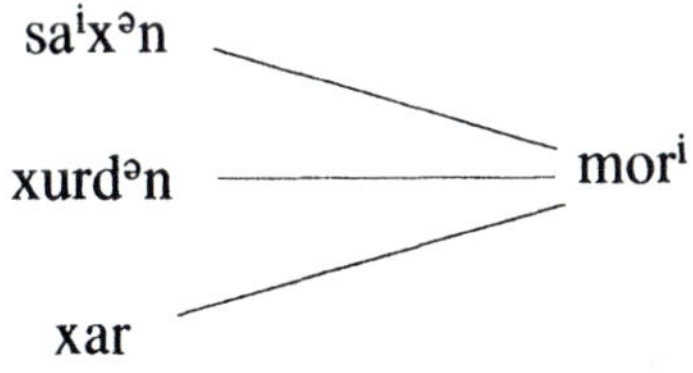

Cette succession d'unités peut naturellement entraîner certaines ambiguïtés, qu'il n'est pas toujours possible d'éviter, d'autant qu'il n'existe en mongol aucun mécanisme d'accord entre déterminant et déterminé, mais l'ordre des déterminants entre eux est alors le plus souvent une parade efficace, comme nous le verrons par la suite.

La valeur de l'ordre s'affirme également quand on applique la notion de détermination aux relations qui s'établissent entre les membres de la phrase. C'est un élément central de l'organisation de la phrase tout entière, qui nous ramène à la notion de prédicat. Unité à laquelle toutes les autres dans la phrase sont rattachées, le prédicat n'est rien d'autre que l'unité déterminée par tout le reste de la phrase. Si nous rassemblons enfin cette définition du prédicat comme *déterminé et seulement déterminé* dans la phrase et la valeur de l'ordre, le déterminé placé après le déterminant, la position finale du prédicat est nécessaire et évidente.

Le prédicat identifié, on pourra repérer tous ses déterminants directs, puis les déterminants de ces déterminants formant eux-mêmes des réseaux indépendants les uns des autres, membres de la phrase constituant des *expansions*. Une phrase mongole simple telle que [zalu ojut^{ə}n son^{i}n nom unš^{i}n^{ə}] ᠵᠠᠯᠠᠭᠤ ᠣᠶᠤᠲᠠᠨ ᠰᠣᠨᠢᠨ ᠨᠣᠮ ᠤᠩᠰᠢᠨ᠎ᠠ᠃ залуу оюутан сонин ном уншина *Le jeune étudiant lit un livre intéressant* met-elle en jeu plusieurs relations de détermination, et ce à plusieurs niveaux :

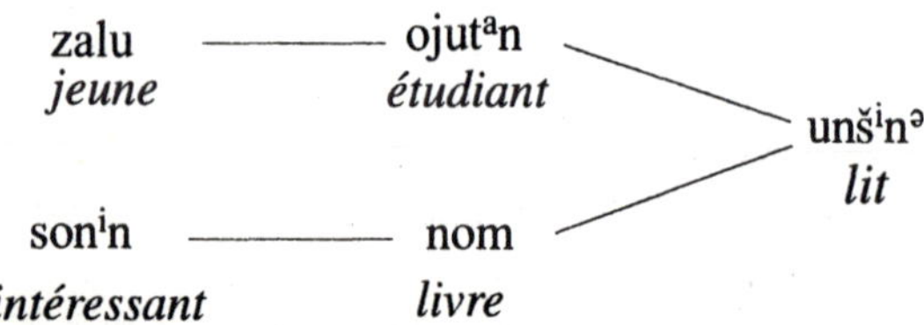

Le prédicat [unšin^{ə}] y est déterminé simultanément (bien que successivement) par [ojut^{a}n] et par [nom], mais en fait par les ensembles que forment d'une part [ojut^{a}n] déterminé par [zalu], et d'autre part [nom] déterminé par [son^{i}n]. La détermination ne met donc pas en jeu le seul couple formé par le déterminé et un de ses déterminants, mais le déterminé et l'ensemble de ses déterminants, eux-mêmes déjà affectés par les effets de leurs propres déterminants.

Unités spécialisées de détermination

L'ordre jouant ainsi un rôle essentiel, mais lui-même ambigu, la détermination est en outre indiquée par des procédés spécialisés. Contrairement à ce qui se passe dans d'autres langues (*le chapeau du comte* et *du comte le chapeau* sont ainsi équivalent, même si l'un "semble" plus probable que l'autre), la présence de ces unités ne remet pas en cause le caractère obligatoire de l'ordre. Il s'agit, en mongol, de fournir une indication ou une clarification sur le statut, le rôle de l'unité marquée. La marque elle-même n'est ainsi jamais le seul élément permettant d'identifier la fonction. Ce point s'éclairera lorsque nous montrerons l'"omission" de marques grammaticales.

Ces unités spécialisées, ces marques de détermination sont fondamentalement en mongol des suffixes, jamais des préfixes.

Les suffixes qui marquent les relations de détermination forment un ensemble relativement simple. Ces suffixes sont systématiquement portés par le déterminant. La fonction (détermination) étant commune, l'inventaire se décompose selon deux critères : d'une part, en fonction de l'appartenance du déterminant et du déterminé à une classe (verbale ou nominale) ; d'autre part en fonction des informations et du contenu sémantique propres à chacune d'entre elle.

Les unités de détermination nominale sont de deux types. Certaines sont des actualisations dont l'effet principal est de réduire un nom à un comportement déterminant, adjectival ou adverbial. Les autres, les *cas* classiques, assurent les mises en relations syntaxiques du nom avec le reste de l'énoncé.

Les premières posent avec plus ou moins de force le rôle adjectival ou adverbial d'un nom dans la phrase. Ainsi les noms en [-t] -т final ont-ils toutes les chances d'être des dérivations adjectivales sur des noms le plus souvent faciles à identifier : [us] ус *eau* > [ust] уст *aqueux* ; [čulu] чулуу *pierre* > [čulut] чулуут *de pierre, pierreux*. Il en va de même du plus grand nombre de noms en [-n] -н final, que celui-ci soit purement et simplement lexicalisé ou apparaisse en situation de déterminant : [sa^{i}n] сайн *bon, bien* ; [mod] мод *bois* > [mod^{ə}n] модон *de bois*.

Des unités du même type permettent de prévoir, avec un degré assez élevé de probabilité, que le déterminé sera un verbe, c'est à dire confèrent à l'unité un comportement adverbial. C'est le cas d'un suffixe en [-x^{ə}n] -хан[4] extrêmement fréquent, dont l'effet est comparable à la dérivation française en *-ment*.

Une fois de plus, nous sommes à la frontière du lexique et de la syntaxe. Bien que le fait soit marginal, des homonymies peuvent brouiller le jeu. Surtout, sous diverses formes, les termes formés sur ce modèle peuvent acquérir une indépendance lexicale qui les libère dans une large mesure de leur usage syntaxique d'origine. [zur^{ə}k] зураг *image, dessin* présente un dérivé [zur^{ə}kt] зурагт *à image, illustré*. Celui-ci, passé par un usage normal de déterminant dans l'expression aujourd'hui tombée en désuétude [zur^{ə}kt radio] зурагт радио *radio à images*, a aujourd'hui acquis une pleine autonomie pour désigner la *télévision*.

Il ne s'agit donc que de signaux permettant de présupposer le comportement d'un mot, et non d'un marquage étroitement spécialisé des relations de détermination. Ce rôle revient à un deuxième type d'unités. Il convient bien sûr d'apprendre à les distinguer et à les reconnaître, sans perdre de vue que cette tâche est facile mais réserve parfois quelques surprises, les unes et les autres étant des suffixes qui peuvent parfois être confondus ; mais aussi sans oublier que les frontières entre procédés, entre catégories, sont souvent moins étanches que ne le souhaiteraient les grammairiens.

Unités de détermination nominale (cas)

Il s'agit d'une catégorie restreinte, à peu près stabilisée, comptant six ou sept unités suivant que certains procédés lui sont ou non associés. Communément classées selon leur "sens", les cas seront ici présentés selon leur comportement syntaxique, ce qui limitera les habituelles "déclinaisons". Les changements de forme obéissent aux contraintes phonétiques (ou supposé telles) du nom marqué, et non pour noter des "accords" de genre ou de nombre.

Nous écarterons de la liste des *cas* la forme nominale qui en est précisément dépourvue, classiquement dénommée "nominatif", déjà observée en situation prédicative. Les usages de cette forme nue en tant que déterminant sont multiples, apparaissant partout où l'emploi d'une forme non marquée est ou semble sans ambiguïté : déterminant adjectival comme dans l'expression [töm^{ə}r zam] төмөр зам *chemin de fer*, cette forme peut aussi déterminer directement un prédicat verbal. Son emploi en tant que sujet est évident, [**bakš** üz^{ə}w] багш үзэв *(le)* ***professeur*** *a vu*, mais il n'est pas le seul, au point que le sujet doit assez fréquemment être identifié par des procédés distinctifs. Il est en effet courant et normal qu'un nom détermine un prédicat verbal par le seul jeu de l'ordre : [bakš öglö töm^{ə}r zam xar^{ə}w] багш өглөө төмөр зам харав *(le) professeur a regardé (ce) matin (le) chemin de fer* est donc une phrase parfaitement normale, mais dont tous les noms [bakš, öglö, töm^{ə}r, zam] sont utilisés sans marque de mise en relation :

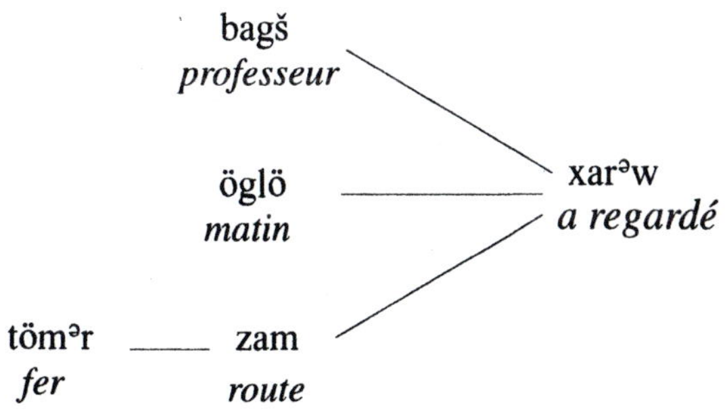

> L'emploi des appellations classiques des *cas*, relationnels nominaux est ici très conventionnelle et vise à ne pas dépayser le lecteur. Nous ne supposons pas une identité pure et simple entre le cas mongol et son homonyme latin, allemand ou russe. Outre certaines réserves (l'*ablatif* mongol, dépourvu de valeur *privative* mérite bien mal ce nom), le défaut majeur de la nomenclature classique est de procéder du seul contenu sémantique des cas. Or c'est au premier plan le comportement strictement syntaxique de chacun des procédés qui en éclaire le mieux les divers maniements et que nous chercherons donc à privilégier.

Détermination d'un nom par un nom : génitif

Ce qui fonde le génitif n'est pas un contenu sémantique spécifique, mais la nature du déterminé, lui-même un nom. Il est donc de ce point de vue une alternative à une simple détermination nominale indiquée par l'ordre. Une difficulté pratique de son emploi réside justement dans le choix de cette alternative : génitif ou détermination adjectivale. Notre *populaire* peut être rendu par un déterminant direct [ar^{ə}d] ард ou par un génitif [ard^{i}n] ардын (sans compter qu'un *artiste populaire* est dit [ald^{ə}rt^{əi}] алдартай "*glorieux*"). Quoiqu'il en soit, il faut se défaire de l'image du "génitif, cas de l'appartenance", qui répond bien à certains usages, mais à trop peu pour être considérée comme satisfaisante. En fait, son contenu sémantique est plus étendu, puisqu'il inclut tout ce qui peut faire qu'un nom en détermine un autre.

Les formes du génitif en font un des suffixes mongols les plus complexes (nous insisterons ici sur les réalités phoniques, les particularités orthographiques étant rassemblées dans un tableau récapitulatif). Ces formes sont sans doute composites, mais ce débat serait bien ardu. Deux éléments y sont associés : une palatalisation, le plus souvent entendue comme un [i], et une consonne [n], qui en est la marque principale et souligne pour l'essentiel le caractère à la fois nominal et relationnel du procédé. Un fait se manifeste, très rare pour d'autres suffixes. La présence d'un des deux traits en fin du radical le rend superflu dans le suffixe : un radical à finale palatalisée produit un génitif en [n], cependant qu'un nom à [n] final présente un génitif en [i].

[nom *livre* > nom^{i}n] > ном > номын
[ger *yourte* > ger^{i}n] > гэр > гэрийн
[da^{i}n *guerre* > da^{i}n^{i}] > дайн > дайны
[nox^{əi} *chien* > nox^{əi}n] > нохой > нохойн
[delx^{i} *monde* > delx^{i}n] > дэлхий > дэлхийн

Nous avons déjà indiqué la confirmation de procédé nominal associée à la présence du [n]. Ceci se confirme dans l'existence d'un phénomène connu de la tradition mongole sous le nom de "n secret", l'apparition dans certaines situations, en particulier devant certains suffixes, d'un [n] final sur le radical de noms ne le comportant pas en permanence (la liste est d'ailleurs assez instable, même si les noms d'emprunt ou supposés tels sont très "privilégiés"). Ce fait constitue un "signal" indiquant ou rappelant que le terme en question est bien un nom. Le génitif en est affecté, les noms à "n secret" se comportant dès lors comme des mots à [n] final permanent : [mor^{i}] морь *cheval* > [mor^{i}n^{i}] морины ; [xon^{i}] хонь *mouton* > [xon^{i}n^{i}] хонины ; [ter^{ə}k] тэрэг *voiture* > [ter^{ə}gn^{i}] тэрэгний

Bien des noms présentant ce trait à l'oral ne le retrouvent pas dans la tradition écrite : [šire *table* > širen^{i}], orthographié, conformément à l'oral ширээ > ширээний est normalement noté en écriture uigur > et non . En écriture uigur, les suffixes de cas, et donc celui du *génitif*, sont écrits détachés du nom, mais cet espace est en principe insécable en fin de ligne.

Formes orthographiques

Ecriture uigur			Ecriture cyrillique				
			vocalisme postérieur sur			vocalisme antérieur sur	
sur [-n]	sur autre consonne nue	autres radicaux	consonnes non-palatalisées	-н	г, consonnes palatalisées	-н	autres radicaux
			-ын	-ы	-ийн	-ий	-ийн

Détermination d'un verbe par un nom

C'est entre ces cas qu'intervient la distinction entre un cas proprement fonctionnel, l'accusatif, et l'inventaire des cas présentant un contenu sémantique spécialisé.

Accusatif

L'accusatif, strictement relationnel, joue entre un nom et un verbe un rôle comparable à celui du génitif entre deux noms. Lui aussi est donc doté d'un champ de signification très vaste, assurant toute relation entre un nom déterminant et un verbe déterminé. Il intervient en fait dès qu'une détermination nom > verbe doit être marquée sans pour autant faire appel à l'un des procédés à contenu sémantique spécifique.

Les formes prises par ce procédé portent la trace d'une parenté originelle probable avec le génitif. Il comporte en effet lui aussi la présence d'une palatalisation, souvent identifiée à un [i]. Il est à noter que c'est même ce seul trait qui est retenu comme notation de l'accusatif par l'orthographe uigur, mais aussi par les transcriptions anciennes de la langue mongole. Cette palatalisation est complétée, ou remplacée, par une consonne [g] (assourdie à l'oral en [k]) :

[nom] ном *livre* > [nom^{i}k] номыг
[ger] гэр *yourte* > [ger^{i}k] гэрийг
[šire] ширээ *table* > [širek] ширээг
[san] сан *trésor* > [saŋk] санг

Le "n secret" rencontré au génitif n'est jamais présent à l'accusatif.

Ecriture uigur		Ecriture cyrillique				
		voc. postérieur		voc. antérieur	tous vocalismes	
sur consonne nue	autres radicaux	consonnes non-palatalisées	г, consonnes palatalisées	radicaux en consonne	radicaux en voyelle	radicaux en [-ng]
		-ЫГ	-ИЙГ		-Г	

Cas à contenu sémantique spécifique

Après ces deux cas, génitif et accusatif, dont la fonction et le sens sont en quelque sorte superposés, nous trouvons un inventaire, en définitive très restreint de procédés assurant la détermination d'un verbe par un nom, donc comparables à l'accusatif, mais qui s'en distinguent par un contenu sémantique propre à chacun d'eux. Ces valeurs, au nombre de quatre, représentant des orientations essentielles, susceptibles d'un grand nombre de significations particulières, voire "idiomatiques" : 1) localisation dans l'espace ou dans le temps (emplacement, direction centripète, attribution) ; 2) origine (provenance, mouvement centrifuge, référence ou repère *à partir duquel ~*) ; 3) coexistence ou cohabitation entre le déterminant et le déterminé ; 4) enfin, phénomène qui appellera quelques explications, mais beaucoup moins exotique qu'il peut y sembler, une détermination privilégiée, voire exclusive, isolant la *circonstance* majeure de l'événement, souvent ce qui en est l'*outil*, l'*instrument*.

Passons en revue les mécanismes qui véhiculent, en même temps qu'une même fonction de détermination, ces divers contenus.

Datif-locatif

Cette unité, principalement notée par un suffixe [-d] est donc porteuse d'une indication *centripète* qui fait du déterminant le *lieu*, le *centre* ou la *cible* de l'événement déterminé. Comme nous l'avons suggéré, les situations réelles qui peuvent être ainsi décrites son nombreuses et variées :

[bakš xot^{ə}d̲ suːdak] ᠪᠠᠭᠰᠢ ᠬᠣᠲᠠ ᠳᠤ ᠰᠠᠭᠤᠳᠠᠭ багш хотод суудаг *Le professeur habite en ville*
[ojut^{ə}n šuːd^{ə}nd̲ oč^{i}w] ᠣᠶᠤᠲᠠᠨ ᠰᠢᠭᠤᠳᠠᠨ ᠳᠤ ᠣᠴᠢᠪᠠ оюутан шууданд очив *L'étudiant est allé à la poste*
[ojut^{ə}n dolon cakt bos^{ə}n^{ə}] ᠣᠶᠤᠲᠠᠨ ᠳᠣᠯᠣᠭᠠᠨ ᠴᠠᠭ ᠲᠤ ᠪᠣᠰᠤᠨᠠ оюутан долоон цагт босно *L'étudiant se lèvera à sept heures*
[bakš ojut^{ə}nd̲ nom ög^{ə}w] ᠪᠠᠭᠰᠢ ᠣᠶᠤᠲᠠᠨ ᠳᠤ ᠨᠣᠮ ᠥᠭᠭᠦᠪᠡ багш оюутанд ном өгөв *Le professeur a donné un livre à l'étudiant*

Les situations décrites sont diverses, encore nous en tenons-nous à des exemples simplistes. En outre, la localisation peut être indiquée par une détermination directe, sans intervention du cas datif-locatif, dès lors que la "localisation" est perçue comme explicite. Ainsi [öglö] *le matin,* [oro^{i}] *le soir,* [önöd^{ə}r] *aujourd'hui* (litt. *ce jour*), mais aussi [xot] *à la ville*, [gaz^{ə}r] *dans le lieu* (puis *au bureau*) ne réclament pas le datif-locatif (celui-ci, toujours licite, en acquiert une vigueur supplémentaire) et deviennent autonomes.

Derrière un groupe de consonnes, la prononciation comporte une brève et légère émission sonore, souvent prise pour une voyelle sans en être vraiment une, simple liaison isolant le [d] du suffixe des consonnes qui le précède : [ard] *éleveur* > [ard^{ə}d] *à l'éleveur,* [emč] *médecin* > [emč^{i}d] *au médecin.*

La réalisation orale suffixe s'assourdit normalement en [t]. La réalisation [d] n'apparait que si une voyelle vient "sonoriser" l'ensemble : [delx^{i}] *monde* > [delx^{i}t] *au monde, dans le monde* mais [delx^{i}] > [delx^{i}de] *dans son monde.* Par contre, si le nom mis au datif-locatif se termine par une des consonnes non-vocalisées [g], [r] ou [s], le suffixe est perçu comme [t] en toutes circonstances : [gar] *main* > [gart] *dans la main* et [garta] *dans sa main.*

Comme le génitif, le datif-locatif voit apparaître le [-n] "secret" :
[mor^{i}] морь *cheval* > [mor^{i}nd] моринд *au cheval*
[xel] хэл *langue* > [xel^{ə}nd] хэлэнд *dans la langue*

Formes orthographiques

Ecriture uigur			Ecriture cyrillique	
forme classique	forme moderne	radicaux en [g][r][s]	consonnes non-palatalisées	radicaux en г, р, с
			-д	-т

La notation modernisée, outre l'abandon du "r" final de la forme classique, établit une différence entre lectures [d] et [t]. Cette dernière est en effet notée à l'aide d'une graphie initiale (le suffixe étant ainsi orthographié et non plus). Cet usage de la forme initiale après l'espace séparant le radical du suffixe peut sembler une hérésie puisqu'elle peut suggérer de façon trompeuse le début d'un mot nouveau. C'est en fait une continuité dans la tradition. La plupart des orthographes "modernisées" sont une récupération de formes minoritaires, attestées parfois très anciennement. Des datifs-locatifs à lecture [d^{ə}] sont-ils présents dès l'**Histoire secrète des Mongols**, premier monument littéraire mongol, datant du milieu du XIIIème siècle et qui nous est parvenu sous une forme remontant aux dernières années du XIVème. Ces formes sont d'ailleurs encore repérables dans des formes figées tels les démonstratifs [end] *ici* < [en^{ə}] *ceci ;* [tend] *là* < [ter] *cela.*

Ecriture cyrillique : La notation courante est la seule lettre -д. Après certaines consonnes, et après un groupe de consonnes en fin de radical, la liaison est assurée en mettant en place une lettre "voyelle" choisie en fonction du vocalisme du radical (а, э, о, ө suivant les cas, phénomène couramment mais fautivement considéré comme une "voyelle brève") :

[nom] ном *livre* > [nomd] номд *dans un livre*
[ard] ард *éleveur* > [ard^{ə}d] ардад *à l'éleveur*
[da^{i}n] дайн *guerre* > [da^{i}nd] дайнд *à la guerre*

Derrière consonne palatalisée, la liaison est assurée par ь : [surgul^{i}] сургууль *école* > [surgul^{i}d] сургуульд *à l'école*. Derrière ж, ч, ш ou derrière un groupe de consonnes dont la dernière est palatalisée, la liaison est assurée par une lettre и : [emč^{i}] эмч *médecin* > [emč^{i}d] эмчид *au médecin*. Que le lecteur ne s'effraie pas de ces apparentes complications : elles sont bien innocentes au regard des multiples pièges qu'il déjoue à chaque instant en maniant l'orthographe du français.

Après un radical en г, р ou с, le datif locatif est noté par un т :
[ger *yourte* > gert *dans la yourte*] гэр > гэрт
[gar *main* > gart *dans la main*] гар > гарт

Plusieurs procédés complètent le datif-locatif courant que nous venons d'observer :

Locatif archaïque

Il existe un cas, archaïque et exclusivement *locatif* (donc sans valeur d'*attribution*). Ce procédé, aujourd'hui étroitement réservé à des emplois solennels, voit apparaître le "n secret" et est constitué d'une voyelle non-arrondie (/A/, [a], [e], [o], [ö] selon le vocalisme du radical). L'orthographe uigur est unique (ᠠ), cependant que l'orthographe cyrillique reproduit le timbre (аа, ээ, оо, өө) : [orᵊn *pays*> orno *dans le pays*] ᠣᠷᠣᠨ > ᠣᠷᠣᠨ᠎ᠠ орон > орноо (on notera au passage, pour l'écriture uigur, que la notation d'une voyelle détachée fait reparaître le point diacritique du "n") ; [xot *ville* > xoto/xotn̥o *dans la ville*] ᠬᠣᠲᠠ > ᠬᠣᠲᠠᠨ᠎ᠠ хот > хотоо хотноо comme dans l'expression consacrée [ulanbaːtᵊr xotno] ᠤᠯᠠᠭᠠᠨᠪᠠᠭᠠᠲᠤᠷ ᠬᠣᠲᠠᠨ᠎ᠠ Улаанбаатар хотноо *dans la ville d'Ulaanbaatar, à Ulaanbaatar* qui figure sur les documents officiels et les traités.

Directionnel

Un complément indispensable au datif-locatif est constitué par un procédé *directionnel*. Sa raison d'être tient à la surcharge, et aux ambiguïtés, qui peuvent compliquer l'usage du datif-locatif. Très courant à l'oral, il est seulement en train d'acquérir le statut de cas. Il s'agit en fait d'un procédé situé à la frontière des cas et des unités nominales connues sous l'appellation de "postpositions" que nous examinerons bientôt. Il est spécialisé dans l'indication d'un mouvement *en direction de...*, ce qui le distingue de la valeur locative *placé à, placé dans...* propre au seul datif-locatif (alors que celui-ci peut avoir aussi une valeur *directionnelle*).

De forme [-ru] ᠷᠤ -руу -рүү, il s'agit de la contraction suffixale de [uru] ᠤᠷᠤᠭᠤ уруу ayant le sens de *vers l'aval, vers le bas* > *vers* (symétrique de [öːd] *vers l'amont, vers le haut*) : [xot *ville* > xotru *vers la ville*] ᠬᠣᠲᠠ > ᠬᠣᠲᠠᠷᠤ ou ᠬᠣᠲᠠ ᠤᠷᠤᠭᠤ хот > хотруу ou хот руу. Son statut encore flou a des effets orthographiques : s'il est considéré comme un cas, il est attaché à son radical, alors que traité comme une construction nominale autonome il n'est pas un suffixe ordinaire. Enfin, si le radical se termine par un [r], le suffixe est souvent réalisé et parfois orthographié en cyrillique [-lu] -луу : [gar *main* > garlu] гар руу ou гарлуу ; [ger *yourte* > gerlü] гэр рүү ou гэрлүү.

Origine : ablatif

Le procédé ne possède pas de valeur *privative*. Il indique une *provenance*, une *origine*, un *point de départ* ou de *référence* :

[ojut^{ə}n mong^{ə}**los** ir^{ə}w] Оюутан Монголоос ирэв, *L'étudiant est arrivé* ***de*** *Mongolie* ;
[ter öglön**ös** xüles^{ə}n] Тэр өглөөн<u>өөс</u> хүлээсэн, *Il a attendu* ***depuis*** *le matin* ;
[bi medeg son^{i}nos unš^{i}w] Би мэдээг сониноос уншив, *J'ai lu la nouvelle* ***dans*** *un journal* ;

Enfin, sa valeur de *référence* permet à ce procédé d'établir une relation *comparative* : [ojut^{ə}n bagš**as** zalu] Оюутан багшаас залуу *L'étudiant est* ***plus*** *jeune* ***que*** *le professeur* (litt. *est jeune* ***à partir du*** *professeur*). Le déterminé, n'est pas un verbe, sa fonction prenant le pas sur l'appartenance à une classe formelle.

Le suffixe comporte une voyelle non arrondie /A/ et une consonne [s]. Derrière une consonne palatalisée autre que les palatales palatalisées [ž, č, š], et uniquement en vocalisme postérieur, la palatalisation affecte la voyelle du suffixe réalisée [-^{i}as] ou [-^{i}os] : [surgul^{i}] *école* > [surgul^{i}as] *de (depuis) l'école*. Pour [ž, č, š], la palatalisation, intégrée à la consonne, est sans effet : [bagš] *professeur* > [bagšas] *(du, au) professeur*. Sur voyelle, le suffixe est isolé par un hiatus, perçu [g] et noté comme tel en cyrillique seulement : [xar^{ə}nda] харандаа *crayon* > [xar^{ə}nda^{g}as] харандаагаас *(du) crayon*.

Ecriture uigur	Ecriture cyrillique			
tous contextes	cons. non-palatalisées et -ж, -ч, ш	consonnes palatalisées	voyelles et consonnes vocalisées palatalisées	radicaux à "n secret"
[illegible]	-аас -ээс -оос -өөс	-иас -иос	hiatus -г- + - аас^{4}	-н- + - аас^{4}

Accompagnement :comitatif

Il est fréquent que l'événement relaté comporte l'intervention simultanée, conjointe, de plusieurs acteurs, ou qu'un des acteurs soit accompagné ou muni d'éléments ou caractères complémentaires (*Le médecin part* ***avec*** *un ami*, ou *Le plombier arrive* ***avec*** *ses outils*). Le procédé correspondant en mongol moderne figure sur la liste des cas, mais seuls certains de ses emplois peuvent être légitimement considérés comme tels, les autres relevant d'emplois adjectivaux, voire lexicaux.

La forme du suffixe est unique : un [-t^{əi}] vocalisé palatalisé, prononcé de façon pratiquement uniforme quel que soit le contexte, le [t] étant accompagné d'une émission de voix sans timbre propre, mais proche, bien qu'affaibli, du [eï] de *veille, paye*.

En écriture cyrillique, le suffixe est constitué d'une consonne т suivie d'une "diphtongue" ай, ой ou эй. Cette diversité orthographique suggère d'ailleurs une prononciation fautive, car trop timbrée. En écriture uigur, les formes en usage témoignent de l'origine particulière du procédé et permettent d'en clarifier en principe l'ambivalence. Nous sommes en effet en présence d'une unité de type adjectival qui n'a évolué que tardivement vers un statut casuel. Or la tradition orthographique est formelle : seul les cas s'écrivent *détachés* du radical, les dérivations de type lexical, adjectival ou autre s'écrivant *liées* au nom qu'elles affectent. La forme d'origine [-t^{əi}] est donc liée au radical : [mor^{i}] морь *cheval* > [mor^{i}t^{əi}] морьтой *avec (un) cheval.*

Cette réalité première du procédé [-t^{əi}] et elle seule est présente dans ses emplois en déterminant de nom ([mor^{i}t^{əi} xün] морьтой хүн *un homme avec un cheval, un homme à cheval, cavalier*) et surtout comme *prédicat*. Un *cas*, par définition unité *déterminante*, ne peut évidemment pas être prédicat, *uniquement* déterminé dans la phrase : [ojut^{ə}n xar^{ə}ndat^{əi}] оюутан харандаатай *l'étudiant a un crayon*, litt. *l'étudiant (est) avec un crayon.*

Une évolution essentielle s'est opérée, [-t^{əi}] se substituant à un véritable *cas de simultanéité*, [-la, -lu^{g}a] tombé en désuétude du moins en mongol xalx, au prix d'un double glissement en écriture uigur. 1°) Le suffixe a été, pour l'aligner sur le modèle général des *cas*, noté détaché ; 2°) La réalisation [t] de la consonne appelle une graphie initiale :

[nom] ном *livre* > [nomt^{əi}] номтой *avec un livre* (et non plus la forme adjectivale номтой)
[na^{i}z] *ami* > [na^{i}zt^{əi}] найзтай *avec un ami*
[**bu:r^{ə}l üst^{əi}** emč^{i} **na^{i}zt^{əi}** xotos ir^{ə}w] Буурал үстэй эмч найзтай хотоос ирэв *Le médecin* ***aux cheveux blancs*** *est arrivé de la ville* ***avec un ami****.*
[**cünxt^{əi}** bagš^{i} **ojut^{ə}nt^{əi}** tanx^{i}md or^{ə}w] Цүнхтэй багш оюутантай танхимд оров *Le professeur* ***avec un cartable*** *est entré dans la salle* ***avec un étudiant****.*

La distinction entre les deux fonctions, adjectivale et casuelle, est hélas rarement perçue avec clarté, d'où de bien fâcheuses erreurs, toute forme en [-t^{əi}] étant désormais couramment prise pour un *cas* qu'on croit donc susceptible d'être prédicat. Tout en sachant que cette confusion est désormais usuelle, on restera attentif à cette ambivalence.

La nature adjectivale première du procédé transparaît souvent dans l'usage courant. [emč^{i} na^{i}zt^{əi} xotos ir^{ə}w] est correct mais cède souvent la place à [emč^{i} na^{i}zt^{əi} xamt xotos ir^{ə}w] dans laquelle [na^{i}zt^{əi}] *avec un ami* est le déterminant direct de l'unité nominale [xamt] хамт *ensemble*, qui est alors le véritable déterminant du verbe.

Comitatif archaïque

Aujourd'hui désuet, d'usage littéraire ampoulé, ce cas de *simultanéité* auquel s'est substitué l'usage strictement casuel de [-t^{əi}], est étrangement proche dans son contenu et dans sa forme de l'indicatif d'*immédiateté* [-la^{4}]. Son oralisation moderne [-luga/-lüge] et sa forme cyrillique -лугаа -лүгээ ne sont rien d'autre qu'une lecture de l'écriture uigur . Or celle-ci est un exemple de la composition orthographique des suffixes complexes : une voyelle /A/ avec hiatus [g] incorporé, reliée pour cette raison au [l] nu initial par une boucle intercalaire. Ce suffixe ne comprend donc ni la voyelle [u] ni la consonne [g], ici purement orthographiques.

[dorž^{i} axl^{ug}a ir^{ə}w] Дорж ахлугаа ирэв *Dorj est arrivé avec (son) frère aîné.*
[bi bat^{i}n exl^{üg}e oč^{i}n^{ə}] Би Батын эхлүгээ очно *J'irai avec la mère de Bat.*

Exclusivité : instrumental

Sa réalisation est élémentaire : il est composé d'une voyelle non arrondie /A/, réalisée par conséquent [a], [e], [o] ou [ö] suivant le contexte, et d'une consonne nue [r]. Il ne fait pas appel à l'intervention du "n secret". Derrière un radical en voyelle, celle du suffixe est isolée par un hiatus vélaire : [xar^{ə}nda] *crayon* + [ar] > [xar^{ə}nda^{g}ar] *au crayon*. Si le radical se termine en consonne palatalisée, autre que [ž, č, š], la palatalisation affecte nettement la voyelle du suffixe : [mor^{i}] *cheval* + [or] > mor^{i}or *à cheval*.

Ses formes orthographiques sont simples. En écriture uigur, les éléments de base, voyelle /A/ et [r] sont présents sous leur forme élémentaire , précédée d'un jeu d'hiatus que nous rencontrerons dans plusieurs suffixes grammaticaux : *hiatus palatal* derrière un radical en consonne nue, *hiatus labial* derrière tout autre radical. Les deux formes du suffixe, et sont donc liées au contexte consonantique du radical, et non au vocalisme du nom, comme c'est le cas à l'oral et en cyrillique. En écriture cyrillique, le suffixe est noté, conformément à l'harmonie vocalique, -аар, -ээр, -оор, -өөр. Sur consonne palatalisée, le suffixe prend les formes -иар ou -иор :

[nom *livre* > nomor] > ном > номоор
[ger *yourte* > gerer] > гэр > гэрээр
[delx^{i} *monde* > delx^{ig}er] > дэлхий > дэлхийгээр
[bagš^{i} *professeur* > bagšar] > багш > багшаар

Ses emplois sont très variés, sans parentés évidentes :

[žu:lč^{i}d **ong^{ə}cor** ir^{ə}w]
Жуулчид онгоцоор ирэв *Les touristes sont arrivés* ***en avion***

[bagš **xar^{ə}nda^{g}ar** bič^{i}w]
Багш харандаагаар бичив *Le professeur a écrit* ***au crayon***

[tölöl^{ə}gč **xurlar** bucla]
Төлөөлөгч хурлаар буцлаа *Le délégué est revenu* ***pour la réunion***

[anč^{i}n mor^{i}n^{i} **xurdar** o^{i}rtlo]
Анчин мориныхоо хурдаар ойртлоо *Le chasseur s'est approché* ***de toute la vitesse*** *du cheval*

[ter xün **bagšar** až^{i}ll^{ə}d^{ə}g]

Тэр хүн багшаар ажилладаг *Cet homme travaille* ***comme*** *professeur*

[bi nom^{i}g arw^{ə}n tögr^{ə}gör aw^{ə}w]
Би номыг арван **төгрөгөөр** авав *J'ai acheté ce livre* ***(pour)*** *dix* ***Tögrög***

En fait les parentés entre ces messages sont plus directes qu'il y paraît : un déterminant est décrit comme circonstance *décisive*, voire *exclusive* de l'événement (quelle que soit d'ailleurs la nature de cette circonstance, d'où une diversité concrète facilement déroutante). C'est bien ce que note, encore que de façon incomplète, le terme classique d'"instrumental" (*écrire "au crayon"* fait d'abord passer le message *ne pas écrire avec autre chose qu'un crayon*). Nous comprendrons mieux ainsi, le moment venu, comment ce procédé peut fournir l'outil essentiel pour l'expression du *but* (circonstance exclusive pour l'avenir) et de la *cause* (circonstance exclusive pour le passé).

Formes orthographiques

Ecriture uigur		Ecriture cyrillique		
		vocalisme postérieur sur		vocalisme antérieur sur
sur autre consonne nue	autres radicaux	consonnes non-palatalisées	consonnes palatalisées	tous radicaux (avec hiatus -г- sur voyelles
ᠢᠶᠠᠷ	ᠪᠠᠷ	-аар -оор	-иар -иор	-ээр -өөр

Unités autonomes : les "postpositions"

Alors que le contenu concret des relations de détermination est d'une variété infinie, le nombre limité des cas ne permet à chacun d'eux que l'expression de relations certes essentielles, mais aussi souvent rudimentaires.

A ces mécanismes suffixaux, commodes par leur économie, mais incomplets et insuffisants, la langue apporte l'appoint d'unités plus ou moins spécialisées formant un inventaire à peu près stabilisé malgré des évolutions encore sensibles. Le profil de cet inventaire est double. Il s'agit d'une part, au plan sémantique, d'une extension et d'un affinement des relations susceptibles d'être exprimées par les cas. Ainsi à la seule valeur *locative* du datif-locatif viennent se substituer des contenus plus précis, tels que *sur, sous, en deçà, au delà, devant, derrière*, *entre,* etc.

D'autre part, le terme classique de "postposition" calqué sur les "prépositions" des langues européennes suggère l'existence d'une catégorie spécifique. Le parallèle n'est pas fortuit, mais il s'agit plutôt d'une manipulation et d'une spécialisation des mécanismes les plus ordinaires de la détermination. Dans l'immense majorité des cas, il s'agit d'unités nominales au comportement régulier, déterminantes directes d'un prédicat verbal, et elles-mêmes déterminées par un nom : plus de 90% de ces procédés appellent un *génitif.* Mais la norme mongole a incorporé à cet inventaire massivement nominal quelques procédés de détermination verbale (*gérondifs*). En outre, l'extension du système, constitué d'un nombre important de procédés élémentaires (plus de soixante termes) est encore accrue par le recours à des manipulations employant soit les cas nominaux : [deːr] signifiant *sur*, il est possible d'utiliser la forme casuelle [deːres] *(de) sur*, mais aussi le dérivé [deːš] *en haut, sur* (avec mouvement).

L'exploration des contenus révèle, comme pour nos prépositions, un catalogue de relations fréquemment nécessaires à la communication (cette dimension statistique éclaire la formation, mais aussi les évolutions de cet inventaire). L'hétérogénéité et la polysémie sont évidentes. Les classifications seront prudentes, rarement univoques, le champ couvert étant l'ensemble de ce que peut véhiculer une détermination et généralement très large.

Un premier domaine est constitué par les relations spatio-temporelles offrant un ensemble très développé de localisations :

[deːr] дээр *sur, dessus, pendant, quand* ;
[ter nom širen deːr taw^{i}s^{ə}n] тэр ном ширээн дээр тавьсан *il a posé le livre sur la table* ;
[bi širen deːres taw^{ə}g aw^{ə}n^{ə}] би ширээн дээрээс таваг авна *je prends une assiette sur la table* ;

[doːr, dor] доор, дор *sous, dessous* mais aussi *au moment où, aussitôt* ;

[dot^{ə}r] дотор *à l'intérieur de, durant* ;

[gad^{ə}n] гадна *hors, en dehors* (déterminé par un génitif). Mais, déterminé par un ablatif, il prend la valeur de *outre, excepté :*
[ger^{i}n gad^{ə}n ol^{ə}n xün ba^{i}n^{ə}] гэрийн гадна олон хүн байна *Il y a beaucoup de gens hors de la yourte* mais [geres gad^{ə}n ol^{ə}n ma^{i}x^{ə}n biː] гэрийн гадна олон майхан бий *Outre la yourte, il y a beaucoup de tentes* ;

[xažud] хажууд *à côté* (datif-locatif lexicalisé du nom [xažu] хажуу *côté*) ; [derg^{ə}d] дэргэд *à côté* ; etc.

[dund] (mais également aujourd'hui) дунд *entre, parmi, au milieu de* ; [xoːr^{ə}nd] хооронд *entre* ; [zavs^{ə}r] завсар *entre* ([zavs^{ə}r] signifiant *interstice, fente*)

Cet inventaire couvre un domaine essentiel pour des nomades, l'orientation. La logique est ici la relation entre coordonées fournies par les points cardinaux, [xo^{i}n^{ə}] et [öm^{ə}n^{ə}] et repères liés à la position de l'objet ou de l'observateur, comme [caːn^{ə}] et [naːn^{ə}] :

[xo^{i}n^{ə}] хойно *Nord,* ici *derrière, après* ;
[öm^{ə}n] өмнө *Sud,* ici *devant, avant* ;
[caːn^{ə}] цаана *derrière, au delà* ;
[naːn^{ə}] наана *devant, en deça* ;

Dans [maš^{i}n ba^{i}š^{i}ng^{i}n xo^{i}n^{ə} zogs^{ə}w] машин байшингийн хойно зогсов *La voiture s'est arrêtée derrière le* (*à l'arrière du*) *bâtiment* on exprime que la position prise par la voiture est relative au bâtiment lui-même (qui possède ici un *devant* et un *arrière*, et non obligatoirement une orientation *nord-sud*).

Par contre [maš^{i}n ba^{i}š^{i}ng^{i}n caːn^{ə} zogs^{ə}w] машин байшингийн цаана зогсов *La voiture s'est arrêtée derrière le bâtiment*, fait référence à la position de l'observateur. La voiture est arrêtée, pour lui, *au delà, de l'autre côté* du bâtiment.

Ces procédés sont complétés par des dérivations spécialisées :

[š] -ш ou [gš] -гш le *mouvement vers* ; [deːr] дээр *sur, dessus* > [deːš] дээш *vers le dessus, vers le haut* ; [dot^{ə}r] дотор *à l'intérieur* > [dot^{ə}gš] дотогш *vers l'intérieur* ;

[ur], le *mouvement par* ; [deː^{g}ür] дээгүүр *par dessus*, [derg^{ə}dür] дэргэдүүр *par le côté, en contournant*), [dotur] дотуур *par l'intérieur* ; etc.

Le deuxième grand domaine couvert par les postpositions attire l'attention sur des hiérarchisations de l'événement, fournissant des indications modales ou circonstancielles diverses : *cause, but,* etc. :

[tul] тул *comme, étant donné que* s'il est déterminé par un nom sans marque casuelle, mais *pour* s'il fait appel à un génitif
[bi ong^{ə}cor nis^{ə}x tul xöng^{ə}n jum^{i}g aw^{ə}x jum] Би онгоцоор нисэх тул хөнгөн юмыг авах юм *comme je prendrai l'avion, j'emporterai des affaires légères*, mais
[bi ong^{ə}cor nisx^{i}n tul ix möng^{i}g ol^{ə}x xer^{ə}gt^{əi}] Би онгоцоор нисхийн тул их мөнгийг олох хэрэгтэй юм *pour prendre l'avion j'ai besoin de trouver beaucoup d'argent* ([tul]est ici aisément remplacé par son datif-locatif figé [tuld] тулд)

[tölö] төлөө *pour* est un participe du verbe tölö- *remplacer*, ce qui explique pourquoi il a d'abord la valeur de *pour* dans *prendre quelqu'un* ***pour*** *quelqu'un d'autre*.

[ačar] ачаар *grâce à* (en fait l'instrumental régulier du nom [ač] ач *grâce, bienfait*, mais aussi *petit-fils*).

On le voit, cet inventaire est assez disparate, et la parenté entre les procédés tient plus à leur fréquence d'emploi dans la détermination (ou à leur traduction par une préposition) qu'à une identité commune.

Certaines unités sont des noms employés comme déterminants directs (on pourrait presque parler de constructions adverbiales), d'autres sont des formes nominales elles-mêmes affectées d'une marque casuelle, d'autres enfin sont des formes verbales, tel l'unité [xürtel] хүртэл *jusqu'à* que nous retrouverons sous peu en examinant les procédés verbaux de détermination (à propos desquelles il est tentant de faire un rapprochement avec des verbes auxiliaires).

Postpositions courantes

à cause de [uč^{i}r] учир (аас)
à côté de [xažud] хажууд ; [derg^{ə}d] дэргэд
à l'intérieur [dot^{ə}r] дотор
à la place de, au lieu de [or^{ə}nd] оронд
après [dara] дараа ; [xo^{i}n^{ə}] хойно ; [xo^{i}š] хойш
arrière [ca:š] цааш
aussitôt que [dar^{ui}] даруй
avant, vers l'~ [na:š] / наашˌ; [na:d] / наад
comme, pour [tul] тул
conformément à [josor] ёсоор
contre [esr^{ə}g] эсрэг
d'abord [exl^{ə}n] эхлэн
dans le domaine [talar] талаар
derrière [xo^{i}n^{ə}] хойно ; [xo^{i}š] хойш ; [ca:n^{ə}] цаана ; **par** ~ хойгуур ; цаагуур
devant [na:n^{ə}] наана ; **par** ~ [na:^{g}ur] наагуур
ensemble [xamt] хамт ; [cug] цуг
entre [xo:r^{ə}nd] хооронд ; [uč^{i}r] завсар ; ~ (avec mouvement) хоорондуур
entre temps зуур
grâce à ачаар
hors [gada] гадаа ; [gad^{ə}n^{ə}] гадна

jusqu'à хүртэл ; байтал ; болтол ; атал
au milieu, entre [dund] ( )
дунд
par dessous [do:^{g}ur] доогуур
par dessus [de:^{g}ür] дээгүүр
par l'extérieur [gadur] гадуур
par le milieu [dundur] дундуур
pareil à, comme [ad^{i}l] адил ; [šig] ( ) шиг ; [met] мэт
pendant [turš] турш
plus de [ilü] илүү ; [gar^{ui}] гаруй
pour [tul] тул, [tuld] тулд ; [tölö] төлөө
près de [o^{i}r] ойр
sous [do:r / dor] доор / дор ; (avec mvt) [do:š] доош
sujet, au ~ de [tux^{əi}] тухай
sur [de:r] дээр
vers (le bas) [uru] уруу
vers (le haut) [ö:d] өөд
vers l'extérieur [gad^{ə}gš] гадагш
vers l'intérieur [dot^{ə}gš] дотогш
vers le dessus [de:š] дээш

Unités de détermination verbale (gérondifs)

Nous avons observé jusqu'ici des procédés et unités somme toute familiers, les mécanismes par lesquels un nom détermine un autre nom puis un verbe, et surtout le prédicat. Le mongol, à la différence du français, possède en outre un inventaire d'unités spécialisées, connu classiquement sous le terme de *gérondif,* par lesquelles un verbe en détermine un autre. Dans ce mécanisme, qu'en d'autres termes on désigne comme une *subordination*, déterminant et déterminé sont deux verbes. Il permet de construire des phrases complexes, chaque verbe déterminant étant lui-même le noyau déterminé par une proposition.

La diversité de l'inventaire correspond évidemment à une multiplicité de contenus mais, comme pour les cas, la classification des procédés est fonctionnelle avant d'être sémantique. Une difficulté se présente ici : les cas déterminent soit un nom soit un verbe et ce critère s'avère décisif. Les gérondifs, pour leur part, déterminent nécessairement un verbe, or celui-ci peut occuper des situation très diverses.

Supposons des phrases schématiques formées de trois gérondifs précédant un prédicat verbal. Trois configurations sont possibles, non sans ambiguïté :

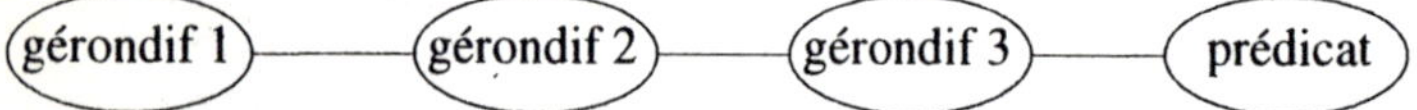

cas n°1 : chaque verbe détermine le suivant, le dernier déterminant le prédicat

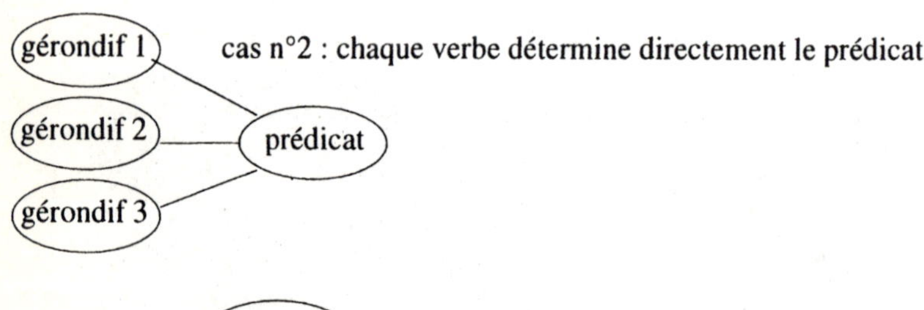

cas n°2 : chaque verbe détermine directement le prédicat

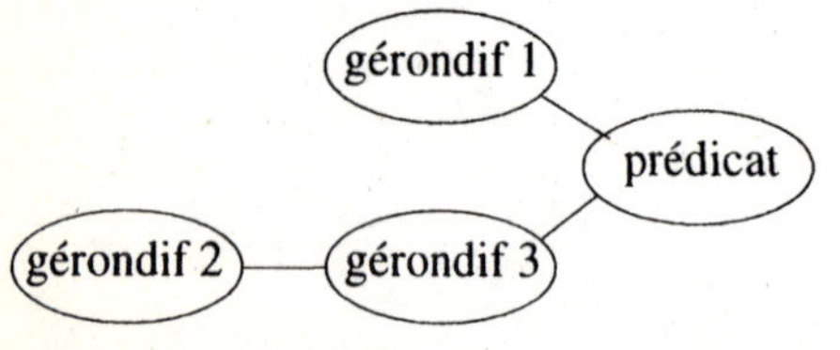

cas n°3 : chaque expansion, indépendante des autres, peut comprendre une ou plusieurs déterminations par gérondif.

Détermination directe : [-n]

Tous les gérondifs mongols sont compatibles avec l'ensemble des situations suggérées ci-dessus, d'où des risques d'ambiguïté. En effet, seul un gérondif précédant directement le prédicat final en est le déterminant nécessaire. Dans les autres situations, il peut aussi bien déterminer un autre procédé verbal placé après lui que le prédicat lui-même.

Le procédé présenté échappe précisément à cette situation générale. Il indique qu'un verbe est le déterminant du verbe qui le suit directement (gérondifs 1 du cas n°1 ou 2 du cas n°3 ci-dessus). Il peut déterminer le prédicat, à la condition de le précéder immédiatement. Un rapprochement s'impose avec le *génitif* et sa réalité syntaxique (le déterminé du nom marqué est le nom en principe le plus proche). Ce rapprochement est plus qu'une commodité. La forme du gérondif observé ici est en effet un [n] semblable à celui du *génitif* :

[jaw^{ə}-] – ява- *aller, partir* > jaw^{ə}n] ян ява *(en) all(ant)*
[ir^{ə}-] – ирэ- *venir* > [ir^{ə}n] ирэн *(en) ven(ant)*
[bar^{i}-] – бари- *saisir* > [bar^{i}n] барин *(en) saisiss(ant)*

Sur radical verbal *non-vocalisé* on constate une sonorisation automatique [^{ə}]. En écriture uigur, la consonne venant derrière la consonne finale du radical requiert une boucle intercalaire.

L'emploi de cette unité suggère une *simultanéité*, une *proximité* entre les événements des deux verbes. Il n'en reste pas moins hasardeux de proposer une traduction trop restrictive. Il s'agit en effet souvent d'un rapprochement dans le discours plus que dans la situation. Comme pour le *génitif* (ou pour toute unité remplissant à elle seule l'ensemble d'une mission) le contenu sémantique du procédé coïncide en fait avec le fait même qu'un verbe en détermine un autre, et les situations décrites peuvent donc être très variées. Un des domaines de prédilection de ce gérondif est la formation de verbes composés, souvent lexicalisés, comparables aux paires lexicales nominales : [xud^{ə}ld^{ə}n aw-] – худалдан ав- *commercer-prendre = acheter* ; [težen ösg^{ə}-] – тэжээн өсгө- *nourrir-faire croitre = élever* ; [zox^{iə}n ba^{ig}ul-] – зохион байгуул- *composer-créer = organiser* ; [buːn xar^{əi}-] – буун харай- *descendre-sauter = descendre en marche* ; etc.

Détermination directe : [-ž]

Ce procédé est la véritable "bonne à tout faire" de la détermination verbale. A la différence du précédent, il a bien vocation à déterminer un prédicat verbal distant. Mais il lui est également possible, comme tous les autres gérondifs, de déterminer tout autre verbe lui-même déterminant direct ou non du prédicat (gérondif ou participe).

Le rapprochement le plus tentant est ici le cas *accusatif.* Comme pour celui-ci, le message mis en place est essentiellement l'indication de la subordination elle-même, et les contenus concrets peuvent être variables. L'unité [ž] étant largement associée dans le système sémantique mongol à l'indication d'un *processus en évolution*, il est tentant de projeter ce contenu sur toutes les interventions de ce gérondif. Souvent judicieux, ce choix ne doit toutefois pas être automatique, à l'image d'une *forme progressive* trop systématique (*Etre en train de* ~).

Dans un grand nombre de situations, son emploi correspond à ce rend en français une coordination :
Je suis descendu de l'autobus et je suis rentré chez moi
[bi avtobusas buːž gerte bucla]

би автобуснаас бууж гэртээ буцлаа.

La forme du suffixe est [-ž], avec une variante [-č] derrière les radicaux, rares mais d'usage fréquent, en consonne non-vocalisée [g], [w], [r] et [s]. Les formes cyrilliques sont simplement -ж ou -ч. En écriture uigur, la consonne est accompagnée d'une marque de vocalisation en boucle et non de la palatalisation : (et non qu'on trouvera dans des unités lexicales). Cette particularité renvoie à un des usages de la boucle, le marquage d'une unité grammaticale, dont l'identification a ainsi priorité sur la notation phonétique :

[jaw^{ə}-] – ява- *aller, partir* > [jawž] – > явж *(en) all(ant)*]
[ir^{ə}-] – ирэ- *venir* > [irž] – > иpж *(en) ven(ant)*
[bar^{i}-] – бари- *saisir* > [bar^{i}ž] – барьж *(en) saisiss(ant)*
mais
[gar- *sortir* > garč *(en) sort(ant)*] – > гар- > гарч
[aw- *prendre* > awč *(en) pren(ant)*] – > ав- > авч
[bos- *se lever* > bosč *(en) se lev(ant)*] – > бос- > босч

Gérondifs à contenu sémantique spécifique

Ces deux premiers procédés sont donc des outils établissant la réalité d'une subordination verbale. Leurs emplois respectifs tiennent plus à des types de combinaison qu'à des contenus sémantiquement divergents. Les tentatives faites pour les différencier sur ce plan sont d'ailleurs facilement arbitraire.

Par rapport aux deux précédents, les autres unités de détermination verbales (gérondifs) peuvent être facilement identifiés : comme le gérondif [ž], et à la différence du gérondif [n], ils ont vocation à déterminer un prédicat verbal distant. Ils forment à ses côtés un inventaire au sein duquel chacun est porteur d'un contenu sémantique propre, comparable dans ses effets à l'intervention des *cas* nominaux marqués sémantiquement, *datif-locatif, instrumental,* etc. A la fonction de détermination, pour laquelle le gérondif [ž] est généralement suffisant, se superpose donc une orientation du sens de cette dernière, le déterminant indiquant une *circonstance* du déterminé. L'éventail de ces circonstances est divers, sans différences de nature entre valeurs *temporelles* ou *modales*. C'est dans la communauté de sens que présentent des emplois multiples que devra donc être recherché le contenu de chaque procédé, et non dans des dénominations traditionnelles peu adéquates, souvent dictées par une traduction partielle.

Avant d'en venir à la présentation des principales unités, soulignons un trait commun à tous les gérondifs mongols : si l'événement déterminant a bien une réalité propre (ce qu'établit le choix lexical), il n'est ici que relatif à l'événement déterminé. En d'autres termes il n'est pas lui-même chargé d'une valeur absolue qui lui serait propre : qu'il soit par exemple *passé, présent* ou *futur* ne lui sera conféré que par la valeur absolue de son déterminé, en particulier du prédicat.

Succession : [-ad]

L'unité la plus fréquente de cet inventaire est sans doute le gérondif en [-ad], qui indique principalement la *succession* des deux événements. L'ordre syntaxique et le déroulement de l'expérience se trouvent ainsi superposés, ce qui serait assez rudimentaire si la subordination n'était exprimée par le suffixe lui-même qui indique que le déterminant est *associé, adjoint* au déterminé.

Sa forme réunit une voyelle non arrondie /A/ et une consonne [d], et se réalise [-ad], [-ed], [-od] ou [-öd] suivant le contexte vocalique . Sa mise en place sur un radical en voyelle entraîne l'intervention d'un hiatus [^{g}], cependant qu'un radical en consonne palatalisée diphtongue la voyelle du suffixe en [-^{i}ad], [-^{i}od].

Orthographiquement, le suffixe est calqué sur l'oral en écriture cyrillique, en particulier pour les deux traits signalés ci-dessus. En écriture uigur, par contre, il présente une réalisation constante, les deux éléments distinctifs du suffixe ([a] et [d]) étant toujours notés et (graphie terminale de [d]). En outre, du fait du caractère très majoritairement vocalisé des radicaux verbaux, il fait appel d'abord à un hiatus [g] ou suivant le vocalisme postérieur ou antérieur du radical. Le suffixe est donc toujours orthographié – ou –. Un radical en consonne non-vocalisée impose donc la boucle intercalaire :
[jaw^{ə}-] – ява- *aller, partir* > [jawad] яваад
[zogs^{ə}-] – зогсо- *s'arrêter* > [zogsod] зогсоод
[ir^{ə}-] – ирэ- *venir* > [ired] ирээд
[bar^{i}-] – бари- *saisir* > [bar^{i}ad] бариад
mais
[gar-] – гар- *sortir* > [garad] гараад
[aw-] – ав- *prendre* > [awad] аваад
[bos-] – бос- *se lever* > [bosod] босоод
et
[xüle-] – хүлээ- *attendre* > [xüle^{g}ed] хүлээгээд
[zogso-] – зогсоо- *arrêter* > [zogso^{g}od] зогсоогоод

Ses emplois sont très larges, à l'image de ce qu'une situation de *succession*, d'*enchaînement* entre deux épisodes peut recouvrir. Le plus couramment, le déterminant est réputé *préalable* au déterminé :

[ojut^{ə}n nom awad nom^{i}n delgüres gar^{ə}w]

Оюутан ном аваад номын дэлгүүрээс гарав

L'étudiant, ayant acheté un livre, est sorti de la librairie (ou encore *Après avoir acheté un livre, l'étudiant est sorti de la libraire*, etc.).

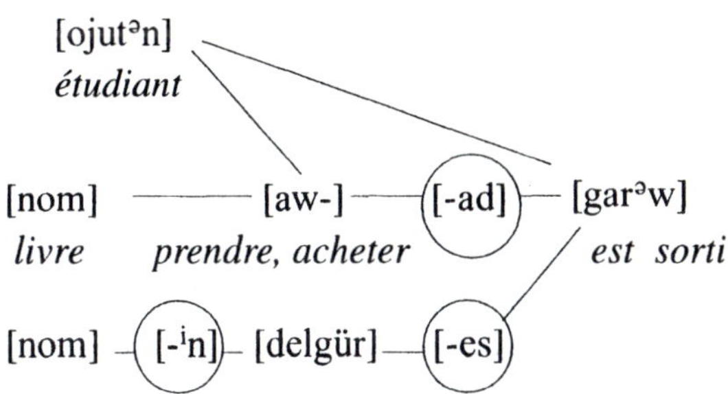

La prudence est de rigueur. Une fois encore, il n'y a pas d'automatisme rigide. Dans de très nombreux cas, la valeur d'*antériorité* du déterminant est peu appuyée et la construction sert à l'indication d'une simple *succession*, proche de ce que serait en français une simple coordination (mécanisme inconnu en mongol) : *L'étudiant a acheté un livre et est sorti de la librairie.* Fréquemment, le gérondif en [ad] est utilisé dans le discours pour rompre la monotonie qu'entraînerait un emploi uniforme du gérondif en [ž] sans que sa valeur propre soit très évidente. Par contre, il peut arriver que cette *antériorité* prenne un sens très fort, soulignant la *discontinuité* entre deux réalités distinctes :

[dolg^{ə}r emč ba^{ig}ad setgülčer až^{i}ll^{ə}w]

Долгор эмч байгаад сэтгүүлчээр ажиллав

Dolgor (nom propre), *après avoir été* (c'est à dire *cessant d'être*) *médecin est devenue* (*s'est mise à travailler comme*) *journaliste*.

Les autres gérondifs, définissent les circonstances les plus diverses. Les uns permettent de préciser l'intervention d'un événement subordonné dans le temps, cependant que d'autres définissent, au sens large, les *conditions* qui s'imposent à l'événement principal. Comme nous l'avons observé dans d'autres cas, la frontière entre ces deux catégories est largement conventionnelle et doit être saisie avec prudence. Une même phrase exemple, permettra de mieux sentir les changements de sens qu'induisent les divers gérondifs.

Immédiateté : [-m^{ə}gc]

[-m^{ə}gc] -магц[4] indique que l'événement du déterminant intervient immédiatement avant celui du déterminé, les deux épisodes étant ainsi liés de façon très étroite. En écriture uigur, ce suffixe fait appel à la boucle intercalaire :

[jawm^{ə}gc] – ява- > явмагц *aussitôt parti* ;
[bolm^{ə}gc] – бол- > болмогц *sitôt devenu* ;
[idm^{ə}gc] – идэ- > идмэгц *aussitôt mangé* ;

[ojut^{ə}n surgul^{i}d irm^{ə}gc nom^{i}n sand or^{ə}w]

Оюутан сургуульд ирмэгц номын санд оров

A peine arrivé à l'école, l'étudiant est entré à la bibliothèque

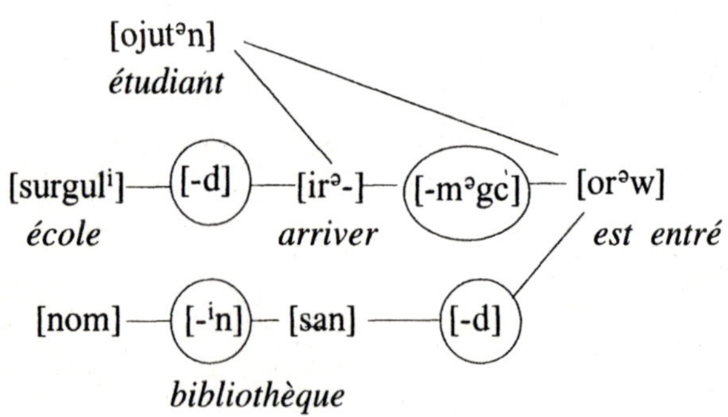

Durée : [-sar]

[-sar] -caap^{4} est en fait une forme composite *régulière* de *participe fini* à l'*instrumental.* Dans sa graphie liée, la chute du {n} final du participe sanctionne sa redondance par rapport à la présence d'une unité relationnelle *nominale* : [-s^{ə}(n)+ar] -сан + аар > [-sar] -caap (le suffixe est d'ailleurs parfois également écrit , qui conserve l'hiatus du suffixe de l'instrumental en derrière consonne vocalisée). Sa valeur est très proche de celle que véhicule plus largement l'instrumental, une *détermination prioritaire,* voire *exclusive.* Il fournit le *cadre chronologique* de l'événement déterminé, qui se déroule *pendant la durée du déterminant.*

[bar^{i}sar] -бари- > *tout en tenant* ;
[orsor] - оро- > *tout en entrant* ;
[irser] - ирэ- > *tout en venant* ;

[ojut^{ə}n surgul^{i}d ba^{i}sar nom^{i}n sand su:s^{ə}n]

Оюутан сургуульд байсаар номын санд суусан
Aussi longtemps qu'il était dans l'école, l'étudiant est resté en bibliothèque.

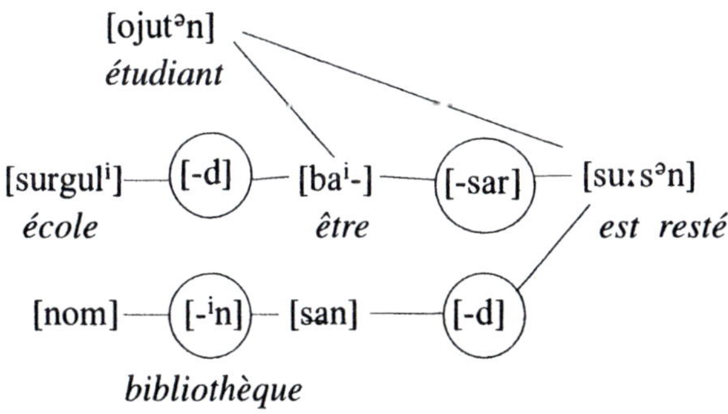

Interférence : [-t^{ə}l]

[-t^{ə}l] -тал[4] , unité très fréquente d'emploi, susceptible de recevoir le marquage de mécanismes pronominaux, ce procédé exprime, sur le mode explicite d'une *adjonction*, d'une *convergence*, la rencontre de deux événements, celui du déterminant et celui du déterminé. Le procédé est couramment rendu par la notion de *jusqu'à...*, ce qui correspond bien à une grande partie des usages observés. Ainsi une phrase telle que [bi boro ort^{ə}l gertes garla], ayant le sens de *Je suis sorti de la yourte juste au moment où il se mettait à pleuvoir*, suggère un examen plus attentif. En fait, ce procédé est aussi bien rencontré avec le sens de *jusqu'à* que celui de *au moment où, à partir du moment où* : plus que l'*aboutissement* du premier épisode au second, il s'agit d'une *intersection* entre les deux «trajectoires» des événements concernés.

[jawt^{ə}l] ява- > явтал *jusqu'à partir* ;
[bolt^{ə}l] бол- > болтол *jusqu'à devenir* ;
[ögt^{ə}l] өг- > өгтөл *jusqu'à donner* ;

[ojut^{ə}n surgul^{i}d irt^{ə}l nom^{i}n sand or^{ə}w]

Оюутан сургуульд иртэл номын санд оров

L'étudiant s'est rendu à la bibliothèque avant d'arriver à l'école (mais également *Au moment où il arrivait à l'école,* l'*étudiant s'est rendu à la bibliothèque*)

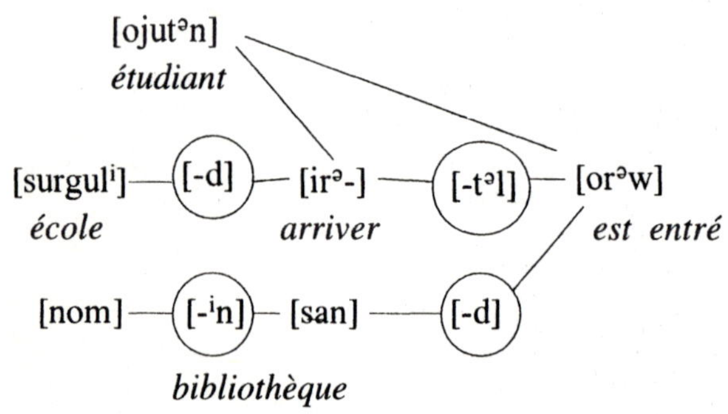

Occasion : [-nga], [-ngut]

[-nga] -нгаа^4 et [-ngut] -нгуут^2 -уут^2 , exprime une *occasion*, un *facteur* ou *événement favorable* à l'accomplissement du verbe déterminé, voire une simple *coïncidence* entre déterminant et déterminé. Présence de la boucle intercalaire :
[aw^{ə}nga] ав- > авангаа *en prenant* ;
[bar^{i}nga] бари- > барингаа *en saisissant* ;
[ir^{ə}nge] ирэ- > ирэнгээ *en venant* ;

L'autre procédé ne se distingue du précédent que par un emploi plus littéraire. Lui aussi souligne la réalisation de l'événement du verbe déterminant comme circonstance propice à l'accomplissement de l'événement du déterminé. Présence de la boucle intercalaire uigur :
[jaw^{ə}ngut] явангуут *étant parti, partant* ;
[ög^{ə}ngüt] өгөнгүүт *ayant donné* ;
[or^{ə}ngut] оронгуут *étant entré* ;

[ojut^{ə}n surgul^{i}d ir^{ə}nge (ir^{ə}ngüt) nom^{i}n sand or^{ə}w]
Оюутан сургуульд ирэнгээ (ирэнгүүт) номын санд оров
L'étudiant, venant à l'école, en a profité pour entrer en bibliothèque.

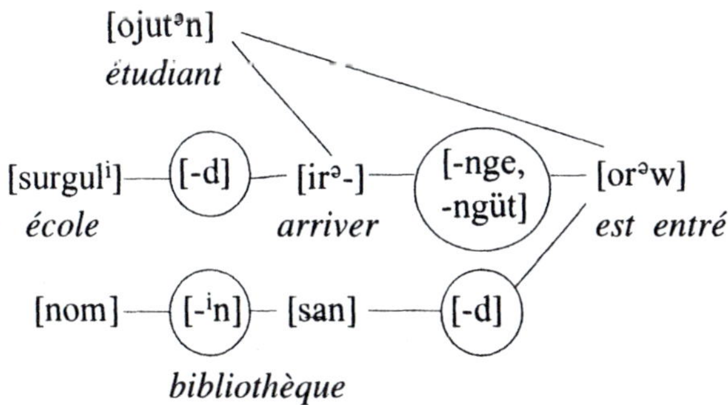

La comparaison des arbres des pages précédentes convaincra aisément de leur identité, et de ce que le sens de toute la phrase peut être largement modifié par le simple choix du gérondif.

Cause : [-snar]

[-snar] -снаар^4, aujourd'hui intégré à l'inventaire des relationnels verbaux, comme la forme [-xar] présentée ci-dessous, ce procédé n'est rien d'autre que *l'instrumental* du *participe passé fini*. La relation mise en place est donc ainsi «*la détermination exclusive accomplie*» pour l'événement déterminé, ce qui décrit un large éventail de situations concrètes, mais correspond bien le plus souvent à ce que nous exprimons comme la *cause*. On le comparera à son proche parent [-sar] présenté plus haut :

[garsnar] гарснаар *parce qu'il (est) sorti*
[idsner] идснээр *parce qu'il (a) mangé*
[irsner] ирснээр *parce qu'il (est) venu*

[ojut^{ə}n surgul^{i}d irsn^{ə}r nom^{i}n sand or^{ə}w]
Оюутан сургуульд ирснээр номын санд оров
Comme il est arrivé à l'école, l'étudiant est entré en bibliothèque

But : [-xar]

[-xar] -хаар^4, comparable à [-snar], mais pour l'expression du *but*, ce procédé n'est rien d'autre que *l'instrumental* du *participe futur*. Explicitement, le *but* est ainsi «*la détermination exclusive à accomplir*» pour l'événement déterminé. Une telle construction n'est pas un procédé étroitement spécialisé, et de nombreuses situations, dans lesquelles la valeur «*future*» du participe passe au second plan, la relation mise en place insistant sur la valeur d'*exclusivité*, souvent proche d'une large catégorie de *causalité* :

[jaw^{ə}xar] ява- > явхаар *pour partir* ;
[bar^{i}xar] бари- > барьхаар *pour prendre* ;
[irxer] ирэ- > ирхээр *pour venir* ;

[ojut^{ə}n surgul^{i}d irxer nom^{i}n sand or^{ə}w]
Оюутан сургуульд ирхээр (ирэхээр) номын санд оров
L'étudiant, pour venir à l'école, s'est rendu à la bibliothèque

A noter que l'usage classique normal note les marques relationnelles sur la forme palatalisée du participe : ; ; ; etc. En outre, il existe, pour [bolxor] ou болхоор une forme spécialisée dans le sens de *étant donné que, du fait que* qui nous rappelle l'étroite association des catégories de *cause* et de *but* en mongol (mais nos prépositions sont-elles si innocentes dans *Il a été condamné* ***pour*** *avoir volé* ?).

Il est également noté voire identifié à -хуя -хүе. Cette forme alternative, au demeurant rare, nous semble être la combinaison du même participe, sous sa forme nominale palatalisée, avec le *locatif* archaïque en voyelle non arrondie. Cette combinaison est très proche d'une expression du but courante en mongol contemporain, tant parlé qu'écrit, où ce participe est mis au datif-locatif [-x^{ə}d] -хад^{4}) : [jawx^{ə}d] явхад a aussi bien le sens *quand (il) va* que *pour aller.*

Ces procédés correspondent à un gérondif spécialisé, aujourd'hui résiduel, car absent de l'oral, mais bien attesté dans la langue écrite : [-(x^{ə})r] mais aussi . Délibérément traitées comme un seul et même suffixe, ces deux unités assurent une expression écrite du *but*, le plus souvent «traduites» à l'oral par la forme [-xar]. Il s'agit en fait de deux variantes, dont la dernière repose sur le participe futur :
[or^{ə}-] оро- > *pour entrer* ;
[aw-] ав- > *pour prendre* ;
[id^{ə}-] идэ- > *pour manger* ;

Condition (1) : [-w^{ə}l]

[-w^{ə}l] -вал4 -бал^{4}, rend une détermination conditionnelle comme les deux suivants sur notre liste. Il présente une particularité essentielle : il s'apparente directement à l'*indicatif fini* [-w] -в et à la notion d'*accomplissement,* d'*achèvement* qui s'y attache. La spécification finale en [l] véhicule une valeur de «surdétermination» très courante dans l'emploi isolé de cette unité ([ter irs^{ə}n] *Il est venu*, [ter^{ə}l irs^{ə}n] *C'est bien lui qui est* venu). La condition est donc décrite comme *ce qui doit être bel et bien accompli* pour que l'événement déterminé se réalise. Seule particularité formelle (oral et écriture cyrillique), les radicaux terminés par les consonnes [m], [n], [l] et [w] provoquent une réalisation [b] plus ou moins sensible. L'écriture uigur reconnaît clairement l'intégration de l'actualisation indicative [-w] et en retrouve

donc les éléments : consonne vocalisée et absence de boucle intercalaire sauf pour les radicaux en nu :
[jawb^{ə}l] ява- > явбал *s'il partait* ;
[nisw^{ə}l] нис- > нисвэл *s'il volait* ;
[ögw^{ə}l] өг- > өгвөл *s'il donnait* ;

[ojut^{ə}n surgul^{i}d irw^{ə}l nom^{i}n sand or^{ə}w]
Оюутан сургуульд ирвэл номын санд оров
S'il était venu à l'école, l'étudiant serait entré à la bibliothèque.

Condition (2) : [-was]

[-was] -ваас^4, cet autre procédé *conditionnel* est partiellement identique au précédent, et d'ailleurs largement supplanté par lui, en ce qu'il met en oeuvre, comme [-w^{ə}l] -вал^4, une indication d'*accomplissement,* d'*achèvement* identique à l'*indicatif fini*. A ce point de départ identique se limite toutefois la parenté. Le suffixe comporte en effet, avec l'unité finale [-s] -с, un marquage qui suggère une formation composite et un verbe auxiliaire affecté de l'unité *impérative*, que nous examinerons ci-dessous, ayant subi une suffixation avec élision du radical. Le *conditionnel*, dans ces conditions, est exprimé par le fait qu'*on souhaiterait que soit réalisé* l'événement du verbe déterminant pour que s'accomplisse le verbe déterminé. Ne fait pas usage de la boucle intercalaire, sauf radical en [-w] non-vocalisé :
[garwas] гар- > гарваас *si... sortait* ;
[idwes] идэ- > идвээс *si... mangeait* ;
[ögwös] өг- > өгвөөс *si... donnait* ;

Condition (3) : [-x^{u}l]

[-x^{u}l] -хул^2, alternative archaïque, aux «*conditionnels*» [-w^{ə}l] et [-was] présentés ci-dessus et manipulation du *participe «futur»* (terme assigné à l'événement). Ce procédé est réservé à l'écrit, et correspond le plus souvent à un emploi conditionnel. Mais il peut aussi noter une simple corrélation dans le temps. Sa rareté conduit à quelques incertitudes orthographiques : parmi ses quelques utilisations en écriture cyrillique, on peut en effet relever quelques formes -хуул^2.

Une de ses rares apparitions courantes, [esx^{u}l] *sinon, ou bien*, sur le radical [es^{ə}-] эсэ- *ne pas (être), est* orthographié aussi bien эсхүүл voire эсгүүл que эсхүл ou эсэхүл :
[orx^{u}l] оро- > орохул *s'il entre* ;
[awx^{u}l] ав- > авхул *s'il prend* ;
[irx^{u}l] ирэ- > ирхүл *s'il vient* ;

Condition (4) : [-xlar]

[-xlar] -хлаар^{4} (ou .), ce procédé est présenté ici en raison de sa parenté avec le précédent, dont il n'est que la mise à l'*instrumental*. Plus qu'une *condition* logique stricte, il insiste sur le fait que l'accomplissement du déterminant, circonstance essentielle, *rend(rait) possible* l'événement du déterminé. Il est de ce fait fréquemment perçu comme exprimant une simple *succession* chronologique. Sa valeur *conditionnelle* n'est pas toujours aisée à percevoir, et moins encore à traduire. La frontière est bien mince entre *circonstance* et *condition* :
[jaw^{ə}xlar] ява- > явахлаар *une fois parti* ;
[or^{ə}xlor] оро- > орохлоор *une fois entré* ;
[ögxlör] өг- > өгөхлөөр *une fois donné* ;

[ojut^{ə}n surgul^{i}d ir^{ə}xler nom^{i}n sand or^{ə}w]
Оюутан сургуульд ирэхлээр номын санд оров
L'étudiant est arrivé à l'école, et alors s'est rendu à la bibliothèque .

Concession : [-wč]

La valeur *concessive* reconnue au procédé [-wč] -вч découle très directement d'un enchaînement de deux déterminations. Il met d'abord en jeu un *accompli* [-w], sur le modèle de l'*indicatif fini*. Cette notion d'*achèvement* est remise en question par l'adjonction de l'unité [č] -ч. Cette dernière met au contraire en place une notion d'*indétermination* ou, pour être plus précis, d'*ouverture d'un inventaire de variantes possibles*. C'est ce qu'on retrouve dans des maniements de [č] tel que [ter č ir^{ə}w] *C'est probablement lui qui est venu*. L'événement du déterminant est à la fois décrit comme *accompli* et comme *encore susceptible d'une autre conclusion*, d'une *remise en question* d'où le sens de *bien que...* : *«l'événement est bien accompli,* <u>*mais*</u> *il existe encore d'autres possibilités»*, en même temps que *"même si l'événement est bien accompli ..."*. On notera au passage que, si tous les verbes sont susceptibles de recevoir cette marque, la forme [bol^{ə}wč] ᠪᠣᠯᠪᠠᠴᠤ болoвч *bien que* s'est assuré un statut privilégié d'auxiliaire sur lequel nous reviendrons en abordant la phrase complexe :

[jaw^{ə}wč] ᠶᠠᠪᠤ– ява- > ᠶᠠᠪᠤᠪᠠᠴᠤ явавч *bien que parti* ;
[id^{ə}wč] ᠢᠳᠡ– идэ- > ᠢᠳᠡᠪᠡᠴᠦ идэвч *bien que mangeant* ;
[ög^{ə}wč] ᠥᠭ– өг- > ᠥᠭᠪᠡᠴᠦ өгөвч *bien qu'ayant donné*

[ojut^{ə}n surgul^{i}d ir^{ə}wč nom^{i}n sand or^{ə}w]
ᠣᠶᠤᠲᠠᠨ ᠰᠤᠷᠭᠠᠭᠤᠯᠢ ᠳᠤ ᠢᠷᠡᠪᠡᠴᠦ ᠨᠣᠮ ᠤᠨ ᠰᠠᠩ ᠳᠤ ᠣᠷᠣᠪ
Оюутан сургуульд ирэвч номын санд оров
Bien qu'arrivé à l'école, l'étudiant est entré à la bibliothèque.

Les pronoms

Les pronoms mongols appartiennent à six grands ensembles :
- *pronoms personnels,*
- *pronoms possessifs,*
- *pronom réfléchi,*
- *pronoms démonstratifs,*
- *pronoms interrogatifs,*
- *pronoms indéfinis.*

Pronoms personnels

Les pronoms personnels sont présents pour chacune des trois personnes, toujours distingués selon le singulier et le pluriel, ce qui en fait un ensemble à part en mongol. Autre particularité, leurs variations casuelles s'accompagnent non d'une simple adjonction de suffixes à un radical invariable, mais d'altérations, voire de changements du radical lui-même, phénomène tout à fait exceptionnel en mongol.

Dans les tableaux qui suivent *, le lecteur trouvera la liste des formes des pronoms personnels, et leurs particularités orthographiques dans les deux écritures. Remarquons les deux pronoms de 2ème personne du singulier, [ta] étant un *Vous* singulier de politesse :

* On notera l'emploi du terme *nominatif* pour désigner la forme non marquée du pronom personnel. Cette exception se justifie par le fait que, de toutes les unités nominales, seul le pronom personnel présente une forme exclusivement réservée à la fonction sujet.

	1ère personne		2ème personne			3ème personne	
	sing.	pluriel	singulier		pluriel	sing.	plur.
nominatif	bi	bid	či	ta	ta nar	ter	ted
génitif	min^{i}	bidn^{i}	čin^{i}	tan^{i}	ta nar^{i}n	tü:n^{i}	tedn^{i}
accusatif	nam^{əi}g	bidn^{i}g	čam^{əi}g	tan^{i}g	ta nar^{i}g	tü:n^{i}g	tedn^{i}g
datif-locatif	nad(^{ə}d)	bid^{ə}nd	čam^{ə}d	tand	ta nart	tü:nd	ted^{ə}nd
ablatif	nadas	bidnes	čamas	tanas	ta naras	tü:nes	tednes
instrumental	nadar	bidner	čamar	tanar	ta narar	tü:ner	tedner
comitatif	nadt^{əi}	bid^{ə}nt^{əi}	čamt^{əi}	tant^{əi}	ta nart^{əi}	tünt^{əi}	ted^{ə}nt^{əi}
directionnel	nadru	bid^{ə}ndrü	čam^{ə}dru	tandru	ta narlu	tü:ndru	ted^{ə}ndrü

NB [nam^{əi}g] et [čam^{əi}g] possèdent aussi une forme régulière où le cas est détaché du radical : et . On peut aussi observer des formes ( ) ( )

nominatif	génitif	accusatif	datif-loc.	ablatif	instrum.	comitatif	directionnel		
bi би	min^{i} миний	nam^{əi}g намайг	nad(^{ə}d) над(ад)	nadas надаас	nadar надаар	nadt^{əi} надтай	nadru надруу	sing.	1ère personne
bid бид	bidn^{i} бидний	bidn^{i}g биднийг	bid^{ə}nd бидэнд	bidnes биднээс	bidner биднээр	bid^{ə}nt^{əi} бидэнтэй	bid^{ə}ndrü бидэндрүү	plur.	
či чи ta та	čin^{i} чиний tan^{i} таны	čam^{əi}g чамайг tan^{i}g таныг	čam^{ə}d чамд tand танд	čamas чамаас tanas танаас	čamar чамаар tanar танаар	čamt^{əi} чамтай tant^{əi} тантай	čam^{ə}dru чамдруу tandru тандруу	singulier	2ème personne
ta nar та нар	ta nar^{i}n та нарын	ta nar^{i}g та нарыг	ta nart та нарт	ta naras та нараас	ta narar та нараар	ta nart^{əi} та нартай	ta narlu та нарлуу	plur.	
ter тэр	tü:n^{i} түүний	tü:n^{i}g түүнийг	tü:nd түүнд	tü:nes түүнээс	tü:ner түүнээр	tünt^{əi} түүнтэй	tü:ndru түүндрүү	sing.	3ème personne
ted тэд	tedn^{i} тэдний	tedn^{i}g тэднийг	ted^{ə}nd тэдэнд	tednes тэднээс	tedner тэднээр	ted^{ə}nt^{əi} тэдэнтэй	ted^{ə}ndrü тэдэндрүү	plur.	

NB variantes plurielles à [bid] : [bid nar] бид нар et [ted] : [ted nar] тэд нар (v. [ta nar])

Pronoms possessifs

Sous ce terme, nous rencontrerons deux types distincts de procédés.

Le premier est un proche parent des pronoms personnels, pour ne pas dire qu'il s'agit de formes ou d'emplois de ces derniers. Il s'agit de suffixes associés aux trois personnes vues ci-dessus. Leur caractéristique commune essentielle est d'ordre syntaxique : ils ne peuvent **en aucun cas** assurer un renvoi au sujet de la phrase. Ainsi, dans une phrase telle que ***Je** prends **mon** chapeau*, le possessif ne pourra pas être rendu par un procédé de ce type, mais par un outil spécifique de renvoi au sujet. Le second constitue un procédé spécifique de renvoi au sujet (pronom réfléchi, v. ci-dessous, p. 220).

Possessif personnel : 1 ère personne

singulier (Attention : ce singulier est relatif au "possesseur" et non au "possédé") : [min^{i}] (prononcé [min']) миньъ. Il est identique en fait au *génitif* du pronom personnel de 1ère personne, auquel il offre une alternative : à *mon (*ou *mes) livre(s)* correspondent aussi bien [min^{i} nom] миний ном que [nom min'] ном минь. Les deux formulations sont le plus souvent interchangeables. La parenté est soulignée en écriture mongole uigur, où les deux formes sont identiques (on rencontre aujourd'hui une forme modernisée)

pluriel (avec la même réserve que précédemment en ce qui concerne le nombre) : [man^{i}] мань ou маань n'est pas à proprement parler un pluriel. Sur un radical de première personne également présent, quoique de façon défective parmi les pronoms personnels, en particulier sous la forme du *génitif* [man^{əi}] манай qui fait référence à un *nous* incluant l'auteur du propos en tant que membre d'un ensemble. [man^{əi} aːw] манай аав ou [aːw man'] аав мань peuvent signifier ***notre** père*, mais tout aussi bien ***mon** père*, soulignant par cette expression ***mon*** appartenance à ***ma** communauté familiale* (le pronom [bid] faisant référence non à une communauté, mais simplement aux personnes présentes ou désignées).

Possessif personnel de deuxième personne

Ses caractéristiques le rapprochent clairement des pronoms de première personne, en particulier sa parenté avec le génitif du pronom personnel

singulier : [čin^{i}] (prononcé [čin']) чинь. Comme pour la première personne, on relèvera l'étroite parenté avec le génitif du pronom personnel, [čin^{i} nom] чиний ном et [nom čin'] ном чинь étant équivalents (forme modernisée).

pluriel : [tan^{i}] (prononcé [tan']) тань. Vaut en fait aussi bien comme alternative au *génitif* du singulier de politesse [tan^{i}] таны qu'à celui du pluriel [ta nar^{i}n] та нарын.

Possessif personnel de troisième personne

Assure le renvoi à une tierce personne, autre que le sujet et que l'auteur des propos. Ce procédé présente une réalisation orale unique, [n^{i}] (prononcé [^{ə}n']) et les formes orthographiques *modernes*, tant cyrilliques que mongoles uigur, soulignent cette identité : нь. L'écriture mongole uigur présente pourtant deux formes classiques dont la distinction est celle du nombre, toujours celui du "possesseur" (même si on croit souvent qu'il y a là un effet de l'*harmonie vocalique*) :

singulier : [n^{i}] нь. [či nom^{ə}n' awla] () Чи ном нь авлаа *Tu as pris son (ses) livre(s)* ;

pluriel : [n^{i}] нь. [sur^{ə}gč nom^{ə}n' unš^{i}w] ( ) Сурагч ном нь уншив *L'élève a lu leur(s) livre(s).*

Pronom réfléchi (renvoi au sujet)

Le renvoi au sujet grâce à un pronom possessif personnel est exclu. Il existe en effet dans ce cas un mécanisme spécialisé, d'un emploi très massif, et qui clarifie bien des phrases qui risqueraient d'être ambiguës : quand le français dit *L'enfant a mangé son pain*, nous ignorons, sinon au prix d'une éventuelle périphrase, si *son* se rapporte à *l'enfant* où à une autre personne ? C'est la clarification qui est apportée en mongol par le choix obligatoire entre le pronom possessif personnel (le "possesseur" n'est pas le sujet) et le pronom réfléchi (le "possesseur" est le sujet).

La forme de ce suffixe pronominal réfléchi, porté par le "possédé", se réduit à une voyelle non arrondie, évidemment prononcée [a], [e], [o] ou [ö] suivant l'appartenance vocalique du nom marqué, et [^{i}a] ou [^{i}o] derrière un radical en consonne palatalisée. Derrière un radical à voyelle ou consonne vocalisée-palatalisée finales, on retrouvera à l'oral et en écriture cyrillique un hiatus [^{g}]. L'écriture uigur du suffixe, ou , peut sembler plus complexe. L'élément central (voyelle non arrondie) est noté à l'aide d'une seule *dent* . Celle-ci est suivie d'un [n] final (non prononcé) : . L'ensemble est relié au radical par un hiatus graphique, selon un usage de l'orthographe grammaticale que nous avons observé avec le cas instrumental - [^{j}] (derrière consonne nue) ou [^{w}] (derrière toute autre finale du radical) :

[mor^{i}o] морио *(mon, ton, son) cheval*
[talxa] талхаа *(mon, ton, son) pain*
[teme^{g}e] тэмээгээ *(mon, ton, son) chameau*
[xü:xde] хүүхдээ *(mon, ton, son) enfant*

[xü:x^{ə}d talx^{ə}n' id^{ə}w] Хүүхэд талх нь идэв
L'enfant a mangé son pain (celui de *quelqu'un d'autre*) ;
mais
[xü:x^{ə}d talxa id^{ə}w] Хүүхэд талхаа идэв
L'enfant a mangé son pain (le *sien propre*) ;

Le choix du procédé est lourd de sens. Il joue un rôle constant dans l'organisation de la phrase. Il est en particulier évident qu'un nom marqué du pronom réfléchi, *qui renvoie au sujet*, **ne peut être lui-même le sujet**. Cette remarque byzantine s'éclairera quand nous constaterons que le sujet n'est pas obligatoire en mongol, et qu'il est parfois aussi important de dire "*qui n'est pas le sujet*" que "*qui est le sujet*".

Le renvoi à une information extérieure qu'opère le pronom possessif concerne non seulement le mot qu'il marque directement, mais tout ce qui lui est associé, qu'il s'agisse de ses déterminants ou des relations dans lesquelles il s'inscrit. C'est ce que traduit sa place : non seulement il est toujours postposé, mais il se place *après* toute autre marque, y compris les relations casuelles :

[ter maš^{i}nar č^{i}n' jaw^{ə}w] Тэр машинаар чинь явав *Il est parti avec ta voiture.*

[ojut^{ə}n na^{i}zt^{əi} m^{i}n' uːlzd^{ə}g] Оюутан найзтай минь уулздаг *L'étudiant rencontre mon ami* (litt. *se rencontre (régulièrement) avec mon ami*).

[sur^{ə}gč medeg son^{i}noso unš^{i}w] Сурагч мэдээг сониноосоо уншив *L'élève a lu la nouvelle dans son journal.*

[malč^{i}n gerte ir^{ə}w] Малчин гэртээ ирэв *L'éleveur est arrivé à sa yourte*, formule la plus courante pour dire *chez soi*, même si on habite un bâtiment en dur.

L'écriture uigur atteste de la fréquence de ces combinaisons entre un cas et un pronom réfléchi : elle a créé, pour les cas dont la finale est vocalisée, des formes combinées associant les deux procédés : > ou ; > ou (et ou pour) ; > ou . La plus curieuse de ces constructions apparait avec l'*accusatif* : et > ou ;. Elle est toutefois régulière : comme lors de tout passage d'une écriture détachée à une écriture liée, l'hiatus – – ou – – du pronom devient un [g] (– – ou – –), s'alignant ainsi sur l'orthographe ordinaire. Le suffixe comporte donc de façon permanente cette "consonne", or l'accusatif, ou , qui forme la première partie du suffixe est uniformément noté par –, que la tradition mongole traite aussi comme une consonne (dans le cas contraire toute initiale [j] serait notée * lu en réalité [ej]). C'est tout naturellement qu'entre ces deux "consonnes", l'écriture uigur place non une voyelle, mais la boucle intercalaire qui nous est déjà familière.

Pronoms démonstratifs

Les démonstratifs mongols se comportent comme des noms de plein droit, et peuvent donc intervenir aussi bien comme déterminés que comme déterminants (il n'existe pas d'*adjectifs* et de *pronoms* démonstratifs distincts). Ils présentent en outre de grandes parentés avec les pronoms personnels. Deux familles occupent le champ *démonstratif*, classiquement distinguées en *proche* (radical [e] et ses manipulations [ö], [en/in] et [ün]) et *éloigné* (radical [te] et ses manipulations [tö] [tün]). Ces deux familles constituent deux séries remarquablement parallèles, qu'il s'agisse de variations morphologiques ou de l'existence même des termes. Ainsi le *rapproché* [en^{ə}] энэ et l'*éloigné* [ter] тэр possèdent-ils un pluriel formé sur le même modèle, [ed^{ə}] эд faisant face à [ted^{ə}] тэд. Il en va de même pour leurs datifs-locatifs, [end] энд *ici*, et [tend] тэнд *là*, susceptibles d'être eux-mêmes affectés d'un ablatif : [endes] эндээс *d'ici* et [tendes] тэндээс *de là*, contraction de la forme précédente et d'un *ablatif* ordinaire. D'où des expressions du type [čin^{i} tendes] чиний тэндээс *de là-bas, de chez toi*.

Lors de l'adjonction de suffixes casuels, ils peuvent subir un changement identique de leur radical, [üːn-] үүн- pour le premier, [tüːn-] түүн- pour le second. Nous pourrions encore évoquer les termes parallèles [öd^{i}] өдий et [töd^{i}] төдий *tant, si, à ce point*, et les verbes *démonstratifs* [ing^{ə}-] ингэ- (mais aussi [čing^{ə}-] чингэ-) et [teg^{ə}-] тэгэ- ayant tous les trois le sens de *faire ainsi, faire comme ça*.

La distinction entre *proche* et *éloigné*, souvent appropriée, n'est toutefois pas plus absolue qu'en français :

[en^{ə}] энэ *ce, ceci, celui-ci*

[en^{ə} nom] энэ ном *ce livre, ce livre-ci*

[bi en^{i}g unš^{i}w] Би энийг уншив *Je l'ai lu*

Mais la valeur de pronom personnel, matérialisée par le changement de radical, n'est jamais très éloignée :

[bi üːn^{i}g üz^{ə}w] Би үүнийг үзэв *Je l'ai vu, j'ai vu celui-ci* (surtout *cette personne*), *je l'ai vu, lui.*

[bi üːnes asuw] Би үүнээс асуув *Je lui ai demandé, je lui ai posé la question.*

Le pronom *éloigné* nous est déjà familier. C'est bien lui que nous avons trouvé comme pronom personnel de troisième personne [ter] (ou) тэр *ce, cela, celui-là ; il, elle*. Comme pour le pronom précédent, une distinction s'opère de façon pratiquement régulière, au moins à l'oral, entre un *démonstratif* pur, qui reste basé sur le radical [ter], et la valeur de pronom personnel faisant appel au radical [tüːn-] :
[ter, tern^{i}, ter^{i}g, tert, ternes, terer, tert^{əi}, terlü] *ça, de ça, etc.*
s'oppose ainsi à
[ter, tüːn^{i}, tüː^{i}g, tüːnd, tüːnes, tüːner, tüːnt^{əi}, tüːndrü] *lui, de lui, etc.*
[dorž tüːn^{i}g tan^{i}w] Дорж түүнийг танив *Dorj l'a (re)connu.*
[bi tüːnes asuw] Би түүнээс асуув *Je lui ai demandé, je lui ai posé la question.*

Pronoms interrogatifs

Ceux-ci forment un inventaire très riche en mongol. Aux "zones" d'information courantes correspondant à nos *qui, où, quand, comment, quel* s'ajoutent en effet des pronoms spécialisés permettant de cerner les *degré, niveau, intensité* de l'événement. Comme en français, la valeur *interrogative* est fonction de l'organisation syntaxique, et il est fréquent que ces unités soient sans valeur interrogative directe, comme dans *Dis-moi qui tu es ; quelle belle journée*, etc.

Leur accès normal aux marques de cas ([xen^{i}] хэний *de qui,* [xen^{i}g] хэнийг *qui,* [xend] хэнд *à qui,* [xenes] хэнээс *de qui,* [xener] хэнээр *par qui,* [xent^{əi}] хэнтэй *avec qui,* [xendrü] хэндрүү *vers qui*) en fait des outils d'emploi très souple et très fréquent :
[ter nad^{ə}d **xezenes** medsn^{i}g xel^{ə}w] тэр надад хэзээнээс мэдснийг хэлэв *Il m'a dit* ***depuis quand*** *il le sait.*

[xen] хэн *qui* ;
[juː (n)] юу(н) *quoi* ;
[xeze (n)] хэзээ *quand*, dont le génitif [xezen^{i}] хэзээний peut présenter une forme atypique au lieu du normal) ;
[xaː, xaːn^{ə}] хаа, хаана *où* ; [xaːš] хааш *vers où* ; [xaː^{g}ur] хаагуур *par où* ;

[jam^{ə}r] ямар *quel (de quelle sorte, nature)* ;
[al^{i}(n)] аль, алин *quel, lequel (dans une série)* ;
[xed (n), xed^{ə}n] хэд, хэдэн *combien, combien de* ;
[xed^{i}] хэдий *combien, à quel point* ;
[xir / xer] хир (хэр) *à quel point, dans quelle mesure* ;
[xičn^{ə}n] хичнээн *combien, dans quelle mesure.*

En marge des pronoms interrogatifs, occupant un terrain sémantique proche, avec des comportements syntaxiquement différents, signalons les verbes ou constructions verbales interrogatifs. Ils ont ici leur place : il s'agit de combinaisons issues de pronoms interrogatifs.

Le plus fréquent est le verbe [jaː-] – – – яа- *faire comment*, dont l'écriture uigur trahit l'étymologie : [juː xi-] – юу хий- *quoi faire*... C'est ainsi que se crée aussi le verbe [xerx^{ə}-] – хэрхэ- *faire comment*, issu de [xir/xer xi-] – хир хий- *faire à quel point*...

Pronoms indéfinis

Ces pronoms sont susceptibles, hors de leur usage interrogatif, de former des construction pronominales indéfinis. La construction la plus fréquente fait appel au suffixe [-č] – -ч (que nous avons rencontré dans la formation du gérondif concessif [-wč] – -вч) qui indique l'existence d'un choix ouvert entre plusieurs possibilités. [xenč] хэн ч signifie donc *quelqu'un, n'importe qui* ; [xezeč] хэзээ ч *n'importe quand* ; [xaːč] хаа ч *quelque part, n'importe où* ; [jam^{ə}rč] ямар ч *quelque, n'importe quel (de quelque sorte)* ; [al^{i}č] аль ч *quelque, n'importe lequel (dans une série)* ; etc : [ter xüːx^{ə}d jam^{ə}rč nom unš^{i}ž čadd^{ə}g] Тэр хүүхэд ямар ч ном уншиж чаддаг *Cet enfant est capable de lire n'importe quel livre.*

Comme nous le verrons, ces combinaisons fournissent les négations absolues *personne, rien, aucun, jamais, nulle part,* etc.

Un deuxième procédé est attaché aux deux seuls pronoms [jam^{ə}r] et [al^{i}]. Il s'agit des déterminants dérivés [jam^{ə}rwa] ямарваа *de quelque sorte, de quelque nature que...* et [al^{i}wa] аливаа *quelque, tout, chaque, quel... que ce soit*

Structure de la phrase

- La phrase à expansions nominales (phrase simple)
    - Phrase à prédicat nominal
    - Phrase à prédicat verbal
- La phrase à expansions verbales (phrase complexe)
- Le sujet
- L'interrogation
- La négation

Nous disposons maintenant de l'essentiel des outils nécessaires à l'exploration de la phrase mongole. Ou plutôt *des* phrases, distinguées par la nature de leur prédicat et par leur degré de complexité.

Le verbe, avec l'existence de procédés exclusivement prédicatifs, tels les *indicatifs* et les *impératifs*, semble avoir sur ce plan une priorité naturelle. Mais il ne s'agit que d'une priorité, et non d'un monopole, comme (officiellement du moins) en français.

Toute unité susceptible d'être *déterminée* est par là-même capable d'être prédicat, puisque telle est la seule réalité de celui-ci, au prix éventuel de quelques précautions. Est par contre exclu ce qui ferait de l'unité pressentie un *déterminant* : aucun verbe affecté d'un gérondif ne peut plus être prédicat. Il en va de même, pour les mêmes raisons, pour tout nom porteur d'une marque de cas.

Par ailleurs, les types de phrases sont modelés par la nature des relations qui déterminent le prédicat. Sur un prédicat nominal, on s'attendra à la construction d'une phrase simple, les expansions étant elles-mêmes des noms. Mais cette belle simplicité est fragile : le nom prédicat peut être déterminé par un verbe-participe, et celui-ci peut à son tour recevoir les mêmes déterminants que tout autre verbe (gérondifs, autres participes affectés de cas nominaux, noms). Le prédicat verbal, pour sa part, aura accès d'emblée à l'ensemble de cette panoplie. La relative simplicité, et paradoxalement la richesse, la souplesse et la rigueur combinées du matériau disponible autorisent la construction de phrases complexes, éventuellement très longues en particulier à l'écrit.

Phrase à expansions nominales (phrase simple)

Phrase simple à prédicat nominal

Tout nom, ou unité à comportement nominal, peut être prédicat. Cette unité, occupant la position finale dans la phrase est déterminée par toutes celles qui la précèdent.

Dans le cas le plus élémentaire, un nom final est précédé de déterminants simples eux-mêmes nominaux

[en^{ə} ojut^{ə}n mong^{ə}l xün] ᠡᠨᠡ ᠣᠶᠤᠲᠠᠨ ᠮᠣᠩᠭᠣᠯ ᠬᠦᠮᠦᠨ Энэ оюутан монгол хүн *Cet étudiant est mongol (est un Mongol).* Dans cette phrase, le prédicat [xün] *homme* est directement déterminé par [ojut^{ə}n], sujet de la phrase et par [mong^{ə}l]. Le sujet [ojut^{ə}n] lui-même est déterminé par le démonstratif [en^{ə}]

Nous pouvons décomposer cette phrase en deux énoncés plus simples, lisibles sur le schéma ci-dessus : *Cet étudiant (est) un homme ; homme mongol*. Il y a donc superposition ici des schémas de la phrase et de ceux de la détermination nominale.

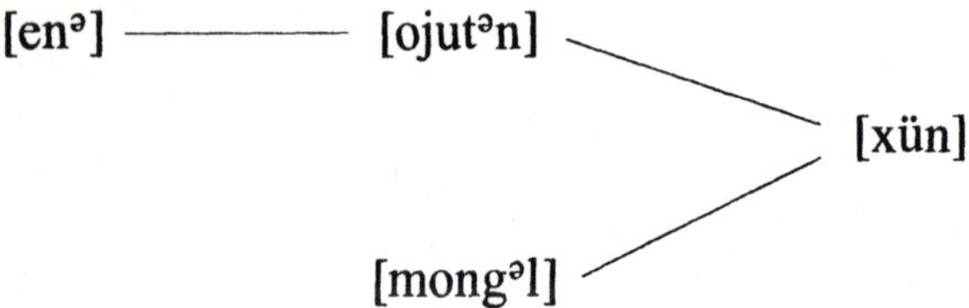

Le changement de l'ordre des termes produirait une phrase différente :
[en^{ə} xün mong^{ə}l ojut^{ə}n] ᠡᠨᠡ ᠬᠦᠮᠦᠨ ᠮᠣᠩᠭᠣᠯ ᠣᠶᠤᠲᠠᠨ Энэ хүн монгол оюутан *Cet homme est un étudiant mongol.*

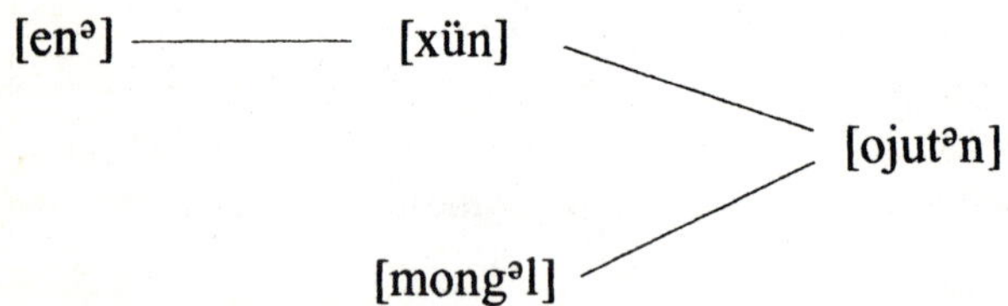

Tous les noms ou unités à comportement nominal sont ici admis :
[dorž^{i}n mor^{i} **xurd^{ə}n**] Доржийн морь хурдан *Le cheval de Dorj* ***(est) rapide*** (adjectif)
[irs^{ə}n bagš **gur^{ə}w**] Ирсэн багш гурав *Les professeurs qui sont arrivés* ***(sont) trois*** (numéral)
[en^{ə} zax^{i}a unšag^{ui} **či**] Энэ захиа уншаагүй чи ***(C'est) toi*** *qui n'as pas lu cette lettre*

A strictement parler, les expansions du prédicat nominal sont elles-mêmes nominales, formes nues ou marquées au génitif. Une exception est constituée par certains emplois de l'*ablatif*, dans des emplois comparatifs tels que :
[dorž batas **xurd^{ə}n**] Дорж Батаас хурдан *Dorj* ***est*** *plus* ***rapide*** *que Bat* (litt. *Dorj par rapport à Bat (est) rapide.*

Chaque nom en expansion directe est évidemment lui-même susceptible d'être déterminé, par un nom, mais aussi par un participe (dont les déterminants sont ceux du verbe) :
[en^{ə} dorž^{i}n čamd jawuls^{ə}n zax^{i}a] Энэ Доржийн чамд явуулсан захиа *C'est la lettre que Dorj t'a envoyée* (litt. *ceci (est) la lettre de Dorj envoyée à toi*)

Les participes utilisés comme prédicat, s'ils se comportent largement comme des prédicats verbaux en particulier par la nature de leurs déterminants, n'en présentent pas moins des points de ressemblance avec les prédicats nominaux, en particulier par l'emploi des copules :
[dorž batas xurd^{ə}n mön] Дорж Батаас хурдан мөн *Dorj est (plus) rapide que Bat* ;
[en^{ə} sa^{i}xan dorž^{i}n mor^{i} jum] Энэ сайхан Доржийн морь юм *(C'est) le beau cheval de Dorj.*
[bi čamd zax^{i}a jawuls^{ə}n jum] Би чамд захиа явуулсан юм *Je t'ai envoyé une lettre.*
[ter goldu a:wda zax^{i}a bičd^{ə}g jum] Тэр голдуу аавдаа захиа бичдэг юм *Il écrit souvent (des lettres) à son père.*

Phrase simple à prédicat verbal

Le prédicat verbal occupe bien entendu la position finale.

Dans ce type de phrase, les expansions, les déterminants du prédicat sont nominaux, qu'il s'agisse de noms ou de participes. Deux caractéristiques complémentaires essentielles : les expansions sont des apports facultatifs d'information, en fonction des besoins et des intentions de qui parle. Il n'y a pas en mongol d'expansion obligatoire, ce qui concerne surtout le sujet, nous y reviendrons. Par ailleurs, autre effet du même principe, le nombre des expansions n'est pas formellement limité, ce qui pose le problème de leur ordre respectif. En fait, ce nombre, dicté par la mémoire immédiate du locuteur... et par la patience de l'auditoire, est rarement très élevé, soit qu'on préfère fragmenter le discours en plusieurs phrases distinctes, soit qu'on passe à un type de phrases plus complexe.

[ax min^{i} a^{i}mg^{i}n töwd xu:č^{i}n maš^{i}nara oč^{i}w]

Ах минь аймгийн төврүү хуучин машинаараа очив

Mon frère s'est rendu au chef-lieu de la province dans sa vieille voiture

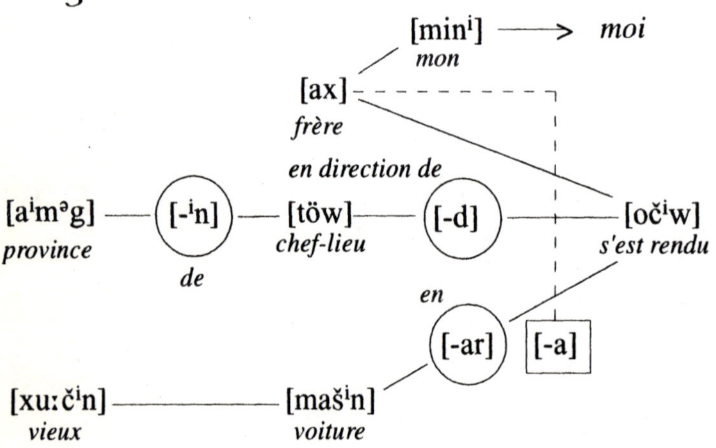

NB : La liaison pointillée représente le renvoi réfléchi de [maš^{i}nar] au sujet

Le prédicat verbal, ici l'indicatif fini du verbe [oč^{i}-] ᠣᠴᠢ- очи- *aller à, se rendre à* est spécifié par trois expansions, dont l'une est classiquement le sujet, non marqué, cependant que les deux autres sont aussi mises en relations au prédicat à l'aide d'un cas *datif-locatif* et d'un *instrumental.*

A l'intérieur de chaque expansion, des déterminants peuvent intervenir, sous des formes compatibles avec l'appartenance *nominale* du noyau (ici [ax], [a^{i}m^{ə}g] ou [maš^{i}n]), d'où l'utilisation de déterminants nominaux directs (noms ou participes) ou de noms au génitif.

Chaque expansion est indépendante des autres. Si l'ordre respectif des deux dernières expansions est ici à peu près indifférent, le sujet est ici en début de phrase. Cette place, sans être obligatoire, est la plus courante. Il existe donc un ordre "habituel", par rapport auquel les écarts possibles permettent des effets de sens intéressants : les deux positions les plus "visibles" étant en tête ou au contraire à proximité immédiate du prédicat, toute expansion qui les occupe jouit d'une insistance soulignée. Telle est sans doute la cause de la position initiale le plus souvent réservée au sujet. Mais, placer par exemple l'expansion [maš^{i}nar] avant [ax] produirait un effet du genre *C'est en voiture que mon frère.* Par contre, [a^{i}mg^{i}n töwd] en tête signifierait plutôt *C'est au chef-lieu de la province que mon frère...*

En outre, mais nous y reviendrons, aucune de ces expansions n'est obligatoire, le sujet ne faisant pas exception.

L'adjonction de nouvelles expansions directes du prédicat, ou l'enrichissement de celles déjà existantes, s'opère de la façon la plus simple à condition de respecter la position finale du prédicat (tout mot inséré après [oč^{i}w] ferait partie de la phrase suivante) mais aussi, en principe, l'intégrité de chaque expansion (il serait impossible d'intercaler une information entre [a^{i}mg^{i}n] et [töw] sans modifier l'organisation et le sens de la phrase).

Alourdissons la phrase prise en exemple :

[tendes xow^{ə}r nom ol^{ə}x sanat^{əi} ba^{ig}a ax min' ulanbaːt^{ə}r xotos dundgow^{i} a^{i}mg^{i}n töwrü xuːč^{i}n ačan^{i} maš^{i}nar saj^{ə} oč^{i}w]

Тэндээс ховор ном олох санаатай байгаа ах минь Улаан-баатар хотоос Дундговь аймгийн төврүү хуучин ачааны машинаар саяя очив

Mon frère, qui a (avait) l'intention d'y trouver des livres rares, s'est récemment rendu d'Ulaanbaatar vers le chef-lieu de la province du Gobi-central dans un vieux camion

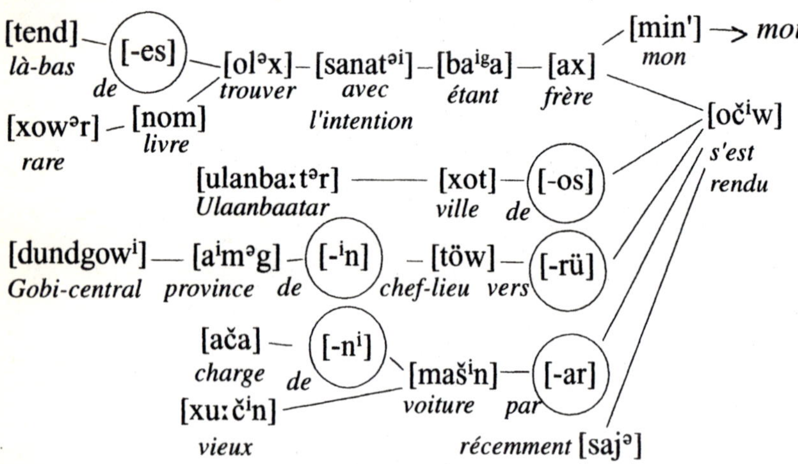

On retrouve ci-dessus, le schéma de la phrase précédente : *Le frère... s'est rendu... de la ville... au chef-lieu... en voiture*. Mais chaque expansion s'est enrichie d'un ou plusieurs déterminants, et ceux-ci à leur tour des leurs. Notons la présence ici de trois types de détermination :

- déterminant nominal direct du prédicat. C'est ce qu'effectue le sujet, mais aussi le déterminant adverbial [saj^{ə}] ;

- déterminant nominal ayant recours à une unité spécialisée de mise en relation ([tõwrü], [maš^{i}nar]) ;

- apparaissent ici, dans la détermination du sujet [ax], des participes ([ba^{ig}a], [ol^{ə}x]) éventuellement associés aux deux procédés précédents [il est par exemple fréquent de rencontrer des participes au datif-locatif servant à préciser le *moment* de l'événement : [ter gerte ba^{i}x^{ə}d son^{i}no uṇšla] Тэр гэртээ байхад сониноо уншлаа *Alors qu'il était chez lui, il a lu son journal* :

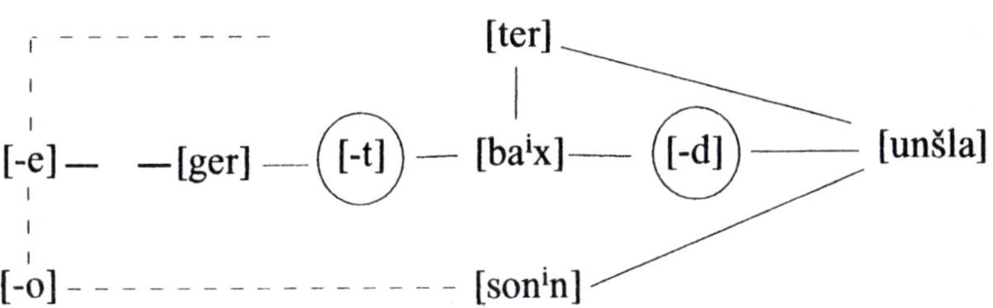

(Nous indiquons ici en pointillé l'"itinéraire" du renvoi pronominal réfléchi)

Le participe manifeste ici clairement son ambivalence : *nom* au datif-locatif pour le prédicat verbal, il est un verbe pour son déterminant [ger] qui se rattache à lui, aussi, par un datif-locatif. Le participe, de ce fait, marque une transition entre phrase simple et phrase complexe, caractérisée comme nous le verrons par le rôle de la détermination verbale].

Nous avons déjà signalé que chaque expansion était à la fois facultative et indépendante des autres (ce qui signifie qu'elles sont mobiles, non que les changements d'ordre seraient sans incidence sur le sens). Dans la phrase analysée ici, chaque expansion est à la fois syntaxiquement équivalente aux autres (détermination de [oč^{i}w]) et formellement distincte, trois étant liées au prédicat par un cas, cependant que deux opèrent une détermination directe, ce qui est le cas aussi bien de l'adverbe [saj^{ə}] que du sujet [ax]. Intéressons-nous de plus prêt à ce dernier.

Le sujet

Une phrase mongole standard comporte un sujet, placé le plus souvent en tête de la phrase. Cette réalité répond à la grande probabilité que cette information soit utile, voire nécessaire à la communication, ce qui lui assure un statut privilégié. Mais il ne s'agit pas d'une contrainte formelle, d'une obligation grammaticale. Il arrive qu'on n'ait pas envie, ou besoin de dire *qui a...*, surtout si le fait est notoire.

Rien de plus simple. Plutôt que des constructions impersonnelles souvent lourdes, dans lesquelles les pronoms *il* ou *on* n'ont de "sujet" que la fonction grammaticale, on se contente d'une phrase sans sujet : la phrase précédente resterait correcte en devenant [gerte ba^{i}x^{ə}d son^{i}no unšla] ᠭᠡᠷ ᠲᠡᠭᠡᠨ ᠪᠠᠢᠬᠤ ᠳᠤ ᠰᠣᠨᠢᠨ ᠢᠶᠠᠨ ᠤᠩᠰᠢᠯᠠ ᠃ Гэртээ байхад сониноо уншлаа mais sa traduction française pourrait s'avérer problématique, puisque nous devrons "inventer" un sujet. Seul le contexte (qui a souvent bon dos) nous dira si c'est *Moi, toi, lui* ou *un ami de son oncle* qui, *alors qu'il était chez (lui), a lu (son) journal.*

On peut constater que la phrase ne subit aucune autre modification que la disparition du sujet [ter]. L'absence du sujet n'est toutefois pas totale puisque le pronom réfléchi est toujours aussi actif et important. N'ayant d'autre raison d'être que le renvoi au sujet, le pronom suffit à établir que le nom qu'il marque *n'est pas* le sujet.

Les marqueurs du sujet

Cette identification d'un nom comme n'étant pas sujet tient à ce que tout nom sans marque de relation peut remplir cette fonction. Des ambiguïtés et des confusions sont donc possibles. Ce risque augmente avec la longueur et la complexité de la phrase, mais aussi quand le sujet quitte sa place initiale habituelle.

Dans ce cas, sans qu'il existe d'unité étroitement spécialisée (il n'existe pas de *cas du sujet*), plusieurs procédés aident à son repérage.

Un des plus employés est l'usage du pronom possessif personnel. Outre que le renvoi à une information extérieure n'est effectivement pas rare, le pronom gardant alors son sens "possessif" habituel, un mécanisme original intervient. Il nous rappelle que les Mongols sont bons joueurs d'échecs : un nom, marqué du pronom réfléchi, ne peut être sujet, or le possessif personnel exclut le réfléchi, donc le nom marqué du possessif personnel est ici sujet :

[töm^{ə}r ^{ə}n šire xi:w] Төмөр нь ширээ хийв *Tömör a fait une table* alors que la phrase [töm^{ə}r šire xi:w] Төмөр ширээ хийв serait immanquablement comprise comme *(On) a fait une table en fer*

Le pronom employé est souvent le pronom de troisième personne [n^{i}] нь, en particulier à l'écrit :

[bagš ^{ə}n xičele xi:w] Багш нь хичээлээ хийв *Le professeur a fait son cours.*

C'est cette construction qui permet de faire d'un participe le sujet d'un prédicat verbal, style courant des titres de presse :

[ox^{i}d tam^{i}x tat^{ə}x ^{ə}n ix^{ə}sle] Охид тамхи татах нь ихэслээ *La consommation de tabac des jeunes filles s'est accrue* (litt. *le fait que les jeunes filles fument*) relevé dans le journal Ardyn erx du 13 mai 1995 :

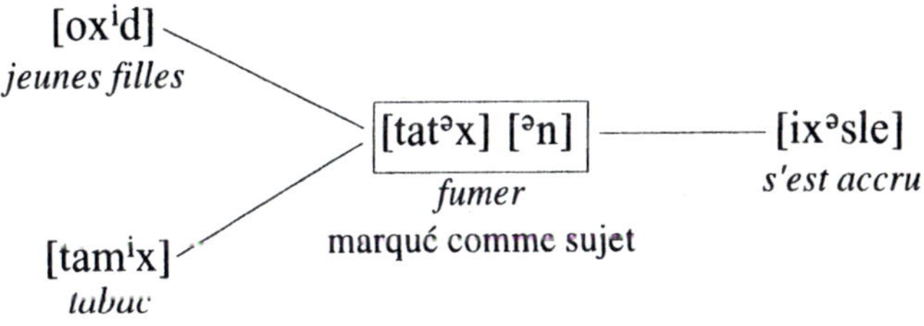

A l'oral surtout, le marquage du sujet s'effectue très souvent grâce au pronom de *deuxième personne* [čin^{i}] чинь. Cette dernière n'est autre que l'interlocuteur, pris ainsi à partie :

[en ojut^{ə}n čin' id^{ə}wxt^{əi} surn^{ə}] Энэ оюутан чинь идэвхтэй сурна *Cet étudiant travaille bien* (litt. *étudie activement*), et non *ton étudiant...*

Il existe un autre procédé qu'il est possible de traiter dans la pratique comme un marqueur du sujet, bien qu'il fasse appel à un mécanisme qui nous est surtout familier dans l'énoncé des problèmes de mathématiques. C'est ce qu'on décrit couramment comme l'usage d'une "particule" [bol] suivant le sujet qu'elle marque :

[ec^{ə}g bol xü:x^{ə}dde ger^{i}n až^{i}ld ^{ə}n tus^{ə}lla] Эцэг бол хүүхэддээ гэрийн ажилд нь тусаллаа *Le père a aidé ses enfants pour leurs devoirs*. En fait, cette "particule" n'est autre que l'impératif du verbe [bol-] бол- *être, devenir*, fréquemment employé comme auxiliaire. Nous sommes donc en présence d'un énoncé introductif du type *Soit le père* suivi d'une deuxième phrase, en fait sans sujet *(il) aide ses enfants*...

Enfin, un procédé largement réservé à la langue écrite mérite une mention. Il s'agit en fait d'un usage détourné du cas *instrumental*, la parenté entre la valeur de *détermination exclusive* de celui-ci et le rôle privilégié du sujet étant ainsi soulignée. Sa forme actuelle [-ber/-wer] est directement de l'écriture mongole uigur. Dans celle-ci en effet, ce procédé se distingue du "vrai" *instrumental* en ne présentant qu'une forme, invariablement là où le cas normal présente une variation entre et suivant le contexte (voir plus haut). Bien qu'il s'agisse d'un procédé de marquage sans effet de sens fortement souligné, on pourra souvent le rendre en usant des construction *Quant à (lui), il...* ; *En ce qui le concerne, il...* :

[terber bagš nar^{i}n ni:gm^{i}n bat^{ə}lgan^{i} talar asuw] Тэрбээр багш нарын нийгмийн баталгааны талаар асуув *Pour sa part, elle a posé des questions relatives à la couverture sociale des enseignants*.

La phrase à expansions verbales (phrase complexe)

Nous avons qualifié de *phrases simples* les phrases dont le prédicat, qu'il soit nominal ou verbal, n'est déterminé que par des déterminants nominaux : noms, pronoms, ou participes.

Mais il est fréquent que la relation d'un événement fasse appel à l'exposé d'épisodes multiples et interdépendants. Les limites de la phrase simple, dans ces conditions sont vite atteintes. Son allongement est une gêne pratique, mais surtout la répétition des mêmes mécanismes de détermination difficile à isoler les uns des autres accumule les ambiguïtés.

Imaginons que *Mon frère s'est rendu d'Ulaanbaatar au chef-lieu en voiture. Il a acheté des livres pour pas cher. Il est rentré en autobus dans la capitale.* Nous pouvons décrire l'événement en autant de phrases simples qu'il y a d'épisodes autonomes : Mais nous pouvons aussi faire de ces phrases une seule, qui contient tous les éléments d'information et toutes les relations nécessaires. C'est ce type d'énoncé que nous désignerons comme une phrase complexe.

En mongol, c'est naturellement l'épisode placé en fin de phrase qui fournit le prédicat, les autres épisodes appelant des expansions qui en spécifient les conditions ou les circonstances. Chaque expansion peut être non seulement une phrase simple, mais aussi une autre phrase complexe en contenant éventuellement plusieurs autres

Hormis les situations dans lesquelles des noms assurent une détermination directe du prédicat (il n'y a pas sur ce plan de différence entre phrase simple et complexe), deux grands types d'expansion rivalisent et se complètent : les expansions dont le noyau est constitué par un participe associé aux procédés nominaux de mise en relation (*cas* et *postpositions*) ; celles qui font appel à un procédé spécialisé de détermination verbale (*gérondif*).

Le premier type d'expansion resterait dans la phrase simple si les déterminants que le participe peut recevoir en tant que verbe ne l'associaient aussi étroitement aux choix offerts par les gérondifs. Par rapport à ceux-ci, la différence réside dans la valeur absolue propre au participe. Une même phrase change de sens, même si un même cas détermine le prédicat, grâce à l'actualisation spécifique de chaque participe :

[bagš ojutn^{i}g surgul^{i}d irsn^{i}g medle]

Багш оюутныг сургуульд ирснийг мэдлээ

Le professeur a appris que l'étudiant est arrivé à l'école ;

[bagš ojutn^{i}g surgul^{i}d ir^{ə}x^{i}g medle]

Багш оюутныг сургуульд ирэхийг мэдлээ

Le professeur a appris que l'étudiant viendra à l'école,

[bagš ojutn^{i}g surgul^{i}d ird^{ə}g^{i}g medle]

Багш оюутныг сургуульд ирдэгийг мэдлээ

le professeur vient d'apprendre que l'étudiant vient (régulièrement) à l'école

L'autre type d'expansion repose sur des bases quelque peu différentes, la subordination au prédicat y étant établie par un gérondif, dépourvu de valeur d'actualisation absolue. Ce sont ces différences et cette complémentarité qui sont mises en oeuvre dans toute la richesse de la phrase complexe mongole :

[ax min' xödönös xotru maš^{i}nar oč^{i}ž nom^{i}g delgüres xjamdx^{ə}n awad šuːd awt^{o}b^{u}sar niːsl^{ə}ld buc^{ə}w]

Ах минь хөдөөнөөс хотруу машинаар очиж номыг дэлгүүрээс хямдхан аваад шууд автобусаар нийслэлд буцав

Mon frère, s'étant rendu de la campagne à la ville, a acheté à bon marché des livres à la librairie puis est rentré dans la capitale par un autobus direct

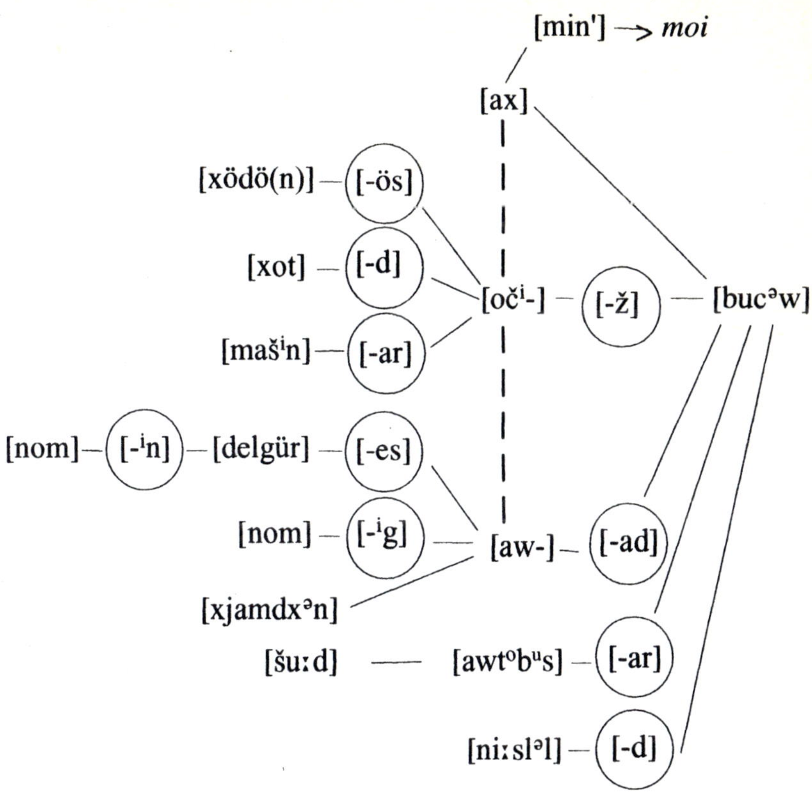

La liaison indiquée en pointillés à partir de [ax], souligne qu'il est sujet du prédicat [buc^{ə}w], mais aussi des deux verbes subordonnés [oč^{i}ž] et [awad]

Le mécanisme est en lui-même relativement simple. Le prédicat est en général verbal (*indicatif* ou *impératif*), l'utilisation d'un prédicat nominal rendant obligatoire l'intervention d'un participe. Ce prédicat est lui-même déterminé par des expansions, verbes eux-mêmes spécifiés par leurs propres déterminants. La relation au prédicat de ces "sous"-prédicats, noyaux d'une proposition subordonnée, est établie par les unités relationnelles verbales (gérondifs) déjà présentées.

D'une part, le prédicat verbal [buc^{ə}w] se comporte avec ses déterminants nominaux [ax], [awt^{o}b^{u}sar], [ni:sl^{ə}ld], comme le noyau d'une phrase simple telle que celle vues précédemment ; d'autre part, il est déterminé par les verbes-gérondifs [oč^{i}ž] et [awad].

Les mécanismes de la phrase simple et de la phrase complexe peuvent se manifester à différents niveaux d'une même phrase : ici, deux instrumentaux dont l'un, [awt^{o}b^{u}sar], détermine le prédicat, cependant que l'autre, [maš^{i}nar], appartient à l'expansion [...oč^{i}ž]. Ceci est sans inconvénient, à condition de maîtriser les ambiguïté qui accompagnent cette souplesse.

Le remède le plus aisé est l'ordre des mots : dans notre phrase, placer [awt^{o}b^{u}sar] avant le gérondif [...oč^{i}ž] serait syntaxiquement correct, mais risquerait justement de le faire passer pour un déterminant de [oč^{i}ž]. Placé derrière, il ne peut plus en être le déterminant, et ne peut plus être mis en relation qu'avec le verbe qui le suit. Ce qui est ici fortement constitutif du sens - l'indépendance des expansions entre elles - est aussi un moyen essentiel de clarification. L'ordre et l'emplacement des expansions et des déterminants, avant de répondre à des choix stylistiques ou esthétiques a priori, doivent assurer cette transparence.

Les déterminants sont propres à chaque expansion. Le rappel d'un terme d'une expansion dans une autre met en jeu les mécanismes pronominaux. Une seule exception apparente : le sujet de la phrase peut être également sujet des verbes des expansions. En fait, on peut plutôt parler ici de subordonnées sans sujet. Quand le sujet de la subordonnée et le sujet de la phrase sont différents, pratiquement le seul cas où on puisse parler d'une syntaxe propre de l'expansion, le sujet de la subordonnée est mis à l'*accusatif*, le sujet de la phrase restant conforme à ce que nous avons décrit (forme nominale non marquée, usage des marqueurs pronominaux ou [bol], mais aussi omission du sujet) :
[bi čam$^{ə i}$g ired en^{ə} zax^{i}a jawul^{ə}w]

Би чамайг ирээд энэ захиа явуулав
J'ai envoyé cette lettre après que tu es arrivé

Même dans une phrase sans sujet, la mise à l'accusatif de celui d'une subordonnée empêche qu'il soit pris pour celui du prédicat :
[čam$^{ə i}$g ired en^{ə} zax^{i}a jawul^{ə}w]

Чамайг ирээд энэ захиа явуулав
(*quelqu'un*, **hormis *toi***) *a envoyé cette lettre après que tu es arrivé.*

Cette utilisation de l'accusatif tire parti de l'absence de contenu sémantique spécialisé propre à ce cas. Elle se retrouve aussi quand le noyau de la subordonnée se trouve être un participe :
[bi čam^{əi}g irsn^{i}g en^{ə} zax^{i}anas medle]
Би чамайг ирснийг энэ захианаас мэдлээ
J'ai appris que tu es arrivé par cette lettre (litt. *de cette lettre*)

Rien ne s'oppose à l'emploi, dans la même proposition, de deux accusatifs, dont l'un est le sujet de la subordonnée, alors que l'autre, qui en est ici le noyau, est un banal "complément d'objet" du prédicat final.

Sans autre modification de la syntaxe de la phrase et de l'expansion, c'est le changement d'un gérondif pour un autre, ou le remplacement d'un gérondif par une construction associant un cas nominal à un participe, qui bouleverse le sens d'une phrase.

La même expansion, jouant un rôle identique de détermination, de précision apportée à l'événement exprimé par le prédicat, fournira des éléments de sens qui seront suivant les cas des circonstances, des conditions très diverses :

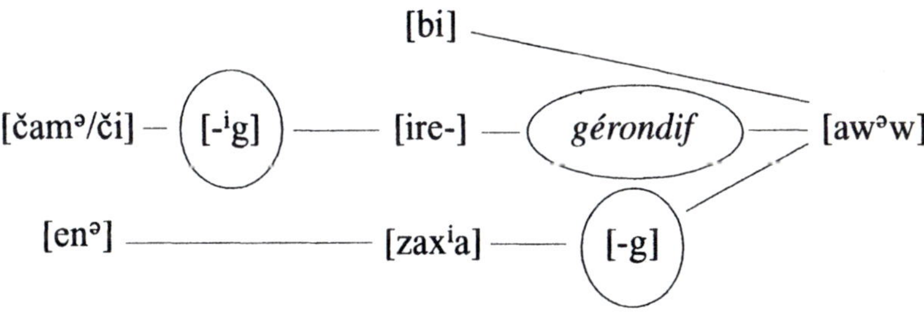

[bi čam^{əi}g ired en^{ə} zax^{i}ag aw^{ə}w]
Би чамайг ирээд энэ захиаг авав
J'ai reçu cette lettre après que tu étais arrivé

[bi čam^{əi}g irm^{ə}gc en^{ə} zax^{i}ag aw^{ə}w]
Би чамайг ирмэгц энэ захиаг авав
J'ai reçu cette lettre dès que tu es arrivé

[bi čam^{əi}g irt^{ə}l en^{ə} zax^{i}ag aw^{ə}w]

Би чамайг иртэл энэ захиаг авав

J'ai reçu cette lettre avant que tu arrives

[bi čam^{əi}g irw^{ə}l en^{ə} zax^{i}ag aw^{ə}w]

Би чамайг ирвэл энэ захиаг авав

J'aurais reçu cette lettre si tu étais arrivé

[bi čam^{əi}g irewč en^{ə} zax^{i}ag aw^{ə}w]

Би чамайг ирэвч энэ захиаг авав

J'ai reçu cette lettre bien que tu sois arrivé

Certains messages peuvent sembler, sans doute à tort, bien improbables dans la pratique. Mais la structure de la phrase reste constante.

Nous retrouverons, dans les matériaux fournis plus loin, de très nombreuses phrases à prédicat verbal du même type, comportant simultanément une ou des expansions à noyau verbal gérondif, et une ou des expansions à noyau nominal intervenant en détermination directe ou par l'intermédiaire d'un cas.

L'interrogation

Il existe en mongol deux types d'interrogation. Le premier consiste à formuler une hypothèse et correspond à des questions telles que *Est-ce ceci ? Y a-t-il cela ?Est-il arrivé ?Avez-vous bien mangé ? Ce cheval est-il rapide ?* etc.

Le second met en jeu des pronoms interrogatifs qui désignent une information considérée comme manquante, et dont la fourniture est réclamée à l'interlocuteur : *Quand est-il arrivé ? Qui a téléphoné ? Combien de lettres as-tu envoyé ? Jusqu'à quel point est-il honnête ?* etc. Aucun de ces procédés ne met en jeu une syntaxe particulière.

Interrogation hypothétique

La phrase interrogative du premier type est construite strictement sur le même modèle que la phrase affirmative. Toute phrase, à l'exception d'un prédicat impératif, est susceptible d'être utilisée comme interrogation. La seule différence tient à l'intervention en fin d'interrogation, d'une unité [u]/[ü], plus fait prosodique, onomatopée, qu'unité grammaticale. Ceci se vérifie par le fait qu'elle intervient même <u>après</u> un indicatif, pourtant exclusivement prédicat et donc toujours en position finale).

Indépendamment des apparences de l'écriture, on ne laissera aucune pause se glisser entre le prédicat proprement dit et cette voyelle, la phrase risquant d'être alors comprise comme affirmative et non interrogative. La tendance à la montée de l'intonation dans les phrases interrogatives, est réelle, mais le plus souvent modérée.

A l'oral, et en cyrillique, les finales vocaliques appellent un hiatus palatal : [^{j}u] ou [^{j}ü]. L'orthographe cyrillique est de forme уу / үү suivant le vocalisme et юу / юү dans les positions faisant appel à l'hiatus. L'orthographe uigur note classiquement cette unité en la détachant du terme qu'elle marque ([ba^{i}nu] étant noté ᠪᠠᠢᠨ᠎ᠠ ᠤᠤ), mais on peut rencontrer dans les publications de Mongolie intérieure, au moins avec l'indicatif présent-futur, une forme liée ([ba^{i}nu] noté ᠪᠠᠢᠨᠠᠤ) :
[en^{ə} nomu ?] ᠡᠨᠡ ᠨᠣᠮ ᠤᠤ ᠉ Энэ ном уу ? *Est-ce un livre ?* (ou *est-ce ce livre*) ?

[mön xar^{ə}nda^{j}u ?] Мөн харандаа юу ? *Est-ce bien ce crayon ?*
[čin^{i} nom son^{i}nu ?] Чиний ном сонин уу ? *Ton livre est-il intéressant ?*
[dulma^{gi}n mor^{i} xurd^{ə}n mönü ?] Дулмаагийн морь хурдан мөн үү ? *Le cheval de Dulma est-il rapide ?*
[bat irsnü ?] Бат ирсэн үү ? *Bat est-il arrivé ?*
[sa^{i}n ba^{i}nu ?] Сайн байна уу ? *(Vous) allez bien ?*
[či nam^{əi}g ired en^{ə} zax^{i}ag jawul^{ə}wu ?] Чи намайг ирээд энэ захиаг явуулав уу ? *As-tu envoyé cette lettre après que j'étais arrivé ?*

Plus qu'un procédé strictement technique réservé à l'interrogation, c'est plutôt un moyen d'impliquer l'interlocuteur, dont on attend qu'il confirme ou infirme le message, par des mots ou par des actes, d'où de fréquents usages impératifs :
[en^{ə} dewt^{ə}r awnu ?] Энэ дэвтэр авна уу ? *Prenez ce cahier !*
[nad^{ə}d talx ögnü ?] Надад талх өгнө үү ? *Donnez-moi du pain !*

On l'a vu dans la phrase [dulma^{gi}n mor^{i} xurd^{ə}n mönü ?], cette interrogation est tout à fait compatible avec la présence d'une copule, que celle-ci soit [mön], [jum] ou [biː]. Cette construction donne naissance à deux procédés, [jumu] юмуу ou [buju] буюу, souvent considérés comme autonomes, et qui peuvent être traduits par notre conjonction *ou, ou bien*. En fait, [jumu] intervient sans changement et [buju] n'est autre, malgré ses orthographes liées et буюу, qu'une variante de la combinaison [bu^{i} + u] бий юү буй юу. Il s'agit dans un cas comme dans l'autre d'une variante de l'interrogation alternative, construite sur deux phrases en fait indépendantes :

[en^{ə} xar^{ə}nda ulanu, nogonu ?] Энэ харандаа улаан уу, ногоон уу ? *Ce crayon est-il rouge ou vert ?*
[ter xoːl ün^{ə}t^{əi}jü, xjamdu ?] Тэр хоол үнэтэй юү, хямд уу ? *Ce plat est-il cher ou bon marché ?*
[ax čin' bič^{i}wü, ut^{ə}sd^{ə}wu ?] Ах чинь бичив үү, утасдав уу ? *Ton frère a-t-il écrit ou téléphoné ?*

Interrogation pronominale

Bien que désignée par le même terme générique, cette interrogation est essentiellement différente de la précédente. Il ne s'agit plus de recueillir un avis, mais de requérir une information. La phrase contient un élément interrogatif, qui peut être un des pronoms interrogatifs, mais aussi un des verbes [jaː-] ou [xerx^{ə}-], de sens interrogatif *faire comment*. Chaque pronom délimite une zone d'information manquante à "remplir" avec plus ou moins de précision.

Hormis la présence de ces termes, le seul fait particulier est l'existence d'une marque apparemment spécialisée intervenant à la fin de la phrase interrogative de ce type, en l'occurrence une consonne [w^{ə}] ou [b^{ə}] (après [m], [n], [w]) nettement vocalisée, au point de justifier une notation en écriture cyrillique вэ ou бэ. En écriture mongole uigur, cette unité dévoile son identité : notée ᠪᠡ , c'est la copule [biː] déjà rencontrée et qui joue ici une redondance assez rare en mongol.

La particularité de sa prononciation, une vocalisation ouverte de la consonne (qui n'est toutefois pas une consonne suivie d'une voyelle [e]) tient à ce qu'elle acquiert ici un statut de suffixe pur et simple, et non d'unité autonome comme précédemment. En fait de nombreuses observations relevées montrent que les deux prononciations sont loin d'être aussi éloignées l'une de l'autre que la norme actuelle le dicte (бий et вэ semblant en effet avoir peu de chose en commun) :

[bat xeze irsnb^{ə} ?] Бат хэзээ ирсэн бэ ? *Quand Bat est-il arrivé ?*

[ojut^{ə}n xed^{ə}n dewt^{ə}rt^{əi}w^{ə} ?] Оюутан хэдэн дэвтэртэй вэ ? *Combien l'étudiant a-t-il de crayons ?*

[šuːd^{ə}n xaːn^{ə} ba^{i}n^{ə}w^{ə} ?] Шуудан хаана байна вэ ? *Où est la poste ?*

[ta jam^{ə}r nom awč^{i}rs^{ə}nb^{ə} ?] Та ямар ном авчирсан бэ ? *Quels livres avez-vous apportés ?*

L'emploi du suffixe [-w^{ə} ?] n'est pas toujours obligatoire : une question simple, comme *Où est la poste ?* peut être formulée aussi bien [šuːd^{ə}n xaːn^{ə} ba^{i}n^{ə} ?] que [šuːd^{ə}n xaːn^{ə} ba^{i}n^{ə}w^{ə} ?]. Il est plus difficile de l'omettre dans une phrase dont le prédicat est un participe que dans une phrase à l'indicatif, ce qui rappelle sa réalité de copule.

Son emploi est aussi possible en présence d'usages non interrogatifs des pronoms, fréquents en mongol : [jam^{ə}r sa^{i}x^{ə}n öd^{ə}rw^{ə} !] Ямар сайхан өдөр вэ ? *Quelle belle journée !*

La construction de cette phrase interrogative est la même, que le pronom soit expansion directe du prédicat ou déterminant :
[bagš xeze ir^{ə}xw^{ə} ?] Багш хэзээ ирэх вэ ? *Quand arrivera le professeur ?* mais aussi
[bid al^{i} maš^{i}nd su:xw^{ə} ?] Бид аль машин суух вэ ? *Dans quelle voiture montons-nous ?*
[ter xer sa^{i}n až^{i}ll^{ə}d^{ə}gw^{ə} ?] Тэр хэр сайн ажилладаг вэ ? *Travaille-t-il bien ?* (litt. *à quel point bien...*).

Il est naturellement possible d'émettre plusieurs interrogations dans une même phrase :
[bat jam^{ə}r nom xa:nas aws^{ə}nb^{ə} ?] Бат ямар ном хаанаас авсан бэ ? *D'où Bat a-t-il pris quels livres ?*
[xen xeze irs^{ə}nb^{ə} ?] Хэн хэзээ ирсэн бэ ? *Qui est arrivé quand ?*

C'est ce principe qui joue quand on répète le pronom. Poser deux fois la même question en une seule suggère l'attente de réponses distinctes, c'est à dire comportant plusieurs éléments d'information :
[či jam^{ə}r jam^{ə}r nom unš^{i}s^{ə}nb^{ə} ?] Чи ямар ямар ном уншсан бэ ? *Quels livres as-tu lus ?* alors que la question simple [či jam^{ə}r nom unš^{i}s^{ə}nb^{ə} ?] pouvant signifier indifféremment *Quel livre as-tu lu ?* ou *Quels livres as-tu lus ?*

Le lecteur imaginera sans peine le sens des couples [xen xen] хэн хэн ; [ju ju] юу юу ; [xeze xeze] хэзээ хэзээ ; [al^{i} al^{i}] аль аль.

La négation

Il serait mieux adapté de parler des négations. Le mongol distingue, par le recours à des procédés distincts, sans rapports entre eux, les deux phénomènes logiques que sont la négation *absolue* de l'existence (*Il n'y a pas, ceci n'existe pas*) et celle, *relative*, de l'identité (*Ce n'est pas, ceci existe mais n'est pas ce qu'on en a dit*).

Négation absolue

Suffixation négative [üg^{əi}/-g^{üi}]

Pour la négation du premier type (négation de l'existence), le mécanisme le plus usuel fait appel à un seul procédé, l'unité [üg^{əi}/üg^{üi}] ᠦᠭᠡᠢ үгүй dont le sens central est le *non-être*, la *non-existence*, mais est aussi le *Non !* de la conversation. Il s'agit d'un nom, ce qui comporte des conséquences essentielles pour la construction de la phrase négative. Ce nom a partiellement évolué vers un statut de suffixe, perdant au passage son radical propre, phénomène courant en mongol : [üg^{əi}/üg^{üi}] devient [-g^{əi}/-g^{üi}] mais, s'il est aligné sur l'oral en cyrillique, prenant la forme suffixale invariable -гүй, il reste invariablement ᠦᠭᠡᠢ en écriture mongole uigur.

Cette unité négative est d'une part toujours utilisée en position déterminée (d'où à coup sûr son évolution suffixale). Conséquence de son appartenance nominale, elle ne peut être déterminée que par des unités elles-mêmes susceptibles d'être des déterminants nominaux.

Très concrètement, il est tout à fait impossible d'utiliser cette construction négative avec un indicatif, un impératif ou un gérondif, ceux-ci étant soit exclusivement verbaux. Vouloir dire *Il n'est pas venu* sous la forme [*ter ir^{ə}wg^{üi}] est une des fautes les plus graves qu'on puisse commettre en mongol.

Les seuls mots qui peuvent être utilisés avec la négation [üg^{əi}/-g^{üi}], et par conséquent servir de prédicat à une phrase négative, sont donc les noms et, pour ce qui est des verbes, uniquement les participes.

Utilisée avec un nom, elle indique directement l'*absence*, et donc le fait d'*être sans...* ou de *ne pas avoir* (il n'existe pas de verbe *avoir* en mongol) :

[ojut^{ə}n xar^{ə}ndag^{üi}] Оюутан харандаагүй *L'étudiant n'a pas de crayon.*
[öwg^{ə}n malg^{əi}g^{üi}] Өвгөн малгайгүй *Le vieillard n'a pas de chapeau.*

Si le prédicat nominal affecté de cette négation est bien possible, elle est plus fréquente dans des expansions directes ou indirectes :
[ojut^{ə}n xar^{ə}ndag^{üi} ir^{ə}w] Оюутан харандаагүй ирэв *L'étudiant est venu sans crayon.*
mais
[xar^{ə}ndag^{üi} ojut^{ə}n ir^{ə}w] Харандаагүй оюутан ирэв *L'étudiant qui n'a pas de crayon est venu.*

Par contre, sa plus vaste sphère d'emploi prédicatif l'associe aux participes, avec lesquelles elles constitue le procédé privilégié de formation de phrases négatives :
[ter öglö ert bosd^{ə}gg^{üi}] Тэр өглөө эрт босдоггүй *Le matin, il ne se lève pas de bonne heure.*
[bi tü:nd zax^{i}a bičixg^{üi}] Би түүнд захиа бичихгүй *Je ne lui écrirai pas de lettre.*
[ax min^{i} xotos ar^{əi} buc^{ə}ž ireg^{üi}] Ах минь хотоос арай ирээгүй *Mon frère n'est pas encore rentré de la ville.*

Les participes jouent un rôle important : les événements au présent-futur sont rendus à l'aide de l'assemblage *participe futur - suffixe négatif* [-xg^{üi}] -хгүй. Il est parfois déroutant d'hésiter entre "présent" et "futur", mais nous devons nous habituer à ce que [bi med^{ə}xg^{üi}] би мэдэхгүй signifie aussi bien *Je ne sais pas* que *Je ne saurai pas*, alors que la construction identique [ba^{i}xg^{üi}] байхгүй a généralement la valeur de *Non, il n'y en a pas*.

L'emploi négatif du participe [-d^{ə}gg^{üi}] -даггүй, est obligatoire dès que l'événement est régulier ou répété, ce qui correspond à bien des usages français du présent de l'indicatif :

[mong^{ə}lčud tü:x^{i} max bar^{ə}g id^{ə}d^{ə}gg^{üi}]
Монголчууд түүхий мах бараг иддэггүй
Les Mongols ne mangent presque pas de viande crue.

La négation d'un événement situé dans le passé fait appel le plus largement au participe infinitif. Celui-ci ne mérite nulle part mieux cette définition. Nous l'avons souligné, l'intervention d'un nouveau suffixe, quel qu'il soit, n'affecte pas l'unité lexicale qu'il marque, mais l'ensemble que celle-ci forme avec toutes les spécifications (déterminations ou actualisations) déjà reçues. Dans le cas de la négation d'un participe, ce n'est donc pas le verbe lui-même qui est remis en cause, mais également, voire surtout, la valeur que lui confère le participe.

Ainsi dans l'exemple ci-dessus, c'est le caractère régulier, permanent du fait de *manger* qui est nié. De même, l'utilisation négative d'un *participe passé fini* nie le caractère *accompli* de l'événement et non nécessairement sa réalité même : [malč^{i}n gerte irs^{ə}ng^{üi}] Малчин гэртээ ирсэнгүй signifie plutôt *L'éleveur n'est pas encore arrivé chez lui*. Ce qui est mis en doute est moins la venue de l'éleveur que le fait qu'elle soit *accomplie* au moment où la phrase est produite.

La négation la plus simple est exprimée avec le *participe infinitif* : [malč^{i}n gerte ireg^{üi}] Малчин гэртээ ирээгүй *L'éleveur n'est pas arrivé chez lui* ;
[awt^{ə}b^{u}s buːd^{ə}l deːr zogsog^{üi}] Автобус буудал дээр зогсоогүй *L'autobus ne s'est pas arrêté à la station* ;
[žanč^{i}w ter nom^{i}n delgüres son^{i}n nom^{i}g xud^{ə}ld^{ə}n awč čadag^{üi}] Жанчив тэр номын дэлгүүрээс сонин номыг худалдан авч чадаагүй *Djanchiv n'a pas pu acheter de livres intéressants dans cette librairie.*

Négation infinitive [-ad^{üi}]

C'est encore le contenu in-finitif (et non *duratif*) du participe qui se vérifie dans une construction alternative à [-g^{üi}] -гүй, en lui associant l'unité démonstrative [öd^{əi}] өдий *à ce point, tellement*, qui prend la forme d'un suffixe [-ad^{üi}] -аадүй, dont l'effet est négatif au même titre que [-g^{üi}] -гүй.

A la différence de la combinaison [-ag^{üi}] -аагүй[4], où la forme négative conserve son orthographe mongole uigur autonome, on assiste ici à la formation d'une notation contractée [-ad^{üi}] – -аадүй[4]. C'est même la forme qui est présentée, dans la norme en usage en Mongolie intérieure, comme l'expression normale de la négation verbale au passé :

[bi tü:nt^{əi} učrad^{üi}] Би түүнтэй учраадүй *Je ne l'ai pas rencontré.*

[či i:m sa^{i}x^{ə}n ül^{i}g^{ə}r xezeč sonsod^{üi}] Чи ийм сайхан үлгэр хэзээч сонсоодүй *Tu n'as jamais entendu une aussi belle histoire.*

Il peut même y avoir fixation lexicale de cette combinaison, comme le montre le terme [ired^{üi}] ирээдүй *le futur, l'avenir*, formé sur le radical [ire-] – ирээ- *venir*, et qui a donc littéralement le sens de *ce qui n'est pas arrivé.*

Cette valeur négative ne s'attache à l'emploi du démonstratif qu'en combinaison avec le participe infinitif (le démonstratif lui-même étant souvent inscrit à tort dans la liste des "particules négatives"). Le sens de la combinaison, qui porte sur le verbe *spécifié comme infinitif* est dès lors clair : exprimer une valeur négative consiste à dire ici que l'événement est ***à tel point*** *non actualisé, non fini, non accompli* qu'on doit conclure à son *inexistence.*

Déterminants négatifs

La caractéristique centrale des procédés examinés ci-dessus tient à leur appartenance nominale et aux contraintes dont celle-ci s'accompagne. Or, soit qu'une nuance de sens appelle l'emploi d'un indicatif en particulier, soit que le modèle de la phrase à produire soit défini à l'avance, on peut éprouver le besoin de noter comme négatives des constructions indicatives ou gérondives qui ne peuvent l'être à l'aide de la négation nominale [-g^{üi}] -гүй.

Le mongol dispose dans ce cas de déterminants négatifs spécialisés dont on use avec parcimonie, et pratiquement exclusivement à l'écrit. Ces deux unités [ül] үл et [es] эс (ce dernier fournissant le radical d'un importante famille lexicale exprimant le *refus, la résistance*) précèdent naturellement leur déterminé, indicatif ou gérondif, mais aussi éventuellement participe. Leurs différences stylistiques sont assez minces pour les rendre pratiquement interchangeables :

[ter ül medle] Тэр үл мэдлээ *Il ne l'a pas su*
[bat es ir^{ə}w] Бат эс ирэв *Bat n'est pas venu*
[ter ül med^{ə}x maj^{ə}gt^{əi} suːž ba^{i}n^{ə}] Тэр үл мэдэх маягтай сууж байна *Il est assis en ayant l'air* (voire *en faisant mine*) *de ne pas savoir*.

On notera au passage l'identité de [es] эс et du verbe défectif [es^{ə}-] – эсэ- *ne pas ~, ou ne pas* dont les relationnels verbaux conditionnels en particulier [esw^{ə}l] эсвэл, [esx^{u}l] эсхүл, fournissent des locutions proches du français *sinon*.

Interdiction, prohibition

Les mécanismes et procédés de négation ne s'appliquent pas aux phrases impératives, qui disposent de leur outillage propre.

Il existe d'une part un suffixe d'actualisation verbale prohibitive, qui complète l'inventaire des impératifs de deuxième personne. De forme [-uz^{əi}] – – -уузай -үүзэй il comporte en écriture mongole uigur une boucle intercalaire sur les radicaux en consonne nue et, à l'oral comme en cyrillique, l'effet d'une palatalisation finale du radical, ainsi qu'un hiatus [^{g}] sur les radicaux en voyelle :
[jawuz^{əi}] явуузай *ne partez pas*
[bar^{i}uz^{əi}] бариузай *ne prenez pas*
[xüle^{g}üz^{əi}] хүлээгүүзэй *n'attendez pas*

Plus fréquent est toutefois l'emploi des déterminants spécifiques [büː] бүү et [bitg^{əi}] битгий, adverbes prohibitifs exclusivement réservés aux phrases à prédicat impératif, compatibles avec les impératifs des trois personnes et pratiquement interchangeables ([büː] ayant une réputation plus "littéraire", mais le choix se faisant souvent pour de simples préférences de rythme ou d'euphonie) :
[büː u^{i}l] бүү уйл *ne pleure pas*
[mor^{i}o büː uj^{a}] морио бүү уя *n'attachez pas vos chevaux* (entendez "*stationnement interdit aux chevaux*")
[nam^{əi}g ir^{ə}x^{i}g bitg^{əi} xüle^{g}er^{əi}] Намайг ирэхийг битгий хүлээгээрэй *N'attendez pas que j'arrive*
[ex min' bitg^{əi} zow do] Эх минь битгий зов доо *Maman (ma mère), ne t'inquiète donc pas !*

Négation relative

Cette négation, qui porte sur les caractères de l'objet et non sur son existence, fait appel à un procédé radicalement différent, mais lui aussi de comportement nominal.

Ici encore, l'unité négative est en position déterminée et non déterminante et est donc placée après le terme sur lequel porte la négation. Cette unité, présente à l'oral et en cyrillique deux réalisations [bus] et [biš] apparemment distinctes. C'est en réalité un seul et même procédé [bus / biš] бус биш, participe archaïque à valeur impérative du verbe *être* [bu-/-bü/bö-] : *que ce soit..., ah, si c'était...*, formulation très imagée de la situation dans laquelle on constate en général que quelque chose est autre que ce qu'on en attendait. Il existe une forme mongole uigur modernisée, correspondant à la réalisation [biš], mais les deux réalisations font classiquement l'objet d'une notation unique.

La différence entre les deux usages est d'ordre syntaxique. [biš] intervient plus particulièrement en situation prédicative, cependant que [bus] marque plus généralement des termes intervenant eux-mêmes comme déterminants. En outre, [bus] est plus souvent associé dans des locutions consacrées, figées, voire archaïques :

[en^{ə} xar^{ə}nda biš] Энэ харандаа биш *Ceci n'est pas un crayon*

[čin^{i} nom ix son^{i}n biš] Чиний ном их сонин биш *Ton livre n'est pas très intéressant*

[bi xatu biš talx olog^{ui}] Би хатуу биш талх олоогүй *Je n'ai pas trouvé de pain qui ne soit pas sec.*

[tüːn^{i}g bagš biš ba^{i}ga ^{ə}n xar^{ə}ms^{ə}lt^{əi}] Түүнийг багш биш байгаа нь харамсалтай *Dommage qu'il n'ait pas été professeur*

De même que dans toutes les phrases précédentes l'orthographe peut être plus classiquement notée , chacun des emplois de la forme [bus] dans les exemples suivants peut pratiquement donner lieu à une prononciation [biš] :

[xol bus] хол бус *pas loin, à proximité, proche*

[xuːl^{i} bus] хууль бус *illégal, hors la loi*

Ces expressions sont plus ou moins figées, comme [töd^{əi} bus] тoдий бус *pas seulement, en outre*, cette fixation lexicale étant souvent liée à des expressions héritées de l'histoire. C'est le cas dans le langage juridique, naturellement conservateur, ou dans les citations volontiers archaïsantes de termes ou de titres historiques ([zas^{ə}g bus wan^{g} gün^{g}] засаг бус ван гүн *les princes non titulaires* (d'une subdivision territoriale à l'époque mandchoue).

Bien d'autres expressions mettent en jeu [bus] ou [biš]. Elles reposent toutes sur l'indication de la *différence*, de l'*altérité* (qu'on retrouve dans [bus^{ə}d] бусад *autre, différent*). Ainsi le terme fixé lexicalement [bišg^{üi}] бишгүй *en quantité, autant qu'on veut, à l'envie* est-il la contraction d'une négation de [biš] par [-g^{üi}], le sens de *grande quantité* étant ici l'effet direct de *il n'y en a pas de différent de...*

Soulignons enfin que [biš] est très normalement l'équivalent d'une réponse *Non !* à toute question qui porte sur l'identité et non sur l'existence (qui appelle une dénégation en [üg^{üi}] Үгүй !) :
[bagš irsnü ? - üg^{üi}, ireg^{üi}] Багш ирсэн үү ? Үгүй, ирээгүй *Le professeur est-il arrivé ? Non, il n'est pas arrivé.* Mais : [en^{ə} xar^{ə}nda^{j}u ? biš, en^{ə} üz^{ə}g] Энэ харандаа юу ? Биш, энэ үзэг *Est-ce un crayon ? Non, c'est un stylo.*

Phrases interro-négatives

Nous avons observé ici la rencontre entre interrogation et négation. Celle-ci peut être plus intime encore, le mongol usant facilement de construction interro-négatives, qui ne présentent d'autre particularité syntaxique que d'être toujours des phrases négatives tournées en question (toute phrase pouvant l'être) :
[či ter xün^{i}g üzeg^{üi}jü ?] Чи тэр хүнийг үзээгүй юу ? *N'as-tu pas vu cette personne ?*
[en^{ə} nom^{i}g unšs^{ə}ng^{üi}jü ?] энэ номыг уншсангүй юу ? *N'avez-vous pas encore lu ce livre ?*
[ter xar^{ə}nda ulan bišü ?] тэр харандаа улаан биш үү ? *ce crayon n'est-il pas rouge ?*
[dar^{ə}g^{ə} es bucwu ?] дарга эс буцав уу ? *Le chef n'est-il pas rentré ?*

La conduite du discours

Vouloir fournir en quelques pages des clefs pratiques en la matière serait à la fois prétentieux et vain. C'est au fil des années, en commettant bien des erreurs et en essayant d'éviter quelques impairs qu'on approche le discours mongol.

Quelques pistes quand même. Les Mongols ont, pour un nombre très élevé d'entre eux, et à travers toute leur histoire, un rapport très intense à leur langue. Les manifestations en sont, comme toujours, multiples, voire contradictoires.

A travers les siècles, les Mongols ont fait preuve d'une conscience de leur propre langue souvent extraordinaire de science et de perspicacité. Sans nous lancer dans l'analyse des premières grammaires, telle celle du poète, philosophe et linguiste **čojiži odzer** (1410), antérieures à celles du français, chaque progrès dans l'analyse des mécanismes et des conventions de l'écriture mongole uigur nous convainc davantage de la précision et de la profondeur des réflexions qui en guident l'économie et ont présidé à ses évolutions. Celles-ci sont bien éloignées de simples calques de changements phonétiques que nous n'aurions qu'à lire comme on feuillette des archives : le jeu et les transformations affectant jambages et boucles visent à perfectionner et rationaliser un système de lisibilité et non à nous arracher simplement, ce qui est tentant en l'occurrence, des "ah" et des "oh".

L'édification de patrimoines aussi bien oral qu'écrit (nous dirons un mot de cette richesse), plus souvent complémentaires que rivaux, est inséparable d'un goût et d'un sens du langage et de la voix, mais - peut-être en écho à cette dualité - sans trace d'enfermement dans des canons figés. Cette liberté vaut pour les contenus comme pour les formes, et le foisonnement des écritures et de leurs multiples réformes, jusqu'à aujourd'hui, répond à la variété des styles, des genres.

La création commence avec le jeu de mots, le droit au néologisme étant acquis à chacun, et devient poète qui s'empare d'un art à la fois libre et contenu dans les canaux de sens et de construction que fournit un système si finement structuré. Qu'on excuse cet horrible voisinage entre pourcentages et poésie, mais environ 30% du lexique des poètes mongols ne se trouvent dans aucun dictionnaire. Qu'un lecteur mongol, sans goût anormal pour l'hermétisme, y trouve son chemin doit nous défier.

Cette conscience qu'ont les Mongols de leur propre langue commence avec les jeux de virtuosité vocale, dont le plus connu est aujourd'hui le *xömii*, chant diphonique mettant en jeu le larynx, la bouche et les fosses nasales, dont on ne souligne jamais assez qu'il est impensable sans une remarquable perception de sa propre articulation par le chanteur, mais aussi sans une parfaite maîtrise du souffle et de la respiration, dont le rôle dans le dialogue et la communication sont essentiels.

Dès l'enfance, les jeux de mots, les "dits pour dresser la langue", les devinettes et les charades mobilisent l'attention, créent une discipline et un code partagé par tous, mais aussi font de la langue le terrain et l'enjeu d'une compétition et de concurrences sociales souvent très animées.

Les besoins propres au pastoralisme nomade d'une reprise fréquente de la négociation des accès aux ressources, eau, pâturages, terrains de chasse, ont sans doute contribué à fortement valoriser l'art du mot.

Un des traits les plus remarquables de cette culture, comme un écho à la fragilité des équilibres - on sait ici que le partenaire de demain est souvent l'adversaire d'hier, est dans l'alliance entre l'exubérance et la vivacité d'une part, la retenue et la modération voulue de l'autre (il arrive aussi, bien sûr, que des discussions tournent mal, mais nous nous intéressons ici à ce qui est plus spécifiquement mongol...).

Cette volonté de communiquer dans la paix a son cadre, la yourte. Pas d'écho, donc pas de brouhaha, même si les occupants sont nombreux. Pas besoin, et pour tout dire pas question d'élever la voix pour se faire entendre. On peut se demander si cette conduite du discours n'est pas pour beaucoup dans l'image de "placidité" des Mongols, qui a frappé tant de voyageurs si pressés qu'ils se sont dépêchés de l'opposer, à tort, à la féroce réputation des guerriers conquérants du XIIIème siècle.

C'est une grande tradition qui vit jusqu'à nos jours, riche des conduites quotidiennes, mais aussi de genres et de formes intimes ou ambitieuses, où l'histoire est le plus souvent présente mais où ne manquent ni l'humour ni l'angoisse devant les destinées humaines.

Niveaux de langue

A propos de telle ou telle unité, nous avons eu l'occasion de souligner qu'elles étaient réservées à un style élevé, voire grandiloquent. C'est par exemple le cas, en mongol xalx, de l'impératif solennel en [-gt^{u}n] – -гтун^{2}. Un premier décalage peut se manifester entre l'oral et l'écrit. Ce qui serait intempestif ou burlesque dans une conversation courante est bien admis dans un texte, voire une inscription sans résonance grandiose : [tam^{i}x bü: tat^{ə}gt^{u}n] Тамхи бүү татагтун *Défense de fumer*, même si la formule plus "triviale" [tam^{i}x tat^{ə}ž bol^{ə}xg^{ui}] Тамхи татаж болохгүй *interdit de fumer* est également très présente. Le décalage peut être d'une autre nature, et correspondre à des usages dialectaux ou régionaux plus ou moins marqués. Ainsi, le même impératif, directement ou sous une forme directement parente [-gt^{ui}] – – -гтуй^{2}, est-il beaucoup plus courant chez les Bouriates comme chez les Mongols occidentaux.

Mais il existe surtout une grande variété de conduites destinées à exprimer au mieux des sentiments de respect et de considération, à marquer les hiérarchies sociales, dont les plus faciles à cerner sont les choix lexicaux, mais qui touchent toute l'activité langagière. En dehors même des formules de politesse, que nous présenterons séparément, il sera ainsi bien venu de remplacer des termes considérés comme moins prestigieux dès lors que le destinataire du message, l'objet de celui-ci ou les circonstances suggéreront qu'on mette dans ses propos une certaine emphase.

[tusl^{ə}-] – тусла- *aider* laisse la place à [awr^{ə}-] – авра- litt. *sauver*. Le *corps* [bij^{ə}] бие devient [lagš^{i}n] ( ) лагшин, emprunté au sanscrit *Laksan* qui contient à la fois le *signe*, l'*apparence*, le *définissable* et le *présent*. On ne porte plus un *nom* [ner] нэр mais un *titre de gloire* [ald^{ə}r] алдар.

Si la plupart de ces usages sont limpides, certains peuvent s'avérer trompeurs. Par exemple le verbe [bar^{i}-] – бари- est largement utilisé avec le sens de *prendre, saisir, tenir*. C'est justement ce dernier équivalent qui permet de comprendre pourquoi, dans un emploi solennel, il peut signifier *offrir, remettre*, en décrivant le geste par lequel est présentée l'offrande.

Comme dans beaucoup d'autres langues, la recherche de la solennité, voire de la grandiloquence, fait appel à des termes ou à des tournures archaïques ou supposées telles.

Pas de flagornerie mielleuse dans cet usage de formules et de termes glorieux (les traductions trop fleuries doivent ici être évitées), car celui qui les prononce soigne autant sa propre réputation, son image de maître des mots, qu'il rend hommage à son interlocuteur.

Discours rapporté

Il n'existe pas en mongol de structure syntaxique particulière directement semblable au "discours indirect" du français. Il existe par contre des outils spécialisés, associés aux mécanismes normaux de la détermination pour rapporter des propos.

Le propos ou la pensée qu'on souhaite rapporter sont inclus sans transformation, dans la phrase, comme s'ils étaient des "objets" simples.

Le lien entre cet objet et le prédicat, ou ce qui en tient lieu, est obtenu grâce à un verbe spécialisé, en mongol contemporain le verbe [ge-] ᠭᠡ– гэ-, plus classiquement [xeme-] ᠬᠡᠮᠡ– хэмээ- (mais [ge-] est aussi attesté anciennement), ou [ögül^{ə}-] ᠥᠭᠦᠯᠡ– өгүүлэ-.

Bien que le verbe [ge-] soit souvent traduit par *dire*, nous préférerons souligner qu'il s'agit d'un outil d'insertion signifiant *ce qui précède rapporte des propos*. De fait, son emploi immédiat pour désigner la prise de parole elle-même est assez rare et semble réservé à un oral immédiat, dans des messages simples et brefs. Ainsi *J'ai dit bonjour* sera dit [bi sa^{i}n ba^{i}nu gež xel^{ə}w] ᠪᠢ ᠰᠠᠶᠢᠨ ᠪᠠᠶᠢᠨ᠎ᠠ ᠤᠤ ᠭᠡᠵᠦ ᠬᠡᠯᠡᠪᠡ Би сайн байна уу гэж хэлэв (où c'est [xel^{ə}-] qui a le sens de *dire*), plutôt que [bi sa^{i}n ba^{i}nu gew] ᠪᠢ ᠰᠠᠶᠢᠨ ᠪᠠᠶᠢᠨ᠎ᠠ ᠤᠤ ᠭᠡᠪᠡ Би сайн байна уу гэв (cette formulation n'étant pas fautive pour autant).

Ces verbes interviennent comme déterminants. On les rencontre donc aussi bien sous la forme de participes marqués ou non de cas, que porteurs des marques de relationnels verbaux (gérondifs). *Il a dit qu'il viendrait demain* a donc pour équivalent direct une formulation plus proche de *Il a dit : "Je viendrai demain"* :
[ter bol (bi) margaš ir^{jə} gež xel^{ə}w] ᠲᠡᠷᠡ ᠪᠣᠯ (ᠪᠢ) ᠮᠠᠷᠭᠠᠰᠢ ᠢᠷᠡᠶ᠎ᠡ ᠭᠡᠵᠦ ᠬᠡᠯᠡᠪᠡ Тэр бол (би) маргааш ирье гэж хэлэв.

Dans cette phrase, l'affirmation *Je viendrai demain*, exprimée à l'aide d'un impératif de première personne, est reproduite intacte, y compris avec son prédicat propre. Le verbe auxiliaire définit une sorte de "boite" contenant la citation.

Il est, comme ici très souvent affecté du gérondif direct, le "passe partout" en [-ž] -ж, qui met en place la subordination sans l'affecter de nuances de sens trop spécifiques : [gež] гэж. Dans les emplois de [xeme-] хэмээ-, c'est classiquement le gérondif en [-n] -н (plus neutre encore au plan sémantique) qui est employé le plus fréquemment : [xemen] хэмээн.

[bold irž, öwg^{ə}n aːwa, aduga sa^{i}n man^{ə}ž ba^{i}nu gež asuːw]

Болд ирж "Өвгөн аваа ! Адуугаа сайн манаж байна уу ?" гэж асуув

Bold est arrivé et a demandé "Grand-père ! (Tu) gardes bien tes chevaux ?".

La formule se range parmi beaucoup d'autres dont nous donnerons plus loin quelques échantillons, où s'enquérir de l'état du troupeau, de sa garde, de son engraissement, n'est rien d'autre que notre sempiternel "*Comment ça va ?*".

On notera que les guillemets, absents en écriture uigur et ajoutés ici en cyrillique, n'obéissent pas à une norme très stricte et peuvent être totalement omis (la phrase pourrait être notée Болд ирж Өвгөн аваа адуугаа сайн манаж байна уу гэж асуув sans inconvénient majeur mais en exigeant une attention accrue).

Représentons par un arbre la structure de cette phrase, syntaxiquement banale, dans laquelle la citation rapportée se comporte comme si elle était un mot unique, déterminant de [gež] :

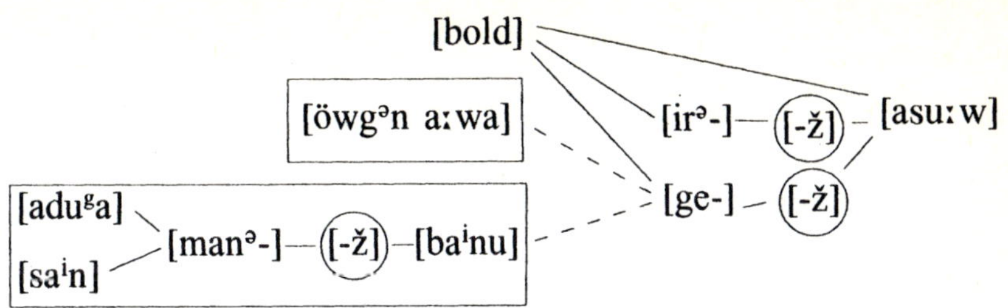

[bold], sujet du prédicat [asu:w], l'est aussi des deux expansions [irž] et [gež]. Cette dernière assure le "branchement" du discours rapporté, quels qu'en soient la forme ou le contenu (ici, on notera la présence de l'adresse vocative [öwg^{ə}n a:wa], qui ne fait pas formellement partie de la phrase [adu^{g}a... ba^{i}nu]. C'est ce que montrent d'autres exemples :

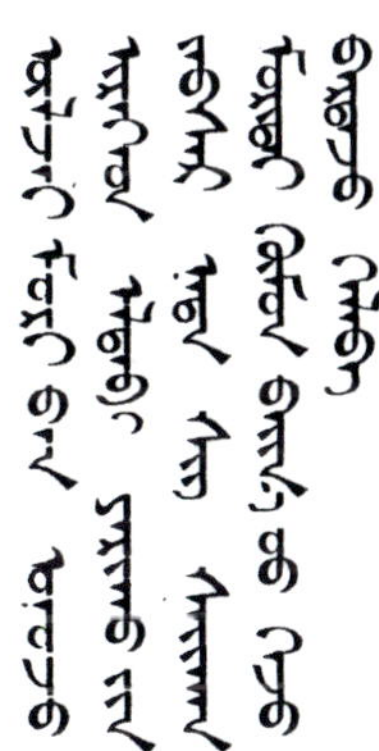

[ölz^{əi} mor^{i}o un^{ə}ž ired eld^{ə}v^{i}g jar^{i}x^{i}n zavs^{ə}r nad šig sa^{i}x^{ə}n mor^{i}t^{əi} xün ba^{i}nu gež bard^{ə}ž xel^{ə}w]

Өлзий морио унаж ирээд элдвийг ярихын завсар над шиг сайхан морьтой хүн байна уу гэж бардаж хэлэв

Ölzii, qui était arrivé à cheval, alors qu'il parlait de tout et de rien, demanda avec vantardise s'il y avait un aussi beau cavalier que lui (litt. *dit en se vantant : "Y a-t-il un cavalier aussi beau que moi ?"*)

La possibilité d'utiliser toutes les formes du verbe auxiliaire fournit un outil expressif d'une très grande souplesse. Ainsi une même phrase mongole rend aussi bien le discours indirect que le discours direct :

Quand Shugar demanda quelle était la différence entre l'allure d'un ambleur et l'allure d'un cheval normal, Ölzii ne trouva pas d'autre explication à fournir que le fait que c'était plus doux quand on montait

Ou *Shugar demanda : "Quelle est la différence entre l'allure d'un ambleur et l'allure d'un cheval normal ?". Ölzii ne trouva pas d'autre explication à fournir que :"C'est plus doux quand on monte"* :

[šug^{ə}r žoro mor^{i}n^{i} jawd^{ə}l züger mor^{i}n^{i} jawdlas jam^{ə}r jalgat^{əi} w^{ə} ges^{ə}nd ölz^{əi} un^{ə}x^{ə}d zö:l^{ə}n ba^{i}d^{ə}g gexes ö:r ta^{i}lb^{ə}r garg^{ə}ž čads^{ə}ng^{ui}]

Шугар жороо морины явдал зүгээр морины явдлаас ямар ялгаатай вэ гэсэнд, Өлзий унахад зөөлөн байдаг гэхээс өөр тайлбар гаргаж чадсангүй

Shugar ayant dit : "Quelle est la différence entre l'allure d'un ambleur et l'allure d'un cheval normal ?", Ölzii ne trouva pas d'autre explication à fournir que : "C'est plus doux quand on monte"

Bien que cette construction, dans laquelle le propos rapporté n'est en rien modifié, soit de très loin la plus fréquente, il n'est pas impossible de rencontrer de véritables constructions indirectes, qui se distinguent des précédentes en ne s'autorisant que les procédés entrant dans la formation d'une expansion verbale ordinaire. Le verbe [ge-] sous ses diverses formes restant la clef de voûte, il reçoit dès lors les mêmes déterminations que tout autre verbe en expansion, cas nominaux et gérondifs, ces derniers ayant eux-mêmes leurs éventuels sujets à l'accusatif :

[xo^{jə}r xün orž ired nam^{əi}g xuwc^{ə}slad gež tuša:že]

Хоёр хүн орж ирээд намайг хувцаслаад гэж тушаажээ

Deux hommes entrèrent et ordonnèrent que je m'habille

Il va de soi que cette dernière observation s'applique au sujet de [ge-] quand celui-ci n'est pas le sujet de la phrase entière (*Bat a expliqué que Dorj n'avait pas dit ce qu'il ferait* : [bat dorž^{i}g juː xiː^{jə} gež xeleg^{ui}g tailb^{ə}rl^{ə}že]

Les limites de ce "discours indirect", sont toutefois assez étroites, et le risque d'ambiguïté ne peut être négligé. Ainsi, quand la phrase "indirecte" [bi dorž^{i}g margaš xur^{ə}ld suː^{g}ar^{əi} gež xel^{ə}w] *J'ai dit que Dorj assiste à la réunion demain* est l'équivalent de [bi dorž^{i}d "margaš xur^{ə}ld suː^{g}ar^{əi}" gež xel^{ə}w] *J'ai dit à Dorj "Assiste à la réunion demain"*, elle n'exprime catégoriquement que l'ordre s'est adressé à Dorj que par la forme de l'impératif de deuxième personne.

Par contre, le verbe [ge-] ne limite pas ses intervention à un simple "branchement" de propos rapportés sur le discours en train d'être prononcé. Plus exactement, il établit un lien très fort entre le fait de prononcer des paroles et l'expression d'une volonté, d'une intention. C'est ce que traduisent plusieurs constructions, telles que l'association de [ge-] à un verbe qui le détermine au participe futur. Cette construction (qui peut d'ailleurs noter elle aussi des propos effectivement rapportés) sert principalement à exprimer l'intention. Dans ces phrases, l'intention est assimilée à un projet exprimé comme un propos, mais le verbe, ici encore, ne décrit pas un acte de parole concret :

[ojut^{ə}n šin^{ə} nom^{i}g aw^{ə}x gež ba^{i}n^{ə}]
Оюутан шинэ номыг авах гэж байна
L'étudiant a l'intention d'acheter de nouveaux livres

[ax min' xot^{ə}d oč^{i}x gež ba^{i}s^{ə}n]
Ах минь хотод очих гэж байсан
Mon frère voulait se rendre à la ville.

[xüːx^{ə}n dorjt^{əi} xamt uːlz^{jə} gež bodod gertese garla]
Хүүхэн Дoржтой хамт уулзъя гэж бодоод гэртээсээ гарлаа
La jeune fille, s'étant dit qu'elle allait rencontrer Dorj, est sortie de chez elle.

La dernière phrase, simple utilisation du verbe [ge-], nous permet de vérifier la proximité entre annoncer des propos et annoncer une intention.

Autre expression caractéristique, directement parente de la précédente, [gesən jum] ᠭᠡᠰᠡᠨ ᠶᠤᠮ гэсэн юм a également le sens de *vouloir, avoir l'intention de...* :

ᠲᠡᠷᠡ ᠵᠠᠯᠠᠭᠤ ᠬᠢᠴᠢᠶᠡᠯ ᠳᠦ ᠣᠷᠣᠬᠤ ᠭᠡᠰᠡᠨ ᠶᠤᠮ

[ter zalu xičeld orəx gesən jum]
Тэр залуу хичээлд орох гэсэн юм
Ce jeune homme veut aller en cours

Dans l'expression de la concession, qui exprime souvent la mise en question d'un propos plusieurs formes sont largement usitées. Le rapport à une parole effectivement prononcée est souvent moins important que la mise en doute de la proposition précédente.

C'est particulièrement sensible dans l'emploi du gérondif concessif [gewč] ᠭᠡᠪᠡᠴᠦ гэвч, souvent traduit à juste titre par *mais*, qu'on répugne à placer en tête de phrase comme mot d'introduction s'il ne fait pas référence à des paroles dites antérieurement. Dans le corps de la phrase, par contre, il fait le plus souvent référence au membre de phrase qui le précède, qui en fait le détermine directement (il est d'ailleurs prononcé lié à ce qui le précède et non à ce qui le suit) : [ter irsən gewč, odo jawsən] ᠲᠡᠷᠡ ᠢᠷᠡᠭᠰᠡᠨ ᠭᠡᠪᠡᠴᠦ ᠣᠳᠣ ᠶᠠᠪᠤᠭᠰᠠᠨ Тэр ирсэн гэвч одоо явсан *Il est venu, mais maintenant il s'en est allé* (une pause intervenant après [gewč], et non avant).

C'est un contenu assez comparable, et en tous cas la même logique, qui se manifeste dans les expressions [č gesən] ᠴᠤ ᠭᠡᠰᠡᠨ ч гэсэн, [gesən č] ᠭᠡᠰᠡᠨ ᠴᠦ гэсэн ч, [gesən čin'] ᠭᠡᠰᠡᠨ ᠴᠢᠨᠢ гэсэн чинь, (ce dernier terme étant ici encore moins possessif qu'il n'implique l'interlocuteur), avec les sens de *ceci étant dit, bien que..., malgré..., on a beau dire*.

C'est par contre la dénomination qui reparaît dans deux autres emplois de [ge-], actualisé par les participes [gedəg] et [gegč] :

[tan^{i} ner xen b^{ə} ? - nama^{i}g batdorž ged^{ə}g] – Таны нэр хэн бэ ? - Намайг Батдорж гэдэг *Quel est votre nom ? - Je m'appelle Batdorj*

[margaš cagan sar^{i}n šin^{i}n neg^{ə}n gegč^{i}g med^{ə}ž ba^{i}nu ?] Маргааш цагаан сарын шинийн нэгэн гэгчийг мэдэж байна уу ? *Est-ce que tu sais que demain, c'est le jour de l'an* (litt. *ce qu'on appelle le Premier du Mois blanc*)

Enfin, dans deux expressions terminant sans la clore une énumération, [gex met] et [gex zer^{ə}g], [ge-] reste attaché à la dénomination, le sens de ces locutions, *etc., et ainsi de suite, et d'autres semblables* restant très clairement lié aux *appellations* similaires ([met] мэт *comme, pareil*) ou formant une série ([zer^{ə}g] зэрэг *degré, rang*) :

[mong^{ə}l xeln^{i} ner^{i}n zü^{i}l bod^{i}t ner, temd^{ə}g ner, toːn^{i} ner, tölön^{i} ner gex met]

Монгол хэлний нэрийн зүйл бодит нэр, тэмдэг нэр, тооны нэр, төлөөний нэр гэх мэт

Les catégories nominales de la langue mongole sont les substantifs, les adjectifs, les numéraux, les pronoms, etc.

[ter xün tüːx, gün uxan, jaru na^{i}r^{ə}g gex zerg^{i}n nom ix unšd^{ə}g]

Тэр хүн түүх, гүн ухаан, яруу найраг гэх зэргийн ном их уншдаг

Il lit beaucoup de livres d'histoire, de philosophie, de poésie, etc.

Langue et culture

Sans avoir, loin de là, épuisé les richesses de la langue ni même présenté tous ses mécanismes et ses usages, invitons le lecteur à une excursion plus concrète. Il ne s'agira pas ici d'un guide de conversation à l'usage des voyageurs, mais d'un prolongement aussi vivant et simple que possible aux descriptions qui précèdent.

Conversation courante : nous illustrerons par des formules de la vie quotidienne les modèles grammaticaux présentés ci-dessus, que le lecteur reconnaîtra sans peine.

- formules de politesse, présentations, accord et désaccord
- les noms propres
- quelques tournures quotidiennes
- chiffres et nombres
- à l'hôtel, au restaurant
- en voyage
- le corps, la santé, la maladie
- au magasin, à la poste
- au spectacle

Du quotidien à la culture nous fera enfin parcourir, sans prétention à l'exhaustivité, quelques thèmes essentiels qui éveilleront l'attention du lecteur à la richesse de la langue et de la culture mongole :

- la vie nomade
    - le temps qui passe
    - le temps qu'il fait
    - l'espace et l'orientation
    - l'élevage nomade
    - la yourte
    - la cuisine
- la culture
    - les jeux et les fêtes
    - la littérature
    - les beaux-arts et la musique
- les croyances et les religions

Conversation courante

Les formules de politesse

La communication est d'autant plus importante pour les éleveurs nomades que les rencontres peuvent être rares. Les actes les plus quotidiens n'ont pas perdu ce sens et ce goût.

Rencontre et bienvenue : La *bienvenue* est à elle seule une entrée dans l'univers mongol. Débarqué de l'avion ou du train, on est gratifié d'un [tawt^{əi} mor^{i}lnu ?] Тавтай морилно уу ? c'est à dire *Chevauchez-vous bien ?*

La salutation la plus honorifique n'est toutefois pas une formule orale. Elle consiste en un échange des *tabatières* [xö:r^{ə}g] хөөрөг (contenant du tabac à priser [xamr^{i}n tam^{i}x] хамрын тамхи lit. *tabac de nez*). Cet objet, souvent précieux, flacon de pierre dure, cristal de roche, porcelaine, avec son bouchon de corail [šür] шүр, est extrait de sa housse ou de son étui [ger] гэр (eh oui, une *yourte*), à demi-débouché en signe de bonne volonté et glissé dans la paume. De celle-ci, il passe dans la main du protagoniste qui a effectué la même manœuvre. Ainsi les deux tabatières passent de l'un à l'autre à l'intérieur d'une sorte de poignée de main glissée. Chacun prise alors le tabac de l'autre avant que les tabatières, jamais complètement refermées, ne retrouvent en sens inverse la paume de leur propriétaire.

Le *Bonjour !* le plus courant consiste à s'enquérir de la santé de son interlocuteur : [sa^{i}n ba^{i}nu ?] Сайн байна уу ? lit. *Etes-(vous) bien ?* La réponse normale est la réciproque [sa^{i}n, ta (či) sa^{i}n ba^{i}nu ?] Сайн, та сайн байна уу ? *Bien, allez-vous (vas-tu) bien ?Ca va bien, et vous (toi) ?* On peut être plus explicite : [tan^{i} (čin^{i}) bij^{ə} sa^{i}nu ?] Таны (чиний) бие сайн уу ? lit. *Votre (ton) corps est-il bon ?*

D'autres formules sont possibles : [am^{ə}r sa^{i}nu ?] Амар сайн уу ? lit. *Ça va bien et paisiblement ?* Ainsi que des formules apparemment d'origine récente : [son^{i}n juw^{ə} ? son^{i}n jut^{əi}w^{ə} ? son^{i}n ju ba^{i}n^{ə} ?] – Сонин юу вэ ? Сонин юутай вэ ? Сонин юу байна ? lit. *Quoi de neuf ? Qu'y a-t-il de nouveau (d'intéressant)* auxquelles il est d'ailleurs régulier de répondre [son^{i}n jumg^{ui}] Сонин юмгүй *Rien de neuf.*

Les préoccupations des éleveurs sont bien sûr présentes. Il est de bon goût, à la campagne de demander si la saison se présente bien :

[sa^{i}x^{ə}n zus^{ə}ž ba^{i}nu ?] Сайхан зусаж (намаржиж, өвөлжиж, хаваржиж) байна уу ? lit. *Passez-vous bien l'été (l'automne, l'hiver, le printemps) ?*

Mais on demande aussi des nouvelles du troupeau : [mal sür^{ə}g targ^{a}n tawt^{əi}ju ? mal sür^{ə}g xüč tar^{a}g^{a} sa^{i}x^{ə}n awd^{ə}g ba^{i}nu ?] Мал сүрэг тарган тавтай юу ? Мал сүрэг хүч тарга сайхан авдаг уу ?. *Votre bétail prend-il bien du poids ? Votre troupeau engraisse-t-il bien ?*

Présentations : Au delà des simples salutations, il est fréquent de demander ou de décliner son identité. La question est simple : [tan^{i} ner xen b^{ə} (xemb^{ə}) ?] таны нэр хэн бэ ? *quel est votre nom ?* ou [tan^{i} ald^{ə}r xen b^{ə} ?] таны алдар хэн бэ ? de même sens ([ald^{ə}r] est le plus souvent traduit par *gloire*, mais, comme en français, le rapport entre le «nom» et la «célébrité» est très intime). La réponse est soit une phrase nominale de même modèle : [min^{i} ner dorž] миний нэр Дорж *mon nom (est) Dorj* ; soit une phrase faisant appel au participe de répétition du verbe [ge-] *rapporter des propos, dire* : [nam^{əi}g dorž ged^{ə}g] намайг Дорж гэдэг *Je (on) m'appelle Dorj.*

L'entrée en matière varie naturellement suivant la personne à laquelle on s'adresse (d'un adulte à un enfant ou un adolescent, d'un supérieur à un subordonné ou vice versa, selon que l'interlocuteur est ou non déjà connu, etc.). Le nom ou le titre invoqué est suivi d'une exclamation : [ax-a] Ах аа ! *Frère* (mais aussi *oncle* ou plus largement, hors d'un cadre officiel où la formule serait déplacée, tout homme plus âgé) ; [xüː^{j}e] Хүүе ! *Eh, jeune homme* (en principe d'un adulte à un jeune, mais utilisé aussi comme simple appel) ; [xüxn-e] Хүүхэн ээ ! *Mademoiselle* (employé en particulier pour attirer l'attention d'une serveuse) ; [žaːl-a] Жаал аа ! *Petit* (à un enfant) ; [aːw-a / eːž-e / öwö-ö / eme-e] аав аа / ээж ээ / өвөө өө / эмээ ээ ! *Papa / Maman / Grand-père / Grand-mère !* [na^{i}z-a] Найз аа ! *Ami* (*mon cher*).

Le nom de l'interlocuteur est utilisé, seul ou associé à son titre qu'il précède en principe. Ce titre est une profession, un rang, mais aussi un terme de politesse comme [gw^{ai}] гуай *Monsieur, Madame* :
[dorž-o] Дорж оо ! [bat-a] Бат аа !
[delg^{ə}r-gw^{ai}] Дэлгэр гуай ! *Madame Delger !*
[dorž-gw^{ai}] Дорж гуай ! *Monsieur Dorj !*
[luws^{ə}n ax-a] Лувсан ах аа ! *Monsieur Luvsan* (s'il est plus âgé) *!* [darga] Дарга аа ! *Chef !*
[emč-e / lxaw^{ə}g emč-e] Эмч ээ / Лхагва эмч ээ ! *Docteur / Docteur Lhagva !*

Les formules [xün-gw^{ai}] Хүн гуай lit. *M. la Personne* ou [xen-gw^{ai}] Хэн гуай ! *M. Qui* permettent de saluer un inconnu.

Remerciements : [baj^{ə}rlla/baj^{ə}rl^{ə}la] Баярлалаа *Merci* litt. *Je me réjouis ; ça m'a fait plaisir.* A cette formule courante s'en ajoutent quelques autres, plus solennelles : [gjal^{əi}la] Гялайлаа *Merci* lit. *Je resplendis, je brille (de contentement)* ; [tal^{ə}rx^{ə}l il^{ə}rx^{i}lj^{ə}] Талархал илэрхилье *Je (vous) adresse ma gratitude* emphatique et protocolaire rarement employé dans la conversation. Le *merci !* par lequel on signifie, à table, qu'on est suffisamment servi est explicitement un [bollo] Боллоо ! *Ça y est, cela suffit !*

Excuses : Les excuses sont généralement exprimées à l'aide de l'impératif marqué de verbes signifiant *pardonner* : [uːčlar^{əi}] уучлаарай ; [öršögör^{əi}] өршөөгөөрэй, quc nous retrouvons dans la formule [burx^{ə}n, öršö] Бурхан өршөө ! *A vos souhaits !* lit. *Dieu, pardonne !* Ces formes étant prédicatives, la chose à excuser en est tout simplement le plus souvent une subordonnée centrée sur un participe objet direct, marqué ou non à l'accusatif.

[nam^{əi}g sa^{i}n xarag^{üi}g uːčlar^{əi}] намайг сайн хараагүйг уучлаарай *Excusez-moi de ne pas avoir bien regardé*

En réponse à une excuse, il est de bon ton de minimiser l'incident, en indiquant que *tout va bien* : [züger] зүгээр qui n'est rien d'autre qu'un instrumental lexicalisé sur [züg] зүг *direction, cap, azimut* On emploie d'ailleurs cette expression dans toutes les situations où *les choses suivent un cours normal.* Elle peut donc signifier aussi bien par conséquent *tout va bien* que *il n'y a pas de quoi, ne vous en faites pas* ; tout comme [ga^{i}g^{üi}] гайгүй *il n'y a pas de problème*.

Invitation, demande : [tanas neg jum asuj^{ə}] Танаас нэг юм асуух *J'ai une question à vous poser* (on reconnaîtra l'emploi de l'impératif de 1ère personne), interrogation dont le sens est très éloigné de la demande [tanas neg jum gu^{i}ja] par laquelle on adresse une requête.

Oui - non, d'accord - pas d'accord : L'acceptation et le refus sont, en mongol aussi des domaines très riches, impossibles à épuiser en quelques phrases ou en quelques équivalences passe-partout. Les termes employés sont liés à des contextes précis. Ainsi, au «*oui*» français correspondent des termes mongols différents suivant que l'approbation est une *acceptation logique*, appelant l'emploi du démonstratif [tiːm] тийм, *ainsi* : [tiːm, nogon xar^{ə}nda] тийм, ногоон харандаа *Oui, c'est un crayon vert*, ou au contraire une *autorisation* en réponse à une demande : *Est-ce qu'on peut fumer ici ? - Oui !* [end tam^{i}x tat^{a}ž bolnu ? - bolno] Энд тамхи татаж болно уу ? - Болно оо ! *Y a-t-il du pain ? - Oui !* [talx biːju ? - biː] Талх бий юу ? - Бий !

L'*accord* fait par ailleurs très largement appel à [tegj^{ə}] тэгье, impératif de 1ère personne du verbe «démonstratif» [teg^{ə}-] тэгэ- *faire ainsi*. Bien entendu, ce statut grammatical est décisif : il n'autorise son emploi que si *c'est moi qui suis d'accord pour...* Si, au contraire, *je suis d'accord pour que* ***vous*** *fassiez ainsi*, c'est naturellement un impératif de 2ème personne du même verbe qui est ici attendu : [teg] тэг ou [teger^{əi}] тэгээрэй, (les deux pouvant être rendus plus familiers, moins pesants, en les redoublant en [teg teg] ou [teger^{əi} teger^{əi}]).

La dénégation, opère la distinction entre une négation absolue : *Le professeur est-il arrivé ? - Non* [bagš irsnü ? - üg^{üi}] Багш ирсэн үү ? - Үгүй (mais aussi simplement [- ireg^{üi}] - ирээгүй lit. *N'est pas arrivé*) , et la négation relative : *Est-ce un avion ? - Non* [en^{ə} ong^{o}c uu ? biš] Энэ онгоц уу ? - Биш. Ici encore, un «*Non*» d'interdiction sera exprimé de façon spécifique : *Puis-je prendre ce livre ? - Non !* [en^{ə} nom^{i}g awč bolnu ? - bol^{ə}xg^{üi}] Энэ номыг авч болно уу ? - Болохгүй !

Les noms propres

Les noms mongols sont d'une grande variété de structure et d'origine (au point qu'il existe des dictionnaires comportant les 5000 et quelques noms les plus courants). Il n'existe d'ailleurs pas de frontière définitivement tracée entre les noms propres et les noms communs. Ajoutons que si les traces écrites des noms propres sont aussi anciennes que l'écriture et que la généalogie, l'état-civil, au sens administratif du terme, ne remonte qu'à 1955.

Les Mongols portent un nom personnel [ner] нэр. Il n'existe donc pas à proprement parler de nom de famille. Historiquement, et parfois jusqu'à nos jours, l'appartenance à un lignage ([ow^{ə}g] овог) était précisée. Cette pratique s'est trouvée supplantée, tout en conservant le terme d'[ow^{ə}g], par l'indication au génitif du nom du père : [dorž^{i}n bat, cend^{i}n dulma] Доржийн Бат, Цэндийн Дулмаа *Bat (fils) de Dorj, Dulmaa (fille) de Cend*. Le terme d'ow^{ə}g sert également à désigner, pour les étrangers, le *nom de famille*. Il arrive que le nom pris pour [ow^{ə}g] soit celui de la mère. C'est ainsi que le célèbre Maréchal Choïbalsan Хорлоогийн Чойбалсан (1895-1952) portait pour ow^{ə}g le nom de sa mère Xorlo Хорлоо. Observons qu'une mode récente, qui «occidentalise» la présentation de son nom en omettant le génitif sur le nom du père ([dorž bat] pour [dorž^{i}n bat]) risque d'entraîner de redoutables confusions (ici, [doržbat] est un nom composé très courant)...

On peut reconnaître quelques grands modèles, qui ne dénotent d'ailleurs aucune différence d'origine entre les personnes. Les noms sont formés soit d'un seul mot, soit d'une combinaison. Celle-ci est soit un couple déterminant-déterminé, soit le simple rapprochement de deux termes, voire un doublon entre nom mongol et mot d'emprunt. Le fait que les noms portés par les Mongols aient, plus directement encore que les nôtres, un sens immédiatement «lisible», s'il introduit parfois quelques risques grammaticaux, ne doit pas prêter à confusion : de même que bien des *Legrand* sont de taille moyenne, il est des [bat] Бат *Fort* chétifs ! La traduction des noms propres doit rester exceptionnelle, elle est le plus souvent malheureuse, voire ridicule. Les «sens» donnés ici ne font qu'illustrer l'étendue des champs couverts.

Les **noms proprement mongols** sont de nature très diverses. Ils peuvent désigner, seuls ou par paires, des objets, des matières, des qualités, des lieux :

[nar^{ə}n] Наран *Lune* ; [sar^{ə}n] Саран *Soleil* ; [ger^{ə}l] Гэрэл *Lumière* ; [bol^{ə}r] Болор *Cristal* ; [töm^{ə}r] Төмөр *Fer* ; [bol^{ə}d] Болд *Acier* comme [gan] Ган, d'où la combinaison [ganbol^{ə}d] Ганболд ; [sa^{i}n (saina)] Сайн *Bon* ; [bat] Бат *Fort* ; [xerl^{ə}n] Хэрлэн *Xerlen, Kerülen* (nom de fleuve).

Les termes élogieux et emphatiques sont courants : [bajan] Баян *Riche* ; [bajar] Баяр *Joie, Fête* ; [nert] Нэрт *Célèbre* ; [möngx^{ə}] Мөнх *Eternel* ; etc.

Les noms apparemment dépréciatifs, mais surtout trompeurs, tel [mu: ox^{i}n] Муу-охин lit. *Vilaine-Fille* donné à un garçon, mais surtout des noms tels que [en^{ə}biš] Энэбиш *«Ce n'est pas celui-ci»* ; [terbiš] Тэрбиш *«Ce n'est pas lui»* ; [bibiš] Бибиш *«Ce n'est pas moi»* ; [nerg^{üi}] Нэргүй *Sans-nom* ; voire [nerg^{üi}xü] Нэргүйхүү *Fils-sans-nom*, sont en fait des moyens «magiques» pour protéger l'enfant, en empêchant son identification par les mauvais esprits, dirigés par le terrible Erlig Qan.

Notons que certains noms sont aujourd'hui «à la mode». Il n'est pas rare depuis quelques années que des jeunes couples, croyant lui rendre hommage, donnent à leur enfant le nom personnel de Gengis khan, Temüjin [temüž^{i}n] Тэмүүжин, ce qui ne s'était jamais fait depuis le XIIIème siècle, et ont perdu le sentiment de commettre ainsi un sacrilège. Ce nom, emprunté à celui d'un chef Tatar vaincu par Jisügei, père de Gengis khan, entre au demeurant sans peine dans la catégorie des noms destinés à leurrer les mauvais esprits : construit sur le radical de [temür] Төмөр *fer*, il est dérivé à l'aide du suffixe [-ž^{i}n] -жин servant ordinairement à former des noms... féminins. Gengis khan est bien l'ancêtre de la *Dame de fer*) ;

Noms tibétains. Influence du bouddhisme et du lamaïsme oblige, plus de la moitié des noms propres mongols sont d'origine tibétaine ou sanscrite. Plusieurs de ces noms sont parmi les plus couramment portés, tel [dorž^{i}] Дорж (tib. rdo rje) *diamant*. L'inventaire en est considérable, puisant dans l'ensemble des notions philosophiques et religieuses, mais aussi dans le vocabulaire courant. : [sür^{ə}n] Сүрэн (tib. srong) *protecteur ; amulette* ; [oč^{i}r] (attention : orthographié *wcir)* Очир (sanscrit vajra) *diamant, foudre* ; [danz^{ə}n] Данзан (tib. bstan 'dzin) *détenteur des enseignements* ; [čo^{i}ž^{i}l] Чойжил (tib. chos rgyal) *souverain de la doctrine* ; [mol^{ə}m] Молом (tib. smon lam) *prière, voeu.*

Ces noms, qu'ils soient mongols, tibétains ou d'autre origine (étonnant dans une langue qui «digère» si rapidement les mots d'emprunt, les noms propres étrangers sont facilement admis) peuvent être combinés entre eux avec beaucoup de souplesse, et il n'est pas rare de rencontrer un nom formé d'un élément mongol et d'un élément tibétain : [batdorž^{i}] Батдорж.

Il existe pour l'écriture des noms composés en écriture uigur mongole une règle orthographique simple, reprise en cyrillique, quoique moins régulièrement : si le deuxième nom commence par une consonne, il est accolé au premier ; par contre, s'il commence par une voyelle, il est écrit détaché :

[xas] Хас *Jade* et [baːt^{ə}r] Баатар *Héros* forment [xasbaːt^{ə}r] Хасбаатар. Mais [mönx^{ə}] Мөнх *Eternel* et [erd^{ə}n^{ə}] Эрдэнэ *Joyau* forment [mönxerd^{ə}n^{ə}] Мөнх-Эрдэнэ.

Quelques tournures quotidiennes

Suivons une conversation banale. Les phrases illustreront la diversité des procédés disponibles :

- ᠰᠠᠶᠢᠨ ᠪᠠᠶᠢᠨ᠎ᠠ ᠤᠤ !
- ᠰᠠᠶᠢᠨ᠂ ᠲᠠ ᠰᠠᠶᠢᠨ ᠪᠠᠶᠢᠨ᠎ᠠ ᠤᠤ ?
- ᠭᠠᠶᠢᠭ ᠦᠭᠡᠢ
- ᠮᠢᠨᠦ ᠵᠠᠰᠠᠭᠤᠯᠬᠤ ᠥᠭᠭᠦᠭᠰᠡᠨ
ᠠᠫᠫᠠᠷᠠᠲ ᠪᠡᠯᠡᠨ ᠪᠣᠯᠬᠤ ᠤᠤ ?

- Сайн байна уу !
Bonjour (ça va bien ?)

- Сайн, та сайн байна уу ?
Bonjour, et vous, ça va bien ?

- Гайгүй.
Ça va (pas de problème).

- Миний засуулах өгсөн аппарат бэлэн болох уу ?
Est-ce que l'appareil que j'avais donné à réparer est prêt ?

- ᠵᠢᠭᠠᠬᠠᠨ ᠬᠦᠯᠢᠶᠡᠵᠦ ᠪᠠᠶᠢᠭᠠᠷᠠᠢ .. ᠠᠷᠠᠢ ᠪᠣᠯᠣᠭ᠎ᠠ ᠦᠭᠡᠢ ::
- ᠬᠡᠵᠢᠶᠡ ᠪᠡᠯᠡᠨ ᠪᠣᠯᠬᠤ ᠪᠤᠢ ?
- ᠤᠳᠠᠬᠤ ᠦᠭᠡᠢ ᠰᠢᠭ !
- ᠵᠠ᠂ ᠪᠢ ᠳᠠᠬᠢᠨ ᠮᠠᠷᠭᠠᠰᠢ ᠠᠰᠠᠭᠤᠶ᠎ᠠ
- ᠵᠦᠭᠡᠷ ! ᠲᠡᠭᠡᠷᠡᠢ ! ᠪᠠᠶᠠᠷᠲᠠᠢ !

- Жаахан хүлээж байгаарай... Арай болоогүй.
Attendez un peu... Pas encore.

- Хэзээ бэлэн болох вэ ?
Quand est-ce que ça sera prêt ?

- Удахгүй шүү !
Bientôt !

- Заа, би дахиад маргааш асууя
Bon, je redemanderai demain.

- Зүгээр ! Тэгээрэй ! Баяртай !
Très bien ! D'accord (faites ainsi) ! Au revoir !

Maintes formules, un mot parfois, reviennent dans la conversation :

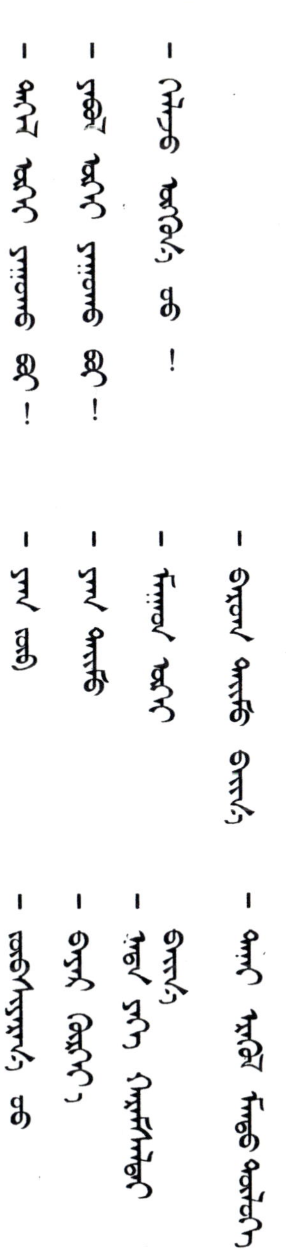

- Тэгэлгүй яахав (яах вэ) !
*Bien sûr (*lit. *Comment faire sans faire ainsi) !*

- Явалгүй яахав (яах вэ) !
*Il faut y aller (*lit. *Comment faire sans y aller) !*

- Хэлж өгнө үү !
Dites-moi, s'il vous plaît ! On peut observer ici la valeur auxiliaire du verbe [ög-] au sens général de *donner*, mais qui indique aussi que l'acte est accompli *au profit de quelqu'un d'autre.*

- Яг зөв
Tout juste

- Яг тийм
*Mais oui (*lit. *Exactement ainsi)*

- Магадгүй
Peut-être, probablement

- Бараг тийм байна
Presque ; c'est presque ça

- Зөвшөөрнө үү
Vous permettez, s'il vous plaît

- Баяр хүргье (хүргэе)
Félicitations (lit. *je vous fais fête*)

- Надад их харамсалтай (байна)
Je regrette infiniment

- Танай эрүүл мэндийн төлөө !
A votre santé !

Chiffres et nombres

	oral	en toutes lettres	
0	[teg]	ᠲᠡᠭ	тэг
1	[neg(ᵊn)]	ᠨᠢᠭᠡ / ᠨᠢᠭᠡᠨ	нэг/ нэгэн
2	[xojᵊr]	ᠬᠣᠶᠠᠷ	хоёр
3	[gurᵊw(ᵊn)]	ᠭᠤᠷᠪᠠ / ᠭᠤᠷᠪᠠᠨ	гурав / гурван
4	[dörᵊw(n)]	ᠳᠥᠷᠪᠡ / ᠳᠥᠷᠪᠡᠨ	дөрөв / дөрвөн
5	[taw(ᵊn)]	ᠲᠠᠪᠤ / ᠲᠠᠪᠤᠨ	тав /таван
6	[zurga(n)]	ᠵᠢᠷᠭᠤᠭ᠎ᠠ / ᠵᠢᠷᠭᠤᠭᠠᠨ	зургаа / зургаан
7	[dolo(n)]	ᠳᠣᠯᠣᠭ᠎ᠠ / ᠳᠣᠯᠣᠭᠠᠨ	долоо / долоон
8	[naⁱm(ᵊn)]	ᠨᠠᠢᠮᠠ / ᠨᠠᠢᠮᠠᠨ	найм / найман
9	[jös(ᵊn)]	ᠶᠢᠰᠦ / ᠶᠢᠰᠦᠨ	ес / есөн

Les chiffres employés aujourd'hui, quelle que soit l'écriture, sont les chiffres dits arabes dans la forme qui nous est familière. Ils ont remplacé des chiffres traditionnels, dont l'examen, même superficiel, montre qu'ils sont de même origine :

0 1 2 3 4 5 6 7 8 9

᠐ ᠑ ᠒ ᠓ ᠔ ᠕ ᠖ ᠗ ᠘ ᠙

Les dizaines, à l'exception de *dix*, sont dérivées du nom de l'unité :

10	[arᵊw(ᵊn)]	ᠠᠷᠪᠠ / ᠠᠷᠪᠠᠨ	арав / арван
20	[xorⁱ(n)]	ᠬᠣᠷᠢ / ᠬᠣᠷᠢᠨ	хорь / хорин
30	[guč(ⁱn)]	ᠭᠤᠴᠢ / ᠭᠤᠴᠢᠨ	гуч / гучин
40	[dɔč(ⁱn)]	ᠳᠥᠴᠢ / ᠳᠥᠴᠢᠨ	дөч / дөчин
50	[tawⁱ(n)]	ᠲᠠᠪᠢ / ᠲᠠᠪᠢᠨ	тавь / тавин
60	[žar(ᵊn)]	ᠵᠢᠷᠠ / ᠵᠢᠷᠠᠨ	жар / жаран
70	[dal(ᵊn)]	ᠳᠠᠯᠠ / ᠳᠠᠯᠠᠨ	дал / далан
80	[najᵊ(n)]	ᠨᠠᠶᠠ / ᠨᠠᠶᠠᠨ	ная / наян
90	[jer(ᵊn)]	ᠶᠡᠷᠡ / ᠶᠡᠷᠡᠨ	ер / ерэн

Les grands nombres ont reçu des dénominations propres, dont certaines (100, 1000, 10000) sont spécifiquement mongoles. Les autres, en mathématique, astronomie ou philosophie, sont tibétains :

100	[zuː (n)]	ᠵᠠᠭᠤ ᠵᠠᠭᠤᠨ	зуу / зуун
1000	[mjangᵊ (n)]	ᠮᠢᠩᠭ᠎ᠠ ᠮᠢᠩᠭᠠᠨ	мянга / мянган
10000	[tüm (ᵊn)]	ᠲᠦᠮᠡ ᠲᠦᠮᠡᠨ	түм / түмэн
100000	[bum]	ᠪᠤᠮ	бум

million	[saj^{ə}]	сая
10 mlns	[žiwa]	живаа
100 mlns	[dünčür]	дүнчүүр
milliard	[terbum (^{ə}n)]	тэрбум
dit aussi	[arw^{ə}n dünčür]	арван дүнчүүр

Les noms de nombre en position de déterminant comportent un [n] final à l'exception absolue de [xoj^{ə}r] хоёр *deux* et, dans une moindre mesure, de [neg] нэг *un* et de [mjang^{ə}] мянга *mille* :

[dolo] + [nom] > [dolon nom] долоон ном
sept + livre sept livres

[dör^{ə}w] + [xün] > [dörw^{ə}n xün] дөрвөн хүн
quatre + homme quatre hommes

Ceci vaut pour les nombres composés, l'ordre supérieur déterminant l'ordre inférieur jusqu'à l'unité :

[xor^{i}] + [neg] > [xor^{i}n neg] хорин нэг
vingt + un vingt-et-un

[dal] + [dolo] > [dal^{ə}n dolo] далан долоо
soixante-dix + sept soixante-dix-sept

[zu:] + [guč] + [taw] > [zu:n guč^{i}n taw]
cent + trente + cinq cent trente-cinq
[zu:n guč^{i}n taw^{ə}n ger] зуун гучин таван гэр
cent trente-cinq yourtes ;
[gurw^{ə}n zu:n döč^{i}n zurgan nom] гурван зуун дөчин зургаан ном *trois cent quarante-six livres* ;
[dolon mjang^{ə} dörw^{ə}n zu:n dal^{ə}n xoj^{ə}r xün] долоон мянга дөрвөн зуун далан хоёр хүн
sept mille quatre cent soixante-douze personnes.

NB Notons que l'étymologie du nom mongol désignant le *nombre* [to:] тоо était recherchée par le grand linguiste et mongolisant Władysław Kotwicz (1872-1944) dans le nom du nombre *cinq* [taw] тав

Les noms de nombre, *cardinaux*, *ordinaux*, *distributifs*, *approximatifs*, *restrictifs*, *répétitifs* (on peut rencontrer quelques variantes, l'*approximatif* [nežged], dont la valeur est d'ailleurs souvent *distributive*, présente une forme [nežed], cependant que [xošod] présente par exemple une graphie alternative) :

~	*~ième*	*à ~*	*approx. ~*	*seulement ~*	*~ fois*
1 [neg] нэг	[negdüger] нэгдүгээр	*voir* ➔	[nežged] нэжгээд	[negx^{ə}n] нэгхэн	[neg^{ə}nt] нэгэнт
2 [xoj^{ə}r] хоёр	[xoj^{ə}rdugar] хоёрдугаар	[xojul] хоёул	[xošod] хошоод	[xoj^{ə}rx^{ə}n] хоёрхон	[xoj^{ə}rta] хоёртаа
3 [gur^{ə}w] гурав	[gur^{ə}wdugar] гуравдугаар	[gurwul] гурвуул	[gurwad] гурваад	[gur^{ə}wx^{ə}n] гуравхан	[gurw^{ə}nta] гурвантаа
4 [dör^{ə}w] дөрөв	[dör^{ə}wdüger] дөрөвдүгээр	[dörwül] дөрвүүл	[dörwöd] дөрвөөд	[dör^{ə}wx^{ə}n] дөрөвхөн	[dörw^{ə}nte] дөрвөнтээ
5 [taw] тав	[tawdugar] тавдугаар	[tawul] тавуул	[tawad] таваад	[tawx^{ə}n] тавхан	[tawta] тавтаа
6 [zurga] зургаа	[zurgadugar] зургаадугаар	[zurgul] зургуул	[zurg^{ə}gad] зургагаад	[zurgax^{ə}n] зургаахан	[zurganta] зургаантаа
7 [dolo] долоо	[doldugar] долдугаар	[dolul] долуул	[dolod] долоод	[dolox^{ə}n] тавхан	[dolonta] долоонтаа
8 [na^{i}m] найм	[na^{i}mdugar] наймдугаар	[na^{i}mul] тавуул	[na^{i}mad] наймаад	[na^{i}mx^{ə}n] наймхан	[dolonta] наймантаа
9 [dör^{ə}w] ес	[dör^{ə}wdüger] есдүгээр	[jösül] есүүл	[jösöd] есөөд	[jösx^{ə}n] есхөн	[jös^{ə}ntö] есөнтээ

- Чи зочид буудалд суух уу, хувийн байранд суух уу ?
Tu habiteras à l'hôtel ou dans un appartement ?

- Надад хотын төвд ойрхон зочид буудал хэрэгтэй.
J'ai besoin d'un hôtel proche du centre-ville !

- Танайд сул өрөө байна уу ?
Avez-vous une chambre libre ?

- Нэг хүний байр уу, хоёр хүнийх үү ?
Une chambre pour une ou deux personnes ?

- Би хоёр ортой байр захиалсан юм.
J'ai réservé une chambre double (à deux places).

- Шүршүүртэй өрөө хоногт хэдэн үнэтэй вэ ?
Quel est le prix à la journée d'une chambre avec douche ?

- Хямдхан байр өгч болох уу ?
Pouvez-vous me donner une chambre moins chère ?

- Зочид буудал ресторантай юү ?
Y a-t-il un restaurant dans l'hôtel ?

- Би жаахан юм идмээр байна.
Je mangerais bien un petit quelque chose.

- Сайн хоолтой ресторан зааж өгөөч.
Indiquez (-moi) un bon restaurant.

- Сул ширээ байна уу ?
Y a-t-il une table libre ?

- Хоолны нэрсийг (хоолны цэс) үзээд захиална уу ?
Regardez la carte et commandez.

- Архи уух уу, пиво (пив) уух уу ?
Vous boirez de la vodka ou de la bière ?

- Би "Нийслэл" пив уух.
Je boirai de la bière "Niislel" (Capitale).

- Энэ гуанзанд сайхан бууз, хуушуур, банш зэргийг өгдөг.
Dans ce restaurant, on donne des bu:z, xu:šur et banš (variétés de raviolis) *excellents.*

- Монголчууд үхэр, хонины маханд их дуртай мөн.
Les Mongols aiment beaucoup la viande de boeuf et de mouton.

- Би өнөөдөр Парисаас онгоцоор нисч ирсэн.
Je suis arrivé aujourd'hui de Paris par avion

- Ямар ямар автобус онгоцны буудлаас хот руу явдгийг хэлж өгнө үү ?.
S'il vous plaît, quels sont les autobus qui vont de l'aéroport en ville ?

- Ховд руу агаараар зорчих уу, замаар очих уу ?
Irons-nous à Xovd par air ou par la route ?

- Дээр нь онгоцоор нисээрэй.
Il vaut mieux aller (voler) en avion.

- Тэгээд, билетээ одоо захиалъя.
Alors, je vais tout de suite prendre (commander) nos billets.

- Онгоц хэдэн цагт нисэх вэ ?
A quelle heure l'avion part-il ?

- Билет, тээшээ тэнд бүртгүүлнэ үү.
Allez enregistrer là-bas vos billets et vos bagages.

- Ачаагаа жин дээр тавих уу !
Posez vos bagages sur la bascule !

- Би маргааш Улаанбаатараас Бээжин руу галт тэргээр гаръя.
Je pars demain d'Ulaanbaatar pour Pékin par le train.

- Заа, сайн яваад удахгүй буцаж ир !
Ah, bon voyage et reviens vite !

- Унтлагын вагон хаа байгааг та зааж өгөөч !
Montrez-moi où est le wagon-lit !

- Таны өрөө, ор энэ байна. Суу суу !
Voici votre compartiment et votre place. Asseyez-vous !

- Галт тэргэнд зоогийн газар бий юү ?
Y a-t-il un wagon-restaurant dans le train ?

- Бий. Галт тэрэгний сүүл рүү яв.
Oui. Allez vers la queue du train.

- Зорчигчид оо ! Билет, паспортаа бэлтгэж үзүүлээрэй !
Mmes et MM les passagers, préparez et présentez vos billets et passeports.

- Танд хориотой зүйл байхгүй биз дээ ?
Ne détenez-vous pas d'objets interdits ?

- Би чемоданаа хааж болох уу ?
Puis-je refermer ma valise ?

- Эмч ээ, минмй бие тааруу (муу) байна.
Docteur, je ne me sens pas bien.

- Заа суу даа. Яагаа вэ ?
Bien, asseyez-vous. Qu'y a-t-il ?

- Халуураад ханиалгаж, хамраас нус гоожоод хоолой өвдөж, толгой эргэдэг байна.
J'ai de la fièvre et je tousse, je suis enrhumé, j'ai mal à la gorge et la tête qui tourne.

- Та ханиад хүрсэн шүү. Юм залгихад хоолой их өвдөхгүй юү ?
Vous avez attrapé la grippe. Est-ce que la gorge vous fait très mal pour avaler ?

- Гэртээ гурван хоногоос доошгүй байх хэрэгтэй.
Il faut que vous restiez au moins trois jours à la maison.

- Би танд энэ усан эм бичлээ. Хоолны халбагаар хоолныхоо өмнө уугаач.
Je vous prescris cette potion. Prenez-en une cuillerée à soupe avant vos repas.

- Тэр хүүхэд зөв гараа хугарчихлаа.
Cet enfant s'est cassé le bras droit.

- Түргэн тусламж сая ирээд түүнийг эмнэлэгт хүргэсэн.
L'ambulance vient de l'emmener à l'hôpital (lit *est venu et l'a emmené*)

- Эмнэлгэний рентгений кабинет хаа байна ?
Où est le cabinet de radiographie de l'hôpital ?

- Шүд өвдөж болсон тул, шүдний эмчид үзүүлэв.
Comme j'avais mal aux dents, j'ai consulté le dentiste (lit. *montrer au dentiste*)

- Нэг шүдний ломбо унасныг үзэхдээ шинээр шүдэнд тавиулсан.
Quand j'ai vu qu'un plombage était tombé, j'en ai fait replacer un sur ma dent.

- Эмч бас надад өвчин намдаах ямар нэг юм өгсөн юм.
Le dentiste m'a aussi donné quelque chose contre (lit. *pour réduire*) *la douleur.*

- Эмэгтэй хүний хувцасны, хүүхдийн тоглоомын тасаг энэ давхарт байгаа юу ?
Les rayons de confection pour dames et de jouets sont-ils à cet étage ?

- Гоо сайханы зүйл энд бий.
Les produits de beauté sont ici.

- Хөвөн, ноосон даавуу эндээс авч болно уу ?
Puis-je acheter ici des tissus de coton et de laine ?

- Хүнсний дэлгүүр холгүй байвал, талх, ёотон, махны консерв авна уу !
Si le magasin d'alimentation n'est pas loin, achète du pain, du sucre et de la viande en conserve !

- Талх боовны дэлгүүр доор биш үү ?
La boulangerie n'est pas en bas ?

- Биш, баруун тийшээ эргээд, дараа нь зуугаад метр шууд яваарай.
Non, tournez à droite et ensuite faites une centaine de mètres tout droit.

- Та зүүн тийшээ театрын хойгуур гарвал тэнд ч бас бий
Si vous passez derrière le théâtre, il y en a aussi une là-bas.

- Шуудан хэдэн цагаас хэдэн цаг хүртэл ажилладаг вэ ?
De quelle heure à quelle heure la Poste est-elle ouverte (lit. *travaille*) ?

- Цахилгаан ямар цонхонд авдаг вэ ?
A quel guichet prend-on les télégrammes ?

- Цахилгааны маягт над өгнө үү ?
Un formulaire télégraphique, s'il vous plaît.

- Баталгаатай захидал явуулаач.
Envoyez une lettre recommandée.

- Монгол түүхийн сэдэвтэй марк бий.
Il y a des timbres ayant pour thème l'histoire mongole.

- Утасны лавлах товчооноос нэг юм асууя.
Je vais demander aux renseignements téléphoniques.

- Байна уу ! Хэн бэ !
Allô ! Qui est à l'appareil !

- Би байна аа ! Та хэнтэй ярих вэ ?
C'est moi ! Qui demandez-vous (lit. *Avec qui parlerez-vous*) ?

- Та утасны дугаарыг андуурчээ !
Vous avez fait un faux numéro !

- Ярианы нэг минут хэдэн үнэтэй вэ ?
Quel est le prix d'une minute de communication (lit. *de parole*) ?

- Өнөөдрийн театрын билет дуссан нь харамсалтай гэвч маргаашийнх бий.
Dommage qu'il n'y ait plus de billet de théâtre pour aujourd'hui, mais il y en a pour demain

- Чи кинонд орвол ямар ямар кинонд илүү дуртай вэ ?
Si tu vas au cinéma quelles sortes de films aimes-tu voir ?

- Ямар ч кино, концерт, жүжигт их дуртай шүү.
J'aime bien toutes sortes de films, de concerts, de pièces.

- Би өчигдөр "Цогт тайж" гэдэг кино үзэв.
J'ai vu hier le film "Tsogt taïji".

- Тэр кино саяхан гарсан уу ?
Ce film vient de sortir ?

- Үгүй ! 1945 онд гарсан хар цагаан кино юм.
Non ! C'est un film sorti en 1945 en noir et blanc.

- Чиний зөв ! Зохиогч нь нэртэй зохиолч Ринчэн биш үү ?
Tu as raison ! Est-ce que l'auteur n'était pas le célèbre écrivain Rinchen ?

- Мөн ! Жаахан хуучирсан боловч их сонин.
Si ! Bien qu'un peu vieilli, c'est très intéressant.

- Та "Учиртай гурван толгой" дуурь үзэв үү ?

Avez-vous vu l'opéra "Les trois collines de la nécessité" ?

- Тэр дууриййг арай үзээгй болович гарамгай бүжиг харлаа.

Je n'ai pas encore vu cet opéra, mais j'ai assisté à un ballet remarquable.

- Концертын хөтөлбөр үзүүлнэ үү.

Montrez(-moi) le programme du concert.

- Завсарлагын үед мухлагт ундаа ууя.

Pendant l'entracte, je prendrai une boisson au buffet.

- Циркийн хамгийн дуртай тоглолт ямар ямар вэ ?

Quels sont les numéros de cirque les plus appréciés ?

- Монголчууд бид уран нугаралт, сургуультай амьтадын тоглолтод илүү дуртай.

Nous Mongols aimons surtout les numéros de contorsion et d'animaux dressés.

- Театр, кино, циркээс гадна, би үзэсгэлэн, концертыг их сонирходог.

Outre le théâtre et le cinéma et le cirque, je m'intéresse beaucoup aux expositions et aux concerts

Du quotidien à la culture

Les sujets proposés dans les pages qui précèdent sont de ceux qu'un voyageur aura surtout l'occasion de rencontrer dans la capitale. A moins que lui-même n'accueille un ami mongol... La vie quotidienne des citadins, la vie publique, économique ou politiquc, sont dcpuis longtemps et chaque jour plus proches, du moins en apparence, des modèles qui nous sont familiers. On peut s'en réjouir ou le regretter. Mais c'est la vie des éleveurs nomades, faite à la fois de pratiques toujours vivantes et d'un héritage séculaire, qui nous révèle l'identité profonde des Mongols, leur imagination, les grands thèmes de leur culture.

Rassembler en un chapitre conditions, ustensiles, techniques les plus ordinaires et oeuvres de l'esprit, du temps qui passe au temps qu'il fait, du choix d'un pâturage du montage de la yourte et de la cuisine à la littérature, à l'art, aux croyances ne cherche qu'à souligner la cohérence de tout un monde. Plutôt que fournir un mode d'emploi, il s'agit de suggérer au lecteur tout un mode de vie.

Des permanences ont façonné la vie nomade : là où les sociétés rurales sédentaires connaissaient des tendances longues à l'accumulation des biens et des populations, les nomades ont bâti la durée sur des ressources faibles et surtout imprévisibles. Notre croissance et ses valeurs sont ici privées de sens. Plutôt que mesurer avec hauteur une "stagnation", notre regard doit saisir un équilibre fragile mais durable.

La culture est dans la maîtrise de cette réalité sans cesse changeante, dans la capacité à faire face et à modérer l'irrégularité des éléments et des ressources. Connaissance des animaux et du pâturage, des qualités des plantes, du goût et des besoins des bêtes; adaptation et création des outils de la nomadisation, du harnachement à la yourte ont modelé à la fois un mode de vie et un regard sur le monde qui contiennent aussi bien l'immuabilité apparente des cycles annuels que les trésors d'ingéniosité, de curiosité, d'invention quotidienne et de complexité sociale.

A la fois somme de traditions propres et d'emprunts aux autres cultures du monde, la culture mongole n'est pas prisonnière de l'immédiat. Les longues heures de solitude, quand l'homme est perdu dans l'horizon immense des pâturages, avec ses méditations, ses observations et ses chants y sont inséparables du foisonnement de la communication. Parce que l'organisation de l'espace entre les hommes ne va pas sans négociation, le mot et le discours sont d'abord des moyens de la survie. Mais aussi un art du langage et de la voix, un sens de la langue dont le maître est tour à tour le grammairien, le conteur et le poète. Cette tradition est-elle orale ? Bien sûr. Mais tout autant écrite, entremêlant au fil des siècles l'art de dire, d'écrire, le sentiment d'une langue, d'une identité, d'une histoire.

Rencontre entre croyances, tradition littéraire et histoire : un *ex-voto* moderne à Geser khan, représenté en guerrier mongol, entre la Roue de l'Univers ᠬᠦᠷᠳᠦ хүрд et l'oiseau Garuda (gravure de B.Tümennasun, 1992, *coll. J.Legrand*)

Le temps qui passe

Le «temps» et l'«heure», mais aussi la «montre», l'«horloge» sont exprimés par un seul et même terme : [cag] цаг. Avant l'apparition de notre *minute* [min^{u}t] минут, la seule subdivision courante en était le *quart d'heure* [möč] мөч, plus qu'homonyme de [möč] мөч, qui désigne les *extrémités, les quatre pattes...*

La tradition découpait la journée en 12 heures, portant les noms des animaux du calendrier lunaire : [luː cag, mor^{i} cag, üx^{ə}r cag, etc.] :

dragon	luː	луу	7.40 - 9.40
serpent	mog^{əi}	могой	9.40 - 11.40
cheval	mor^{i}n	морь	11.40 - 13.40
mouton	xon^{i}n	хонь	13.40 - 15.40
singe	mič^{i}n/ bič^{i}n	мич / бич	15.40 - 17.40
poule	tax^{i}a	тахиа	17.40 - 19.40
chien	nox^{əi}	нохой	19.40 - 21.40
porc	gax^{əi}	гахай	21.40 - 23.40
rat	xulg^{ə}n^{ə}	хулгана	23.40 - 1.40
bovin	üx^{ə}r	үхэр	1.40 - 3.40
tigre	bar	бар	3.40 - 5.40
lièvre	tuːl^{əi}	туулай	5.40 - 7.40

En outre, l'orientation constante de la yourte, porte au Sud, place ses occupants dans un cadran solaire et le moment de la journée est indiqué par la projection de la lumière entrant par l'ouverture du toit.

L'heure est aujourd'hui indiquée selon le modèle européen (sur 24 ou 12 heures). L'expression moderne de l'heure fait appel à [cag] цаг déterminé par des numéraux au sein d'une phrase dont le prédicat est généralement la construction verbale [bolž ba^{i}n^{ə}] болж байна *(il) est...*

La réponse à la question rituelle [xed^{ə}n cag bolž ba^{i}n^{ə} ?] Хэдэн цаг болж байна ? *quelle* (lit. *combien*) *heure est-il ?* est : [gurw^{ə}n cag bolž ba^{i}n^{ə}] гурван цаг болж байна *il est 3 heures* ; [dörw^{ə}n cag bolž ba^{i}n^{ə}] дөрвөн цаг болж байна *il est 4 heures* .

On distingue, comme en français, entre la première et la deuxième demi-heure. Avant la demie, les minutes sont ajoutées à l'heure passée (à l'ablatif). Après la demie, on indique combien de minutes «manquent» à l'heure suivante (au datif-locatif) :

Il est 3 heures 10 (lit. *10 minutes à partir de trois heures*)
[gurw^{ə}n cagas arw^{ə}n minut bolž ba^{i}n^{ə}]
гурван цагаас арван минут болж байна ;

Il est 5 heures 27
[taw^{ə}n cagas xor^{i}n dolon minut bolž ba^{i}n^{ə}]
таван цагаас хорин долоон минут болж байна ;

Il est 4 heures moins 10 (lit. *10 minutes manquent à 4 heures*)
[dörw^{ə}n cagt arw^{ə}n minut dutu (ba^{i}n^{ə})]
дөрвөн цагт арван минут дутуу (байна) ;

Il est 6 heures moins 13
[zurgan cagt arw^{ə}n gurw^{ə}n minut dutu (ba^{i}n^{ə})]
зургаан цагт арван гурван минут дутуу (байна) ;

La demie est indiquée de façon plus simple encore, en apposant à l'heure l'indication [xag^{ə}s] хагас *demie, moitié* ou [guč] гуч *trente* :

Il est 4 heures et demie (4 heures trente)
[dörw^{ə}n cag xag^{ə}s (ou guč) bolž ba^{i}n^{ə}]
дөрвөн цаг хагас (ou гуч) болж байна ;

Lors de l'emploi, le plus courant, des deux cycles de douze heures, les ambiguïtés sont levées en faisant éventuellement précéder l'heure de [öglön^{i}] өглөөний *du matin* ou [or^{əi}n] оройн *du soir* (les heures de minuit au matin étant souvent dites [šön^{i}n] шөнийн *de la nuit*) :

Quatre heures de l'après midi
[or^{əi}n dörw^{ə}n cag] оройн дөрвөн цаг ;

Sept heures du matin
[öglön^{i} dolon cag] өглөөний долоон цаг ;
Deux heures du matin
[šön^{i}n xoj^{ə}r cag] шөнийн хоёр цаг.

Le jour [öd^{ə}r] өдөр désigne la *journée*, du matin au soir, et [xon^{ə}g] хоног littéralement *le fait de passer la nuit* (de [xon^{ə}-] – хоно- *passer la nuit*) le *jour de 24 heures*. La *semaine* [dolo xon^{ə}g] долоо хоног signifie littéralement *le fait de passer sept fois la nuit*. Les noms jours des jours de la semaine sont aujourd'hui souvent formés par le numéral ordinal en [-d^{ə}x^{i}/-d^{ə}x] дах(ь). Le samedi, *jour à moitié* bon et le dimanche, *jour complètement bon*, évoquent notre moderne semaine de travail. Cette désignation est concurrente d'une nomenclature empruntée, via le tibétain, à l'astronomie indo-hellénique, le nom d'un astre définissant le terme [gar^{i}g] (ou plus rigoureusement) гариг, гараг *planète*, du sanscrit *graha* :

lundi	[negdx öd^{ə}r] нэг дэх өдөр	[dawa gar^{i}g] даваа гариг	*Lune*
mardi	[xoj^{ə}rdx öd^{ə}r] хоёр дахь (дохь) өдөр	[mjagm^{ə}r gar^{i}g] мягмар гариг	*Mars*
mercredi	[gur^{ə}wdx öd^{ə}r] гурав дахь өдөр	[lxaw^{ə}g^{ə} gar^{i}g] лхагва гариг	*Mercure*
jeudi	[dör^{ə}wdx öd^{ə}r] дөрөв дэх (дөх) өдөр	[pür^{ə}w gar^{i}g] пүрэв гариг	*Jupiter*
vendredi	[tawdx öd^{ə}r] тав дахь өдөр	[ba:s^{ə}n gar^{i}g] баасан гариг	*Vénus*
samedi	[xag^{ə}s sa^{i}n öd^{ə}r] хагас сайн өдөр	[bjamb^{ə} gar^{i}g] бямба гариг	*Saturne*
dimanche	[büt^{ə}n sa^{i}n öd^{ə}r] бүтэн сайн өдөр	[njam gar^{i}g] ням гариг	*Soleil*

Le mois [sar] сар (la *lune*, bien que le mot désignant celle-ci se distingue du *mois* en comportant le «n secret») est aujourd'hui désigné par un simple numéral ordinal (*1er mois, 2ème mois, etc.*) :

[negdüger sar] нэгдүгээр сар *janvier*
[xoj^{ə}rdugar sar] хоёрдугаар сар *février*
[gur^{ə}wdugar sar] гуравдугаар сар *mars*
[dör^{ə}wdüger sar] дөрөвдүгээр сар *avril*
[tawdugar sar] тавдугаар сар *mai*
[zurgadugar sar] зургаадугаар сар *juin*
[doldugar sar] долдугаар сар *juillet*
[na^{i}mdugar sar] наймдугаар сар *août*
[jösdüger sar] есдүгээр сар *septembre*
[ar^{ə}wdugar sar] аравдугаар сар *octobre*
[arw^{ə}n negdüger sar] арван нэгдүгээр сар *novembre*
[arw^{ə}n xoj^{ə}rdugar sar] арван хоёрдугаар сар *décembre*

Ce système prend la suite d'une tradition très ancienne, basée sur le calendrier lunaire comportant douze mois de trente jours (qui nécessitait l'insertion périodique d'un *mois supplémentaire* [ilü sar] илүү сар). Ces douze mois, désignés à l'origine selon des observations naturalistes, dont certaines se sont maintenues localement, ont été par la suite identifiés par rapport à la saison (*mois initial, médian, final de l'hiver, du printemps, etc.*). Ils portent surtout, à partir du XIIIème siècle les noms d'animaux du calendrier lunaire uigur et chinois que nous retrouverons plus loin.

L'année : L'importance des éléments et connaissances astronomiques ou astrologiques dans la détermination du cycle annuel, l'ancienneté et la profondeur des échanges entre cultures parentes ou voisines rendent toute présentation suspecte de simplification. L'année est désignée en mongol par trois termes distincts. Le *cycle annuel* est dit [žil] жил. Peut-être emprunté aux langues turques, ce terme peut aussi être interprété comme un usage concret du grand principe de *transition*, de *processus* attaché aux unités [ž, ži-] : *cette année* [en^{ə} žil] энэ жил ; *l'année prochaine* [ir^{ə}x žil] ирэх жил. L'*année de calendrier* est pour sa part qualifiée de [on] он : *en 1997* [1997 ond] 1997 онд ; *depuis mon année de naissance* [min^{i} törs^{ə}n onos exl^{ə}n] миний төрсөн оноос эхлэн. Enfin, l'*année d'âge* (et l'*âge* lui-même) est dite [nas] нас. Rectifions une erreur courante. Les Mongols, pas plus que quiconque, n'ont «*un an à la naissance*» : le terme [nas] est un ordinal, et [gurw^{ə}n nas] ni signifie pas *trois ans*, mais *la troisième année*, c'est à dire *deux ans révolus*.

Le calendrier : Le calendrier lunaire mongol [bil^{i}g^{i}n ul^{i}r^{ə}l] билгийн улирал (lit. *cycle du Yin*), à la différence du calendrier européen, ou [arg^{i}n ul^{i}r^{ə}l] аргын улирал (lit. *cycle du Yang*), consiste en cycles de 60 ans [žar] жар (lit. *soixante*), . Nous sommes depuis 1987 dans le XVIIème cycle. Chaque année y est définie par le croisement d'un des douze noms d'animaux ([erxt^{ə}n] эрхтэн lit. *membre, organe*) et d'un des *cinq éléments* ([taw^{ə}n maxbod] таван махбод), associés à une couleur (bois=bleu, feu=rouge, terre=jaune, fer=blanc, eau=noir). Chaque élément est alternativement "*mâle*" [er^{ə}] эр et "*femelle*" [em^{ə}] эм : [er^{ə} gal] эр гал *feu mâle* ; [em^{ə} töm^{ə}r] эм төмөр *fer femelle*. Les couleurs sont également dédoublées. La "couleur femelle" est formée à l'aide du suffixe [-gč^{i}n] -гчин, adjoint au nom de couleur : [xar] хар > [xar^{ə}gč^{i}n] харагчин *"noir femelle"* (et non *noire*) ; [ulan] улаан > [ulagč^{i}n] улаагчин *"rouge femelle"* où on remarquera la disparition du "*n*" final de [ulan].

Nous n'aborderons pas ici sa dimension astrologique. Mais si vous entendez la phrase [bi mog^{əi}t^{əi}, min^{i} dü: lu:t^{əi}] · Би могойтой, миний дүү луутай, il ne faut pas comprendre *J'ai un serpent et mon frère a un dragon* ! mais *Je suis d'une année du Serpent et mon frère d'une année du Dragon*.

Si la succession des douze animaux et des cinq éléments est intangible, il existe plusieurs points de départ possible pour l'ensemble du cycle, le *bois* étant en principe le premier élément, l'animal de tête étant soit le rat, soit le lièvre. Dans le tableau suivant, qui donne les années du XVIIème Cycle (1987-2046), nous sommes partis de la première année du cycle, d'où une présentation non orthodoxe.

	feu gal гал		*terre* šor^{əi} шороо		*fer* töm^{ə}r төмөр		*eau* us^{ə}n усан		*bois* mod^{ə}n модон	
	rouge		*jaune*		*blanc*		*noir*		*bleu*	
	улаан	улаагчин	шар	шарагчин	цагаан	цагаагчин	хар	харагчин	хөх	хөхөгчин
lièvre tu:l^{əi} туулай		1987		1999		2011		2023		2035
dragon lu: луу	2036		1988		2000		2012		2024	
serpent mog^{əi} могой		2037		1989		2001		2013		2025
cheval mor^{i}n морин	2026		2038		1990		2002		2014	
mouton xon^{i}n хонин		2027		2039		1991		2003		2015
singe bič^{i}n бичин	2016		2028		2040		1992		2004	
poule tax^{i}a тахиа		2017		2029		2041		1993		2005
chien nox^{əi} нохой	2006		2018		2030		2042		1994	
porc gax^{əi} гахай		2007		2019		2031		2043		1995
rat xulg^{ə}n хулгана	1996		2008		2020		2032		2044	
bovin üx^{ə}r үхэр		1997		1989		2021		2033		2045
tigre bar бар	2046		1998		1990		2022		2034	

Le temps qu'il fait

Le climat mongol, le temps qu'il fait, c'est tout simplement le *ciel* ([teng^{ə}r] тэнгэр), mot à l'orthographe étrange et à l'étymologie incertaine. C'est surtout un sujet inépuisable. Plus que les niveaux absolus souvent spectaculaires, c'est la formidable irrégularité et l'imprévisibilité d'un climat hyper-continental qui doit retenir l'attention. Elle explique la nervosité avec laquelle les Mongols accueillent les velléités de vagabondage de touristes généralement peu prévenus et mal préparés. Un paysage paisible peut être en quelques heures, en toutes saisons, un piège pour le voyageur égaré.

Les saisons ([ul^{i}r^{ə}l] улирал), bien qu'elles soient astronomiquement au nombre de quatre, présentent surtout un vigoureux contraste entre l'hiver ([öw^{ə}l] өвөл), long, très froid, sec et ensoleillé et l'été ([zun] зун), bref et chaud (mais les effets de l'altitude tempèrent cette canicule) et où se concentrent en quelques semaines 80 % des précipitations ([boro] бороо *pluie*, [mönd^{ə}r] мөндөр *grêle*).

Le printemps ([xaw^{ə}r] хавар), même si on y guette les premiers signes de renaissance de la steppe, est surtout «la» mauvaise saison, frappée des pires incertitudes. L'effondrement des très hautes pressions hivernales provoque des tempêtes de neige ([cas] цас *neige*, [šu:r^{ə}g^{ə}] шуурга *tempête de neige*) souvent violentes, la remontée de l'humidité et des températures ne sont pas nécessairement simultanées et chaque décalage est lourd de menaces sur la survie immédiate et sur l'avenir d'un troupeau déjà épuisé par l'hiver. Les mises bas précoces - les jeunes bêtes devront être en état de faire face à l'hiver suivant - ajoute encore un défi.

A l'inverse, l'automne ([nam^{ə}r] намар) est un temps précieux, où l'abondance fournie par l'été - même si elle peut paraître modeste - n'est pas encore attaquée par le retour de l'hiver. Les bêtes sont grasses, résistantes. Il n'est pas rare même, par des journées ensoleillées et encore très clémentes (il peut bien sûr geler certaines nuits...), que le pâturage trouve encore la force d'une repousse ([xenz] хэнз), que les bêtes et leurs maîtres reconnaissent pour une bénédiction du ciel.

L'irrégularité et l'imprévisibilité du climat est directement traduite en un terme, qui réunit toutes les calamités, les Zud [zud] зуд, dont le catalogue est bien menaçant :

[cagan zud] цагаан зуд, *zud blanc* (chutes de neige excessives) ;
[xar zud] хар зуд, *zud noir* (absence de neige laissant le sol à nu et privant le bétail d'eau) ;
[gan zud] ган зуд, *zud d'acier* ou [töm^{ə}r zud] төмөр зуд, *zud de fer* (dégel partiel suivi d'un regel qui couvre le pâturage d'une carapace de glace) ;
[tuːrã^{i}n zud] туурайн зуд, *zud des sabots* (piétinement du pâturage par la concentration excessive du troupeau) ;
[gan zud ou gandu] () ган зуд (гандуу), *zud sec* (sécheresse)
auxquels s'ajoute [emg^{ə}g zud] эмгэг зуд, *zud maladie* (épizootie).

Ce signe, marque initiale de l'alphabet Sojombo [soj^{ə}mb^{ə}] Соёмбо, créé par Zanabazar en 1686, est considéré par les Mongols comme le symbole de leur identité et de leur indépendance. Il figure sur les armes et le drapeau de la Mongolie.

L'espace et l'orientation

L'étendue mongole et la vision des pasteurs nomades se reflètent dans un système complexe de perception de l'espace. Ce système fournit une orientation à la fois relative aux points cardinaux et à l'observateur, ce qui permet à la fois de s'inscrire dans des points de repère absolus, mais aussi de ramener le monde environnant à soi. Cette multiplicité de priorités crée l'apparente superposition de plusieurs systèmes de dénomination, selon la formule rituelle *les quatre points cardinaux et les huit azimuts* [dörw^{ə}n züg, na^{i}m^{ə}n zox^{i}s] дөрвөн зүг найман зохис.

Autour d'un *axe Nord-Sud* orienté vers le Sud qui divise l'univers en deux, les points cardinaux et les directions sont associées. La direction constante de la porte de la yourte constituant un repère essentiel, l'observateur est tourné au Sud (...et le lecteur vers le bas de la page.),

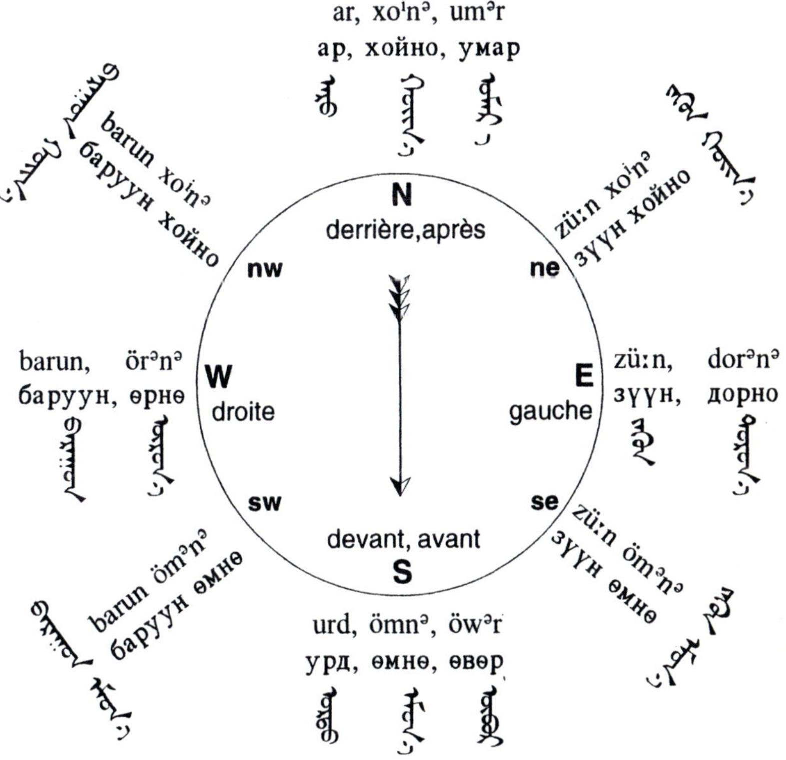

la gauche est pour lui à l'Est, la droite à l'Ouest et le Nord est derrière. Les termes désignent donc soit les seuls points cardinaux (um^{ə}r, urd, dorn^{ə}, örn^{ə}), soit simultanément le point cardinal et une localisation relative (xo^{i}n^{ə}, ömn^{ə}, zü:n, barun ; ar, öw^{ə}r). Les ambiguïtés, qui peuvent surgir quand la *main droite* ([barun gar] ᠪᠠᠷᠠᠭᠤᠨ ᠭᠠᠷ баруун гар) montre l'Est ou le Sud, sont moins fréquentes qu'on pourrait le supposer, précisément grâce à la distinction entre le *côté* [tal] ᠲᠠᠯ᠎ᠠ тал (aussi *steppe, plaine, pan*) et la *direction* [züg] ᠵᠦᠭ зүг *azimut*. Ainsi [barun tal] est normalement compris comme *la droite*, cependant que [barun züg] signifie *l'Ouest*.

La multiplicité de ces termes n'est pas plus trompeuse que la superposition de nos *gauche-droite*, *tribord-bâbord* avec les points cardinaux. Elle n'en est pas moins à l'origine d'une importante confusion historique. Le terme [öw^{ə}r] ᠥᠪᠦᠷ (dédoublé en ᠥᠪᠦᠷ / ᠡᠪᠦᠷ pour lever l'éventuelle ambiguïté du terme) өвөр possède le double sens de *Sud* et d'*intérieur, intime*, qui est en fait son sens premier. Il désigne en effet très clairement [öw + r] le *lieu où on place ses biens* ([öw]désigne couramment l'*héritage*), entendez la *poche* que forme avec la ceinture le pan extérieur de la *deel* mongole. Cette position, évidemment *devant* l'observateur, désigne donc aussi pour lui le *Sud*. Ceci assurait au XVIème-XVIIème s. la distinction entre [öw^{ə}r mong^{ə}l] ᠥᠪᠦᠷ ᠮᠣᠩᠭᠣᠯ Өвөр Монгол *Mongolie du Sud* et [ar mong^{ə}l] ᠠᠷ ᠮᠣᠩᠭᠣᠯ Ар Монгол *Mongolie du Nord*. Lors de la prise de contrôle de la Mongolie par les Qing, cet usage de [öw^{ə}r] a été improprement traduit en chinois par 内 *nei, intérieur*, provoquant la confusion entre ce découpage *Nord-Sud* de la *Mongolie extérieure, Wai Menggu* 外蒙古 [gadad mong^{ə}l] ᠭᠠᠳᠠᠭᠠᠳᠤ ᠮᠣᠩᠭᠣᠯ Гадаад Монгол, qui désignait l'ensemble de la Mongolie, y compris ce que nous appelons désormais *Mongolie intérieure, Nei Menggu* 内蒙古, en réalité *Mongolie du Sud* ([öw^{ə}r mong^{ə}l]).

Cette *Mongolie extérieure* était distinguée des *Mongols de l'Intérieur* [dotod mong^{ə}l] ᠳᠣᠲᠣᠭᠠᠳᠤ ᠮᠣᠩᠭᠣᠯ Дотоод Монгол, Mongols de Mandchourie qui s'étaient associés dès la fin du XVIème siècle à la fondation du nouvel empire. Ajoutons que la terminologie de l'époque mandchoue ne clarifie rien, désignant couramment la Mongolie du Sud comme [dotod zas^{ə}g] *régies intérieures* et la Mongolie du Nord comme [gadad zas^{ə}g] *régies extérieures*...

Le temps qui passe, le temps qu'il fait, l'espace ne sont rien d'autre que des conditions, voire des formes de l'activité qui a contribué plus que toute autre à forger l'identité mongole : l'élevage nomade.

Les pâturages

Les pâturages ([belčer] ᠪᠡᠯᠴᠢᠭᠡᠷ бэлчээр, environ 135 millions d'hectares) sont dans leur quasi-totalité une prairie naturelle. Ceci ne signifie nullement que leur disposition et leur composition soient indifférentes aux éleveurs. D'une région à une autre, certaines priorités changent, la flore présente des variations importantes entre les zones les mieux arrosées et les plus arides. Des traits essentiels restent communs et assurent l'identité d'un modèle : le rendement de cette prairie n'est nulle part suffisant pour permettre le maintien permanent du troupeau sur un même site (les rendements sont rarement supérieurs à 1 tonne de matière sèche à l'hectare, soit... 100 g au m^2). Constituer des réserves de fourrage est de longue date une pratique connue mais à juste titre marginale : l'irrégularité des conditions, outre des rendements problématiques, imposerait les coûts considérables de transports incertains pour amener la nourriture là où elle serait nécessaire

L'essentiel tient donc à une utilisation saisonnière des pâturages. Il ne s'agit pas d'une errance à la recherche de la nourriture, ni d'une simple rotation liée à l'épuisement progressif de l'herbage. Outre la densité obligatoirement faible du troupeau sur le pâturage, qui détermine à la fois une taille relativement modeste des troupeaux (mais aussi des groupes humains) et l'extension des espaces qui leur sont nécessaires, deux paramètres sont essentiels : la disponibilité de l'eau (les eaux de surface et l'immense majorité des sources gèlent en hiver, la neige - peu abondante - restant alors la seule ressource) et la repousse de la végétation : l'herbe broutée à la fin de l'automne et en hiver ne repoussera pas avant l'été suivant. Par contre, au cours de la saison chaude, un même pâturage, brouté avant la floraison, pourra repousser et fournir donc une deuxième, voire une troisième pâture.

Le choix d'un pâturage fait appel à l'observation et à la synthèse de nombreux éléments (mais aussi à l'échange d'informations entre éleveurs voisins) : étendue et qualité des herbages, présence de l'eau, des indispensables sels minéraux ([xuž^{i}r] хужир), emplacements possibles pour le campement et les yourtes.

La topographie, *plaine* ([tal] тал, [xeːr] хээр) ou *montagne* ([uːl] уул), a naturellement son mot à dire : la recherche d'abri pour l'hiver privilégie les vallées encaissées au flanc des massifs montagneux, dites [zürx] зүүрх lit. *coeurs*, cependant que les *piémonts* [bel] бэл fournissent généralement des pâturages appréciés.

Pour ce qui est de l'herbe elle-même, on prête naturellement attention à sa hauteur, à son épaisseur, à la durée d'utilisation qu'on peut en espérer, à la nature des sols, à l'éventuelle présence d'espèces toxiques ([bag^{ə}lur] баглуур *Anabasis truncata*), mais certaines ne sont toxiques que pour certains animaux. Un élément essentiel tient à la saison prévue pour l'exploitation du pâturage : la flore et ses qualités varient considérablement pour un même lieu d'une saison à une autre, mais aussi suivant les espèces. Par exemple le *budargana gris* ou *blanc* ([bor, cagan bud^{ə}rg^{ə}n^{ə}] бор, цагаан бударгана *Salsola passerina*) convient-il parfaitement au chameau en hiver, au printemps et à l'automne, un peu moins en été ; il est apprécié des moutons et des chèvres en hiver et au printemps, mais peu en été et à l'automne ; par contre il ne convient que moyennement aux chevaux et n'est pratiquement pas consommé par les bovins. Telle plante, comme la *caragana* ([xarg^{ə}n^{ə}] харгана) est souhaitable au printemps cependant que d'autres ([taːn^{ə}] таана *Allium polyrrhizum*) sont nécessaires en automne.

C'est chaque espèce, et suivant l'âge des animaux, dont les besoins et les préférences varient avec les saisons, au même titre qu'évolue la stratégie de l'éleveur lui-même : si le souci de la protection contre le froid est prioritaire en hiver, l'animal devant largement faire appel à ses propres réserves, le soin apporté à une alimentation apportant à son heure les éléments nécessaire à la croissance osseuse, au gain de masse musculaire et à la constitution de réserves de graisse guident largement tout au long de l'année le choix des pâtures proposées au troupeau. La combinaison de ces éléments de croissance est au micux cxprimée par le binôme [xüč tar^{ə}g^{ə}] хүч тарга lit. *force et engraissement* et il est de bon ton, en été surtout, de s'enquérir auprès d'un éleveur du succès de ses affaires en demandant : [tan^{əi} mal xüč tar^{ə}g^{ə} sa^{i}n awč ba^{i}nu] Танай мал хүч тарга сайн авч байна уу ? *Votre bétail prend-il bien force et graisse ?*

Le bétail

On entrevoit la richesse et la complexité du réseau de défis et de réponses qui sont la vie même des éleveurs.

C'est probablement la complexité de ces paramètres qui dicte une particularité de l'élevage mongol : son refus d'une spécialisation excessive du troupeau. Sauf situations exceptionnelles, les nomades mongols élevaient simultanément, et élèvent encore, plusieurs espèces. Les Mongols parlent de [taw^{ə}n xušu mal] таван хушуу мал lit. le *bétail aux cinq museaux*. Ces cinq espèces si emblématiques qu'elles figuraient sur les armes de la République populaire de Mongolie de 1940 à 1960 sont le *cheval* [adu] адуу, le *mouton* [xon^{i}] хонь (ces deux espèces constituant les *museaux chauds* [xalun xušu mal] халуун хушуу мал), le *chameau* [teme] тэмээ, les *bovins* [üx^{ə}r] үхэр, auxquels est associé le *yack* [sarl^{ə}g] сарлаг, la *chèvre* [jama] ямаа (les *museaux froids* [xü^{i}t^{ə}n xušu mal] хүйтэн хушуу мал). C'est en régions de steppe boisée et herbeuse que cette diversité est la mieux représentée. Les régions de Gobi favorisant le chameau au détriment des bovins.

Cette composition joue sur les besoins différents des espèces, sur les produits complémentaires qu'elles fournissent, mais aussi sur leurs facultés propres à affronter les intempéries et sur la diversité des risques qu'elles représentent pour l'élevage.

Une partie du troupeau, en particulier les bêtes destinées à fournir la consommation immédiate de la famille, est conservée à proximité du campement, les autres, surtout les grandes espèces, étant dispersées sur des pâturages plus éloignés, choisis selon les besoins de chaque espèce. D'une façon générale, chevaux, bovins et chameaux paissent séparément. Par contre, moutons et chèvres sont élevés ensemble. Les chèvres s'en prenant surtout aux extrémités des plantes alors que le moutons tond à ras, les deux espèces peuvent ainsi être complémentaires, du moins aussi longtemps qu'un équilibre privilégiant les moutons est respecté : alors que le mouton broute en coupant sa nourriture, la chèvre a tendance à l'arracher et la formation de grands troupeaux de chèvres fait courir des risques sérieux au pâturage.

Cheval : le mot [adu] адуу indiqué plus haut désigne le cheval comme objet d'élevage, distinction remarquable avec [mor^{i}] морь, le cheval comme monture.

Malgré quelques croisements accidentels, le cheval domestique mongol n'est pas un parent direct, moins encore un descendant du célèbre *cheval de Przewalski* ([tax^{i}] тахь).

L'animal est petit (environ 1,30 m au garrot pour l'adulte), trapu, avec une tête massive. Il est couvert, surtout en hiver, d'un pelage fourni. Les couleurs de robe ([züs] зүс, [züs^{ə}m] зүсэм) font l'objet d'une dénomination et d'une évaluation précise.

C'est un compagnon de chaque jour, dont la connaissance et le soin sont des exigences de survie. Comme partout, on fait la différence entre l'*étalon* [azr^{ə}g^{ə}] азрага, la *jument* [güː] гүү, le *hongre* [agt] агт (v. [agtl^{ə}-] агтла- *castrer*).

Les âges du cheval jusqu'à l'adulte (vers six ans) sont désignés par des termes appartenant au langage courant, et non à un vocabulaire étroitement technique : [un^{ə}g^{ə}] унага *poulain* jusqu'à un an ; [daːg^{ə}] даага *poulain de* 1 an ; [šüdl^{ə}n] шүдлэн *poulain de* 2 ans (le mot est formé sur [šüd] шүд *dent*) ; [gun^{ə}] гуна (н) ou [šüdl^{ə}n gun^{ə}] шүдлэн гуна, terme dérivé du radical de [gur^{ə}w] гурав *trois*, désignant un animal de trois ans (comme plusieurs de ces termes, il en est venu à désigner d'autres animaux que le cheval) ; [xjazal^{ə}n] хязаалан *cheval de 4 ans* ; [sojol^{ə}n] соёолон *cheval de 5 à 6 ans*. Ce dernier terme est à nouveau une référence à la denture : [sojo] соёо désignant les *crocs*, mais plus largement les *dents définitives*. On distingue [šin^{ə} sojol^{ə}n] шинэ соёолон *"nouveau"* à 5 ans, et [xu:č^{i}n sojol^{ə}n] хуучин соёолон *"vieux"* ou [xawč^{i}g sojol^{ə}n] хавчиг соёолон *"étroit"* à 6 ans). Enfin, à 6 ans révolus, le cheval est considéré comme *adulte* [nas gü^{i}cs^{ə}n adu] гүйцсэн адуу.

Parfois attelé, le cheval est surtout monté. Il est choisi au sein du troupeau en fonction des qualités requises pour la tâche auquel on le destine en priorité avant d'être dressé ([zügšrül-] – зүгшрүүл-) à proprement parlé. On isole ainsi les *chevaux à moutons* [xon^{i}n^{i} mor^{i}] хонины морь , paisibles, supportant bien les entraves ; les *chevaux d'urga* [u:r^{ə}gn^{i} mor^{i}] хонины морь qui, destinés à la capture des autres animaux, doivent être relativement lourds mais rapides. Il en va de même du choix des chevaux de *longs trajets*, d'hiver, d'été, etc.. mais aussi de ceux qu'on prépare pour la course [xurd^{ə}n mor^{i}] хурдан морь, lit. *cheval rapide* ou [bajar na:dm^{i}n mor^{i}] баяар наадмын морь, lit. *cheval de fête*.

Inséparable de tout déplacement, le cheval est aussi un grand nourricier : c'est la jument qui fournit le lait que les Mongols font fermenter en [a^{i}r^{ə}g] айраг, connu dans les langues occidentales sous le nom turc de *koumyss*. Mais c'est aussi son crin qui fournit les cordages, sa peau dont on fait des outres.

Dans l'histoire, le cheval est bien sûr attaché au souvenir des grandes campagnes et des conquêtes. Plus largement, sa possession et le statut social de son maître étaient en intime relation. C'est aussi, aujourd'hui encore, une inépuisable source d'images et de symboles, que nous retrouverons dans la suite de ce chapitre.

Sans doute les autres espèces sont-elles moins prestigieuses. Elles n'en sont pas moins vitales :

Mouton : [xon^{i}] ᠬᠣᠨᠢ хонь (н). Si le cheval est l'outil indispensable et le signe de prestige par excellence de l'éleveur, les ovins en sont la véritable richesse et la ressource essentielle. Le XXème siècle a vu des tentatives d'introduction de variétés nouvelles ou de croisements privilégiant les rendements en viande ou en laine, mais la variété locale reste prédominante De grande taille (entre 70 et 80 cm), la sélection traditionnelle porte d'ailleurs surtout sur ce critère, et d'un poids adulte (à partir de trois ans) de 20 à 35 kg, le mouton mongol (la *brebis* est simplement dite [em xon^{i}] ᠡᠮ᠎ᠡ ᠬᠣᠨᠢ эм хонь *mouton femelle*) fournit tout à la fois son lait, dont à peu près la moitié reste aux agneaux ([xur^{ə}g^{ə}] ᠬᠣᠷᠠᠭ᠎ᠠ хурга), sa viande et sa graisse (nous retrouverons bientôt sa queue, réserve de graisse pouvant atteindre 4 kg), sa peau et, surtout peut-être, sa laine, matière première des tissus, des tapis, du feutre. En outre, sa rusticité et sa bonne adaptation au climat aride en rendent l'élevage plus sûr, la perte d'un mouton étant en outre moins douloureusement ressentie que celle d'un cheval ou d'un bovin. Enfin, toujours par rapport au gros bétail, il est un objet d'échange plus aisé (on a pu observer dans l'histoire son utilisation comme instrument de paiement commercial, mais aussi fiscal).

Chèvre : [jama] ᠢᠮᠠᠭ᠎ᠠ ямаа(н). Elle a longtemps joué un rôle secondaire, mêlée en nombre relativement limité aux troupeaux de moutons. Son élevage ne se développait même traditionnellement que dans les zones les plus désertiques, comme dans l'Alashan (Ouest de la Mongolie intérieure) et symbolisait la pauvreté. La situation a notablement évolué avec l'apparition du débouché qu'ont fourni depuis quelques années l'industrie textile et l'exportation du cachemire.

Donnant un lait plus abondant et plus riche que la brebis, elle fournit également poil, bourre et peau. Sa viande est moins prisée que celle du mouton et comme le dit un proverbe, équivalent de notre *il faut battre le fer tant qu'il est chaud*, [jaman^{i} max xalun deːre] ᠢᠮᠠᠭᠠᠨ ᠤ ᠮᠢᠬ᠎ᠠ ᠬᠠᠯᠠᠭᠤᠨ ᠳᠡᠭᠡᠷ᠎ᠡ ямааны мах халуун дээрээ *la viande de chèvre est meilleur chaude* !

Bovins : [üx^{ə}r] ᠦᠬᠡᠷ үхэр. Ce terme désigne l'espèce en tant que telle (on distinguera la *vache* [üne] ᠦᠨᠢᠶ᠎ᠡ үнээ, le *taureau* [bux] бух - d'où l'amusant mais vieilli [bux ter^{ə}g] бух тэрэг lit. *chariot-taureau* : la *locomotive...*, le *veau* [tug^{ə}l] тугал). La variété mongole est de taille modeste, de l'ordre de 1,10m pour un poids excédant rarement 250 kg. L'animal est élevé pour son lait (une vache donne annuellement entre 600 et 700 litres de lait, exceptionnellement plus de 1000 litres), sa viande, sa peau et son crin. Mais également pour l'attelage (surtout le boeuf [šar] шар, à distinguer de son homonyme [šar] шар *jaune*).

Les bovins comprennent en Mongolie leur cousin, le **yack** [sarl^{ə}g] сарлаг, de plus grande taille, à la houppelande traînant jusqu'à terre, aux frayeurs comiques, mais surtout au lait (700 à 1000 litre par bête) très apprécié en raison d'une teneur en matières grasses pratiquement double de celle du lait de vache (6-8% contre 3-4%). Le yack peut être croisé avec la vache. On parle alors de [xa^{i}n^{ə}g] хайнаг (un taureau avec une femelle yack donnent un [sar^{ə}n xa^{i}n^{ə}g] саран хайнаг *xainag "solaire"*, le croisement inverse étant dit [nar^{ə}n xa^{i}n^{ə}g] наран хайнаг *xainag "lunaire"*), la descendance de ces hybrides (exclusivement issue d'un *xainag* femelle, le mâle étant stérile) est l'[ortom] ортоом.

Chameau : [teme] тэмээ (н). Avec ses deux bosses, son épais pelage d'hiver (on peut enfoncer toute la main dans le poil des bosses) et son mauvais caractère proverbial, le chameau (souvent dit *de Bactriane*, bien qu'il ne s'agisse que d'une variété) est le plus gros animal domestique mongol. Ici encore, le terme désigne l'espèce et on doit distinguer la *chamelle* [ing^{ə}] ингэ, l'*étalon* [buːr] буур, le *chameau castré* [at] ат, le *chamelon* [bot^{ə}g^{ə}] ботго. Présent sur l'ensemble du territoire, il est surtout implanté dans les régions de Gobi, où son endurance est indispensable (les trois *aimag* du Sud-Gobi, du Centre-Gobi et du Gobi oriental contiennent presque la moitié du cheptel national). Utilisé traditionnellement pour la monte, l'attelage et le bât en raison de la charge importante qu'il peut transporter (jusqu'à 250 kg), guidé non grâce à un mors mais à l'aide d'une clavette ([bu^{i}l] буйл) traversant la cloison nasale et à laquelle est fixée la bride, il est aussi élevé pour son lait. La chamelle présente une lactation assez peu abondante en Mongolie, mais particulièrement longue (plus de seize mois), ce qui lui permet de donner du lait quand les autres espèces ne le peuvent plus.

Concurrencé par le transport automobile, l'avenir du chameau a semblé menacé (en fait, s'il a régressé par rapport aux années 50, il retrouve un total comparable à celui des années 30). Mais, outre son adaptation particulièrement efficace aux conditions les plus arides, il fournit aussi une matière première de grand valeur, son poil, dont la commercialisation et l'exportation sont une activité d'avenir.

Mentionnons le **renne** [caː bug^{ə}] ᠴᠠ ᠪᠤᠭᠤ цаа буга, vivant dans la taïga proche de la Sibérie, si spécifique qu'il a donné son nom à ceux qui l'élève, les *Tsaatan* [caːt^{ə}n] ᠴᠠᠲᠠᠨ Цаатан.

Tous les animaux sont élevés en pleine nature, les pâturages sont ouverts à tout vent et à tout venant, et si les visites amicales sont un rite bien agréable, tous les visiteurs ne sont pas également bienvenus. Les troupeaux sont une richesse, ils sont aussi une proie. Vols de bétail auxquels répond la tradition des *marques de propriété* [tam^{ə}g^{ə}] ᠲᠠᠮᠠᠭ᠎ᠠ тамга, mot désignant aujourd'hui aussi le *sceau,* le *tampon.* Associons au bétail son principal prédateur : le **loup** [čon^{ə}] ᠴᠢᠨ᠎ᠠ чоно. Puissant, intelligent, bien organisé, c'est un partenaire qui ne se laisse guère oublier. Au nombre de plusieurs dizaines de milliers, il nettoie la steppe des bêtes affaiblies ou égarées, mais tout accroissement du cheptel enflamme son appétit, et l'appétit vient en mangeant... La chasse qui lui est menée (plusieurs milliers sont abattus chaque année) suffit tant bien que mal à empêcher sa prolifération. Rarement agressif envers l'homme, le loup n'en est pas moins un animal redoutable dont les Mongols ont fait un mythe sans l'idéaliser.

Le **chien** [nox^{əi}] ᠨᠣᠬᠠᠢ нохой, enfin, mérite souvent sa réputation de férocité (enfant, Gengis khan en avait peur...). Gardien vigilant des troupeaux et des campements, qu'il contribue à maintenir propres, il est pour les Mongols, qui l'utilisent aussi pour la chasse, *fort comme le tigre, menaçant comme le lion, rapide comme l'oiseau mythique Garuda et féroce comme le dragon...* mais on chercherait en vain une comparaison avec le loup.

La capture : le *lasso* et l'*urga*

Traire [saː-] – саа-, *tondre* [xjarg^{ə}-] – хярга-, *fouler le feutre* [esgi xiː-] – эсгий хий-, *tanner les peaux* [ar^{i}s eld^{ə}-] – арьс элдэ-, *étirer, assouplir des courroies* [sur eːr^{ə}-] – сур ээрэ- (le verbe est ici le même que pour *filer* la laine) chaque geste, chaque instant de la vie nomade appelle des mots, un discours, des cris eux-mêmes différents (on n'appelle pas un bovin [xöč xöč !] avec le même cri qu'un cheval [čüː čüː !]).

La recherche et la capture des bêtes est une activité est permanente, qu'il s'agisse de les marquer, de choisir les chevaux qui seront désormais montés quotidiennement ou de ramener au troupeau les bestiaux égarés. Certaines bêtes sont gardées sur le campement ou à proximité, à l'aide d'entraves [čöd^{ə}r] чөдөр, faites le plus souvent de cuir, qui retiennent l'animal sans l'empêcher de se déplacer pour se nourrir. Mais les chevaux sont aussi à l'attache ([uja] уяа) par leur bride à un poteau ([šon] шон) ou mieux à un cordage tendu entre deux poteaux ([xos šon] хос шон). Les autres animaux gardés au campement, en particulier les petits, sont attachés le long d'un cordage fixé au sol ([zel] зэл) à l'aide de colliers plus ou moins élaborés pour les veaux et les agneaux, de licols spéciaux ([nogt] ногт) pour les poulains et les chamelons.

Mais les troupeaux sont surtout dispersés sur des pâturages souvent éloignés, dans une semi-liberté propice à bien des vagabondages. La capture, qu'elle soit effectuée à pied ou à cheval, fait appel à un équipement particulier et porte le nom de l'instrument utilisé. On peut bien sûr employer le verbe usuel [bar^{i}-l] – бари- *prendre, saisir* mais il est plus courant de dire [bug^{ui}ld^{ə}-] – бугуйлда- *capturer au lasso* ou [uːrg^{ə}l^{ə}-] – уургала- *capturer à l'urga.*

Comme dans beaucoup de culture pastorales, le lasso ([bug^{ui}l] бугуйл) est largement utilisé. Il est en général fait d'une lanière de cuir de boeuf, et sa longueur est d'environ 15 m (traditionnellement 9 *ald* soit 14,40m). La boucle en est simplement nouée, mais aussi parfois tressée.

C'est un objet proprement mongol qui retient le plus l'attention. L'*urga* [uːr^{ə}g^{ə}] уурга *perche-lasso*. Ce mot n'a rien à voir avec le nom Urga, forme russifiée de [örgö] өргөө *palais*, par lequel les étrangers désignaient au XIXème siècle la résidence du Chef de l'Eglise, en mongol le *Grand monastère* [da xüre] Даа Хүрээ, capitale de la Mongolie en 1911, Ulaanbaatar depuis 1924.

Quoi de plus simple en apparence qu'une perche avec à son extrémité une boucle de cuir. L'*urga* est en fait un objet complexe, long de 6 à 8 m. La perche est formée de deux pièces : le *manche* [bögs] бөгс ou [čöm^{ə}g] чөмөг, en bouleau, d'une longueur de 5,5 m et d'un diamètre de 5-6 cm à la base (parfois épaissie d'un *bulbe* [bulcu] булцуу qui assure la prise) à 3,5 cm à l'extrémité, est prolongé par la *pointe* en saule [ceːž] цээж, longue de 1,5 m environ et d'un diamètre se réduisant jusqu'à 2,5 cm. Les deux pièces, rendues solidaires sur une vingtaine de centimètres par une découpe en sifflets qui en empêche l'arrachage ([tagn^{əi}] тагнай), sont assemblées par une ligature [boːd^{ə}l] боодол. La boucle [xu^{i}w] хуйв, est formée d'une lanière en peau de bovin, longue de 1,70 m, fixée à la pointe de l'*urga* ([uːr^{ə}gn^{i} tolg^{əi}] уурганы толгой), cependant que l'autre extrémité coulisse par un oeil sur le corps de la perche.

L'expérience d'un bon *manieur d'urga* ([uːrg^{ə}č] уургач), en particulier pour la capture des chevaux, est indispensable : la capture, effectuée si possible alors que le troupeau est calme. Les qualités requises sont donc l'art de l'approche, le bon choix du cheval monté pour l'occasion, assez lourd sans sacrifier la rapidité, la dextérité dans la monte et dans le maniement de l'*urga* elle-même. L'essentiel est ici de rester parfaitement en ligne lors de la poursuite qui s'engage une fois la boucle passée au cou de la "victime". Laisser l'animal capturé dévier de la route de sa propre monture, outre qu'on y casse facilement son *urga*, bien fragile malgré sa souplesse, fait courir des risques de blessure aux deux bêtes, mais aussi au cavalier. Une fois brisé l'élan de l'animal, l'homme peut mettre pied à terre et, seul ou avec l'aide de compagnons, l'entraver ou le brider.

La nomadisation

L'amplitude et le nombre des *nomadisations* ([nüː-] нүү, [nüːd^{ə}l] нүүдэл) varient sensiblement selon la région et les circonstances. Si le total annuel est souvent compris entre 50 et 75 km dans les steppes boisées du Xangai, il atteint une centaine de kilomètres dans les zones de steppe herbeuse et dépasse fréquemment 250-300 km dans les régions de Gobi. Le nombre des déplacements est lui aussi très variable, d'une dizaine à plus d'une vingtaine, les séjours durant de quelques jours à plusieurs semaines (aucun séjour n'excédant quatre mois). Il n'en reste pas moins que le nomadisme mongol présente un rayon d'action relativement limité et s'inscrit dans des territoires familiers (il est ainsi possible de se rendre sur des pâturages qu'on utilisera pendant une autre saison, par exemple pour y constituer des réserves de fourrage ou de combustible [arg^{ə}l] аргал *crottin séché*). La connaissance et les images de ce territoire est un élément essentiel de la culture.

Au moment de quitter un campement occupé durablement, en particulier à la fin de l'hiver, on trie le matériel dont on ne souhaite pas s'encombrer pendant les saisons où les nomadisations seront plus fréquentes. Ces biens sont rassemblés et stockés parfois sous une yourte, souvent dans une cabane, dans une localité ou à proximité d'un campement fixe.

La veille du départ, les objets du ménage sont préparés, emballés dans des coffres, et disposés en vue du chargement. Lorsqu'on utilise des chariots, ceux-ci peuvent déjà être chargés. Le soir même, les animaux de monte, de bât et d'attelage sont préparés et gardés pour la nuit. Si le déplacement prévu est lointain, on prend soin de vérifier que des animaux vous appartenant ne se sont pas égarés dans des campements voisins.

En été et en automne, saisons de production laitière, les dernières heures dans le campement permettent de transformer le lait et l'*airag* en produits solides (*aːrul, eːzg^{i}*) afin que les outres puissent être transportées vides.

La nomadisation elle-même doit intervenir de préférence pendant une journée de beau temps, aussi tempéré et chaud que possible. On essaye au maximum d'éviter les intempéries, qui rendent l'entreprise plus pénible et vite dangereuse. Le froid et la pluie, à plus forte raison les tempêtes de neige ou de sable, toujours périlleux deviennent alors en quelques heures des pièges mortels.

C'est d'ailleurs quand la nomadisation vise à fuir des conditions de zud que les précautions sont les plus pressantes : on fait passer en avant le gros bétail, chevaux, bovins et chameaux, afin de frayer le passage au petit bétail. Dans le même ordre d'idées, la hâte désordonnée est mauvaise conseillère. Même si le temps presse, on doit éviter d'épuiser les bêtes, et les signes de fatigues imposent des étapes de repos. Il en va de même du choix des trajets, dicté par la possibilité de faire boire le troupeau : alors que les bêtes peuvent jeuner jusqu'à 30, voire 40 jours, le manque d'eau leur est fatal en 4 à 8 jours...

La tradition pastorale a rassemblé en d'innombrables observations en dits et locutions souvent hermétiques : [tar^{ə}g^{ə} taw xon^{ə}gt] тарга тав хоногт *le gras en cinq jours*, expression de l'urgence, quand on estime que même si les conditions sont peu favorables, l'utilisation judicieuse d'un pâturage doit permettre un engraissement rapide des bêtes. Pour tous, l'essentiel est de permettre au bétail de passer l'hiver et le printemps ([mal ond orul-] мал онд оруул- lit. *faire entrer le bétail dans l'année*). Mais nous ne saurions "raconter" la vie nomade dans le détail sans colorer d'exotisme ce qui est pour tout Mongol, même à la ville, plus proche et quotidien : [una mor^{i}n^{i} tar^{ə}g^{ə} togtoxdo namr^{i}n xü^{i}t^{ə}n salx^{i}nd ujaž, öwl^{i}n sard zöːl^{ə}n un^{ə}ž bag^{ə} cantul^{ə}x xer^{ə}gt^{əi}] унаа морины тарга тогтоохдоо намрын хүйтэн салхинд уяж, өвлийн сард зөөлөн унаж бага цантуулах хэрэгтэй *Pour fixer l'engraissement des chevaux de monte, il faut les laisser à l'attache par les vents froids d'automne et dans les mois d'hiver les monter en douceur et ne pas trop les laisser se couvrir de givre...*

La yourte

Le mot *yourte* n'est pas mongol. L'habitation nomade par excellence, la tente de bois et de feutre est dite [ger] гэр, communément [mong^{ə}l ger] монгол гэр *yourte mongole*, [xan^{ə}t ger] ханат гэр *yourte à mur*, ou [esg^{əi} ger] эсгий гэр *yourte de feutre*. Elle est héritière d'une longue tradition d'habitations mobiles, démontables ou installées sur des chariots, ayant abouti dans la Mongolie moderne à un degré élevé de standardisation. Les pièces, la technique de montage, le mode et le plan d'occupation sont très largement communs à toute la population. Telle qu'elle est, avec ses défauts (elle reste lourde, ses pièces, en particulier sa carcasse de bois - denrée relativement rare, sont fragiles et doivent être remplacées assez fréquemment) mais surtout avec ses qualités d'isolation, d'aérodynamisme, sa facilité et sa rapidité de montage et de démontage, l'origine domestique du feutre qui la recouvre et la facilité de remplacement des pièces usées ou cassées au fur et à mesure des besoins, la yourte est plus qu'un objet, c'est à elle seule un mode de vie et le symbole de l'adaptation des Mongols à leur univers. Elle est elle-même un *microcosme* et tel est sans doute le sens profond du mot lui-même.

La carcasse ([ger^{i}n mod] гэрийн мод lit. *bois de la yourte*, taillée surtout dans du mélèze [xar mod] хар мод, du bouleau [xus] хус ou du pin [nars] нарс, est constituée des pièces suivantes :

[toːn^{ə}] тооно, charpente centrale formant le sommet de la yourte. C'est par le [toːn^{ə}] que pénètrent l'air et la lumière. Il présente la forme d'une roue, présentant à sa périphérie des mortaises destinées à recevoir l'extrémité des perches du toit. Il en existe plusieurs types, dont certains sont démontables. La tendance est actuellement à des [toːn^{ə}] d'un seul tenant, d'un diamètre d'environ 1,60 m et comportant le cercle extérieur, un cercle central plus petit et des traverses se rejoignant au centre. C'est, avec la porte, la seule pièce comportant des assemblages et qui doit donc être l'oeuvre de professionnels qualifiés. A un anneau, fixé sous le sommet du [toːn^{ə}], est amarré un cordage spécial, le [čagt^{ə}g^{ə}] чагтга, lui-même attaché aux perches du toit. Il symbolise à la fois l'intégrité de la yourte et la prospérité du foyer.

[bag^{ə}n^ə] багана, poteau soutenant le [toːn^ə]. La yourte en comporte le plus souvent deux, mais les plus grands modèles doivent en utiliser quatre. Comme pour la plupart des autres pièces, ses dimensions varient avec la taille de la yourte. Dans le cas le plus courant, sa hauteur est d'environ 2,30 à 2,40 m.

[un^i] унь, perches (au nombre d'une centaine, variable suivant la taille de la yourte) formant le toit de la yourte. D'une longueur approximative de 2,20 à 2,50 m, une de leurs extrémité, carrée, est fichée dans une des mortaises à la périphérie du [toːn^ə], cependant que l'autre, arrondie, et munie d'un lacet fermé en boucle repose sur le sommet du treillis formant le mur.

[xan^ə] хана, treillis en lattes de bois, dont les intersections sont rendues souplement solidaires par des noeuds de cuir, qui forment le mur de la yourte, posé au sol (parfois sur un plancher [šal] шал) et soutenant les [un^i]. Ce treillis se présente en plaques, ligaturées bout à bout pour faire le tour de la yourte. Ces plaques étant à peu près identiques en taille : on les distingue selon le nombre de *têtes* [tolg^{əi}] толгой, entendez les 10, 12 ou 14 *fourches* formées par les lattes (elles ont, une fois dépliées, une hauteur de 1,60 à 1,70 pour une longueur de 3,60 à 3,80). C'est leur nombre qui fournit l'indication la plus précise sur les dimensions de la yourte : on parle d'une «yourte à cinq murs» [taw^{ə}n xan^{ə}t^{əi} ger] таван ханатай гэр, c'est-à-dire dont la construction exige cinq éléments de mur, soit une circonférence d'environ 18 à 20 m (la porte ayant une largeur de l'ordre de 1 m), soit un diamètre légèrement supérieur à 6 m, et une hauteur, les proportions étant constantes, d'environ 2,50 m. Ces dimensions, qui fournissent une superficie utile d'environ 25 m^2, sont celles d'un grand nombre de yourtes courantes. On connaît aussi des modèles plus petits (à 4 murs, voire moins), mais aussi plus grands (jusqu'à 12 murs, plus chapiteau que yourte, la superficie y dépassant 165 m^2, pour une hauteur intérieure de près de 6 m)... Pour un Mongol, cette évaluation est aussi parlante que notre nombre des pièces dans un appartement.

[xaːl^{ə}g^ə] хаалга, porte (litt. *fermeture*). Dernière grande pièce de la structure rigide de la yourte, la porte et son *chambranle* [xat^{ə}wč] хатавч litt. *raidisseur* y jouent un rôle essentiel. C'est en effet au chambranle que sont fixés les cordages [oːs^{ə}r büč] оосор буч et [büslür] буслуур qui ceinturent le [xan^{ə}] et donnent à l'ensemble de la yourte sa combinaison essentielle de rigidité et d'élasticité. La porte, repère d'orientation, est ainsi également le point fixe de la yourte. L'emploi d'une porte pleine, s'il est connu anciennement, ne s'est généralisé qu'au cours des dernières décennies. La yourte était plus familièrement fermée d'une porte de feutre ([üːd] үүд), de forme trapézoïdale, plus large à sa base. Le terme [xaːl^{ə}g^{ə}] était plus largement réservé aux portes des villes fortifiées ou à celle de la grande muraille, ce dont témoigne encore le nom de la ville de Kalgan, [čuːl^{ə}lt xaːl^{ə}g^{ə}] Чуулалт хаалга, litt. *Porte des assemblées*, Zhangjiakou, Hebei, qui donne aussi son nom à une fourrure de chèvre. Une pièce retient l'attention : le *seuil* [bos^{ə}g^{ə}] босго, symbole de l'intégrité et de l'intimité du foyer. Le heurter ou le fouler ne peut être qu'un signe d'hostilité ou de mépris (du temps de Cinggis qan, la violation de cet interdit valait la mort) !

Couverture : la carcasse est recouverte de plusieurs pièces textiles, en feutre [esg^{əi}] эсгий et en coton [daːwu] даавуу.

[tuːrg^{ə}] туурга, mur de la yourte. Long rectangle de feutre, d'une hauteur à peu près égale à celle du mur de bois. Deux ou trois pièces de ce type suffisent en principe pour entourer la yourte.

[deːw^{ə}r] дээвэр, litt. *le dessus*. Comme son nom l'indique, ces plaques de feutre en forme de secteurs arrondis forment le toit et sont posés sur les [un^{i}]. Ici encore, deux plaques, qui se chevauchent légèrement suffisent à couvrir la yourte. Comme les [tuːrg^{ə}], elles sont posées en simple épaisseur en été, mais peuvent être multipliées (deux ou trois couches) en hiver. Entre les [deːw^{ə}r] et les [un^{i}] s'intercale en principe une *doublure* [caw^{ə}g] цавар de feutre ou de toile, voire un rideau de toile blanche, l'*enveloppe intérieure* dotur büres дотуур бурээс. L'ensemble des pièces de feutre peut être simplement posé sur la carcasse. Certaines sont toutefois équipées de lacets de fixation qui en facilitent l'usage.

Au contact de la yourte avec le sol, un intervalle libre d'une dizaine de centimètres de haut isole le feutre de tout contact avec la terre et avec l'humidité, mais surtout permet avec l'ouverture supérieure une bonne aération. Cet espace est obstrué à volonté par un [xajawč^{i}] хаявч (de [xaja] хаяа, *ligne de contact de la yourte avec le sol*, mais aussi *horizon*), pièce amovible, traditionnellement réalisée elle aussi en feutre ou feutre et toile, mais parfois remplacée par un jeu de planchettes placées debout côte à côte sur le pourtour de la yourte.

Phénomène moderne (du moins par son ampleur), la yourte est désormais recouverte par le [gadur büres] гадуур бүрээс litt. *enveloppe extérieure*, une bâche de coton, taillée sur mesure, parfois décorée d'applications, comportant une découpe pour la porte, ouverte derrière la yourte (les deux pans se recouvrant comme ceux d'une blouse). En été, elle est préalablement mouillée, ce qui permet de lui donner une tension parfaite.

Enfin, le [toːn^{ə}] et son ouverture peuvent être recouverts par l'[örx] өрх carré de feutre et de toile, plié en diagonale sur le toit ou au contraire déplié, à l'aide de ses cordages d'amarrage, pour la nuit ou en cas d'intempéries. Cet objet est à lui seul un symbole : dans la tradition historique, c'est lui qui désigne l'unité que nous désignons comme un *foyer*.

Le montage : [ger bar^{i}x] гэр барих, litt. *construire, faire tenir la yourte*. Le plancher éventuellement posé, le chambranle est mis en place face au Sud. Les éléments du treillis de mur sont dépliés, ligaturés les uns aux autres et «arrondis» de part et d'autre de la porte pour former un cercle parfait, maintenu par de minces cordages de crin ceinturant l'ensemble. Les [bag^{ə}n^{ə}] sont ligaturés selon un diamètre du [toːn^{ə}] retourné au sol. L'ensemble est alors redressé et placé au centre du cercle, les poteaux étant placé selon l'axe Est-Ouest. C'est alors qu'intervient le moment le plus délicat du montage : la mise en place des [un^{i}], plantées à leur extrémité supérieure dans les mortaises du [toːn^{ə}] puis posées sur les *têtes* [tolg^{əi}] толгой, c'est à dire les fourchettes s'ouvrant au sommet des lattes du treillis. Le lacet qui garnit l'extrémité de l'[un^{i}] est alors passé en demie-clef sur la pointe d'une des lattes.

La carcasse étant ainsi prête, les murs de feutre [tuːr^{ə}g^{ə}] sont posés le long des [xan^{ə}] et ceinturés, avant que soient posés les doublures [caw^{ə}g] et couvertures proprement dites [deːw^{ə}r]. La yourte peut alors être recouverte de son *enveloppe* [gadur büres]. La solidité de l'ensemble est assurée par la tension des *ceintures* extérieures [büslür], dont l'arrimage donne tout son sens au nom du chambranle *raidisseur* [xat^{ə}wč^{i}]. C'est aussi à ces ceintures que sont noués les cordages de réglage de l'[örx]. Dès celui-mis en place, la yourte est habitable.

Le plan intérieur : Les dernières années ont naturellement apporté leur lot de changements dans l'équipement intérieur de la yourte, certains matériels ont été abandonnés, de nouveaux sont apparus. Mais le plan de la yourte reste attaché à un modèle immuable. Le foyer [gal gol^{ə}mt] гал голомт, symbole de la pérennité de la famille, où brûle le feu d'[arg^{ə}l] аргал crottin séché, occupe le centre de la yourte. L'usage de poêles métalliques, dont le tuyau [jand^{ə}n] яндан passe par l'ouverture du [toːn^{ə}], s'est largement répandu au cours des dernières décennies, au détriment du traditionnel trépied de fer [tul^{ə}g^{ə}] тулга, soutenant le chaudron [togo] тогоо.

On privilégie le fond de la yourte [xo^{i}m^{ə}r] хоймор, où sont déposés les objets de culte et les biens les plus précieux, et où on installe les hôtes. L'espace du foyer, et celui de la porte (le combustible est normalement stocké entre les deux) constituent les autres emplacements remarquables.

Le mobilier est constitué de lits, traditionnellement formés de cadres démontables en planches emboitées (menacés par le succès des lits pliants métalliques), garnis de couches de feutre, de coffres et d'armoires basses. Une table basse occupe l'espace entre le foyer et le [xo^{i}m^{ə}r], accompagnée de bancs et tabourets de petites dimensions.

L'espace interne de la yourte est ouvert, parfois coupé par des rideaux de feutre léger [xöš^{i}g] хөшиг. Son axe principal est Nord-Sud. La moitié orientale (à gauche en regardant du fond vers la porte, donc vers le Sud) est l'espace des femmes, la moitié occidentale (à droite) étant celle des hommes. Ce découpage correspond largement à une distinction entre la vie domestique (préparation et conservation des aliments, vaisselle, etc.) et l'activité proprement pastorale (armes, selles et harnais, cravache, entraves pour les bêtes, fabrication de l'airag).

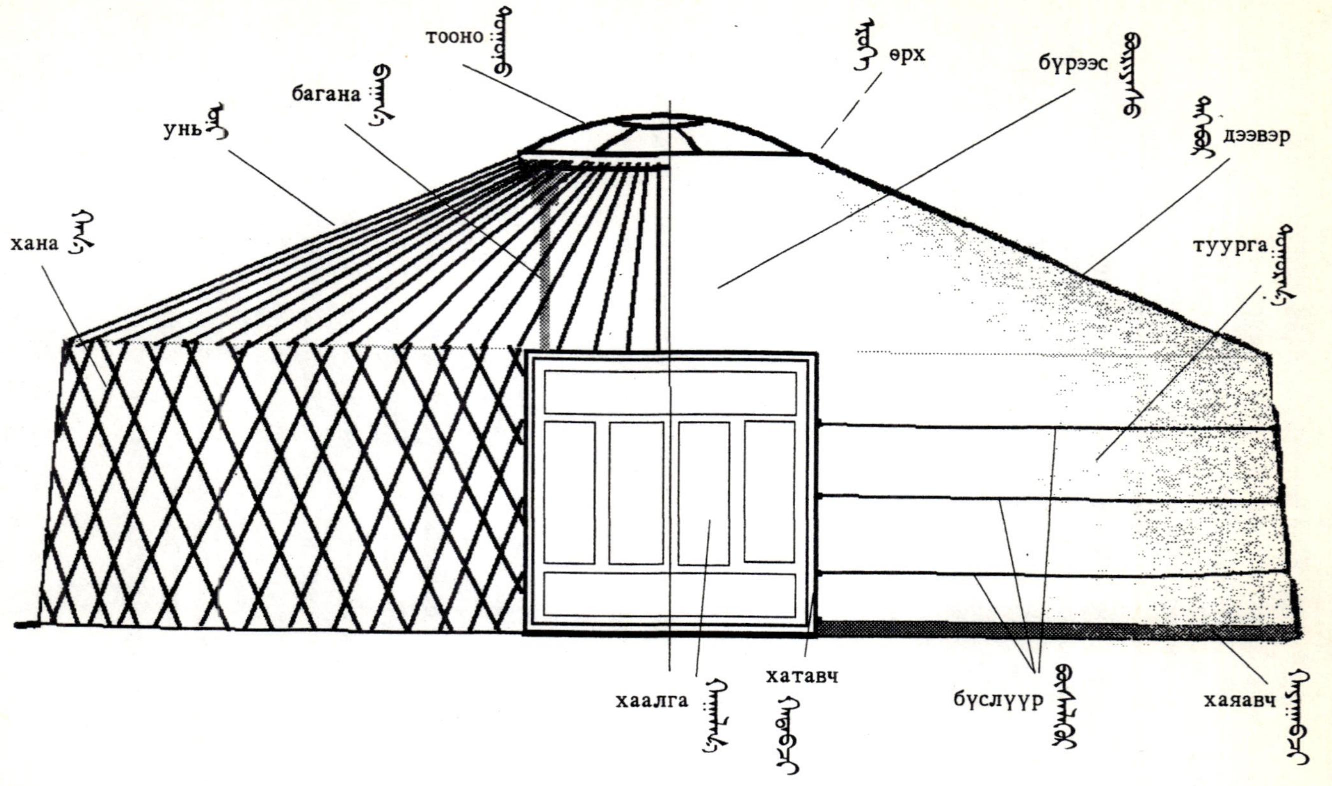

тооно
өрх
бүрээс
дээвэр
багана
унь
хана
туурга
хаалга
хатавч
бүслүүр
хаяавч

La cuisine mongole *

L'élevage nomade fournit un surplus directement consommable limité et surtout très irrégulier. La pression de l'homme sur le troupeau ne doit donc pas en compromettre la reproduction et la croissance.

Manger de la viande, tuer des bêtes dans ce but, peut être une atteinte directe au troupeau, qu'il s'agisse d'une ponction nette ou d'une pression excessive sur le cheptel. Cette consommation reste donc modérée, et les éleveurs nomades sont tout d'abord des mangeurs de viande assez modestes. Ceci n'est nullement exclusif, au contraire sans doute, d'un goût très vif pour cette nourriture : les restrictions ne sont dictées que par le soin du troupeau et par le souci de l'avenir. Chaque solennité, chaque réjouissance, chaque fête est l'occasion de manger de la viande, celle-ci est la marque évidente de la prospérité, voire d'un certain luxe.

La viande consommée le plus couramment est celle des bêtes pas, ou plus aptes à jouer un rôle dans la reproduction du troupeau. Il serait impensable de manger la viande des jeunes bêtes (par exemple du veau). On consomme donc en principe des bêtes âgées, de préférence grasses. Outre que se développe ainsi un goût marqué pour la viande grasse, c'est au moment où les bêtes seront dans cet état, à partir de la fin de l'été, que se consomme le plus largement la viande fraîche, les autres saisons obligeant d'avoir principalement recours à divers modes de conservation, complétant ou compensant le manque de lait et de laitage frais pendant la fin de l'automne, l'hiver et le début du printemps.

Vivre de son troupeau tout en en préservant la viande signifie qu'on tire l'essentiel de sa nourriture du lait et de ses innombrables préparations. La cuisine mongole est pour toute une part l'art de faire avec du lait un assortiment aussi riche que possible d'aliments et de boissons, les [cagan ide] ᠴᠠᠭᠠᠨ ᠢᠳᠡᠭᠡ цагаан идээ *aliments blancs* qui sont pour tout Mongol l'existence même.

---

* Ce passage est largement repris de notre contribution à Cuisine d'Orient et d'ailleurs, Glénat, Paris 1995

Les laitages

Le lait [sü:(n)] сүү : le lait est le symbole de la vie, et la *Mer de lait* [sü:n dal^{əi}] Сүүн далай qui entoure le *Mont Sumeru* [sümb^{ə}r u:l] Сүмэр уул, pivot de la cosmogonie indienne, est bien faite pour parler à l'imaginaire mongol. Il est aussi omniprésent au quotidien : notre *Chat échaudé craint l'eau froide* a pour pendant mongol [sü:n xals^{ə}n xün tar^{ə}k ülex] Сүүн халсан хүн тараг үлээх, *Qui s'est brûlé avec du lait soufflera sur du yoghourt.*

Le lait est en principe bouilli. Caillé ou fermenté, éventuellement recuit, il est la matière première de multiples produits et préparations. Rien n'est perdu : le colostrum [u:r^{ə}g, urg^{ə}n sü:] · уураг, уурган сүү, est lui-même utilisé. Le lait n'est bu seul qu'en petites quantités, en été. Coupé d'eau bouillie, boisson pour enfants, ou pour diluer d'autres produits, il est le [xjar^{ə}m] хярам. Il est associé au thé pour préparer la boissons la plus populaire, le thé au lait salé, parfois au beurre [sü:t^{əi} ca^{i}] сүүтэй цай.

De tous les laitages mongols, celui qui a le plus excité les imaginations est l'*airag*, [a^{i}r^{ə}g] айраг, lait de jument en cours de fermentation alcoolique, plus connu en occident sous le nom turc de «koumyss». Le lait est versé dans une outre en peau [xöxür] хөхүүр, la fermentation étant entretenue par un battage permanent à l'aide d'un agitateur, le [bülür] бүлүүр. Le liquide obtenu est blanc, acidulé, légèrement pétillant. Suivant la force de la fermentation (comme pour tous les alcools, il est [zö:l^{ə}n] зөөлөн «*doux*» ou [xatu] хатуу «*dur*») l'*airag* titre entre 0,6° à 0,9° et 1,8° à 2°, exceptionnellement plus.

Il est consommé en grandes quantités pendant toute la période estivale. En absorber plusieurs litres dans la journée n'a rien d'un exploit. L'*airag* est servi dans des bols, souvent de grande contenance. Il s'agit d'une boisson nourrissante, légèrement excitante. Il existe naturellement de grandes variations de qualité et de goût, d'acidulé à amer ou âcre.

Il est chargé des symboles de vie et de prospérité. Sa consommation est précédée d'aspersions rituelles [cac^{ə}x] цацах, adressées aux points cardinaux, au ciel et à la terre. L'*airag* offert à un visiteur est à la fois rafraîchissement et bienvenue. Quelques gouttes d'*airag* assurent le voyageur d'un trajet heureux, une aspersion sur la crinière et la croupe récompense le cheval de course victorieux. L'*airag*, enfin, serait particulièrement indiqué dans la cure des maladies pulmonaires.

[ör^{ə}m] өрөм. Ce produit, parfois traduit un peu improprement par *crème* (la *crème fraîche* proprement dite [cöcg^i] цөцгий, est connue mais d'un usage récent), est un élément essentiel de la nourriture mongole, consommé directement ou comme produit semi-fini. C'est une «peau» du lait associant matière grasse et albumine, d'une épaisseur de plusieurs millimètres. Le lait est chauffé presque à ébullition et agité en permanence en versant de haut de grandes louchées du liquide brûlant, puis réchauffé à plusieurs reprises. Le lait ainsi préparé est alors mis à refroidir et à reposer. En quelques heures, une croûte se forme à la surface, la surface à l'air séchant, tandis que le dessous, au contact du lait, reste plus moelleux. D'un trait de couteau, la plaque est séparée du bord du chaudron, prélevée en un seul morceau, et repliée sur elle-même, la face molle vers l'intérieur. Elle est alors soit mise en réserve, soit consommée fraîche ou plus ou moins séchée : découpée en morceaux, elle est alors mangée nature ou agrémentée de sucre, raisins, baies diverses, dans certains cas même étalée sur du pain.

On lui associe les ingrédients les plus divers, céréales, farine ou semoules. C'est le cas du [xutguš] хутгууш (dit aussi [xutg^{ə}mš] хутгамш dans l'ouest et le sud du domaine xalx) dans lequel de l'ör^{ə}m encore humide est pétri avec de la poudre d'eːzg^i (lait caillé cuit et séché). Cuite, cette préparation est appelée [xa^{i}lm^{ə}k] хайлмаг, dérivé de [xa^{i}l-] – хайл- *fondre, se dissoudre.*

Les produits laitiers, souvent préparés en petites quantités sont conservés pour une utilisation ultérieure. L'ör^{ə}m fermenté dans ces conditions est nommé [zöːx^i] зөөхий. Ce terme désigne aussi une préparation comparable aux précédentes, avec farine incorporée. Il est aussi souvent considéré comme une variété de l'ör^{ə}m, voire comme un simple synonyme.

La fusion à feu doux de l'ör^{ə}m ou du zöːx^i fournit une matière grasse à consistance de pommade, qui peut être mêlée aux aliments ou fondue dans le thé au lait : le *gras jaune* [šar tos] шар тос, souvent traduit improprement par «beurre». Très variable suivant la matière première employée, en particulier selon le lait utilisé, le degré de fermentation du zöːx^{i}, la durée de sa conservation, le goût peut en être plus ou moins marqué. Ce *beurre* est utilisé à la fois comme matière grasse et comme condiment. Il est essentiel dans la préparation de crêpes [xu^{i}m^{ə}g] хуймаг et galettes [bin] бин à la pâte feuilletée et frite, servies le plus souvent avec un bouillon.

Lors de sa fabrication le résidu de la fusion est mélangé à des adjuvants tels que l'eːzg^{i}, déjà mentionné, ou à des ingrédients aromatiques, telle la racine de [jamax^{əi}] ямаахай *Sphallerocarpus gracilis*, pour fournir le [cagan tos] цагаан тос ou [xol^{i}s^{ə}n tos] хольсон тос, c'est à dire *beurre blanc* ou *mélangé*. Ce produit porte souvent le nom de l'adjuvant : *beurre à l'eːzg^{i}*, *beurre au jamax^{əi}*, etc. D'autres mélanges comparables forment une large famille, dénommée selon les régions [borz^{ə}n] борзон ou [bor tos] бор тос *beurre gris*. Les dépôts collés sur les parois et le fond du chaudron lors de la fusion du "beurre" sont grattés et réservés, formant le [xus^{ə}m] хусам, littéralement le *râclé, arrasé*.

Les laitages caillés

La deuxième famille des laitages mongols comprend les nombreuses variétés de lait caillé et les préparations dont elles sont la base.

[tar^{ə}g] тараг, assimilable à du yoghourt. Ce produit, autre base essentielle de l'alimentation, est préparé avec du lait de vache ou de yack, de brebis ou de chèvre. Son usage est répandu sur tout le territoire mongol, surtout dans les zones de steppe et de steppe boisée.

La première opération consiste à faire cailler le lait, modérément chauffé en lui incorporant le *ferment* [xör^{ə}ng^{ə}] хөрөнгө (c'est ce mot qui a désigné, dans le vocabulaire économique et politique du XXème siècle le... *capital*. Ainsi un [xör^{ə}ng^{ə}t^{ə}n] хөрөнгөтөн n'est-il pas un *fermenté*, mais un *capitaliste* !). On utilise comme ferment une précédente préparation, mais aussi d'autres laitages fermentés et séchés, voire d'autres produits fermentés, comme de l'essence de thé. Le *tarag* est épais et homogène, de goût acidulé. Il est mangé directement, mais peut aussi faire l'objet de nouvelles transformations.

[aːrc] аарц : L'aːrc est le plus largement fabriqué à partir de *tarag* frais [targ^{i}n aːrc] таргийн аарц, porté environ une demi-heure à ébullition puis égoutté plus ou moins intensément. Un autre mode de préparation utilise les résidus de distillation, eux aussi égouttés puis à nouveau dilués dans du lait [nerm^{ə}l^{i}n aːrc] нэрмэлийн аарц ou *aːrtc de distillation.*

[caga] цагаа est pour l'essentiel un autre nom de l'*aːrc*, c'est à dire la masse des résidus de distillation de lait fermenté de vache, chèvre et brebis, parfois mélangée à du *tarag* et à de l'*airag* (lait de jument fermenté).

Pressé et passé, il est une des matières premières de l'[aːrul] ааруул, *aːrc* ou *caga* séchés, soit en gros vermicelle croquant, soit en masse (le plus souvent très dure). Ce produit peut être tiré de plusieurs matières premières : *tarag, aːrc, eːr^{ə}m* tant de lait que de colostrum [uːrg^{i}n aːrul] уургийн ааруул ou [cör^{ə}m^{i}n aːrul] цөрмийн ааруул (de [cör^{ə}m] цөрөм, lait ou colostrum de chèvre ou de brebis acidifié. Porté à ébullition, il peut être bu, mélangé à tout autre laitage, mais aussi comme ici, pressé et séché). Sous forme de morceaux assez volumineux, et après un pressage et un séchage importants (parfois en enfilant les morceaux en guirlande sur un cordon), on utilise volontiers le terme de [xurud] хуруд.

C'est encore aux résidus de la distillation qu'on doit les substances les plus légères, tel le [cagan^{i} xöːs] цагааны хөөс ; [eːr^{ə}m] ээрэм ou [eːrm^{ə}k] ээрмэг écume déposée sur les parois supérieures de l'alambic lors de la distillation de l'*airag*, ces produits étant utilisés dans divers mélanges comme le [šalxmag] шалхмаг boisson mélangeant en proportions variables du lait avec du *caga, aːrc* ou *eːrem.*

[eːd^{ə}m] ээдэм : litt. l'*aigri*. Du lait de vache, yack, chèvre et surtout brebis, chaud et mousseux est additionné d'un lait préalablement acidifié, en particulier *tarag* ou *airag*. Le lait caillé obtenu est alors égoutté et pressé. C'est un des produits les plus consommés par les Mongols pendant la saison estivale

Après pressage dans un linge ([šax^{ə}-] шаха- *presser*), on obtient le [bjasl^{ə}g] бяслаг, terme généralement traduit (avec les mêmes précautions que précédemment) par «*fromage*». Sa pâte est ferme et en principe homogène, d'un goût souvent peu prononcé. Il est consommé frais ou séché - toujours sur le toit de la yourte - ce qui permet de le conserver, en morceaux ou en poudre, et de le mélanger par la suite à du lait, au thé, etc.

Si la cuisson du lait caillé est prolongée, le produit est plus concentré et est alors dénommé [eːzg^{i}] ээзгий, avec sa «*cuisson*» [eːzg^{i} čan^{ə}-] ээзгий чана-. Il est séché, sur des claies ou plateaux de bois posés sur le toit de la yourte. Il est émietté ou écrasé, ajouté et mélangé à du lait, à d'autres laitages ou à du beurre.

Si l'*airag*, tiré du lait de jument, jouit d'une faveur toute particulière, il n'exclut pas la préparation de breuvages comparables produits à partir du lait d'autres bêtes que la jument· C'est alors le [xoːrm^{ə}g] хоормог ou [unda/umda] ундаа littéralement «*boisson*», bus comme l'*airag* mais surtout distillés en *arxi* [ar^{i}x^{i}] архи l'*alcool de lait* : un chaudron est surmonté d'un entonnoir de bois à la sortie duquel se condense l'alcool. On renforce le titre par adjonction de sucre. Les Mongols l'appellent *mongol arxi* ou [šim^{i}n ar^{i}x^{i}] шимийн архи *arxi essentiel*, pour le distinguer de l'alcool de grain (vodka) : [cagan ar^{i}x^{i}] цагаан архи *alcool blanc* ou... [xar ar^{i}x^{i}] хар архи *alcool noir* - en fait *limpide*.

Il s'agit d'un liquide transparent, parfois légèrement trouble, dont le titre d'alcool reste assez faible (largement inférieur à 20°), du moins tant qu'il n'a pas été redistillé une deuxième [arz] арз, voire une troisième fois [xorz] хорз, ce dernier terme étant explicitement un renvoi au poison [xor] хор !

La viande

Nous avons insisté sur la place des produits laitiers et sur les restrictions sur la consommation de viande. Celle-ci, parfois nommée [ulan ide] улаан идээ, *nourriture rouge*, n'en reste pas moins le composant le plus important de la nourriture après les laitages. Elle a même la préférence de bien des Mongols. Ceux-ci consomment principalement du mouton et du boeuf. La consommation de cheval ou de chameau est tout à fait exceptionnelle, du moins chez les Xalx. Le porc, sans qu'aucun interdit religieux intervienne, est l'objet d'une répulsion assez marquée.

A la viande d'élevage s'ajoute le gibier. Sont particulièrement appréciés les grands herbivores : bouquetins [jang^{i}r] янгир, mouflons [argal^{i}] аргаль, antilopes [ze:r] зээр, [görös] гөрөөс, nom dérivé du nom générique du «*gibier*» [görö] гөрөө. Une proie quotidienne plus modeste est tout aussi appréciée, pour sa peau comme pour sa viande : la marmotte [tarw^{ə}g^{ə}] тарвага.

La viande est consommée soit fraîche, soit congelée en hiver, soit séchée. La viande, abattue en été ou en automne, est découpée en fines lanières séchées à l'air et conservée pendant toute la saison hivernale. Cette viande séchée [borc] борц, dont la teneur en humidité n'est pas supérieure à 5-7 %, est conservée dans des sacs en peau, eux-mêmes soigneusement nettoyés et séchés. La conservation peut être de plus d'un an. La viande est le plus souvent bouillie, qu'elle soit mangée seule ou incorporée à une soupe [šöl] шөл. Séchée ou fraîche (plus ou moins persillée ou entrelardée, mais aussi graisse pure), elle est alors mêlée à des pommes de terre, oignons, choux ou pâtes.

Un vrai repas de viande n'a besoin d'aucun accompagnement. La viande se suffit à elle-même. La bête, bouillie [čans^{ə}n max] чанасан мах, est découpée et apportée à table en une pyramide de morceaux à l'ordonnance soigneusement observée, dont la pièce maîtresse est obligatoirement la région lombaire de l'animal [u:c] ууц. Chacun se sert selon son goût, mais aussi selon son rang.

La queue de mouton, [sü:l] сүүл, jouit d'un prestige particulier. L'animal y constitue en effet une imposante réserve de graisse (jusqu'à 4 kg pour une bête d'une trentaine de kilos). Elle est bouillie avec le reste du mouton, mais servie séparément, découpée en tranches de l'épaisseur d'un doigt, avec plus de cérémonie. Un petit morceau de la queue bouillie est souvent donné comme sucette aux bébés.

Autre met convivial, la tête, flambée puis bouillie [xu^{i}xla] хуйхла-. La «*peau flambée*» [xu^{i}x^{ə}] хуйх désigne d'ailleurs plus généralement la «*peau du crâne*». Un petit carré de cette peau est prélevé sur le front à titre d'offrande, puis la tête circule parmi les convives, qui prélèvent le morceau de leur choix, y compris les yeux.

Préparés comme la tête, flambés puis bouillis, les pieds de mouton, de chèvre, de bovins sont parfois considérés comme un aliment de pénurie. Il n'en est rien. Les Mongols aiment décortiquer les petits muscles savoureux attachés aux os du pied et ne dédaignent pas les tissus gélatineux.

La viande au sens strict [tur^{ə}g max] турат мах est souvent remplacée ou relayée par les abats [dot^{ə}r max] дотор мах. Rarement servis dans les repas de fête ou de cérémonie, les poumons, coeur, foie, tripes, ainsi que le sang (dont on prépare une sorte de boudin) sont régulièrement consommés.

Hormis la cuisson bouillie [čan^{ə}-] чана-, la cuisson rôtie ou grillée [šar-] шар-, [šorl^{ə}-] шорло- est surtout pratiquée en plein air, sur les pâturages éloignés, à la chasse. Son nom ([šorl^{ə}n] шорлон, [šorl^{ə}g] шорлог) désigne tous les plats de viande rôtie, et non les seules brochettes.

Cuisson originale aussi pratiquée en plein air, le [boːd^{ə}g] боодог. Une bête entière (mouton, chèvre ou marmotte) est désossée par une petite ouverture, le plus souvent au niveau du cou. La viande est découpée et assaisonnée pendant qu'un grand nombre de galets sont mis à chauffer dans un feu. Les pierres brûlantes, les morceaux de viande, des oignons, des aromates, un peu d'eau, sont placés dans la peau, qui est alors refermée. La bête, placée sur le feu, grille de l'extérieur pendant qu'elle cuit à l'étouffée. La dégustation du bouillon qui s'est formé dans la peau précède la distribution des morceaux de viande. Chaque convive tient dans les deux mains les pierres brûlantes, noyées dans le bouillon gras, jusqu'à ce que leur température diminue. Les Mongols leur attribuent un effet remarquable de relaxation.

Farines, semoules et pâtes

L'usage du pain à pâte levée (fermentée) et cuit au four [talx] талх (le terme a également un sens, probablement plus ancien, de *en poudre, moulu*) est aujourd'hui solidement établi, du moins dans les villes. C'est un phénomène récent, mais ceci ne signifie pas que l'usage de la farine soit une innovation. A une tradition agricole propre à la steppe s'ajoutent les échanges avec les agriculteurs sédentaires voisins, principalement chinois.

La céréale autochtone est l'orge [arw^{əi}] арвай, présente sous diverses variétés sauvages et domestiques, utilisée en farines et bouillies, la [zamba] замбаа bien connue des Tibétains, mais aussi, fermentée, pour la préparation d'une bière légère, l'*airag jaune* [šar a^{i}r^{ə}g] шар айраг.

Les céréales alimentaires portent le nom générique de [buda] будаа : froment, *buda jaune* [šar buda] шар будаа, millet, *buda noir* [xar buda] хар будаа, riz, *tsagan buda* [cagan buda] цагаан будаа, etc.

Outre le gruau, il est fait appel à la *farine*, [gur^{i}l/gul^{i}r] / гурил / гулир, terme pouvant en fait désigner diverses *semoules* utilisées en bouillies, pour épaissir des laitages, etc.

La pâte est le plus fréquemment préparée fraîche, pour le prochain repas. Sa confection n'a recours, outre la farine, qu'à l'eau et au sel.

Une de ses utilisations les plus simples, bien qu'offrant de nombreuses variantes, est la préparation des *pâtes* [go^{i}m^{ə}n] гоймон, du chinois *gua mian*, assortiment très varié de vermicelles et de nouilles, obtenus en découpant en lanières plus ou moins étroites de la pâte ferme, étalée puis farinée et roulée. Les *goimon* peuvent être consommés seuls, mais sont surtout adjoints à un bouillon ou à une soupe [go^{i}m^{ə}nt^{əi} šöl] гоймонтой шөл ou [gur^{i}lt^{əi} šöl] гурилтай шөл.

On utilise également dans ces conditions des raviolis fourrés à la viande [banš] банш, jetés dans le bouillon [banšt^{əi} šöl] банштай шөл, mais aussi très populaires dans le thé [banšt^{əi} cai] банштай цай.

La cuisson à la vapeur [zign^{ə}-] жигнэ- a acquis une immense popularité. Pas de foyer sans son [žignür] жигнүүр, naguère en bois, aujourd'hui le plus souvent en aluminium, formé d'un chaudron où bout l'eau salée, surmonté d'une marmite sans fond dans laquelle se superposent les plateaux amovibles où sont déposées les pièces à cuire, le tout étant fermé par un couvercle.

Le plus populaire sans doute de tous les plats mongols, le signe le plus évident de la liesse, est le [bu:z] бууз (chin. *baozi*, semblable dans son principe). De la viande de mouton ou de boeuf est hachée à la main et mélangée à des oignons, de l'ail et une plante à feuilles vertes et juteuses (telle une salade), ciselés sans excès de finesse (la farce doit conserver un «grain» et ne jeter son jus que très doucement. Hachée trop fine, elle s'assèche, et le jus détrempe la pâte). Saler le plus tard possible. La pâte (farine, eau et sel, assez ferme) est roulée en un boudin de 3 cm de diamètre environ, puis débitée en petits morceaux, eux-mêmes étalés en petites galettes rondes et fines dont le pourtour doit être plus mince que le centre. Une cuillerée à soupe environ de farce, est alors déposée sur chaque cercle de pâte, qui est refermé en boule, l'excès de pâte étant repris sous forme de plis spiralés aussi réguliers que possible, laissant parfois libre au sommet une très étroite cheminée. Les *buuz* forment alors des paquets sphériques de 3 à 5 cm de diamètre environ. Ils sont déposés sur les plateaux du *žignür* sans se coller entre eux. La cuisson dure une douzaine de minutes.

Les *buuz*, brûlants, sont mangés à la main, la dégustation commençant par l'aspiration du jus qu'ont fourni aussi bien la viande que les plantes hachées. Ils sont servis par trois ou multiples de trois, et l'hôte est jaugé au nombre de *buuz* qu'il peut déguster (certains ne reculent pas devant plusieurs dizaines de pièces en un seul repas).

Les [mantu] мантуу, du chinois *mantou*, sont des sortes de petits pains, à peu près de la taille du poing, cuits à la vapeur après avoir subi un début de fermentation. Ils sont préparés sous forme d'un rouleau de pâte noué sur lui-même. Les *mantuu*, servis chauds sont le plus souvent uniquement formés de pâte. Il en existe toutefois une variante farcie à la viande [šanzt^{əi} mantu] шанзтай мантуу.

Les préparations de pâte à cuisson frite sont également très appréciées. Nous avons déjà mentionné les crêpes et galettes. Le *buuz* a un équivalent sauté, le [xušur] хуушуур. Si les ingrédients, pâte et farce, sont sensiblement identiques, la forme adoptée, aplatie et allongée en forme de navette - ou de «museau» - ce qui est peut-être l'étymologie du terme, la cuisson s'effectue sautée dans la graisse.

Les [boːrc^{ə}g] боорцог, sont faits de pâte fraîche à laquelle est souvent incorporé du šar tos fondu, parfois du sucre. La pâte, façonnée en un rouleau de l'épaisseur d'un doigt environ, est coupée en tronçons de 2 cm de long environ. Ces morceaux sont alors frits dans la graisse jusqu'à cuisson complète, avec une coloration brune assez intense, et dégustés chauds ou froids, entre amuse-gueule, confiserie et pâtisserie (il en existe de nombreuses variétés, de tailles et de préparation diverses, certaines comportant l'emploi de levain).

Plats composés

Les soupes constituent sans doute le domaine culinaire le plus varié et le plus riche, même s'il existe par exemple un terme générique pour désigner les soupes à la viande [xar šöl] хар шөл. On associe à la viande (environ une livre pour deux litres d'eau) pommes de terre [töm^{ə}s] төмс, carottes [šar luːw^{ə}n] шар лууван ou autres racines comparables, presque toujours des oignons. La durée de cuisson est très variable, mais les soupes comportant de la viande de boeuf (et la viande de boeuf en général) cuisent pendant 3 à 4 heures.

Une spécialité très spectaculaire, souvent dénommé «marmite mongole», est le *chaudron brûlant* [xalun togo] халуун тогоо, en chinois *huo guo* «marmite à feu», brasero de table formé d'une cheminée centrale entourée d'un bassin circulaire. La chaleur du foyer central y maintient la température d'un bouillon dans lequel les convives plongent les ingrédients les plus divers : viandes découpées en tranches très fines, pousses d'oignon et de poireau, légumes émincés, vermicelle, en fait tout ce qu'offrent les ressources du moment. Après une rapide cuisson, ces éléments sont repêchés et consommés accompagnés de mantuu ou de bing. En fin de repas, le bouillon est distribué dans les bols des convives. Cette spécialité, assez familière en Mongolie intérieure. Sans doute le fut-elle aux Mongols qui fréquentaient jadis les marchands et colons chinois, mais le souvenir s'en est largement perdu.

Plantes et condiments

Les plantes autres que les céréales sont sauvages, leur recherche et la cueillette occupant maints loisirs. Certaines sont utilisées en tant que condiments, frais ou conservés (en particulier dans le sel), d'autres fournissent des aliments à part entière, d'autres encore, mais la frontière est souvent floue, sont utilisées à des fins médicinales

Plusieurs dizaines de plantes sont utilisées comme condiments. La place principale revient à d'innombrables variétés d'oignons et d'aulx : oignon [song^{i}n^{ə}] сонгино ; ail [sar^{i}ms^{ə}g (sarm^{i}s)] саримсаг (сармис) ; mais aussi des plantes apparentées plus spécifiques au monde de la steppe, tel le mangir [mang^{i}r] мангир (*Allium senescens*), très abondant en été et conservé pendant des mois, mélangé à du sel. Les Mongols connaissent également l'oseille [xurg^{ə}n čix] хурган чих, lit. *oreille d'agneau*, la rhubarbe [gišün^{ə}] гишүүнэ (ou [bažun^{ə}] бажууна, surtout pour sa racine), le gingembre [gaː] гаа.

Les tubercules [töm^{ə}s] төмс ou [bulcu] булцуу, en particulier de liliacées [saran^{ə}] сараана : [od^{əi} saran^{ə}] одой сараана (*Lys étoilé*, *Lilium pumilum*), [nar^{i}n nawč^{i}t saran^{ə}] нарийн навчит сараана (*Lys à feuilles fines*) *L. Tenuifolium*, etc., dont la pomme de terre a pris le nom *töms* et aujourd'hui la place, sont mangés coupés en rondelles et mélangés à de l'ör^{ə}m.

Les fruits ([žim^{ə}s] жимс) et baies ([žim^{ə}sg^{ə}n^{ə}] жимсгэнэ) sont mangés directement ou comme aromates. L'*arxi* est parfois amélioré par la macération de baies et de fruits sauvages, donnant alors un «*vin*» [dars] дарс. Sont appréciées, à la fois pour leur goût acidulé et pour leur richesse en vitamines et autres principes actifs : la *pomme sauvage* ([al^{i}m] алим), la *fraise des bois* ([güzelzg^{ə}n^{ə}] гүзээлзгэнэ), la *sorbe* ([mo^{i}l] мойл), la *prunelle* ([üːrg^{ə}n^{ə}] үүргэнэ), le raisin sauvage ([üz^{ə}m] үзэм), les baies de nombreux arbustes, dont le plus fameux est sans doute l'*argousier* [čac^{ə}rgan^{ə}] чацаргана à la valeur gustative et thérapeutique connue de longue date. Ajoutons les noix de cèdre et les *pignons* [sam^{ə}r] самар, mais aussi les *champignons* [möːg] мөөг, frais ou séchés.

Le thé

Le thé [ca^{i}] цай est le breuvage quotidien, et celui des grandes occasions.

Il ne semble pas avoir été encore connu des Mongols à l'époque de Cinggis qan, mais son adoption fut précoce. Au début du XVIIème siècle, ce sont des intermédiaires mongols qui le firent découvrir aux Russes. De longue date, le thé consommé en Mongolie est le thé en brique, obtenu par le pressage des feuilles les plus rustiques de l'arbuste. La brique de thé, de transport facile, est simplement émiettée et infusée au fur et à mesure des besoins. Si le thé est devenu un produit de première nécessité, et un important objet d'échanges entre les Mongols et leurs voisins, une vingtaine de plantes sauvages peuvent être utilisées en infusion, avec un résultat assez proche du thé en brique. Il est toutefois difficile d'établir s'il s'est agi d'une consommation originale ou, ce qui est plus probable, de tentatives pour pallier par des succédanés les pénuries et les aléas du commerce du thé.

Le thé est à la fois un aliment et un instrument essentiel de la vie sociale. Le thé est préparé le plus généralement à partir de thé vert pressé, additionné de lait, souvent de beurre, et toujours salé (ce fait, désormais de l'ordre du goût, a une origine plus prosaïque : un liquide salé est plus efficace contre la déshydratation). Il est bu à toute heure, versé d'une haute théière conique, en bois, mais aussi en cuivre et en argent [domb^{ə}] домбо ou d'une théière à bec [danx] данх. Il peut être aussi enrichi de multiples ingrédients, qu'il s'agisse de laitages (ör^{ə}m, bjasl^{ə}g, e:zg^{i}, zö:x^{i}, šar tos) ou de produits à base de farine, voire de raviolis (banštai cai).

Fêtes, sports et jeux

Les occasions de réjouissances, aujourd'hui encore fournies par les cycles de la nature et l'astronomie, par les grands moments de la vie nomade (début de la traite, premier *airag*, foulage du feutre, marquage des bêtes) et par les actes essentiels de l'existence familiale (mariages, naissances) sont inséparables d'une tradition historique bien présente. Jeux et sports, pratiqués comme de simples distractions, sont aussi pour beaucoup de Mongols des moments plus graves, où ils mêlent espoir de prospérité pour le troupeau et attachement à leur identité.

Les fêtes

Le ***Nouvel an lunaire*** [cagan sar] ᠴᠠᠭᠠᠨ ᠰᠠᠷ᠎ᠠ цагаан сар lit. *Le mois blanc* est l'une des plus grandes fêtes mongoles, la plus profondément liée à la vie à la fois pastorale nomade et familiale. Longtemps limitée à des réjouissances privées, traitée comme une survivance du passé, la fête avait retrouvé un certain lustre en 1960, devenant la fête des éleveurs coopératifs. Mais c'est depuis février 1989 seulement qu'elle est célébrée officiellement par tout le pays. Probablement située à l'origine à l'automne, alors que les produits laitiers sont abondants, la fête aurait glissé au printemps après l'adoption du calendrier sino-uigur.

Fêtant vitalité, croissance, prospérité et pérennité familiale, le nouvel an est ainsi considéré comme l'anniversaire de tous les êtres. C'est l'occasion de rites de renouvellement, qu'il s'agisse du feu ou des vêtements. Les visites à la famille en sont les moments les plus marquants. Se rendre chez les personnes les plus âgées accomplit une jolie croyance : c'est en les déchargeant d'une année, qu'on accroit son propre âge.

La fête est précédée d'un jour de préparatifs, rangement et nettoyage qui permettent de *fermer* l'année écoulée (non sans une nuance de *renvoi dans le secret*). Au cours de ce [bitün^{i} or^{ɔi}] ᠪᠢᠲᠦᠦᠨ ᠦ ᠣᠷᠣᠢ битүүний орой lit. *soir de la fermeture*, un banquet associe des nourritures et boissons nouvelles, comme de l'*arxi* fraîchement distillé, à des plats *clos* (dans la pâte), [bu:z], raviolis [banš].

Le lendemain, premier jour de l'année [šin^{i}n neg^{ə}n] Шинийн нэгэн lit. *Le un du début*, revêtus de vêtements neufs, voeux et offrandes renouvellent les liens qui unissent les hommes entre eux, mais aussi avec leur troupeau. Les visites sont d'abord destinées aux vieillards à qui est offerte une écharpe rituelle de soie bleue ou blanche [xad^{ə}g] хадаг cependant qu'on leur adresse cérémonieusement les louanges de nouvel an [zolg^{ə}-] – золго-. Le cérémonial est naturellement suivi d'un repas, de remises de cadeaux, mais aussi de séances divinatoires [demb^{ə}r^{ə}l] дэмбэрэл et de parties de jeux d'osselets et de [xor^{ə}l] хорол, sorte de dominos dont les pièces représentent les animaux du calendrier, les joyaux mythiques et qu'il faut rassembler dans le bon ordre (du *porc* au *rat* avant les *joyaux*) pour réussir à en *monter des yourtes*.

Les deux jours suivants, la fête se prolonge par des visites aux autres membres âgés de la famille, puis aux parents plus éloignés et enfin aux amis, voire aux simples voisins. L'échange de vœux et de menus cadeaux est une nouvelle occasion de repas, de libations et de jeux, échecs ou osselets.

Les fêtes de la ***première traite*** et du ***premier airag***, fin mai ou début juin, semblent répondre à l'appel vital du *cagan sar*. On se réjouit non seulement de l'arrivée des premiers produits nouveaux qui vont nourrir et réjouir la famille tout l'été. On salue aussi avec soulagement la fin des tempêtes de printemps et la fin des incertitudes sur le nombre et le sort des jeunes bêtes [töl] төл, nécessaire renouvellement du troupeau et espoir de richesse. La vie sociale retrouve alors les activités de plein air où le jeu et le travail font bon ménage, comme lors des concours de lancer du lasso, utile préparation à la reprise en main estivale des bêtes.

La ***Fête nationale*** [uls^{i}n ix na:d^{ə}m] Улсын их наадам ou [uls^{i}n bajar na:d^{ə}m] Улсын баяр наадам, célébrée le 11 juillet marque la victoire de la révolution de 1921 et la renaissance d'une Mongolie indépendante. C'est aujourd'hui toute l'histoire mongole qui y est exaltée. Cette fête prolonge la tradition de rassemblements estivaux, affirmations d'unité nationale mais aussi revues militaires permettant le contrôle des effectifs et des armes. Chacun pouvait y mettre en évidence son [xi: mor^{i}] (ou) хий морь (хийморь) lit. *souffle-cheval*, fanion de la yourte mais surtout symbole de la *pugnacité*, de l'*héroïsme* et de la *chance souriant aux audacieux.*

Avant le [na:d^{ə}m] moderne, célébrée sans interruption depuis 1921, on connaît ainsi en Mongolie Xalx deux fêtes associées au découpage du pays en unités territoriales, les *Bannières* [xošu] хошуу, un prince mongol y étant en charge du *pouvoir*, le *zasag* [zas^{ə}g] засаг. Ces deux fêtes étaient le [dolon xošu danš^{i}g na:d^{ə}m] Долоон хошуу даншиг наадам *Naadam d'offrande des sept xošu*, créé en 1697 par Zanabazar lui-même, célébré tous les deux ou trois ans jusqu'en 1912, et le [arw^{ə}n zasg^{i}n na:d^{ə}m] Арван засгийн наадам *Naadam des dix principautés*, tenu tous les ans de 1819 à 1924.

Le terme [na:d^{ə}m] наадам signifie simplement *rassemblement*, dérivé du verbe [na:d-] наад- aujourd'hui seulement *faire la fête, jouer*, mais issu du radical [na:-] наа- *vers ici, vers moi*. Les activités dont il est le théâtre qui ont provoqué la spécialisation du verbe, mais aussi du nom dans son sens actuel de *sport, jeu*. Plus que les parades et discours officiels, les moments essentiels de la fête, occasions de démontrer sa valeur guerrière, d'affirmer l'identité mongole, de faire triompher des fiertés locales par champions interposés, sont les [er^{i}n gurw^{ə}n na:d^{ə}m] Эрийн гурван наадам *trois sports virils* : la *lutte*, le *tir à l'arc*, les *courses de chevaux*.

La ***Fête de l'automne*** [namr^{i}n bajar ceng^{ə}l] Намрын баяр цэнгэл intervient au début de l'automne, le plus souvent fin août, lorsque la tonte de la courte *laine d'automne* [ax^{ə}r ou ox^{ə}r] ou ахар ou охор donne le signal d'un travail qui mobilise jeunes et vieux, mais aussi tous les voisins chez qui on se rend à tour de rôle. Occasion unique de réjouissances avant les rigueurs de l'hiver, c'est la fabrication du feutre dont on chante alors les louanges :

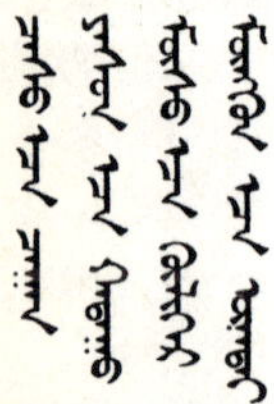

[casnas cagan, jasnas xatu, mösnös gölg^{ə}r, möng^{ə}nös ün^{ə}t^{əi}]
Цаснаас цагаан, яснаас хатуу, мөснөөс гөлгөр, мөнгөнөөс үнэтэй.
Plus blanc que neige, plus dur qu'os, plus lisse que glace, plus précieux qu'argent.

Les sports

Les Mongols sont aujourd'hui, la jeunesse de la population aidant, de grands amateurs de sports ([^{ə}sport] спорт, [naːd^{ə}m] наадам), et la page spécialisée des journaux est aussi fournie et éclectique que dans les nôtres. On se passionne pour le [xöl bömb^{ə}g] хөл бөмбөг *ballon au pied*, le [gar bömb^{ə}g] гар бөмбөг *ballon à la main*, le [sags^{ə}n bömb^{ə}g] сагс бөмбөг *ballon panier* - inutile de traduire - et pour toutes les disciplines pratiquées dans les compétitions internationales. C'est toutefois dans les sports proches des *Trois sports virils,* disciplines souveraines, que les athlètes Mongols ont brillé le plus, lutte libre, mais aussi judo.

La ***lutte mongole*** [mong^{ə}l böx] монгол бөх (à ne pas confondre avec [böx] бөх *bosse* du chameau). Attesté dès le XIIIème siècle, noms et exploits des champions connus par le menu depuis le XVIIIème, ce sport est spectaculaire par l'apparence des lutteurs, le déroulement des combats, la communion passionnée qui les entoure. Sans limitation de durée, des concurrents s'opposent deux à deux sans catégorie de poids (mais les champions sont généralement de gabarit imposant). La victoire est obtenue en faisant toucher le sol à toute autre partie du corps de son adversaire que les pieds et les paumes sans porter de coups. Chaque compétition met en lice de plusieurs dizaines à plusieurs centaines de lutteurs (souvent 512 depuis 1939, mais les variations sont nombreuses) qui s'éliminent par moitié à chaque *tour* [dawa] даваа jusqu'à l'affrontement des deux finalistes.

Les lutteurs s'affrontent dans un costume constitué d'un boléro à manches longues, mais à la poitrine dénudée, d'un slip et des traditionnelles bottes en *gueule de dragon*. Ce costume remonterait au VIIIème siècle, et se serait complété au XVème d'un *chapeau* pointu à quatre revers rappelant l'équipement des grandes conquêtes militaires. Il est d'ailleurs dit [žanž^{i}n malg^{əi}] жанжин малгай *chapeau de général.* Les vêtements eux-mêmes sont en tissu, mais la ceinture du boléro et les bordures, qu'il est permis de saisir pendant le combat, sont fortement renforcées par des ourlets de cuir.

La compétition elle-même est entourée d'un rituel essentiel. Après l'ordre immuable dans lequel sont endossées les pièces du costume (un rituel différent préside au déshabillage après le combat), les lutteurs se

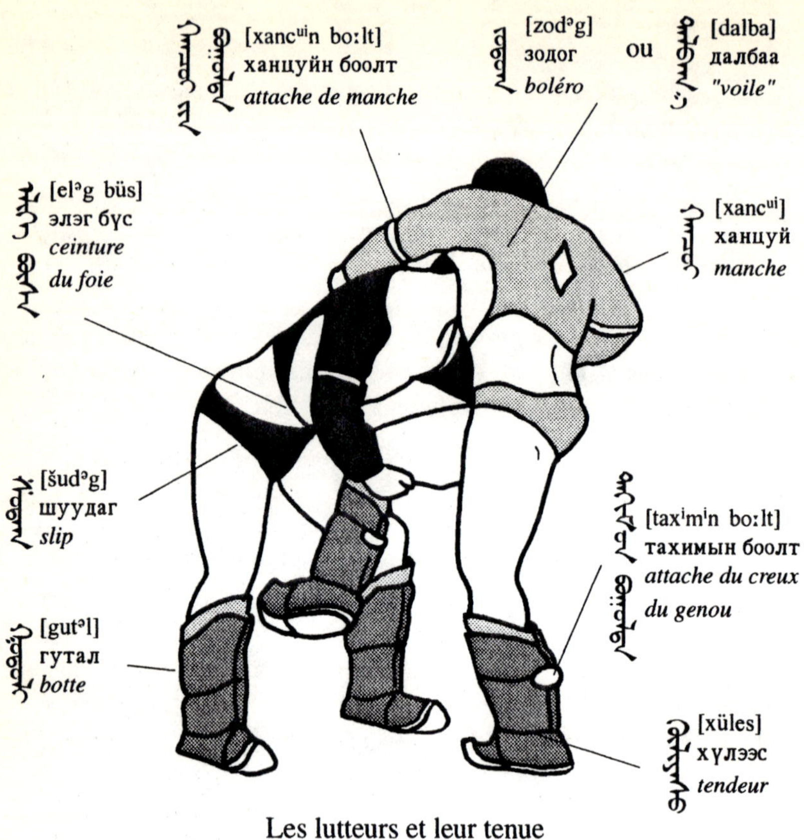

Les lutteurs et leur tenue

présentent sur deux rangs sur l'aire de lutte. Chacun est accompagné d'un *entraîneur* [zasul] засуул qui chante son éloge [col] цол avant le combat, porte son chapeau et lui dispense conseils et encouragements pendant la lutte, discute avec les juges en cas de litige.

Les lutteurs des deux rangs s'affrontent en se dispersant sur tout le terrain, exécutant une danse, bras levés en ailes d'oiseau faisant appel à la force de l'aigle ou du Garuda mythique, mais aussi à la sagesse de la terre. Des dizaines de *prises* [mex] мэх *de main* ou *de jambe*, offensives ou défensives, sont répertoriées, reconnues et attendues du public. Chaque épisode ou incident est suivi avec passion, les supputations sur les tours suivants vont bon train. Chaque victoire, surtout arrachée avec panache, est saluée bruyamment. Le vainqueur passe alors son bras au dessus de la tête et des épaules du vaincu en signe de protection avant d'aller renouveler, volant à grandes enjambées autour de l'étendard où souffle l'esprit de la fête, la danse victorieuse.

Le palmarès est dicté par le nombre de tours franchis victorieusement par chacun. Suivant le nombre de lutteurs engagés, le titre de [nač^{i}n] начин *Faucon* récompense les seize ou huit derniers lutteurs restant en lice (5 ou 6 tours), ainsi admis dans la *pointe* (lit. *alène*) [šöw^{ə}g] шөвөг, [šöwg^{ə}r^{ə}-] – шөвгөрө- . Est déclaré *Eléphant* [zaːn] заан le lutteur restant parmi les 4 derniers (7 tours et plus) y compris le second de la finale [üzürl^{ə}-] – үзүүрлэ-). Enfin, le lutteur qui enlève le tournoi ([türürl^{ə}-] – түрүүрлэ-) est déclaré *Lion* [arsl^{ə}n] арслан. S'il renouvelle ce succès une autre année, il a alors droit au titre suprême de *Titan* [awr^{ə}g^{ə}] – аврага. De nouvelles victoires enrichissent ce titre : *Titan universel ("océanique")* [dal^{əi} awr^{ə}g^{ə}] – далай аврага pour trois victoires, *Titan mondial* [daj^{ə}n awr^{ə}g^{ə}] – даян аврага pour quatre victoires, enfin *Titan inaccessible (qu'on ne peut écraser)* [darx^{ə}n awr^{ə}g^{ə}] – дархан аврага pour cinq victoires.

Le ***tir à l'arc*** [sur xarw^{ə}-] – сур харва- lit. *tirer à la cible* a fait un sport d'une arme de chasse et de guerre aussi inséparable de l'identité mongole que le cheval ou la yourte. Encore employé pour la chasse des bêtes à fourrure, l'arc a sensiblement régressé au cours des dernières années, et sa pratique sportive a souffert de cette évolution. Il n'en reste pas moins populaire, et un *naadam* sans épreuve de tir a quelque chose d'incongru.

L'aspect le plus original tient à la cible employée. Les [sur] сур sont des cylindres de cuir tressé, d'une dizaine de centimètres de hauteur et de diamètre, utilisés de deux manières. 360 de ces cylindres sont empilés pour former un *mur* [xan^{ə} sur] хана сур d'environ 4 m de long sur 50 cm de haut sous un fil rouge qui fixe la limite supérieure de la cible. Mais ils sont aussi utilisés *séparés* [xasa sur] хасаа сур, disposés sur la même ligne, au nombre d'une trentaine seulement, sur un ou deux rangs.

Le tir, par équipes principalement, s'effectue d'une distance de 75 m pour les hommes et 60 m pour les femmes (qui n'ont eu accès à cette compétition qu'au XXème siècle). L'objectif est bien sûr de renverser ou atteindre la cible, mais aussi de passer sous le fil rouge.

La ***course de chevaux*** [xurd^{ə}n mor^{i}n^{i} ur^{ə}ldan] хурдан морины уралдаан (lit. *course de chevaux rapides*. [ur^{ə}ldan] désigne toute *compétition*. Du radical [ur] *sud, avant* provient le verbe dérivé [ur^{ə}ld^{ə}-] *s'" affronter vers l'avant ", rivaliser* ici nominalisé) est le dernier grand sport national à attirer la foule du *Naadam*. Les courses se déroulent en terrain ouvert, en principe dans une steppe peu accidentée. Le nombre des chevaux n'est pas limité. Ces courses, issues de l'entraînement guerrier, présentaient à l'origine un caractère obligatoire et rassemblaient plusieurs milliers de concurrents. Devenues un jeu, leurs effectifs ont sans doute baissé, mais il n'est pas rare que le grand *naadam* national attire plus de mille chevaux. Ceux-ci concourent dans 7 catégories. Celles-ci n'étaient anciennement que trois (*petits chevaux*, 3 ans [bag^{ə} mor^{i}] бага морь, *chevaux moyens*, 4 ans [dund mor^{i}] дунд морь, *grands chevaux*, adultes [ix mor^{i}] их морь), la participation de chevaux plus jeunes étant une innovation de la fin du XIXème siècle.

Actuellement, les distances sont de 15 km pour les chevaux les plus jeunes [da:g^{ə}] даага (de 1 à 2 ans), 20 km pour les [šüdl^{ə}n] шүдлэн (2 ans accomplis), 25 km pour les [xjaz^{ə}l^{ə}n] хязалан (3 ans révolus), 28 km pour les [sojol^{ə}n] соёлон (4 ans révolus), 35 km pour les chevaux adultes [ix nas] et 30 km pour les étalons [azr^{ə}g^{ə}]. Les ambleurs [žoro] жороо ne courent que sur 15 km. Ces distances ne sont qu'indicatives, le choix d'un terrain plus ou moins difficile pouvant amener à les réduire.

La course elle-même couronne une préparation [xurd^{ə}n mor^{i}n^{i} zas^{ə}l] хурдан морины засал, dont la durée, de quelques semaines, varie avec l'âge de l'animal. Choisis et capturés au sein du troupeau selon des critères complexes (une cinquantaine de *caractères* [šinž] шинж), les élus sont en principe gardés à l'attache à proximité de la yourte, ce qui leur enseigne la docilité (le verbe *attacher les rênes au pommeau de la selle* [so^{i}-] сой- devient un quasi-synonyme d'*entraîner* l'animal et son dérivé [so^{i}lt] сойлт désigne la «*forme*» optimale). Mais cette immobilisation facilite aussi le contrôle, essentiel, de son alimentation.

Les séances de trot sont de durée croissante, alternativement au vent et sous le vent pour le faire transpirer ([xöls aw-] хөлс ав- ; [xölsl^{ə}-] хөлслө-. L'excès de sueur est «*rasé*» à l'aide d'un couteau de bois, le [xusur] хусуур). Des *galops courts* [üs^{ə}rg^{ə}lt] үсэргэлт, eux aussi de longueur croissante, sont suivis, en moins grand nombre, des *galops prolongés* ([sung^{ə}lt] сунгалт. Ainsi un cheval adulte - qui devra courir 35 km - subit une préparation de 35 jours comprenant dix séances de transpiration (progressivement, de 1 à 17 km), six galops courts (de 8 à 18 km) et deux galops prolongés (d'une vingtaine de kilomètres).

Non sellés ou équipés d'une selle légère (mais allongée, de façon à ce que le poids du cavalier soit réparti sur le plus grand nombre possible de côtes), la crinière liée en toupet [xöxl^{i}n bo:lt] хөхөлийн боолт, pour éviter qu'elle n'aveugle l'animal face à un obstacle imprévu, et la queue elle aussi ligaturée [sü:l^{i}n bo:lt] сүлийн боолт, les chevaux sont montés par des enfants de 7 à 13 ans, exceptionnellement plus âgés à condition de ne pas être trop lourds. Seules les courses réservées aux *ambleurs* voient s'aligner des cavaliers adultes.

Avant la course, les petits cavaliers encouragent leurs montures à l'aide d'un chant traditionnel, le [gi:ngo] гийнгоо, cependant qu'un autre chant, la louange d'un cheval légendaire, [tümn^{i} ex] Түмний эх *Mère de la multitude*, accompagne le départ proprement dit. La course est rapide, et témoigne de la qualité des montures : les vainqueurs l'emportent à des vitesses dépassant 50 km/h, malgré la distance parcourue et l'état d'un terrain qui n'a rien d'un hippodrome.

A l'arrivée, la foule attend les concurrents : maîtres des chevaux, parents des cavaliers - ce sont généralement les mêmes - s'excitent et s'inquiètent tout à la fois. Lorsque les chevaux franchissent la ligne d'arrivée, étroit couloir au milieu de la foule, des assistants [mor^{i} bar^{i}ač^{i}] морь бариач, lit. *preneur de chevaux*, galopent pour remettre à chaque enfant une plaquette [pa^{i}z^{ə}] пайз portant son rang d'arrivée. Ce document essentiel établit les droits de chacun lors de la composition du palmarès.

Lors de la remise des récompenses [ba^{i}] бай, [ba^{i} šagn^{ə}l] бай шагнал, les *louanges* [col] цол retentissent à nouveau, les chevaux vainqueurs se voient offrir une libation d'*airag* (qui leur est en fait versée sur la tête et sur la croupe) et un *xadag*, écharpe d'honneur). C'est aussi à cette occasion que les meilleurs chevaux se voient décerner un nom propre. A ces offrandes rituelles et honorifiques s'ajoutent des récompenses plus matérielles, le maître du cheval vainqueur recevant un poulain [ba^{i} da:g^{ə}] бай даага ou un cheval [ba^{i} mor^{i}] бай морь. Alors que la tradition ancienne ne récompensait pas les jeunes cavaliers, ceux-ci se voient offrir, depuis le siècle dernier, des présents dont le plus courant est une pièce de soie pour la confection d'une *deel*.

Les jeux

Les "grands" sports n'épuisent pas le goût des Mongols pour les réjouissances et les symboles. C'est bien cette double passion qu'ils satisfont en pratiquant un grand nombre de jeux, tant d'adresse manuelle que d'agilité intellectuelle.

Un jeu est explicitement comparé au tir à l'arc : le *tir aux osselets* (*sur les osselets*) [šag^{əi} xarw^{ə}-] – шагай харва- (ou jeu des *neuf coudées* [jös^{ə}n tox^{əi}] есөн тохой). Les joueurs, assis sur de petits tabourets, tirent un *projectile* [sum] сум, généralement taillé dans une rondelle de bois de cerf, en direction d'*osselets* disposés sur un plateau comme les cibles du tir à l'arc. La distance de la cible est de à 9 coudées (environ 3,60 m). L'"arme" est la [xašl^{ə}g^{ə}] хашлага lit. *cloison*, planchette de bois dur de 20-25 cm de long sur 4 cm de large environ. Elle doit son nom à une latte plus mince formant sur toute sa longueur une *cloison* de 1 cm de haut environ qui fournit au joueur son guide de visée et de tir. Le joueur tire le projectile d'une chiquenaude du médius pour démolir le mur d'osselets ou toucher des osselets isolés.

Proche parent de ce tir, mi-jeu mi-sport, le *Tir aux osselets sur glace* [mös^{ə}n šaga^{i} xarw^{ə}-] – мөсөн шагай харва-

est lui aussi ancien et populaire. Il utilise des astragales de bovins, mais aussi des blocs de glace ou des pierres. Comme son nom l'indique, il est pratiqué sur les cours d'eau gelés, et consiste en diverses variantes de tirs d'adresse, décochés d'une soixantaine de mètres.

Les *osselets*, faits d'une astragale de mouton, matériau inépuisable, sont soigneusement conservés dans chaque famille. Disponibles en grandes quantités, ils se prêtent à maintes manipulations où le jeu et le symbolisme de la fertilité et de l'abondance du troupeau font souvent bon ménage. Ces jeux (on distingue en principe ceux des adultes et ceux des enfants), sont pratiqués individuellement ou par équipes. Il s'agit souvent de jeux d'adresse, les osselets devant être classiquement jetés puis rattrapés au vol. D'autres jeux font davantage appel au hasard, le sort faisant retomber les osselets sur des faces différentes (désignées par des noms d'animaux).

Les noms de ces jeux sont révélateurs : *Traire les juments* [güː saːx] ᠭᠡᠭᠦ ᠰᠠᠭᠠᠬᠤ гүү саах ; *Faire courir les chevaux* [mor^{i} ur^{ə}ldul^{ə}x] ᠮᠣᠷᠢ ᠤᠷᠠᠯᠳᠤᠭᠤᠯᠬᠤ морь уралдуулах ; *rassembler les chevaux* [adu xum^{i}x] ᠠᠳᠠᠭᠤ ᠬᠣᠮᠢᠬᠤ адуу хумих, etc. Les osselets gagnés sont d'ailleurs assimilés à un accroissement du troupeau. Un autre jeu, *Disposer la grenouille pie* [al^{ə}g melx^{əi} ör^{ə}x] ᠠᠯᠠᠭ ᠮᠡᠯᠡᠬᠡᠢ ᠥᠷᠥᠬᠦ алаг мэлхий өрөх, consiste à dessiner à l'aide de 92 ou 108 osselets la silhouette d'une grenouille ou d'une tortue (la *tortue* n'est qu'une *grenouille osseuse* [jast melx^{əi}] ᠶᠠᠰᠤᠲᠤ ᠮᠡᠯᠡᠬᠡᠢ яст мэлхий), dont les membres sont progressivement gagnés par les joueurs selon le tirage d'un dé. L'argument de ce jeu doit être cherché dans la cosmogonie bouddhiste et dans l'association qui est faite entre l'animal et la Terre).

L'autre grande famille des jeux mongols est constituée par les jeux de plateau (dont les pièces sont d'ailleurs souvent des osselets). Les *échecs* [šat^{ə}r] ᠰᠢᠲᠠᠷᠠ шатар sont très populaires, au point que la tradition mongole en revendique la paternité. Sans doute à tort, le jeu trouvant son origine en Inde, sous le nom *Chaturanga*. Mais un jeu combinant les aléas d'une bataille, la maîtrise de l'espace et la hiérarchie complexe de pièces à la puissance et à la mobilité variables ne pouvait que séduire des éleveurs et guerriers nomades. Les règles du jeu se sont aujourd'hui alignées sur les normes internationales, mais on garde le souvenir de règles propres, qui permettaient par exemple à certaines pièces des mouvements qui leur sont aujourd'hui interdits (pions se déplaçant en diagonale par exemple), et qui désignaient par des termes particuliers les mises en échec portée par des pièces différentes.

Les échecs sont entourés de dizaines d'autres jeux de plateau, de difficulté très variable, mais le plus souvent reliés par leur argument à la vie nomade et à ses parcours.

A la fois distractions, méthodes d'éducation, magie, les jeux constituent un domaine inépuisable. Nous ne pouvons que rappeler certains classiques, comme les *dés* [šoː] шоо, *dominos* [daːlu] даалуу, *cartes* [xözör] хөзөөр, mais aussi jeux de patience et d'ingéniosité : innombrables *casse-têtes*, *jeux de doigts* comme le [dund xuru olᵊx] дунд хуруу олох *Trouver le médius* : un joueur cache les doigts d'une main dans l'autre, n'en laissant apparaître que l'extrémité. Son adversaire doit alors identifier le médius.

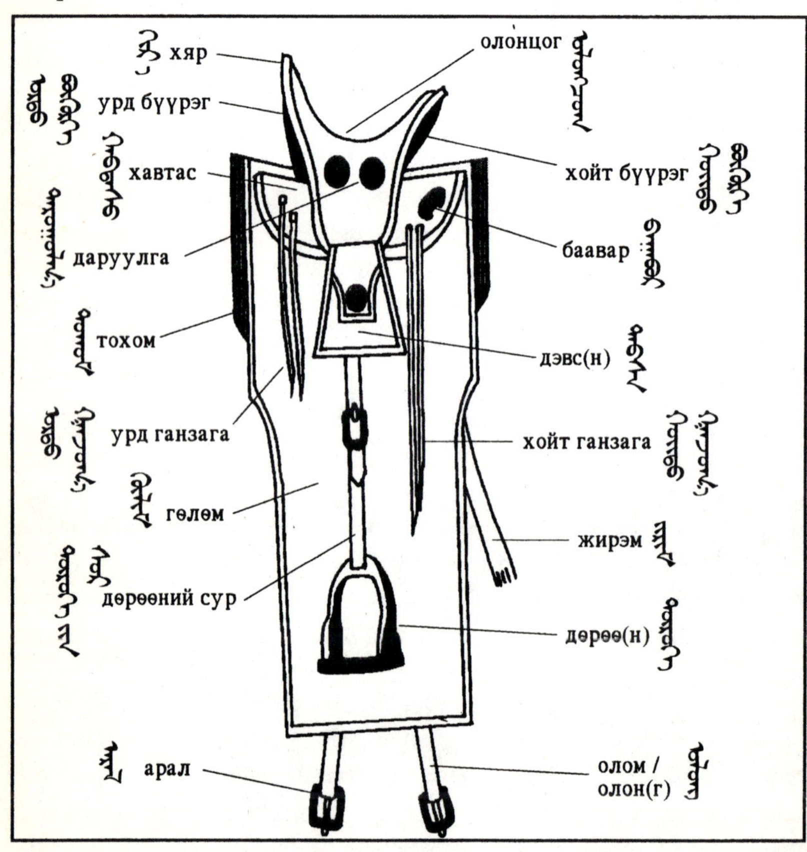

A plusieurs reprises, décrivant les fêtes, nous avons évoqué la place qu'y occupent des pièces déclamées de circonstance : éloges des lutteurs [col] цол, des chevaux ou du feutre nouveau [magtal] магтаал, hommages [jeröl] ерөөл. Aussi loin que nous puissions remonter, la vie des Mongols, du geste le plus quotidien aux plus vastes pages de leur histoire, est traduite en discours et en texte qui forment un vaste héritage littéraire.

La communication est à la fois une nécessité vitale et un art. La rareté des échanges, le besoin de négocier des voisinages que n'a jamais réglementés une propriété formelle ont depuis toujours valorisé le discours et ses formes.

Des milliers de devinettes [taːw^{ə}r] таавар et d'énigmes [on^{i}s^{ə}g^{ə}] оньсго assurent la mémorisation et la transmission des observations, sagesses et savoirs nomades. Elles visent souvent plus à entraîner l'agilité mentale qu'a donner une leçon : [ax düː dör^{ə}w neg malg^{əi}t^{əi}] ах дүү дөрөв нэг малгайтай *quatre aînés et cadets, un chapeau* : la table ; voire à développer l'attention aux mots eux-mêmes : [zun jugar tögs^{ə}ž, nam^{ə}r jugar ex^{ə}ld^{ə}g we ?] зун юугаар төгсөж, намар юугаар эхэлдэг вэ ? *par quoi finit l'été* ([zun]), *et commence l'automne* ([nam^{ə}r]) : le "n".

Ces petites formes, dont on connaît plusieurs milliers, se développent en un genre bien particulier, les *triades de l'univers* [jört^{ə}nc^{i}n gur^{ə}w] ертөнцийн гурав, le plus souvent dialogue entre les choses, les hommes et la morale : *Les trois "loin" de l'univers* sont

[xaš^{i}nd mor^{i}nd gaz^{ə}r xol, xar^{ə}mč xünd xan^{i} xol, üxs^{ə}n xünd nar xol]
хашин моринд газар хол, харамч хүнд хань хол, үхсэн хүнд нар хол
pour le cheval paresseux, le but est loin ; pour l'avare, l'ami est loin ; pour le mort, le soleil est loin

Sévère ou enjoué, le ton est parfois cru, comme dans ces *Trois moitiés de l'univers* :

[unt^{ə}x ged^{ə}g üx^{ə}x^{i}n xag^{ə}s, ung^{ə}x ged^{ə}g baːx^{i}n xag^{ə}s, uːrl^{ə}x ged^{ə}g galzur^{ə}x^{i}n xag^{ə}s]
унтах гэдэг үхэхийн хагас, унгах гэдэг баахын хагас, уурлах гэдэг галзуурахын хагас,
dormir (lit. *ce qu'on appelle dormir*) *est moitié de mourir ; pêter est moitié de chier ; se mettre en colère est moitié de devenir fou...*

Ces images parallèles, peut-être proches à l'origine de formules divinatoires annoncent un autre grand répertoire, celui des proverbes :

[xar gerte xaːn, bor gerte bogd]
Хар гэртээ хаан, Бор гэртээ богд
Dans sa yourte noire (misérable)*, il est empereur,*
Dans sa yourte grise (même sens que *noir*)*, il est dieu*

[zag^{ə}sn^{i} mor^{i} usg^{üi}]
Загасчны морь усгүй
Le cheval du pêcheur n'a pas d'eau

[xün bolg^{ə}n ad^{i}lg^{üi}, mor^{i} bolg^{ə}n žorog^{üi}]
Хүн болгон адилгүй, Морь болгон жороогүй
Tous les hommes ne sont pas semblables,
Tous les chevaux ne marchent pas l'amble

[dörö urtč gaz^{ə}rt xür^{ə}xg^{üi}]
Дөрөө урт ч газарт хүрэхгүй
Si long que soit l'étrier,
Il ne touche pas le sol

[süːnd xals^{ə}n xün tar^{ə}g ülen^{e}]
Сүүнд халсан хүн тараг үлээнэ
Qui s'est brûlé avec du lait soufflera sur du yoghurt

[xon^{i}n^{i} derg^{ə}d baːt^{ə}r baːtr^{i}n derg^{ə}d xon^{i}]
Хонины дэргэд баатар, баатрын дэргэд хонь
Héros devant les moutons
Mouton devant les héros

[mor^{i} nomx^{ə}n ez^{ə}n jawg^{ə}n]
Морь номхон, эзэн явган
Quand le cheval est en paix,
C'est que le maître est à pied

[er xün^{ii} dot^{ə}r emelt^{əi}, xazat^{əi} mor^{i}]
Эр хүний дотор эмээлтэй, хазаартай морь
Dans chaque homme
Il y a un cheval sellé et bridé

La tradition qui accumule et colporte ainsi aphorismes [cec^{ə}n üg] цэцэн үг et proverbes [zü^{i}r üg] зүйр үг s'inscrit dans une littérature orale aux ambitions plus vastes et qui témoigne de l'ouverture de la culture mongole.

Les contes [ülg^{ə}r] үлгэр y foisonnent, la veine fabuliste s'y nourrissant aussi bien de l'observation de la nature et de la société mongole que d'emprunts faits aux cultures étrangères (bien des fables de La Fontaine partagent avec les contes mongols une même inspiration, qui remonte aux trésors sanscrits du Pañcatantra ou à d'autres sources comparables. Ainsi l'épisode final du *Loup idiot*, qu'on trouvera plus loin, est-il pratiquement mot pour mot identique à la fable *Le cheval et le loup*). L'animal y est bien sûr le miroir des qualités et, surtout, des défauts humains. Il y est aussi une image du monde inquiétant auquel l'homme est confronté. C'est également le message des légendes [dom^{ə}g] домог, celles-ci proposant en outre souvent l'explication d'un fait naturel, l'origine d'un vestige archéologique ou historique. Ainsi la *Légende de la route-muraille* [xerm^{ə}n zam^{i}n dom^{ə}g] хэрмэн замын домог explique-t-elle la présence dans l'Est de la Mongolie de vestiges de fortifications, dites parfois *Mur de Cinggis qan*, par un point de convenance : comme il eut été indécent que l'empereur et sa bru voyagent ensemble, on fit construire une muraille séparant leurs routes...

On perçoit ici un écho de l'histoire, qu'on a cherché à retrouver, le plus souvent à tort, dans le grand genre de la littérature orale qu'est l'épopée [tuːl^{i}] туУль ou [tuːž] тууж, traditionnellement racontée sur plusieurs soirées consécutives par un *barde* [tuːl^{i}č] туульч (à ne pas confondre avec un *conteur* [ülg^{ə}rč] үлгэрч). Deux grands cycles dominent un répertoire abondant : La *Geste de Geser* [ges^{ə}r^{i}n tuːž] Гэсэрийн тууж , d'origine tibétaine (XIème siècle), très répandue en Mongolie dès le XVème siècle et l'*Epopée de Djangar* [žang^{ə}r^{i}n tuːl^{i}] Жангарын тууль, particulièrement populaire chez les Mongols occidendaux à partir du XVème siècle. De nombreux autres titres sont connus, tel l'*Epopée du Xan-Ténèbres* [xan xar^{ə}nxu^{i} tuːl^{i}] Хан харанхуй тууль, répandue dans l'ensemble du monde mongol dans des versions étonnamment proches les unes des autres. Les héros, et leurs chevaux qui font l'objet de descriptions hyperboliques, suivent un parcours initiatique dont la tonalité épique et fantastique est plus ou moins teintée de cosmogonie bouddhiste (ainsi les versions bouriates de *Geser* sont-elles très "*laïques*" par rapport aux versions mongoles), apports témoignant d'une élaboration de longue haleine

Par son ampleur et sa richesse, cet héritage est considérable. Il l'est tout autant pour un autre caractère essentiel. On oppose couramment tradition orale et littérature écrite. Cette opposition est ici sans objet. La littérature écrite n'a pas pris en Mongolie la suite ou la place de la littérature orale. L'une et l'autre coexistent, se nourrissent l'une de l'autre pendant de nombreux siècles. Les grandes oeuvres orales sont très tôt notées et imprimées en xylographe (Geser, Pékin 1716). Il est fréquent d'y trouver des références et des emprunts aux oeuvres de création proprement écrite. Celles-ci en retour abondent en citations de la tradition orale, au point qu'il est souvent difficile de tracer une frontière claire entre les deux domaines. Une curieuse illustration de cette symbiose est fourni par les grandes oeuvres étrangères diffusées en traductions orales : grands romans chinois, *Trois royaumes* ou *Roman des bords de l'eau* formant les [bens^{ə}n ül^{i}g^{ə}r] бэнсэн үлгэр, ou épisodes du Râmâyana Рамаяна sanscrit.

Née au XIIIème siècle, la littérature écrite se développe selon deux lignes de force majeures : ouverture aux cultures avec lesquelles l'expansion impériale met les Mongols en contact, qu'il s'agisse du monde chinois et, très tôt, de l'Inde, ou du monde persan et arabe, puis plus tard européen. Plus central encore, au moins jusqu'au XIXème siècle, c'est l'histoire nationale mongole qui forme le coeur de la création littéraire. Or il s'agit bien d'une historiographie et non d'une simple succession de "chroniques". Sauf exceptions, les auteurs ne sont pas les contemporains des événements qu'ils décrivent, et cherchent à éclairer, à réévaluer l'histoire de leur peuple autant qu'à la raconter.

Le plus ancien monument littéraire mongol connu appartient bien à cette tradition. Connu sous le titre d'*Histoire secrète des Mongols* [mong^{ə}l^{i}n nu:c towčo] ᠮᠣᠩᠭᠣᠯ ᠤᠨ ᠨᠢᠭᠤᠴᠠ ᠲᠣᠪᠴᠢᠶᠠᠨ Монголын нууц товчоо, ce texte anonyme du milieu du XIIIème siècle (la date couramment avancée de 1240 est insatisfaisante pour bien des raisons) qui nous est parvenu en langue mongole mais transcrit en caractères chinois est tout autant une source historique de premier plan qu'une oeuvre littéraire intense, où se répondent la rigueur des descriptions et le lyrisme tout à tour intime et puissant des personnages - lors des tournants décisifs, beaucoup de discours interrompent par des vers allitérés une prose souvent proche de la langue contemporaine.

Les siècles qui suivent, malgré la perte ou la destruction de nombreux ouvrages, restent fidèles à cette tradition. Les auteurs récrivent interminablement l'histoire nationale. Ils gèrent ainsi un lourd héritage historique et politique, illustrent l'essor du culte voué à Cinggis qan, répondent, à partir du XVIème siècle, à l'officialisation du bouddhisme lamaïque. Ces auteurs émergent au XVIIème siècle de l'ombre, des noms comme celui de Lubsangdanzin ᠯᠤᠪᠰᠠᠩᠳᠠᠨᠵᠢᠨ Лувсандандан, savant et religieux, auteur (1655) d'un *Abrégé d'or* [alt^{ə}n towč] ᠠᠯᠲᠠᠨ ᠲᠣᠪᠴᠢ Алтан товч, qui contient l'essentiel du texte en mongol de l'*Histoire secrète*, mais parfois déjà des biographies plus fournies, comme celle de Sagang secen, auteur (1662) de l'*Abrégé précieux de l'origine des Empereurs* [xad^{i}n ünd^{ə}sn^{i} erd^{ə}n^{i}n towč] ᠬᠠᠳ ᠤᠨ ᠦᠨᠳᠦᠰᠦᠨ ᠦ ᠡᠷᠳᠡᠨᠢ ᠶᠢᠨ ᠲᠣᠪᠴᠢ Хадын үндэсний эрдэнийн товч (en bref l'*Erdeni-jin tobci*) petit-fils de Qutugtai secen qungtaizi ᠬᠤᠲᠤᠭᠲᠠᠢ ᠰᠡᠴᠡᠨ ᠬᠣᠩᠲᠠᠶᠢᠵᠢ Хутагтай сэцэн хунтайж, prince Ordos ayant joué un rôle de premier plan dans l'adoption du lamaïsme.

Au fil du XVIIIème, puis surtout du XIXème siècle, cette veine historique persiste, mais les écrivains diversifient leur inspiration et leur expression. La poésie, retrouvant des tentatives anciennes mais apparemment isolées (comme les *Vers sur Manduqai secen qatun et son serment* [mand^{ə}q^{əi} sec^{ə}n xat^{ə}n ba tü:n^{i} tang^{ə}r^{ə}g^{i}n šül^{ə}g] Мандухай сэцэн хатан ба түүний тангаргийн шүлэг, XVème siècle), devient un genre autonome, lyrique (Rawža Равжаа, 1803-1856 ; Luws^{ə}ndond^{ə}w Лувсандондов, 1854-1909), mais aussi satirique ([gel^{ə}gbals^{ə}n] Гэлэгбалсан, 1846-1923).

Mais c'est sans doute avec Inžannaš^{i} Инжнаш (1837-1892) que la littérature mongole entre dans son ère moderne. A la fois poète, essayiste, c'est surtout en tant que romancier qu'il est un novateur autobiographique avec *Le pavillon à un étage* [nig^{ə}n dawx^{ə}r as^{ə}r] Нэгэн давхар асар, tout en gardant le contact avec la grande tradition historienne qu'il détourne dans son *Livre bleu de la Règle du Grand empire des Yuan* [ix juw^{ə}n uls^{i}n mands^{ə}n tör^{i}n xöx sud^{ə}r] Их Юань улсын төрийн хөх судар, le plus souvent simplifié en *Livre bleu* [xöx sud^{ə}r] Хөх судар.

La littérature du XXème siècle frappe avant tout par sa vitalité. Dès le début du siècle, et surtout une fois l'indépendance reconquise, en 1911, puis à nouveau en 1921, roman, poésie, journalisme, théâtre sont fréquemment associés à l'engagement public d'une intelligentsia en train de se former. Les romanciers sont nombreux, les poètes plus encore. Si la littérature contemporaine se reconnaît encore en Nac^{ə}gdorž Нацагдорж (1906-1937), Buj^{ə}nnem^{ə}x Буяннэмэх (1902-1937), Rinč^{ə}n Ринчэн (1905-1977), Damd^{i}nsür^{ə}n Дамдинсүрэн (1908-1986), plus près de nous en Ga^{i}t^{ə}w Гайтав (1929-1979) ou en Jawuxul^{ə}n Явуухулан (1929-1982), il est de plus en plus difficile de recenser les jeunes auteurs. Et ce d'autant plus que les changements en cours permettent aussi bien à des écrivains confirmés qu'à de nouveaux venus d'aborder des thèmes bannis ou traités de façon conventionnelle depuis des décennies. Les sujets sont nombreux, mais surtout, une fois de plus, les Mongols réécrivent leur histoire et Cinggis qan y est en bonne place.

…mple : le conte *Le loup idiot*

Ce conte, un des classiques de la littérature orale mongole, est connu dans plusieurs versions (Desjacques-Sükhbaatar 1991, 146-148 ; Legrand 1993, 55-57). Outre le plaisir d'un exercice pratique de lecture, on trouvera dans ce petit texte maints éléments lexicaux et grammaticaux rencontrés depuis le début du livre.

ТЭНЭГ ЧОНО

Эрт урьд цагт нэгэн чоно замаар ороод явж байв гэнэ. Гэтэл зам дээр нь нэгэн хонины зайдас хэвтэж байв гэнэ. Түүнийг чоно үзээд идэх гэтэл зайдас, Чоно та, намайг битгий ид. Энэ урд нэгэн адуу шаварт унаад хэвтэж байна билээ. Түүнийг очиж иднэ үү гэж гуйхад, чоно тэр зайдасны үгэнд орж, хэлсэн ёсоор тэнд бий гэсэн газарт нь очиж үзвэл, үнэхээр нэгэн адуу шаварт унаад хэвтэж байхад, түүнийг идэх гэтэл, адуу бас хэлж гэнэ.

Чоно гуай та намайг идэх гэж байгаа юм бол, шарваас минь татаж гаргаж орхиод ид гэж гэнэ. Бас та одоо намайг шавартай хэвээр нь идэх гэж байхын оронд цэвэрлэж орхиод ид гэж гэнэ. Бас хэлсэн ёсоор шавры нь хэлээрээ долоод арилгаж орхиод идэх гэтэл, бас : Миний хойт хөлийн туурайд нэгэн бичиг бичээтэй бий. Та түүний минь үзээд идсүгэй гэж хэлж гэнэ. Чоно түүний туурай дахь бичгийг үзэх гээд очтол тэр адуу тархий нь хага өшиглөж орхиод, босоод давхин явчихаж гэнэ. Бас тэр чоно үхэх гэж байж ингэж хэлж хэвтэж гэнэ.

Замаар явсан зантгар толгой, зайдсанд хуурагдсан эргүү толгой, шавраас нь татаж гаргах ямар эзэн нь билээ, шавры нь долоож арилгах ямар ээж нь билээ, туурайд нь бичиг үзэх гэдэг ямар бичиг мэдэх билээ гээд орилж хэвтэж гэнэ.

Il était une fois un loup qui allait son chemin. Or sur la route gisait une panse de mouton. Le loup l'ayant vue voulut la manger, mais la panse supplia : "Loup, ne me mangez pas. Là-bas devant, il y a un cheval qui est tombé et git dans la boue. Allez-y et mangez-le". Alors le loup fit confiance (lit. *entra dans les mots*) à la panse et, s'étant rendu à l'endroit où, selon ses paroles, il devait être, il vit qu'en vérité il y avait bien un cheval tombé et gisant dans la boue. Alors qu'il allait le manger, le cheval prit aussi la parole.

"Sieur loup, si vous voulez me manger, tirez-moi de la boue après quoi vous me dévorerez. Et puis, au lieu de me manger comme ça tout boueux, dévorez-moi après m'avoir nettoyé". Suivant ces paroles, le loup lava encore le cheval en le lèchant avec sa langue et il allait le dévorer quand le cheval dit encore "Sur le sabot de ma jambe arrière, il y a une inscription. Regardez-la, et puis mangez-moi". Quand le loup s'approcha pour regarder ce qui était écrit sur le sabot, le cheval lui décocha une ruadc à lui fendre le crâne, se leva et s'enfuit au galop. Et le loup, gisant sur le point de mourir, parla ainsi :

"Grosse tête qui allais ton chemin, tête folle trompée par une panse, quel maître lui étais-tu pour le tirer de la boue, quelle mère lui étais-tu pour le laver en le lèchant, quel lettré étais-tu pour vouloir regarder l'inscription sur son sabot ?!" Et ci-gisait et se lamentait.

Les beaux-arts

Les beaux-arts ont bien sûr, en Mongolie comme ailleurs, trouvé aujourd'hui un langage familier, fait de séquelles du "réalisme socialiste" et d'envahissement de la culture-rock. Cette image est loin d'épuiser une matière qui appellerait le temps et l'espace.

Naturellement ouverte aux rencontres dont elle a été le carrefour, la culture mongole possède une personnalité puissante, et nous ne chercherons qu'à éveiller le lecteur aux surprises visuelles et sonores qui l'attendent à la visite des musées de Mongolie ou à l'écoute des disques ou des concerts.

Une des contraintes du pastoralisme nomade est que chacun, qu'il soit prince, guerrier ou artisan, doit y rester éleveur. Sans doute la formation d'une population exclusivement adonnée aux arts en a-t-elle été gênée, hormis quelques brefs et fastes épisodes. Il faut rappeler que le terme qui désigne l'*artisan*, le *maître*, [darx^{ə}n] дархан, est d'abord *celui qui échappe à la pression*, et que ce sort est loin d'être le lot commun. Du moins les oeuvres sont-elles restées au plus près des besoins et des sensibilités de toute une société. Un style propre est né, héritier de l'antique art animalier des steppes, riche de techniques qui sont celles du travail du métal, du bois, du cuir et du feutre, attaché à la simplicité, à l'élégance et à la légèreté du quotidien et de la nature.

On a trop affirmé que les nomades étaient incapables de créer leurs propres valeurs et leurs propres formes d'expression. Les conflits entre l'immuabilité et les caprices des éléments, la recherche de l'harmonie et la trouvaille permanente ont façonné un goût et des savoir-faire qu'on retrouve dans l'équipement de la yourte, la décoration du harnachement et des armes. Le travail du métal, héritage des maîtres du bronze de l'Altai est resté très développé, qu'il s'agisse de *fonte* [cutg^{ə}m^{ə}l] цутгамал, de *gravure* [siːlm^{ə}l] сийлмэл, de *repoussage* [dürs] дүрс, de *dorure* [alt^{ə}dm^{ə}l] алтадмал, ou de *guillochage* [xerčles] хэрчлээс. Joaillerie, serrurerie ou dinanderie étaient des activités souvent pratiquées chez soi, par des artistes auxquels la foi populaire attribuait des pouvoirs surnaturels et les musées sont riches de pièces surprenantes, comme des cadenas nécessitant jusqu'à seize clefs différentes.

Autres matériaux, et autres techniques, le cuir et le feutre, qu'il s'agisse de la selle, du harnais ou d'objets tels que la porte de feutre de la yourte, ne laissaient pas les Mongols indifférents, donnant naissance à l'art de l'application, hérité des "sculptures de feutre" des premiers nomades.

Les décorations, polychromes, mettant en oeuvre le contraste et l'harmonie de couleurs vives, sont largement associées à des motifs [xeː] хээ, [ug^{ə}lz] угалз, apparemment géométriques mais souvent zoomorphes, végétaux ou cosmiques, comme le fréquent *motif en corne* [ew^{ə}r xeː] эвэр хээ, dans lequel il est possible - trop tentant peut-être - de reconnaître les masques *Taojie* de l'antiquité chinoise.

La place prise par le bouddhisme lamaïque, avec son apport de thèmes tibétains et indiens, a introduit ou plutôt renouvelé une influence qui est à la fois celle du bouddhisme et de cultures méridionales et occidentales. Evidente dans l'art proprement religieux, cette influence est plus diffuse dans l'ornementation populaire, et il est sans doute plus heureux de parler de rencontres.

La musique

La musique [xögž^{i}m] хөгжим et le chant [dagu] дуу sont sans doute un champ de prédilection de la culture mongole. Le goût et le sens de la langue, de ses sonorités comme de son articulation, sont bien présents et produisent des effets surprenants, comme le *chant diphonique* [xö:m^{əi}] хөөмий, dans lequel le chanteur produit une mélodie dédoublée en deux voix bien distinctes.

La priorité y revient au *chant populaire* [ard^{i}n duː] ардын дуу. La musique purement instrumentale semble être une innovation récente (les orchestres symphoniques constitués d'instruments traditionnels ou de dérivés de ceux-ci sont une curiosité, mais qu'on n'en cherche pas trop l'authenticité...). Les instruments sont les accompagnateurs du chant, mais aussi de la déclamation littéraire. Les *épopées* dont il a été question étaient normalement interprétées avec l'aide d'un instrument à cordes, dont jouait le plus souvent le barde lui-même.

Les chants appartiennent à deux grandes familles formelles, traditionnellement distinguées comme *chant long* [urt^{i}n duː] уртын дуу et *chant court* [bog^{i}n^{ə} duː] богино дуу. Le *chant long*, non sans solennité, tire probablement son origine d'une tradition d'improvisation aujourd'hui codifiée. Il est interprété en étirant chaque syllabe du texte du chant (qui, une fois noté fait rarement plus d'une vingtaine de vers) pendant plusieurs secondes, voire plusieurs dizaines de secondes, sur de notes tenues et glissées que séparent des ornementations, trilles en voix de gorge ou en fausset.Le *chant court*, plus rapide, est plutôt le chant des activités, des fêtes, parfois de la satire.

L'instrument national est la *vièle-cheval* (dite couramment *à tête de* ~) [mor^{i}n xuːr] морин хуур, dont le nom est lié à la décoration et à la symbolique : la tête du manche de l'instrument est obligatoirement sculptée en forme de tête de cheval. La caisse, en bois de mélèze ou de cèdre est trapézoïdale et tendue d'une peau, le plus souvent de chèvre. Les deux cordes, écartées de la table par un chevalet, du moins dans l'instrument moderne, sont faites de deux mèches de crin de cheval. L'archet est lui même tendu de crin. L'instrument est tenu presque vertical, calé entre les jambes ou posé contre un genou s'il est joué assis au sol. Traditionnellement employé pour accompagner le chant et l'épopée (il était même bon de pouvoir utiliser pour chevalet... la mâchoire d'un conteur réputé), le *morin xuur* a conquis une certaine autonomie et on en attend volontiers une certaine virtuosité, comme le morceau de bravoure où le *vièleux* [xuːrč] хуурч tire de son instrument l'imitation d'un cheval, hennissement des cordes et piétinement des "sabots" sur la table. Les autres instruments à corde sont un *luth* [towšur] товшуур (de [towš^{i}-] – товши- *pincer*), servant à l'accompagnement et la *cithare de table* [jat^{ə}g^{ə}] ятга connue dans l'ensemble de l'Extrême Orient (*cheng* chinois), mais d'autres instruments, empruntés en particulier à la production chinoise, sont également employés.

Mis à part des instruments d'usage religieux (bombardes ou hautbois, trompes) et avant l'apparition des instruments européens, évidemment indispensables aux fanfares militaires, les vents étaient principalement représentés par des flûtes, *traversière* [ḷimb^{ə}] лимбэ ou *verticale* [cuːr] цуур.

Patrimoine et légitimité se retrouvent aussi dans un ordre spirituel où s'associent les défis posés à la vie nomade et la familiarité avec les cultures et les grands systèmes philosophiques et religieux de l'Eurasie.

On utilisera le terme de «religion» avec prudence, en tous cas en sachant que les contenus immédiats de cette notion n'a souvent que des rapports assez lointains avec ce que notre culture et notre histoire y ont placé. L'image la plus importante à corriger est celle d'une succession historique entre la «religion primitive» que serait le «chamanisme» et la «religion moderne» que serait le lamaïsme, version tibétaine du bouddhisme. Celui-ci n'aurait été accueilli par les Mongols qu'au XIIIème siècle, par l'empereur Qubilai, puis à nouveau au XVIème siècle pour devenir alors la religion de tous les Mongols. C'est alors, établissant en 1560 des relations privilégiées avec le lamaïsme, qu'un prince mongol, Altan qan, décerne au chef de l'Eglise tibétaine le titre mongol de Dalaï lama *Pontife universel* (Далай лам ᠳᠠᠯᠠᠢ ᠯᠠᠮᠠ).

Le chamanisme mongol apparaît comme un système de références complexe unissant un animisme des éléments, une cosmogonie et une hiérarchie de l'univers (le Ciel bleu - хөх тэнгэр ᠬᠥᠬᠡ ᠲᠩᠷᠢ - ou Ciel éternel - мөнх тэнгэр ᠮᠥᠩᠬᠡ ᠲᠩᠷᠢ - dominant le monde terrestre et les royaumes souterrains de l'au-delà), mais aussi comme la recherche d'un efficace, le (ou la) chamane (bö: бөө ᠪᠥᠭᠡ) étant à la fois la personnification du groupe face aux éléments, la voix des éléments adressée à ses congénères, l'intercesseur et intermédiaire face au désordre, à la maladie, à la mort. Loin d'une extase individuelle, le chamane joue un rôle direct dans le groupe qui l'a choisi, ses rapports avec la hiérarchie sociale (pouvoir politique, clergé lamaïque) étant parfois problématiques, voire conflictuels.

Mais les «apparitions» ou «réapparitions» du bouddhisme aux XIIIème et XVIème siècles ne sont en rien des découvertes. Quelle que soit l'ancienneté des racines du chamanisme (mais celles du bouddhisme sont-elles au fond moins profondes pour les nomades, avec son insistance sur la fugacité des choses et sur la vanité cyclique de l'univers ?), il ne devient référence spirituelle, mode de saisie du monde, pour les ancêtres directs des Mongols, qu'avec le passage de ceux-ci au pastoralisme nomade, quelques siècles tout au plus avant notre ère. Or, les liens avec le bouddhisme, qui engage très tôt sa diffusion vers l'Asie centrale, sont à peine plus tardifs, puisqu'on en repère des traces dès les premiers siècles. Il est caractéristique que le monde de la steppe joue un rôle décisif dans la pénétration du bouddhisme en Chine à l'époque connue sous le nom de *Période des six dynasties* (222-589) et que celui-ci soit assez profondément ancré chez un peuple nomade pour que les Tabgach en fassent l'idéologie officielle de l'empire qu'ils créent dans le bassin du Fleuve jaune (Dynastie des Wei du Nord, 386-534).

Il n'y a donc non pas succession de deux religions, mais coexistence entre deux aspects à la fois inséparables et concurrents d'une spiritualité, d'une pensée et d'une culture. Avec la diffusion du lamaïsme, on assiste d'ailleurs à une évolution du chamanisme, qui emprunte les termes et les images bouddhistes. Rupture et opposition entre eux correspondent aussi à une réalité : à partir du XVIIème siècle, le clergé lamaïque a bel et bien mené une politique très dure de répression du chamanisme, détruisant les représentations et objets rituels du chamanisme pour leur substituer les siens. Mais il ne s'agit pas d'un conflit religieux ou doctrinal. La même politique fut d'ailleurs poursuivie sous le régime révolutionnaire. Dans les deux cas, le chamanisme était un défi moins à l'orthodoxie qu'à l'ordre social officiel ou dominant.

Sans restreindre la part propre du spirituel, l'histoire et la société nomades fournissent ici les meilleures clés. Cinggis qan affirme sa prééminence en se débarrassant d'un grand chamane trop ambitieux pour accepter de se plier au pouvoir impérial et ses «choix» religieux sont une recherche de la légitimité qu'il revendique avant et avec ses successeurs (le sage Chang Chun, d'ailleurs à la fois taoïste et bouddhiste auquel il réclame un élixir d'immortalité vaut ici symbole). Nous avons dit un mot de la tolérance mongole, elle est plus un utilitarisme qu'une ignorance ou de l'indifférence. Qubilai ne fait pas mystère, à son tour, des mobiles à la fois spirituels et géopolitiques qui le guident lorsqu'il établit des liens privilégiés avec le bouddhisme tibétain, qui n'est pas encore le lamaïsme.

L'adhésion à celui-ci, au XVIème s., est lourde de conséquences encore actuelles. Alors que la référence à l'empire et les généalogies princières avaient valu légitimité, celle-ci s'émousse avec les troubles du XVème siècle et la décomposition du patrimoine.

Des cultes sont certes voués à Cinggis qan, les rites semblant s'en fixer dès le XVème siècle, et ils se propagent sous des formes multiples jusqu'à l'époque moderne (c'est en 1870 seulement, au hasard d'un des soulèvements qui bouleversent alors la Chine, que sont détruites les reliques conservées jusqu'alors sur le lieu supposé de son décès, au bord du Fleuve Jaune). Ces croyances populaires n'assoient pas pour autant l'autorité et la légitimité des descendants de Temüzin.

La restauration de Dajan qan et la renaissance du XVIème mettent paradoxalement en évidence la fragilité de l'héritage face aux forces centrifuges qui écartèlent très naturellement la société nomade. Les princes mongols, fidèles à une tradition mobilisant tout ce qui peut conforter leur autorité, trouvent dans l'adoption officielle et dans la propagation du bouddhisme tibétain les raisons et les preuves de leur légitimité. Ils en tirent aussi des avantages politiques et diplomatiques plus tangibles, l'alliance entre Mongols et Tibétains formant un contrepoids non négligeable à l'influence de la Chine (alors les Ming).

Il y a dans cette entreprise, qui domine toute la deuxième moitié du XVIème siècle, une ampleur intellectuelle qu'on risque de sous-estimer. C'est très consciemment et explicitement que des hommes comme Altan qan des Tümed (1507-1582), homme de guerre, diplomate et principal artisan de cette nouvelle diffusion du bouddhisme, et son chancelier Qutugtai Secen Qongtaizi (1540-1586) formulent, par un «retour à Qubilai» un compromis historique, intitulé le *Principe dual* (xoj^{ə}r jos^{ə} хоёр ёс ᠬᠣᠶᠠᠷ ᠶᠣᠰᠤ), par lequel le prince est maître de l'empire et le lama maître des âmes. Il n'y a pas là «séparation de l'Eglise et de l'Etat», mais définition d'un intérêt mutuel.

On comprend mieux dans ces conditions que la diffusion du lamaïsme ait été immédiatement et étroitement d'inspiration aristocratique, mais aussi l'échelle que prend le phénomène : au début du XXème siècle, quelques 1200 monastères et temples (dont 700 dans la Mongolie actuelle) rassemblent entre un quart et un tiers de la population totale. Dès le XVIème siècle, une intense activité de traduction rend accessible en mongol un volume considérable de textes canoniques (Ganjur [tib. bKa-'gyur] ᠭᠠᠨᠵᠤᠤᠷ Ганжуур, rassemblant 1055 oeuvres en 108 volumes, achevé de traduire en 1629 et publié en 1717-1720), mais aussi philosophiques et scientifiques (astronomie, mathématique, logique) qui accompagnent et commentent les ouvrages religieux (Danjur [tib. bsTan-'gyur] ᠳᠠᠨᠵᠤᠤᠷ Данжуур, imprimé en 1728-1729 en 226 volumes). Cette activité de traduction a d'ailleurs laissé des traces dans la langue mongole elle-même, que ce soit par des innovations lexicales nombreuses ou par la refonte classique des normes de l'orthographe.

Fermés, détruits ou abandonnés dans leur quasi totalité depuis les massacres des années trente, les lieux de cultes ont désormais refait leur apparition (parfois une simple yourte, en attendant des réalisations plus ambitieuses).

Cette omniprésence ne contient d'ailleurs aucune propension à un «intégrisme bouddhiste» et les partis «religieux» n'ont recueilli, à l'occasion des élections de ces dernières années, que 1 à 2% des suffrages.

Le bouddhisme lamaïque, surtout au XIXème siècle, s'impose comme un constituant majeur de la société et de la culture mongoles. Le soutien sélectif apporté par l'empire mandchou au clergé vise surtout à en faire un instrument de contrôle du pays, et nombre de dignitaires lamaïques restent attachés à l'indépendance. Zanabazar (1639-1723), prince et premier chef de l'Eglise mongole, crée pour son alphabet Sojombo un signe initial si bien reconnu pour le symbole de l'identité nationale qu'il figure sur les drapeaux de la Mongolie actuelle, tous régimes confondus. C'est sans doute cette dimension, revendiquée aujourd'hui par tous les Mongols, qui le caractérise, plus que sa doctrine elle-même (la sensibilité chamanique est sans doute plus directement et plus implicitement accessible pour beaucoup de Mongols que la complexité philosophique du bouddhisme). S'il y a association du bouddhisme au destin national, ce n'est sans doute pas sous la forme de choix et d'adhésions individuels comparables à une évangélisation. Les succès des missionnaires d'autres croyances - généralement bien reçus de tous temps par les Mongols - restent d'ailleurs limités. Au cours des dernières années, prédicateurs protestants puis catholiques font l'expérience de cette difficulté : quelques dizaines de conversions, aux mobiles souvent improbables, constituent un bilan modeste, mais prévisible.

LEXIQUE FRANCAIS-MONGOL

Le lexique qui suit comporte environ deux mille entrées, contenant environ 5500 mots mongols. L'existence d'un dictionnaire Mongol-Français (J. legrand, C.Süxbaatar, Dictionnaire Mongol-Français, L'Asiathèque, Paris 1992) nous a fait opter pour la version Français-Mongol, ébauche d'un dictionnaire plus ambition, en cours de préparation.

L'objectif poursuivi est immédiatement pratique, mais nous avons dû renoncer, pour ne pas alourdir encore le volume, à fournir ici les nombreux exemples et les explications détaillées que nécessiterait la traduction. Il en va de même pour la transcription utilisée dans les pages qui précèdent.

Sauf mention contraire, nous avons fourni les simples synonymes dans l'ordre approximatif de leur emploi usuel. Par contre, dès lors que la polysémie des mots français appelle des traductions mongoles sans rapports entre elles, nous avons tenté de clarifier ces emplois sous la forme d'un commentaire en italique :

demander *interroger* асуу- – ; сура- – ; суралга- – ; *réclamer* гуй- – ; нэхэмжлэ- – ; ~ **pardon** уучлахыг гуй- –

- A -

à bas ! сөнөтүгэй !

abondant арвин ; элбэг ; өгөөмөр

abréger товчло- ; хураангуйла-

abord (d'~) урьд ; анх(н) ; эхлэн

accepter зөвшөөрө- ; тохиролцо-

accident осол ; осол аюул ; золгүй учрал

accompagner үдэ- ; дагалдан яв- ; дагаж яв-

accord хөг ; зөвшөөрөл ; *traité* хэлэлцээр ; гэрээ ; **accord commercial** худалдааны гэрээ ; **être d'~** санал нийлэ- ; тохиролцо- ; зөвшөөрө-

accoucher нярайла- ; амаржи- ; (*transitif*) эх бари- ; амаржуул-

accueil уулзалт ; учрал

accueillant зочломтгой ; эелдэг ; ялдам

accueillir хүлээн ав- ; ~ **un hôte** зочдыг тос-

acheter ав- ; худалдан ав-

acheteur худалдан авагч

acide хүчил ; *adj.* хүчилт , хүчилтэй

acier ган ; болд

acteur жүжигчин

actif идэвхтэй

action үйл ; үйлдэл ; явдал ; ~ **en bourse** хувьцаа

activité үйл ; ажиллагаа ; үйл ажиллагаа ; *ant. de passivité* идэвх

addition хольц ; хольцоо ; *note* тооцоо

adresse хаяг

adresser (s'~) харьца-

adresser илэрхийлэ- ; хүргэ-

adroit мэргэн

aéroport нисэх онгоцны буудал

affaire хэрэг ; үйл ; явдал ; зүйл

âge нас(н) ; нас сүүдэр

agneau хурга(н)

agréable хонгор ; аятай ; аятайхан ; таатай

agriculteur тариачин

agriculture хөдөө аж ахуй ; тариалан

aide тус ; тусламж ; дөхөм ; дэмжлэг ; *pension* тэтгэмж ; *assistant* туслагч

aider тусла- ; дэмжи- ; тэтгэ- ; тус хүргэ- ; тус хий-

aiguille зүү ; dans le sens des aiguilles d'une montre нар зөв

; en sens inverse des ~ нар буруу

ail саримсаг

aile далавч ; жигүүр

aimant *subst.* соронзон

aimer хайрла- ; янагла- ; дурла-

ainsi ийм ; ийнхүү ; тийм ; тийнхүү

air агаар ; хий ; *aspect* үзэмж ; дүр

ajouter нэмэ- ; нэмэрлэ-

alcool архи(н) ; спирт

alcoolique *subst.* согтуу хүн ; архич ; архичин

aller очи- ; ява- ; од- ; зорчи- ; хаачи-

allumer асаа- ; **(s')** аса-

allumette чүдэнз

alors тэгээд ; гэтэл ; тэгтэл

alphabet цагаан толгой

ambassade элчин сайдын яам

ambassadeur элчин сайд

ambulance түргэн тусламж

améliorer сайжруул- ; чанаржуул- ; s'~ сайжра- ; чанаржи-

aménagement байгууламж

aménager тохижуул-

amende торгууль

ami найз ; хань ; анд

amical эвтэй ; элэгсэг ; найрсаг ; найрамдалт ; нөхөрсөг

amour хайр ; янаг ; амраг ; дурлал

analyse шинжилгээ(н)

ancien хуучин ; эрт(н) ; эртний

angle өнцөг ; ~ aigu шовх өнцөг ; ~ obtus мохоо өнцөг ; ~ droit тэгш өнцөг ; *coin* булан (г)

animal амьтан ; **~ domestique** гэрийн тэжээмэл амьтан ; **~ sauvage** зэрлэг араатан ; ~ à fourrure үслэг ан амьтан

année жил ; *calendaire* он ; *d'âge* нас(н) ; ~ scolaire хичээлийн жил

annexe хавсралт ; нэмэлт

anniversaire ой ; тэмдэглэлт ой

annuaire téléphonique утасны лавлах бичиг

août наймдугаар сар

appareil хэрэгсэл ; багаж

appartement байр ; орон байр ; орон сууц

appeler дууда- ; уриала- ; *nommer* нэрлэ-

appendice хавсралт ;

anat. мухар олгой

applaudir алга таши- –

apporter авчра- –

appréciation үнэлэлт

apprécier үнэлэ- –

apprendre сур- – ; *enseigner* сурга- –

approbation сайшаал ; зөвшөөрөл

approcher (s'~) ойрт- –

approuver сайшаа- – ; эвсэ- –

approvisionnement хангалт ; хангамж

approvisionner (s') нөөцлө- –

après хойно ; хойш ; дараа

après midi үдээс хойно (хойш) ( )

après-demain нөгөөдөр

arbre мод(н)

architecture уран барилга

argent мөнгө(н) ; ~ **liquide** бэлэн мөнгө

arithmétique тоо бодлого

arme зэвсэг ; мэс

armée цэрэг

armoire шүүгээ(н)

arrêt буудал ; бууц ; *interruption* саатал ; зогсоол ; зогсолт

arrêt; arrêté тогтоол

arrêter зогсоо- – ; *faire obstacle* саатуул- – ; *un suspect* баривчла- – ; *décider* тогтоо- –

arriver ирэ- – ; хүр- – ; морило- –

arrondissement хороолол ; тойрог ; дүүрэг

art ур ; урлал ; урлаг

article *texte* өгүүлэл ; *de loi* зүйл ; *produit* эдлэл

articulation (*anat.*) үе

artificiel хиймэл ; зохиомол

artisanat гар урлал

artiste peintre зураач ; уран зураач

artistique уран

arts plastiques дүрслэх урлаг

aspirateur тоос сорогч

assemblée хурал ; хуралдаан ; чуулган ; ~ **nationale** Улсын их хурал

asseoir (s'~); assis (être ~) суу- –

assez нилээд

assiette таваг ; пял

association холбоо(н) ; *société* нийгэмлэг

assurance хангалт ; илэрхийлэл ; итгэмж

assurances даатгал

astronaute сансрын нисгэгч

astronomie одон орны судлал

atmosphère агаар мандал ; агаарын хий

atteindre хүр- – ; гүйцэ- – ; *tir* оно- –

attendre хүлээ- – ; **s'~ à**

горьдо- ;

attention анхаарал ; **attirer l'~** анхаарал тата- ; *attention !* анхаараарай !

attestation үнэмлэх ; гэрчилгээ

attraper бари- ; хүзүүдэ-

au delà de цаана ; чанад

au revoir ! баяртай

aube үүр

auditeur сонсогч

aujourd'hui өнөөдөр

aussi бас ; жич

autant төдий ; чинээ(н) ; өчнөөн

authentique жинхэнэ

autobus автобус

automne намар

automobile хөнгөн (суудлын) машин ( ) ; суудлын тэрэг

autonome *géné.* өөрийн эрхтэй ; *polit.* өөртөө засах

autorisation зөвшөөрөл

autour тойрон ; эргэн ; эргэн тойрон

autre бусад ; өөр ; нөгөө(н) ; ондоо ; **autrement dit** өөрөөр хэлбэл

autrefois эрт(н)

avaler залги- ; **~ de travers** хаха-

avancer урагшла- ; ахиул- ; дэвши-

avant өмнө ; урьд ; түрүү(н) ; наана ; **en ~ !** урагшаа !

avant-hier уржигдар

avenir ирээдүй

aveugle сохор

aviateur нисгэгч

aviation нисэх хүч ; **~ civile** иргэний нисэх хүч

avion нисэх онгоц

avis сануулга ; зөвлөлгөө(н)

avocat өмгөөлөгч

avril дөрөвдүгээр сар

- B -

bagage ачаа(н) ; тээш

baguettes *culin.* савх

baisser буу- ; (*transit.*) буулга- ; **~** *de prix* хямдра-

balle *projectile* сум

ballon; balle бөмбөг

bambou хулс(н)

banque банк

banquet зоог ; найр

barbe сахал

bas *chaussette* оймс(н)

bas *inférieur* доод ; навтгар ; нам ; **en ~** уруу

bateau усан онгоц ; хөлөг онгоц ; завь

bâtiment байшин (г)

bâtir бари-

beau сайхан ; гоо ; гоё ; үзэсгэлэнт

beau-frère хүргэн ах ; хүргэн дүү

beau-père хадам эцэг ; хойт эцэг

beaucoup олон ; зөндөө ; үлэмж ; их ; ихэд ; нэн ; асар ; тун ; маш ; нилээд ;

beauté үзэсгэлэн ; гоо үзэмж

beaux-arts дүрслэх урлал

bébé нярай хүүхэд ; нялх хүүхэд

bec хошуу(н)

bêler майла- –

bélier эр хонь

belle-fille бэр

belle-mère хадам эх ; хойт эх

bénéfice хонжоо ; ашиг ; ~ **net** цэвэр ашиг

berger хоньчин ; оторчин

bétail мал ; адуу мал ; ~ **mâle** эцэг мал ; ~ **nouveau-né** төл

bête *animal* амьтан

bête тэнэг ; мунхаг ; эргүү ; мулгуу ; маанаг

bête sauvage ан

beurre шар тос ; тос(н)

bibliothèque *lieu* номын сан ; *meuble* номын шүүгээ ; номын тавиур

bien сайн ; сайтай ; сайтар ; ашгүй ; *juste* зүйтэй

bien(s) эд ; эдлэл ; хөрөнгө ; эд хөрөнгө

bien que боловч ; хэдийгээр

bien sûr ! тэгэлгүй яахав !

bienfait ач

bientôt удалгүй ; одоохон

bienvenue ! тавтай морилно уу

bière шар айраг ; пив

billet *de banque* цаасан мөнгө ; *note* зурвас ; *ticket* билет

bizarre хачин

blanc цагаан ; *(cheveux)* буурал

blé буудай ; тариа(н)

blesser шархда- – ; **se ~** эвдрэ- –

blessure шарх

bleu хөх ; ~ **clair** цэнхэр

boeuf шар ; эр үхэр

boire уу- –

bois *matière* мод(н) ; *forêt* ой мод

boisson унд ; ундаа

boîte хайрцаг ; ~ **à ordures** хогийн сав ; ~ **aux lettres**; **postale** шуудангийн хайрцаг ; ~ **d'allumettes** хайрцаг чүдэнз

bol аяга

bon сайн ; сайхан ; сайтай ; сайтар ;

ашгүй ; өөдтэй ; *bienveillant* энэрэнгүй ; ~ **marché** хямд ; ~ **fête !** баярын мэнд хүргэе ; ~ **nuit !** сайхан нойрсоорой ; ~ **route !** сайн яваарай ; ~ **vacances !** сайхан амраарай !

bon ! за/заа

bonbon чихэр /

bonheur хутаг ; аз ; жаргал ; аз жаргал ; жаргал цэнгэл ; жаргалан ; зол ; зол заяа

bonnet малгай ; ~ **de fourrure** үстэй малгай

botte гутал ; түрийтэй гутал ; ~ **de feutre** эсгий гутал

bottier гуталчин

bouc sauvage янгир

bouche ам(н)

bouchon бөглөө

boucle d'oreille ээмэг

Bouddha будда

bouteille шил(н) ; лонх(н)

boutique мухлаг

bouton товч

bras гар

brebis хонь(н) ; эм хонь

brigand дээрэмчин

brique туйпуу

brochure товхимол

broderie хатгамал ; уран хатгамал

bronze хүрэл

brosse сойз ; ~ **à chaussures** гутлын сойз ; ~ **à dents** шүдний сойз

brosser самна- ; сойздо- ; ~ **les dents (se)** шүд арчи- (угаа-) ()

brouillard манан

bruit чимээ ; шуугиан ; дуу(н) / ; *ragots* сураг ; цуурхал ;

brun хүрэн

budget төсөв

bureau *meuble* бичгийн ширээ ; *local* ажлын өрөө ; *organisation* товчоо

bureaucratie хүнд суртал

- C -

ça ne fait rien зүгээр ; **ça suffit !** боллоо !

cachet тамга ; тэмдэг

cadeau бэлэг

cadenas цоож

cadet дүү

cahier дэвтэр

caisse хайрцаг ; авдар ; касс ; ~ **d'épargne** хадгаламжийн касс

caissier мөнгөний нярав

calcul тооцоо

calculateur *tech.* тооцоолуур

calculer тооцо- ; тооцооло-

calme амар / ; амгалан

; дөлгөөн /

calme нам ; намуун ;
номхон

camarade нөхөр

camaraderie нөхөрлөл

camion ачааны машин

campagne хөдөө(н)

campement айл ; хот ;
хот айл ; бууц
; суурь

cancer өмөн

capacité хир чинээ ;
чадвар ; чадал ;
идэвх чадвар ;
авьяас

capitaine ахмад ; ~ **d'une équipe** багийн ахлагч

capital *adject.* үндсэн ;
нэн чухал ; ~ *substantif* хөрөнгө

capitale *subst.* нийслэл ;
нийслэл хот ; ~
typogr. том үсэг

capitaliste хөрөнгөтөн

capituler бууж өг- –

caractère *psycho.* зан ; ааш
; ааш зан ; зан
төрх ; зан чанар
; *propriétés* дүр ; төрх
; янз(н) ; шинж төрх
; ~ *typo.* үсэг

caravane аян

carburant шатахуун

cargaison ачаа(н)

caricature шог зураг

carnet тэмдэглэлийн дэвтэр

carotte шар лууван

carré дөрвөлжин

carrefour уулзвар ;
зөрлөг

cartable цүнх(н)

carte *topo.* газрын зураг
; ~ *à jouer* хөзөр ;~
postale ил захидал ;
задгай захидал

cas тохиолдолд ; учир
; **dans ce ~** ийм (энэ)
тохиолдолд ( )
; *grammatical* тийм
ялгал

cassé хагархай

casser хугал- – ; хага цохи-
– ; хагала- – ;
хэмхлэ- – ; **se ~** няцра-
– ; хугара- – ;
хагара- – ; хэмхрэ- – ;
үйрэ- – ; эвдрэ- –

catastrophe сүйрэл ; зуд

cause учир / ;
шалтгаан

ce энэ ; тэр ; тус ;
энэхүү

ceci энэ ; тус

ceinture бүс ; тэлээ ;
taille бэлхүүс ; **jusqu'à la ~** бэлхүүсээ хүртэл

célèbre нэртэй ; нэрт
; алдарт ; цуутай

célébrer ёслон тэмдэглэ- –

célibataire *masc.* эхнэргүй
; *fém.*. нөхөргүй
; эргүй

cendre үнс(н)

cendrier үнсний сав

cent зуу(н) /

central дундад ; төв

centre дунд ; хүйс(н) ; төв

cependant харин ; гэвч ; гэтэл

cercle хүрээ(н) ; бүлгэм ; дугуйлан ; цагариг

céréales амуу тариа

cérémonie ёслол

certain(s) зарим

cerveau тархи ; уураг тархи

cesser боли- ; хая- ; тогто- ; намда-

chacun *v. chaque* ; **~ à son tour** ээлж ээлжээр ; **~ d'entre...** аль нэг нь

chaîne ; **~ de montagnes** нуруу(н) ; уулын хяр

chaise сандал

chaleur халуун ; илч(н)

chaman бөө

chamanisme бөөгийн шашин, хар шашин ;

chambre тасалгаа(н) ; танхим/тэнхим ; өрөө(н) ; **~ à coucher** унтлагын өрөө ; **~ de commerce** худалдааны танхим

chameau тэмээ(н)

chamelier тэмээчин

chamelle ингэ

chamelon ботго

chamois илэг(н)

champignon мөөг / ; **~ comestible** иддэг мөөг ; **~ vénéneux** хортой мөөг

champion аврага

chandelle лаа(н)

chanson дуу(н) / ; **~ populaire** ардын дуу

chant дуу(н) /

chanter дуул- ; *oiseau* донгод-

chanteur; euse дуучин

chantonner аял-

chapeau малгай

chapitre бүлэг

chaque бүр ; бүхэн ; аливаа ; тус тус ; тутам ; **~ année** жил бүр ; жил тутам

charbon нүүрс(н) ; чулуун нүүрс ; **~ de bois** модны нүүрс

charge *fardeau* ачаа(н) ; тээр ; *attaque* дайралт ; *arme ; électr.* цэнэг ; *fonction* тушаал

chargement ачаа(н)

charger ачи- ; ачаала- ; **~ d'une commission** даалгавар өг- ; **~ une arme** буу цэнэглэ- ; сумал- ; **~ une batterie** зай цэнэглэ-

chariot тэрэг(н)

charitable энэрэнгүй

charité энэрэл

charpentier мужаан

chasser агна- ; ан агна- ; *en battue* авла- ; *éloigner* хөө- ; зайлуул-

chasseur анчин ; *avion* сөнөөгч (онгоц)
chat муур
chaud дулаан ; халуун
chaudron тогоо(н)
chauffer халаа- ; галла- ; ээ-
chauffer (se ~) хала- ; **~ au soleil (se)** наранд ээ-
chauffeur жолооч
chaussette оймс(н)
chaussure гутал
chef дарга ; удирдагч ; ахлагч ; жолоодогч ; толгой(н) ; эрхлэгч ; манлай ; **~ d'orchestre** удирдаач ; **~ de famille** гэрийн эзэн ; **~ de l'Etat** төрийн толгой
chemin зам ; замнал ; харгуй ; **~ de fer** төмөр зам
cheminée *conduit* яндан ; хоолой
cheminot төмөр замчин
chemise цамц ; *papeterie* хавтас
cheptel малын тоо
cher *aimé* хайрт ; хонгор ; дотно ; энхрий хайрт ; янаг ; **~ ami** эрхэм найз ; *précieux* үнэтэй ; үнэт
chercher эрэ- ; хай- ; *fouiller* тэмтрэ-
chercheur шинжлэгч ; эрдэм шинжилгээний ажилтан
cheval морь(н) ; адуу(н) ; **~ de course** хурдан хүлэг ; **~-vapeur** морины хүч
chevaucher мордо-
cheveu үс(н)
chèvre ямаа(н)
chevreau ишиг
chien нохой
chiffre тоо(н)
Chine Хятад ; Дундад улс
chinois хятад ; хятадын ; *langue* хятад хэл
Chinois хятад хүн ; **(fam.)** иргэн
chirurgie мэс засал
chirurgien мэс засалч
choisir сонго- ; *sélectionner* шилэ- ; шалгаруул-
chômage ажилгүйдэл
chose юм ; эд ; эдлэл
chou байцаа/байцай
cicatrice сорви
ciel тэнгэр ; огторгуй ; **à ~ ouvert** задгай
cinq тав(н)
cinquante тавь(н)
cinquième тавдугаар
circonscription тойрог ; **~ électorale** сонгуулийн тойрог
circulation хөдөлгөөн ; *marchande, monétaire* гүйлгээ ; эргэлт
ciseau цүүц

ciseaux хайч(н)

citoyen иргэн

citron нимбэг

civilisation иргэншил ; соёл боловсрол ; соёл иргэншил

clair *lumineux* саруул ; гэрэлт ; цэлгэр ; (*temps*) ~ цэлмэг ; *opp. à foncé* цайвар ; *transparent* тунгалаг ; *précis* тод ; тодорхой ; илэрхий ; ойлгомжтой

classe анги

clef түлхүүр

clou хадаас(н)

club бүлгэм ; дугуйлан

Code civil иргэний хууль ; ~ pénal эрүүгийн хууль

coeur зүрх(н) ; *fig.* сэтгэл ; *de bon* ~ үнэн сэтгэлээсээ ; үнэн зүрхнээсээ ; зүрхний угаас ; *par* ~ цээж ; цээжээр

coiffeur үсчин

col *topo.* даваа ; *vêtem.* зах ; *cou* хүзүү

colère уур ; хилэн

colis postal илгээлт

colle цавуу(н)

collection цуглуулга

collectionner цуглуул-

collectionneur цуглуулагч

collège дунд сургууль

collier *tech.* хүзүүвч ; *bijou* хүзүүний зүүлт ; хүзүүний чимэг

colonel хурандаа

colonne *construct.* багана ; *file* цуваа(н) ; хүснэг ; **de troupes** цэргийн цуваа

colonne vertébrale нуруу(н) ; хяр

combien хэд(н) ; хичнээн ; хэдий

combustible шатахуун

comédie хошин жүжиг

comique *humorist.* хошин ; *situation* ~ хөгийн ; хөгтэй ; инээдтэй

comité хороо(н)

commandant хошууч ; ~ **en chef** жанжин

commande захиалга ; захиас ; *techn.* залуур

commander *ordonner* захир- ; *passer commande* захи-; захиала- ; *milit.* хошуучла-

comme *semblable, de même* шиг ; мэт ; түүнчлэн ; *de la taille de* чинээ(н) ; *puisque* тул

commédien жүжигчин

commencer эхлэ- ; гар- ; үүс- ; (*transit.*) үүсгэ-

comment яаж ; яасан ; яах вэ, яахав ; *à quel point* хир ; хэрхэн

commerçant худалдаачин

commerce худалдаа(н) ; наймаа ; ~ **de détail** жижиглэсэн худалдаа ; ~ **de gros** бөөний худалдаа ; ~ **extérieur** гадаад худалдаа

commissariat de police цагдаагийн газар

commutateur унтраалга

compartiment тасалгаа(н)

compétition уралдаан ; тэмцээн

complément нэмэгдэл

complet бүрэн ; дүүрэн ; төгөлдөр ; цул

compositeur хөгжмийн зохиолч ; *typo* үсэг өрөгч

comprendre ойлго- ; уха- ; сэхээрэ- ; *comporter* багтаа-

comptable ня-бо, нягтлан бодох

compte тооцоо ; бүртгэл ; данс(н)

compter тооло- ; тооцо- ; ~ *sur* итгэ- ; найда-

comptoir лангуу

conclure дүгнэ- ; *achever* төгсгө- ; ~ **un traité** гэрээ байгуул-

conclusion дүгнэлт ; *fin* төгсгөл

concombre хэмх , өргөст хэмх

concurrence өрсөлдөөн

concurrencer өрсөлдө-

concurrent өрсөлдөгч

condition нөхцөл ; болзол ; байдал

condoléances эмгэнэл

condor тас

conducteur жолооч

conduire жолоод- ; хөтөл- ; дагуул- ; толгойло- ; эргүүл-

conférence бага хурал ; зөвлөлгөө(н) ; чуулган ; ~ *publique* лекци ; илтгэл ;

conférencier илтгэгч

confiance итгэл ; итгэмж ; сүсэг ; шүтлэг ; найдвар ; итгэл найдвар

confiserie *produit* нарийн боов ; *entreprise* чихрийн үйлдвэр

confiture жимсний чанамал

conflit маргаан ; будлиан ; мөргөлдөөн

congé амралт

congère хунгар

congrès их хурал

connaissance мэдээ(н) ; эрдэм ; мэдрэл ; мэдлэг ; мэдлэг боловсрол ; *relation* танил

connaitre *savoir* мэдэ- ; *quelqu'un* тани-

conscience ухвар ; ухаан ; ухамсар ; мэдрэл ; *morale* сэтгэл ; **liberté de** ~ шүтэх бишрэх эрх чөлөө ; **avoir** ~ сэнхрэ- –; ухаара- –

conseil зөвлөл ; зөвлөлгөө(н) ; ~ **de sécurité (ONU)** Аюулгүйн зөвлөл ; ~ **des Ministres** сайд нарын зөвлөл

conseiller зөвлөгч

consentement зөвшөөрөл

Constitution үндсэн хууль

constructeur барилгачин

construction барилга ; *gramm.* бүтэц

construire бари- –

contagieux халдварт

contagion халдвар

contaminer халдаа- –

conte үлгэр

contemporain орчин үеийн

contradiction зөрчил ; зөрөлдөөн

contraire эсэргүү ; *hostile* харш ; **au** ~ эсрэг

contrat гэрээ

contre эсрэг ; эсэргүү

contrôle хяналт ; шалгалт ; тооллого

contrôleur хянагч ; байцаагч ; шалгагч

conversation яриа(н) ; ярилцаа(н) ; хөөрөө ; яриа хөөрөө

coopération хамтын ажиллагаа ; хоршоо ; хоршоолол

copie хуулбар

copier хуул- – ; буулга- –

corbeau хэрээ(н)

corde оосор

cordonnier гуталчин

Corée солонгос

correcteur (typo.) үсэг хянагч

corriger заса- – ; сэлбэ- – ; засварла- – ; залруул- – ; зөвтгө- –

cosmonaute сансрын нисгэгч

cosmos сансар

côte *anatom.* хавирга(н) ; *rivage* эрэг

côté хажуу ; тал ; зүг ; этгээд ; **à** ~ **de** дэргэд ; хажууд ; **de mon** ~ миний талаас

coton хөвөн

cou хүзүү(н)

coucou хөхөө

coude тохой

coudre оё- – ; хада- – ; нөхө- – ; ~ **un bouton** товч хада- –

couleur өнгө(н) ; *teinture, peinture* будаг

coup (échecs) нүүдэл

coup d'Etat төрийн эргэлт

coupable гэмт

couper хайчла- – ; хэрчи- – ; хярга- – ; сийлэ- – ; огтло- – ; даа- – ; тайра- – ; зүсэ- – ; эсгэ- – ; яра- –

courageux зоригт ; зоригтой ; эрэлхэг

courir гүй- ; ~ **un danger** аюулд оро-

courrier шуудан

courroie сур(н)

cours *leçon* хичээл ; сургууль ; *d'une rivière* урсгал ; *événements* явц ; чиглэл ; *change* ханш ; **d'eau** гол мөрөн

course гүйлт / ; гүйлгээ ; гүйдэл

court богино ; оготор ; хураангуй ; товч ; явган

coût үнэ ; өртөг

coûte que coûte аль нэг аргаар

couteau хутга(н) / ; мэс ; ~ **de table** хоолны хутга

coutume ёс(н) ; заншил ; хэв заншил ; хэвшил ; дасал

couture оёдол

couturier/couturière оёдолчин

couvercle таг ; хавхаг

couverture халхавч ; дээвэр ; *literie* хөнжил ; бүтээлэг

cracher шүлс хая- ; нулима-

crachin зүс бороо

craie шохой / ; цэрд

craindre ай- / ; шантра- ; зүрхшээ- ; эмээ-

craquer тас хий- ; ~ **une allumette** чүдэнз зура-

crasse хир ; шавар

cravache ташуур

cravate зангиа

crayon харандаа ; ~ **de couleur** будгийн (өнгийн) харандаа ( )

crédit зээл ; зээллэг

créer бүтээ- ; зохио- ; байгуул- ; үүсгэ-

crème fraîche цөцгий ; ~ **aigre** зөөхий

crépuscule бүрий

crête *topo.* шил(н) ; хяр

creuser малта- ; уха- ; *forer* өрөмдө-

crier хашгир- ; хашгиралда- ; хяхтна- ; бархира- ; шууги- ; орило- ; зандар- ; чарла-

crime гэмт хэрэг ; ялт хэрэг

criminel *adj.* гэмт ; ялт ; *subst.* хэрэгтэн ; гэмт хэрэгтэн ; ялт этгээд

crise хямрал

croire бишрэ- ; итгэ- ; шүтэ- ; *considérer* тооцо-

croissance өсөлт

croissant de lune хавирган сар

croît төл

crottin бууц ; ~ **séché** аргал

cuiller халбага ; ~ **à café** цайны халбага ; ~ **à soupe** хоолны халбага

cuir арьс(н) ; шир(н)

cuire түлэ- – ; **faire** ~ чанажигнэ- –

cuisine гал тогоо ; гал тогооны газар ; гал зуух

cuisinier тогооч

cuisse гуя

cuivre зэс

cultivateur тариачин

cultivé боловсон ; боловсронгуй

culture соёл ; соёл боловсрол ; ~ **physique** биеийн тамир

cumulus бөөн үүл

cure эмчилгээ(н)

- D -

dactylo бичээч

dame хатагтай ; авгай

danger аюул ; занал

dangereux аюултай ; аюулт ; осолтой

danse бүжиг

danser бүжиглэ- –

danseur; euse бүжигчин

dé à coudre хуруувч(н)

débris үлдэгдэл ; шаар ; лоом ; хэмхэрхий

début эх(н) ; эхлэл ; эхлэлт ; үүсвэр ; түрүүч ; эх үүсвэр ; эх үндэс ; гараа

décéder нас бара- – ; өөд бол- – ; нас эцэслэ- – ; нас нөгчи- –

décider шийд- – ; шийдвэрлэ- – ; тогто- – ; **se** ~ шийд- – ; зүрхлэ- –

décimal аравт

décision шийдвэр ; тогтоол

déclaration тунхаглал ; өчиг ; мэдүүлэг ; мэдэгдэл

défaut дутагдал ; гэм ; согог ; сэв ; өө сэв ; алдаа дутагдал

défendre *protéger* хамгаала- – ; өмгөөлө- – ; хаацайла- – ; өмөөрө- – ; *interdire* цаазла- –; хоригло- – ; цээрлэ- –

défense хамгаалал ; хамгаалалт ; *milit.* батлан хамгаалах ; *interdiction* хориг ; хорио ; цээр ; **de fumer !** тамхи татаж болохгүй

défenseur хамгаалагч ; өмгөөлөгч

défilé жагсаал

déjà аль хэдий ; нэгэнт ; хэдийнээ

déjeuner үдийн хоол

délabré хуучирсан

délai хугацаа ; цаг хугацаа

délégué төлөөлөгч

délit гэмт хэрэг ; ялт хэрэг

délivrer *libérer* чөлөөлө- – ;

сулла- ; ~ **une attestation** гэрчилгээ олго-

demain маргааш ; **à ~ !** маргааш хүртэл !

demande гуйлт ; хүсэлт ; *exigence* шаардлага / ; нэхэмжлэг ; *requête* өргөдөл ; *économ.* эрэлт ; эрэлт хүсэлт ; **l'offre et la ~** эрэлт нийлүүлэлт

demander *interroger* асуу- ; сура- ; сурагла- ; *réclamer* гуй- ; *commander* захи- ; **~ pardon** уучлахыг гуй-

démanger загатна-

déménager байр соли- ; шинэ байранд шилж- ; нүү- ; (*transit.*) нүүлгэ-

demi хагас

démissionner огцро-

démocratie ардчилал

démocratique ардчилсан

démolir хэмхлэ- ; бут цохи- ; эвдлэ- ; эвдэ-

dense шигүү(н) ; нягт

densité нягтрал ; *physique* хувийн жин

dent шүд(н) ; **~ de lait** сүүн шүд

dentifrice шүдний оо

dentiste шүдний эмч

départ гараа

dépassé *vieilli* хуучирсан

dépasser түрүүлэ- ; хэтрүүл- ; туу- ; хэтрэ- ; илүүдэ- ; давуул- ; дава-

dépêcher (se ~) яара-

dépendant хараат

dépense зардал ; зарлага ; зарцуулалт

dépenser зара- ; зарцуул- ; гарзда- ; бүрэлгэ- ; үрэ-

déplacer хөдөлгө- ; **se ~** хөдөл-; дамжи-

depuis хойш ; **~ ce temps-là** үүнээс хойш ; **~ longtemps** аль түрүү ; аль эрт ; **~ peu** саяхан ; саяхнаас

déranger зовоо- ; үймүүл- ; сандраа-/сандарга- ; түйвээ- ; **se ~** сандар-; түгши-

dermatologue арьс өнгөний эмч

dernier сүүлийн ; сүүлч ; адаг

dernièrement саяхан

derrière хойно ; цаана ; **par ~** хойгуур ; цаагуур

dés (jeu de ~) шоо

dès le début эхнээсээ ; **~ que** дор/доор /

désastre гай зовлон

désastreux гаслант

descendre буу- ; буура- ; урууда- ; **~ de cheval** мориноос буу- ; **~ à l'hôtel** зочид буудалд буу-

désert цөл

désigner *montrer* заа- ; *affecter* томило-
désir хүсэл ; хүсэлт ; хүслэн ; санал хүсэл ; дур хүсэл ; эрмэлзэл
désirer хүсэ- ; эрмэлзэ-
désordre самуун
désordre үймээн самуун
dessécher (se) ганда-
dessin зураг ; хээ ; угалз ; хуар ; хээ хуар ; ~ **industriel** шугам зураг
dessinateur зурагчин
dessiner зура-
dessous дор/доор
destin хувь ; заяа ; эз ; тавилан ; хувь заяа ; хувь тавилан
destinataire авагч
destruction эвдрэл
détaillé дэлгэрэнгүй ; нэвтэрхий
déterminer тодорхойло-
détruire сөнөө- ; устга- ; хэмхлэ- ; хяда- ; бяцал- ; сүйтгэ- ; эвдэ- ; эвдлэ- ; үгүй болго-
dette өр ; өр шир
deuil эмгэнэл ; гашуудал
deux хоёр
deuxième хоёрдугаар ; дэд
devant өмнө
développement хөгжил ; хөгжилт ; өсөлт ; **culturel** соёлын дэвшил ; **industriel** аж үйлдвэрийн хөгжил
développer хөгжүүл- ; өрнүүл- ; мандуул- ; **se** ~ хөгжи- ; өрнө-
devenir бол-
devinette оньсого ; таавар
devis төсөв ; урьдчилсан төсөв
devoir *nom* үүрэг / ; *mission* даалгавар
devoir *verbe* байх ёстой ; хийх ёстой
devoirs *scol.* гэрийн ажил ; *honneurs* хүндэтгэл
diable чөтгөр
diagnostic онош
dictée цээж бичиг
dictionnaire толь(н) ; толь бичиг
dieu бурхан
différence ялгаа(н) ; ялгавар ; *opposition* зөрүү ; зөрөө
différent ялгаатай ; бусад ; ондоо
différer *être différent* ялгаатай бай- ; *reporter* хойшлуул- ; холдуул-
difficile хэцүү ; хүнд ; бэрх ; хүнд хүчир
difficulté бэрхшээл ; хал
diffuser дэлгэрэ- ;

нэвтрүүл- – ; нийтлэ- – ; түгээ- – ; тараа- –

dimanche бүтэн сайн өдөр ; ням ; ням гариг

dimension хэмжээ(н)

diminuer *taille* багас- –; буура- – ; саара- – ; *nombre* хоро- –; цөөрө- – ; *prix* хямдра- – ; (*transit.*) хаса- – ; багасга- – ; хороо- –

dîner хоолло- – ; (*nom*) оройн хоол

diphtongue хос эгшиг

dire хэлэ- – ; өгүүлэ- – ; ~ *à quelqu'un* хэлж өг- – ; *rapporter* гэ- – ; **c'est-à-** ~ өөрөөр хэлбэл

direct шууд

directeur захирал ; эрхлэгч

directive хөтөлбөр ; мөрдлөг

direction *orientation* зүг ; чиг ; чиглэл ; зүг чиг ; *tendance* хандлага ; *organisme de* ~ удирдлага ; жолоодлого

dirigeant удирдагч ; толгойлогч ; эрх баригч

diriger удирд- – ; эрхлэ- – ; толгойло- – ; гарда- – ; *orienter* чиглүүл- – ; хандуул- – ; **se** ~ чиглэ- – ; ханда- – ; зори- –

discipline сахилга

discret сэм ; даруу

discussion хэлэлцээ(н) ; ярилцаа(н) ; *débat* санал шүүмжлэл ; *dispute* маргаан

discuter ярилца- – ; хэлэлцэ- – ; шүүмжлэн хэлэлцэ- – ; марга- –

disparaître хайл- – ; үгүй бол- – ; арил- – ; замхра- –

dispute хэрүүл ; маргаан

dissimuler нуу- – ; нууцла- –

distiller нэрэ- –

distinction ялгаа(н) ; *honneur* хүндэтгэл , шагнал

distinguer *différencier* ялга- – ; ялгаварла- – ; шалгаруул- – ; *voir* хара- – ; *marquer* тэмдэглэ- – ; *honorer* хүндэтгэ- –, шагна- –

distraire (se ~) цэнгэлдэ- –

distrait мартамгай

distribuer хуваарила- –

divers олон янзын ; ондоо ; янз бүрийн ; янз янзын

divertissement цэнгэл ; зугаа

dividende *math.* хуваагдагч ; *finan.* дивиденд

diviser хуваа- – ; хувила- – ; хуваарила- – ; хуваалца- – ; хэсэглэ-

– ; талла- – ; **se ~** хуваагда- –

diviseur хуваагч

division хуваарь ; ялгавар ; *milit.* дивиз, дивизи

divorcer гэр бүл сала- –

dix арав(н)

dix mille түм(н)/түмэн /

dixième аравдугаар ; **un ~** аравны нэг

document бичиг ; баримт ; баримт бичиг ; **~ historique** түүхэн баримт ; **~ officiel** албан бичиг

dogme ном

doigt хуруу(н)

dommage *regrettable* харамсалтай ; *préjudice* хохирол ; хор ; хөнөөл ; гэмтэл

don *cadeau* бэлэг ; *prédisposition* билиг, билэг ; авьяас

donner өг- – ; олго- –

dormir унта- – ; нойрсо- –

dos нуруу(н)

double (хоёр) давхар ( ) ; хос

douleur хөндүүр ; зовлон

douloureux өвчтэй ; зовуурь ; зовлонтой ; хөндүүр ; шаналгаатай

doute сэжиг ; эргэлзээ(н)

douter сэжиглэ- – ; эргэлзэ- –

drapeau далбаа ; туг

droit *rectiligne* шууд ; шулуун / ; чанх ; цэх ; *honnête* шударга / ; *côté* ~ баруун

droit (*substant.*) эрх ; *science* эрх зүй ; **civil** иргэний эрх ; **pénal** эрүүгийн эрх ; **de vote** сонгох эрх ; **successoral** өв залгамжлах эрх

droite *math.* цэх шугам ; *côté droit* баруун тал

drôle *étrange* хачин ; *amusant* инээдтэй

dune манхан

dur хатуу ; бат ; бэх

durer үргэлжлэ- – ; уда- – ; удаашра- – ; сунжра- – ; **faire ~** үргэлжлүүл- – ; удаа- –

- E -

eau ус(н)

éblouir гялба- – ; нүд гялба- –

écarter (s'~) холд- – ; хэлбий- – ; ухра- – ; цаашла- –

échanger соли- – ; солилцо- –

éclair цахилгаан

éclairer гийгүүл- – ; гэрэлтүүл- – ; *expliquer* ухуул- –

école сургууль ; **~ maternelle** хүүхдийн цэцэрлэг

; ~ **élémentaire** бага сургууль ; ~ **secondaire** дунд сургууль ; ~ **supérieure** дээд сургууль

économie *gestion* аж ахуй ; эдийн засаг ; *épargne* хэмнэлт ; **de carburant** шатахууны хэмнэл

économiser хэмнэ- – ; хадгала- – ; арвила- – ; нөө- –

économiste эдийн засагч

écouter сонс- – ; чагна- –

écrire бичи- – ; *créer* зохио- – ; найруул- –

écriture бичг ; үсэг ; бичгийн хэв

écrivain зохиолч

écureuil хэрэм(н)

édicter буулга- –

édifice байшин (г)

édit зарлиг

éditer хэвлэ- –

édition хэвлэл ; *maison d'~* хэвлэх (хэвлэлийн) газар ( )

éducateur хүмүүжүүлэгч

éducation хүмүүжил (хөмүүжил) ; эрдэм мэдлэг ; гэгээрэл ; мэдлэг боловсрол

éduquer хүмүүжүүл- (хөмүүжүүл-) – ; сурга- –

efficacité үр өгөөж

effort хүчдэл ; хичээл ; оролдлого ; чармайлт

effrayer айлга- – / – ; үргээ- – ; сүрдүүлэ- – ; цочоо- –

égal тэгш ; тэнцүү ; ижил ; жигд ; чацуу /

également бас ; жич

église сүм ; шашин

élection сонгууль

électricien цахилгаанчин

électricité цахилгаан

électrifier цахилгаанжуул- –

électrique цахилгаан

élémentaire энгийн

élevage мал аж ахуй

élevé *haut* өндөр

élève сурагч ; шавь

élever *soulever* босго- – ; өндөржүүл- – ; дээшлүүл- – ; мандуул- – ; ~ *du bétail* малла- –; мал өсгө- – ; ~ **des enfants** хүүхэд өсгө- –

éleveur малчин ; ард

éloigner (s'~) холд- – ; цаашла- – ; муруй- – ; зайла- –

éloigner зайлуул- –

émail паалан

émailler пааланда- –

emblème бэлэг (бэлгэ) тэмдэг ; ~ **national** улсын сүлд

émetteur нэвтрүүлэгч

émettre нэвтрүүл- – ; буулга- – ; гарга- – ;

нийтлэ- –
émission нэвтрүүлэг ; **de télévision** зурагтын нэвтрүүлэг
empereur хаан
empire хаант улс ; гүрэн
empirer доройто- – ; мууда- –
emploi ашиглалт
employé албан хаагч
employer *faire travailler* хөлслө- – ; ажиллуул- – ; *utiliser* хэрэгсэ- – ; хэрэглэ- – ; ашигла- – ; эдлэ- –
employeur хөлслөгч
empoisonner хордуул- – ; **s'~** хордо- –
emporter аваачи- –
empreinte ор ; **~ digitale** хурууны хээ
emprisonner хори- –
emprunt зээл ; зээллэг
emprunter зээлэ- –/ –
encercler бүслэ- – ; хүрээлэ- – ; тойро- –
enchères үнэ хаялцах
enclos хашаа(н)
encre бэх
endroit газар ; байр ; орон
énergie эрчим ; ид ; ид хав ; *vigueur* тамир
énergique шуурхай ; эрчимтэй
enfant хүүхэд ; жаал ; жаал хүүхэд ; **les ~** багачууд
enlever хаса- – ; тайл- – ; *kidnapper* хүн хулгайла- –
ennemi дайсан ; өшөөт ; өшөөтөн
ennuyer (s') гунигла- –; уйд- –
ennuyeux залхуутай
enrichir баяжуул- – ; **s'~** баяжи- –
enseignement сургаал ; сургалт
enseigner сурга- – ; заа- –
ensemble хам ; хамт ; цуг ; (*substant.*) чуулга
ensuite хойно ; дараа ; хожим ; тэгээд
entendre сонс- –; дуул- – ; **bien s'~** эвлэрэ- –; эвсэ- – ; **se faire ~** хангина- –; цуурайта- –
entier бүрэн
entièrement бүрмөсөн
entourage хүрээлэл ; бүслэлт
entourer хүрээлэ- – ; бүслэ- –
entre хооронд ; дунд ; завсар
entrée үүд(н) ; *adhésion* элсэлт
entreprise үйлдвэр
entrer оро- – ; багта- – ; *accéder, adhérer* элсэ- – ; **~ à l'université** их сургуульд элсэ – ; **~ dans les faits** амьралд хэрэгжин –; биелэ- –
entretenir дэмжи- – ; *une fa-*

mille тэжээ- – ; ~ **un espoir** түши- –

enveloppe хальс ; ороолт ; *postale* дугтуй

envoyer явуул- – ; илгээ- – ; шилжүүл- – ; хандуул- –

épais зузаан ; бүдүүн ; битүү ; памбагар ; *visqueux* өтгөн

équipe баг ; хамт олон

équipement хангамж ; тоног ; төхөөрөмж

erreur алдаа ; эндүүрэл ; эндэгдэл

escalier шат(н)

espace зай ; агаар ; *cosmique* сансар

espèce маяг ; *classif. scient.* зүйл

espèces бэлэн мөнгө

espérance итгэл ; найдвар

espérer итгэ- – ; найда- – ; горьдо- –

espoir итгэл ; найдвар ; эрмэлзэл ; горьдлого

esprit ухаан ; оюун ; билэг ; сэхээ ; ой

essai сорилт ; шалгалт ; туршилт ; туршлага

essayer хичээ- – ; халда- – ; сори- – ; оролдо- – ; турши- –

est дорно ; зүүн

estomac ходоод(н)

et ба ; болон ; бөгөөд

étable малын саравч ;

étage давхар

étagère тавиур

Etat улс ; улс гүрэн ; орон ; төр

été зун

éteindre унтраа- – ; **s'~** жарга- –; унтра- –

étendard туг

éternel мөнх

éternuer найтаа- –

étirer сунга- – ; **s'~** суна- –

étoffe бараа ; бөс бараа ; даавуу

étoile од(н) ; ~ **filante** од харвах

étoile polaire алтан гадас од

étonnant гайхалтай

étonner (s'~) гайха- –

étouffant аагим ; бүгчим

étranger харь ; харш ; гадаад ; (*subst.*) гадаадын хүн

étrangler (s'~) хаха- –

être бай- – ; бол- – ; ахуй

étrier дөрөө(н)

étroit нарийн ; хавчиг ; явцуу

étude судалгаа ; шинжилгээ(н) ; сурлага ; сургалт ; **faire ses ~** суралца- –

étudiant оюутан

étudier сур- – ; хичээллэ- – ; *scient.* судал- –;

шинжлэ- –

eux тэд ; эд ; эдгээр ; **~-mêmes** өөрсдөө

éveiller сэргээ- – ; **s'~** сэргэ- –

événement явдал ; үзэгдэл ; үйл хэрэг ; үйл явдал ; **~ historique** түүхэн үйл явдал

examen шалгалт ; шүүлэг ; тойм ; **~ d'entrée** элсэлтийн шалгалт ; **~ médical** эмнэлгийн үзлэг

examinateur шалгагч

examiner шалга- – ; үзэ- – ; шүү- –

excellent онц ; онц сайн ; гарамгай ; гоц

excuse уучлал

excuser уучла- – ; өршөө- – ; **s'~** уучлал гуй- –

exercice дасгал

exigence шаардлага /

exiger шаарда- – / – ; чамла- –

exister бай- – ; орши- –

expédier илгээ- – ; явуул- –

expérience *acquis* туршлага ; арга туршлага ; *essai* дадлага ; туршилт

expert мэрэгжилтэн

explication тайлбар ; таниулга

expliquer тайлбарла- – ; таниул- –

exploit гавьяа

exploitation *utilisation* ашиглалт ; *entreprise* аж ахуй ; *spoliation* дарлал ; мөлжлөг

explosif тэсрэмтгий ; (*subst.*) тэсрэмтгий бодис

exporter гадагш гарга- –

exposition үзэсгэлэн

extérieur гадаад ; гадуур ; **à l'~** гадаа ; гадна

extincteur гал унтраагуул ; гал сөнөөгч

extraordinaire сүрхий ; ер бишийн ; *spécial* онц

Extrême Orient алс дорно

extrêmement гойд

- F -

fable ёгт үлгэр

fabriquer үйлдвэрлэ- – ; урла- –

fâcher (se ~) хилэгнэ- – ; уурла- –

facile амархан ; хөнгөн ; хялбар ; эгэл

facture данс(н) ; тооцоо

fade заваан

faible сул ; дорой ; сул дорой

faïence ваар /

faillite сүйрэл ; **faire ~** сүйрэ- –

faim өлсгөлөн ; **avoir ~**

өлс- –

faire хий- – ; бүтээ- – ; үйлд- – ; урла- – ; ~ **attention** анхаар- – ; болгоомжло- –

famille бүл ; гэр бүл ; айл ; өрх ; ~ **nombreuse** өнөр гэр бүл

fardeau ачаа(н) ; тээр ; *figuré* яршиг ; дарлал

farine гурил

fatigue ядаргаа ; зүдүүр ; зүдэргээ

fatigué (être ~) ядра- – ; **(se)** зүдрэ- – ; сульда- – ; туйлда- – ; эцэ- – ; ядра- – ; чилэ- – ; цуца- –

faut (il ~) ёстой ; хэрэгтэй

faute буруу ; алдаа ; мадаг ; ташаа ; эндүүрэл ; алдаа мадаг ; *morale* хилэнц ; нүгэл ; гэм

fauteuil зөөлөн сандал

faux буруу ; худал ; эндүү ; хилс ; хуурамч ; хуурмаг

félicitations мэндчилгээ

femelle эм ; эх мал

féminin эмэгтэй

femme эм ; эмэгтэй ; бүсгүй ; *épouse* эхнэр ; гэргий ; авгай ; **les** ~ эмэгтэйчүүд ; бүсгүйчүүд

fenêtre цонх(н)

fer төмөр ; ~ **à repasser** индүү ; ~ **à cheval** тах

fermenter эсэ- –

fermer хаа- – ; хамхи- – ; түгжи- – ; ~ **à clef** цоожло- – ; *barrer, obstruer* хөндөлд- – ; ~ **les yeux** ани- –

ferrer *un cheval* тахла- –

festin зоог ; найр

festival наадам ; фестиваль

fête баяр ; найр ; наадам ; ёслол

feu гал ; ~ **de bois** түүдэг ; **faire** ~ бууда- –

feuille навч(н) ; ~ **de papier** хуудас(н) /

feutre эсгий

février хоёрдугаар сар

fictif хуурамч

fidèle үнэнч ; итгэмжтэй ; *croyant* сүсэгтэн

fier бардам

fil утас(н)

file цуваа(н) ; **aller (être) à la** ~ цува- –

fille охин / ; эмэгтэй хүүхэд ; **jeune** ~ хүүхэн

filou луйварчин

filouter луйварда- –

fils хүү ; хөвгүүн

fin *bout* үзүүр ; сүүл ; сүүлч ; адаг ; туйл ; *achèvement* эцэс ; шувтарга

; төгсгөл

fin (*adject.*) нимгэн ; нарийн ; цэмцгэр

finances санхүү

finir *s'achever* бара- ; тара- ; дүүрэ- ; төгс- ; эцэслэ- ; (*transit.*) төгсгө-

fixer *attacher, accrocher* хада- ; гагна- ; *déterminer* тогтоо- ; тодруул- ; **~ des yeux** ширтэ- ; **se** суурьши-

flairer үнэрлэ- ; үнэртэ- ; (*figuré*) зөгнө-

flamber шата- ; улалза- ; дүрэлзэ-

flamme дөл

flanc хажуу

flèche сум

fleur цэцэг

fleuve гол ; мөрөн

fluide шингэн

flûte лимбэ ; цуур (цоор)

foie элэг(н)

fois удаа ; **il était une ~** эрт урьд цагт

fonction *emploi* тушаал ; албан тушаал ; *rôle* үүрэг

fonctionnaire түшмэл ; төрийн албан хаагч

fonder үндэслэ- ; үүсгэ- ; байгуул- ; бүтээ-

force хүч(н) ; тамир ; сүр ; эр чадал ; эрч ; чадал ; ~ *d'un alcool* ааг

forêt ой ; ой мод ; хөвч

forme хэлбэр ; хэв ; шинж ; дүрс ; төлөв ; загвар ; маяг ; янз(н)

former бүрдүүл- ; бүтээ- ; байгуул- ; үүсгэ- ; төрүүл- ; *éduquer* хүмүүжүүл-

fort бат ; ган бат ; хүдэр ; хүчит ; *son* чанга ; *expert* чадалтай ; *goût, alcool* хатуу ; *corpulent* бүдүүн

fort (*adverbe*) их ; маш

fourche салаа

fourchette сэрээ

fourmi шоргоолж(н)

fournir ханга- ; хүргэ- ; хүргүүл- ; олго-

fourrage бордоо ; тэжээл

fourrure үс(н) ; ангийн үс

foyer *feu* голомт ; гал голомт ; *famille* өрх ; айл өрх

fraction хагарал ; *math.* бутархай тоо

fragile хэврэг ; эмзэг

frais *température* сэрүүн ; жихүүн ; зэврүүн ; *nouveau* шинэ ; (*subst.*) *dépense* зарлага ; зардал

fraise *des bois* гүзээлзгэнэ

franc илэн далангүй ; шулуун / ; цайлган

frapper цохи- ; тогши- ; *coeur* дэлс- ; *battre* зодо- ; *foudre* ниргэ-

fraude луйвар

frauder луйварда-

frein *techn.* тоормоос ; *obstacle* саад

freiner тоормоосло- ; *gêner* саад хий- (учруул-)

frère *aîné* ах ; *cadet* дүү ; *jumeaux* ихэр

froid хүйтэн ; жавар ; **plutôt ~** хүйтэвтэр ; **avoir très ~** хөлдө-

frontière хил ; хязгаар ; зааг

fruit жимс(н) ; *figuré* үр

fumée утаа

fumer ута- ; бааги- ; *~ du tabac* тамхи тата-

fusée пуужин

fusil буу(н) ; **~ de chasse** ангийн буу

futur ирээдүй

- G -

gagner хожи- ; **~ de l'argent** мөнгө ав- ; **~ du temps** цаг хожи- ; **~ en qualité** чанаржи-

gai хөгжилтэй ; сэргэлэн ; зугаатай

gain хонжвор

galoper хурдла- ; давхи-

gant бээлий

garantie баталгаа

garçon хүү / ; эрэгтэй хүүхэд ; *serveur* хоол зөөгч

garde харуул ; торгон цэрэг ; манаа ; *gardien* манаач ; **~-frontière** хилчин ; **~-forestier** ойн цагдаа ; **être de ~** жижүүрлэ-

garder *conserver* хадгала- ; үлдээ- ; сахи- ; *surveiller* мана-

gardien манаач

gare өртөө(н) ; галт тэрэгний буудал

gâteau боов

gauche зүүн ; буруу ; солгой ; **à ~** зүүн гар талд ; *maladroit* болхи

gaucher солгой хүн

gaz хий

gazeuse (eau ~) хийжүүлсэн ус

gelée blanche хяруу ; цан

geler хүйтрэ- ; хөлдө- ; даара-

gendre хүргэн

général *commun* ер ; ерөнхий ; түгээмэл ; *milit.* жанжин ; генерал

genou өвдөг

genre төрөл

gens хүмүүс ; улс

géographie газар зүй

gibier ан ; ан амьтад ; ан гөрөөс

gisement орд

glace мөс ; зайрмаг

glacer (se) мөстө- ; хөлдө-

gloire алдар ; цуу

gobi говь

gorge хоолой ; *topo:* хавцал

goût амт ; амт шимт

goûter амса- ; турши-

goutte дусал

gouvernement засгийн газар

gouverner заса- ; жолоод- ; эрх бари-

grâce өршөөл ; **~ à** ачаар ; үрээр

grade зэрэг ; цол

grain үр тариа ; тариа(н) ; **~ de beauté** мэнгэ

graisse өөх(н)

grammaire хэл зүй

grand их ; том ; ханагар ; *grandiose* аугаа ; лут ; **Grande muraille de Chine** Цагаан хэрэм

grand-mère эмэг (эмээ) ; эмгэн эх ; эмгэн ээж

grand-père өвөг эцэг ; өвгөн аав

gratter зура- ; маажи- ; **se ~** загатна- ; **~ une allumette**

grave хүнд ; хэцүү ; гаслант

graver сийлэ-

greffier бичээч

grêle мөндөр

grève ажил хаялт ; **se mettre en ~** ажил хаялт зарла-

griffe хумс(н)

griffer шалбала-

grippe ханиад

gris бор ; саарал ; буурал ; *temps* бүрхэг

griser согтоо- ; **se ~** согто-

gros том ; бүдүүн ; тарган ; зузаан ; махлаг ; ханагар ; **~ bétail** бод мал ; **~ intestin** бүдүүн гэдэс

grossesse жирэмсэн

grossier бүдүүлэг

grossièreté бүдүүлэг үг

grossir таргала- ; томро- ; махла-

groupe хэсэг ; бүлэг ; бүлгэм ; чуулга

gruau будаа

guérir бие засра- ; сэхэ- ; тэнхрэ- ; эдгэ- ; **être guéri** эдгэрэ-

guerre дайн

gueule хоншоор

- H -

habile мэргэн ; чадамгай ; чадмаг ; уран ; сурамгай ; *rusé* овжин ; золбоо ; золбоолог

habiller өмсгө- ; **s'~** өмс- ; хувцасла-

habit хувцас

habitant суугч

habitation сууц ; байр ; орон сууц

habiter суу- ; амьдра- ; оршин суу-

– ; нутагла- –

habitude дасал ; дасгал ; заншил

habituel хэвийн ; жирийн ; тогтмол ; ердийн ; энгийн

habituer (s') дас- – ; дад- – ; **(s')** занши- – ; **(s')** нутагши- – ; **(s'~)** хэвши- –

hache сүх(н)

hacher хөшиглө- – ; цавчи- – ; **~ de la viande** мах тата- –

hachis татсан мах

handicapé тахир дутуу

haut өндөр

hélicoptère нисдэг тэрэг

herbe өвс(н) ; зүлэг

hérisson зараа

héritage өв

hériter өв өвлө- –

héroïque баатарлаг

héros баатар

hésiter гуйва- – ; эргэлзэ- –

heure цаг ; **de bonne ~** өглөө эрт ; **à l'~ actuelle** орчин үед ; **à n'importe quelle ~** дуртай цагтаа

heureux жаргалант ; жаргалтай ; *chanceux* азтай

hier өчигдөр

histoire түүх(н) ; *science* түүх судар

hiver өвөл

homme *être humain* хүн ; *mâle* эр ; эрэгтэй

honnête үнэнч ; шударга ; ариун

honteux бохир ; шившигт ; шившигтэй

hôpital эмнэлэг

horaire цагийн хуваарь

horizon хаяа ; тэнгэрийн хаяа

horizontal хөндлөн

horloge ханын цаг

horloger цагчин

hospitalier *accueillant* зочломтгой

hospitaliser эмнэлэгт хэвтүүл- –

hôte зочин

hôtel зочид буудал

houille чулуун нүүрс

huile тос(н)

huit найм(н)

huitième наймдугаар

humide нойтон

-I -

ici энд ; ийш ; нааш / ; **par ~** үүгээр / ; **~ et là** энд тэнд ; ийшээ тийшээ

idée бодол ; санаа(н) ; суртал ; сэтгэл ; төсөөлөл ; **avoir une ~** сана- –

identifier *assimiler* адилтга- –

identique адил ; ижил ; жигд ; тэнцүү ; чацуу / ; нэгэн адил

idiot тэнэг ; мунхаг

île арал

illégal хууль бус ; хуулинд харш

illimité хэмжээгүй ; хязгаарлашгүй

image дүр

imiter дууриа- –

impair сондгой

importance ач холбогдол

important чухал / ; ноцтой ; үлэмж

impôt татвар ; татвар гувчуур

imprimerie хэвлэх үйлдвэр

incendie түймэр ; гал

incendier түймэрдэ- –

industrie аж үйлдвэр

inéluctable зайлшгүй

inertie эрч

inexpérimenté балчир

inférieur доод ; дотуур

infirmerie эмнэлгийн салбар

infirmier(ère) сувилагч ; асрагч

influence нөлөө(н)

information мэдээлэл ; сонсгол

informer мэдүүл- – ; мэдэгдэ- –

initiative санаачилга

injection тарилга

injure хараал ; зүхэл

injurier хараал тави- ; зүхэ- – ; зандар- –

inoffensif аюулгүй

inondation үер

inonder үерлэ- –

inquiéter сандраа- (сандарга-) – ; зовоо- – ; s'~ сэтгэл зово- – ; сандра- – ; **ne vous inquiétez pas** бүү сандар

insecte хорхой ; шавьж

inspecter хяна- –; байцаа- –

inspecteur хянагч ; байцаагч

inspection үзлэг

installation тоног ; байгууламж

institut дээд сургууль ; *de recherche* хүрээлэн

instruction боловсрол ; *directive* мөрдлөг

instrument хэрэгсэл ; багаж ; зэвсэг ; ~ **de mesure** хэмжүүр

intellectuel сэхээтэн

intelligence сэхээ ; ухаан ; оюун ; ой ухаан ; ойлгомж

intelligent ухаантай ; ухаалаг ; авхаалжтай ; цэцэн /

intensité эрч ; эрчим

interdiction хорио ; хориг ; хориглолт ; цааз / ; цээр

interdire хори- – ; хоригло- – ; цаазла- – ; цээрлэ- –

intéressant сонин ; сонирхолтой ; хачин

intérêt сонирхол ; ашиг сонирхол ; эрх ашиг

; *finance* хүү

intérieur дотуур ; дотор ; дотоод ; дотно ; өвөр

interprète орчуулагч

interrogation асуулт

interroger асуу- – ; ~ **un inculpé** хэрэгтнийг байцаа- –

interrupteur унтраалга ; унтраагуул

interview ярилцлага

intestins гэдэс

intime ойр ; дотно ; өвөрмөц

inutile хэрэггүй ; дэмий

inventaire тооллого

inventer хэрэ- – ; туурви- –

investissement хөрөнгө оруулалт

invitation урилга

inviter ури- –

ivre согтуу

ivrogne согтуу хүн ; архич ; архичин

- J -

jamais хэзээ ч…-гүй

jambe хөл ; шилбэ(н) ; хөлийн шилбэ

janvier нэгдүгээр сар

jardin цэцэрлэг

jardinier ногоочин

jaune шар /

jaunisse шар өвчин

je би

jeter хая- – ; шидэ- – ; сандаа- – ; ~ **l'argent par les fenêtres** мөнгөө хий үрэ- – ; ~ **un coup d'oeil** шагай- – / –

jeu тоглоом ; тоглолт ; ~ **d'échecs** шатар ; ~ **de hasard** шуналтай тоглоом ; мөрийтэй тоглоом

jeudi пүрэв ; пүрэв гариг ; дөрөв дэх өдөр

jeune залуу ; идэр ; балчир ; ~ **fille** хүүхэн ; **les ~s** залуус

jeunesse *âge* идэр нас ; залуу үе ; *groupe* залуус ; залуучууд

joie баяр ; цэнгэл ; хөөр ; бах ; баясгалан

joli хөөрхөн

joue хацар

jouer тогло- – ; наад- –

jouet тоглоом

jour өдөр ; *24 heures* хоног ; ~ **de la semaine** гариг

journal сонин ; сонин бичиг

journaliste сэтгүүлч

juge шүүгч ; ~ **d'instruction** байцаагч

jugement ял

juger шүү- –

juillet долдугаар сар

juin зургаадугаар сар

jumeau ихэр

jumelles *optique* дуран

jument гүү(н)

jurer хараа- ; тангарагла-

juriste хуульчин

jus шүүс(н) ; ~ **de fruit** жимсний шүүс

juste *exact* зөв ; зүйтэй ; *équitable* үнэнч ; шударга ; *récemment* яг ; саяхан ; тун саяхан

- K -

kiosque мухлаг

klaxonner хүнгэнэ- /

koumyss айраг

- L -

labourer хагала-

laboureur тариачин

lac нуур

lacet үдээс

laine ноос(н)

laisser үлдээ- ; орхи- ; ~ **-passer** үнэмлэх

lait сүү(н) ; сааль

laitage цагаан идээ

lamaïsme шар шашин

lampe дэнлүү(н) ; чийдэн

lancer хөөргө- ; шидэ- ; түлхэ-

langage хэл(н)

langue хэл(н) ; ~ **maternelle** төрөлх (эх) хэл

laque маажин(г)

large өргөн ; уужим

larme нулимс

lassitude ядаргаа

lavabo угаагуур

laver угаа-

laver (se ~) угаа- ; арил-

lécher долоо- /

leçon хичээл ; *figuré* сургамж

lecteur уншигч

lecture уншлага

léger хөнгөн ; *fig.* томоогүй

légumes ногоо(н) /

lendemain маргааш ; дараагийн өдөр

lent удаан ; хойрго ; аажим

lentement удаан ; алгуур ; аяар

léopard ирвэс

lequel аль(н)

lettre *signe* үсэг ; *missive* захиа ; захидал ; ~ **recommandée** баталгаатай захиа

lever (se) бос- ; манда- ; өндий-

lèvre уруул

liberté чөлөө(н) ; эрх чөлөө

librairie номын дэлгүүр

libre чөлөөт ; чөлөөтэй ; *vide* ханхай ; сул

liège бөглөө

lien харилцаа(н) ; холбоо(н) ; хэлхээ ; сүлбээ ; залгаа ; ~ **de parenté** ураг барилдлага ; садан сүлбээ

lier хүлэ- ; холбо- ; уя- ; зангид-

lieu байр ; газар

lieutenant дэслэгч

lieutenant-colonel дэд хурандаа

ligne шугам ; зураас ; ~ **courbe** тахир шугам ; мугуй зураас ; ~ **droite** шулуун шугам ; цэх шугам ; ~ **de chemin de fer** төмөр замын шугам

lignite хүрэн нүүрс

lime хуурай

limite хязгаар ; хир ; хил

linguistique хэлний шинжлэл ; (*adj.*) хэлний ; хэлний шинжлэлийн

liquide уусмал ; (*adj.*) шингэн

lire унши-

liste данс(н) ; цэс

lit ор

literie дэр дэвсгэр

littérature уран зохиол

livre ном ; судар

livre *poids* жин

localité тосгон

locomotive diesel илчит галт тэрэг

logement орон байр ; орон сууц

loi хууль ; цааз / ; жам ; ~ **naturelle** байгалийн жам

loin хол ; алс

loisir чөлөө цаг ; зав

long *taille* урт ; *temps* удаан ; **le ~ de** дагуу

longtemps удаан ; **depuis ~** хэдийнээс

lotus лянхуа

loup чоно(н)

lourd хүнд ; нүсэр

loyer байрын хөлс

lucratif ашигтай

lumière гэрэл ; гэгээ(н)

lundi даваа ; даваа гариг ; нэг дэх өдөр

lune сар

lunettes нүдний шил ; харааны шил

lutte *combat* барилдаан ; тэмцэл ; *sport* бөх ; ~ **libre** чөлөөт бөх

lutter байлда- ; тэмцэ- ; дайта- ; тулалда- ; *sport* бөх барилда-

lutteur тэмцэгч ; *sportif* бөхчин

- M -

machine машин ; ~ **à coudre** оёдлын машин ; ~ **à écrire** бичгийн машин

mâchoire эрүү

madame хатагтай ; хатан ; авгай ; гуай /

magasin дэлгүүр ; ~ **d'alimentation** хүнсний дэлгүүр

magasinier бараан нярав

magie ид ; дом ; ид шид

magnétophone дуу хураагч

magnifique үзэсгэлэнт

mai тавдугаар сар

maigre туранхай ; тарчиг ; эцэнхий ; цонхигор

maigrir тура- – ; эцэ - –

maillon үе

main гар ; алга ; **d'oeuvre** ажиллах хүч ; **à ~ nue** улаан гараараа

maintenant одоо / ; дөнгөж саяхан ; өнөө

mais харин ; гэвч

maison байшин(г) ; айл өрх ; гэр ; **~ d'édition** хэвлэх газар ; хэвлэлийн газар ; **~ de la culture** соёлын ордон

maître эзэн ; *enseignant* багш ; *expert* урчууд ; **(maîtresse) de maison** гэрийн эзэн ; **~ de soi** томоотой

maîtrise чадвар ; ноёрхол

maîtriser эзлэ- – ; эзэмдэ- – ; ноёрхо- – ; **se ~** биеэ бари- – ; өөрөө эзэмдэ- –

majesté сүр ; жавхлан

majestueux сүрлэг

majeur (âge) нас хүрсэн

majeur (doigt) дунд хуруу

majorité ихэнх ; олонхи ; дийлэнх

majuscule том үсэг

mal муу ; өвчтэй

malade өвчтөн ; эмчлүүлэгч

maladie өвчин ; эмгэг ; **~ chronique** ужиг өвчин ; **~ mentale** сэтгэлийн өвчин ; **~ incurable** эмчилгээгүй өвчин ; **~ grave** хүнд өвчин ; **~ contagieuse** халдварт өвчин ; **~ de peau** арьс өнгөний өвчин

malchance хохь

mâle эр

malédiction хараал ; зүхэл

malencontreux хиймoрьгүй ( )

malfaiteur хэрэгтэн ; ялт этгээд

malheur сүйд ; лай ; гай ; гай зовлон ; гаслан

malheureusement харамсалтай нь

malle авдар

malpropre салан ; хиртэй

maman ээж /

manche *outil* иш ; *vêtement* ханцуй ( )

manger идэ- –; зоогло- –

manifestation жагсаал

manifeste тунхаг ; тунхаглал

manifester үзүүл- –; жагса- –

manquer алгаса- –; дута-

—; дутагда- —

manteau гадуур хувцас

manuscrit гар бичмэл

marasme зогсонги

marbre гантиг

marchand худалдаачин

marchandise бараа ; таваар ; эд бараа

marché зах ; зээл ; зах зээл

marcher ява- — ; алха- — ; явган ява- —

mardi хоёр дахь өдөр ; мягмар ; мягмар гариг

mari нөхөр ; хар хүн

mariage хурим ; найр хурим

marier (se ~) гэрлэ- — ; айл гэр бол- —

marionnette хүүхэлдэй

marmite тогоо(н) ; *à vapeur* жигнүүр

marmote тарвага(н)

marque тэмдэг ; **~ du bétail** тамга

marquer тэмдэглэ- —

mars *mois* гуравдугаар сар ; *astron.* мягмар

masculin эр ; эрэгтэй

masque баг

masquer халхавчла- —

matériel багаж ; (*adject.*) бодит

matériau de construction барилгын хэрэгсэл

matière бод ; **~ première** түүхий эд ; **~ scolaire** сургуулийн үзэх юм

matin өглөө(н) /

matinée (dans la ~) өглөөгүүр

mauvais муу ; олиггүй ; муусайн

méchanceté хорсол

méchant муухай ; хар ; буруу

médaille одон

médecin эмч ; их эмч ; **~ chef** ерөнхий эмч ; **~ de garde** жижүүрийн эмч ; **~ généraliste** дотрын эмч

médecine анагаах ухаан ; эмнэлэг ; хүн эмнэлэг ; **~ vétérinaire** мал эмнэлэг

médicament эм

membre *anat.* эрхтэн ; мөч ; *organis.* гишүүн

menteur худалч

menton эрүү(н)

menu хоолны цэс ; (*adj.*) жижиг

menuisier мужаан

mer далай ; тэнгис

merci баярлалаа ! /

mercredi гурав дахь өдөр ; лхагва гариг

mère эх

mesure хэмжээ(н) ; арга хэмжээ ; хир ; хэм ; *instrument* хэмжүүр

mesurer хэмжи- — ; хэмжээлэ- —

métal төмөрлөг

météorologie цаг агаар

mettre хий- ; оруул- ; тави- ; ~ *un vêtement* өмс- ; өмсгө-

meuble тавил ; тавилга

midi үд ; **(sud)** урд

miel зөгийн бал

milieu дунд ; төв

mille мянга(н)

million сая

millionnaire саят / саятан

mine уурхай ; уул уурхай ; **(mimique)** царай ; *milit.* мина ; галт бөмбөг

minerai хүдэр ; **de cuivre** зэсийн хүдэр ; **de fer** төмрийн хүдэр

mineur уурхайчин ; *âge* нас хүрээгүй

ministère яам(н)

ministre сайд ; **(hist.)** түшмэл

minuit шөнө дунд

mirage зэрэглээ

miroir толь(н)

mois сар

moitié хагас

mollusque нальхан хорхой ; нялзгай биетэн

monastère хийд ; сүм хийд

monde дэлхий(н) ; орчлон ; ертөнц ; *gens* улс

mongol монгол

Mongolie Монгол улс ; ~ **intérieure** Өвөр Монгол

monnaie мөнгө(н) ; *pièce* зоос ; **petite** ~ задгай ; ~ *rendue* хариулт

monsieur гуай ; ноён

montagne уул

monter гар- ; хөөр- ; өгсө- ; ~ **à cheval** морь уна- ; мордо- ; ~ **sur le trône** хаан ширээнд суу- ; ~ **une yourte** гэр бари- ; ~ **un spectacle** жүжиг тави-

montre цаг

montrer үзүүл- ; харуул- ; заа- ; зааж өг-

monument хөшөө(н) ; дурсгал

moquer (se ~) шооло- ; доогло-

mordre зуу- ; хаза- ; *serpent* хатга-

mort үхэл

mot үг

moteur хөдөлгүүр

mou зөөлөн ; зөөлхөн ; цулцгар

mouche ялаа(н)

mouchoir алчуур

mourir үхэ- ; нас бара- ; нас эцэслэ- ; нас нөгчи- ; амь эрсдэ- ; амьсгаа хураа- ; яс тави-

moustique шумуул

mouton хонь(н)

mouvement хөдөлгөөн ; эргэлт

mur хана(н)
muraille хэрэм
muscle булчин
museau хошуу(н) ; хоншоор
musicien хөгжимчин
musique хөгжим

- N -

naître төрө- ; мэндлэ- ; **bétail** төл бойжи-
nation үндэстэн ; улс ; улс үндэстэн
nature байгаль
naturel байгалийн ; жинхэнэ ; ёстой
nécessaire хэрэгтэй ; зайлшгүй
neige цас(н)
nettoyage цэвэрлэгээ(н)
nettoyer цэвэрлэ- ; арилга- ; арчи-
neuf *nouveau* шинэ
neuf *numéral* ес(н) /
neuvième есдүгээр
nez хамар
niveau төвшин / түвшин ; хэмжээ(н)
noce хурим ; найр хурим
nocif хорт ; хортой ; хөнөөлтэй
noir хар
noirâtre харавтар
noircir харла-
nom нэр ; алдар ; (*gramm.*) нэр үг ; ~ **de famille** овог
nomade нүүдэлчин
nomadisation нүүдэл
nombre тоо(н)
non биш / ; үгүй/-гүй
nord хойно ; умар ; ар
normal хэвийн
nourriture идээ ; хоол(н) ; *fourrage* бордоо ; тэжээл
nous бид ; бид нар ; ~ **deux** та бид хоёр
nouveau шинэ ; ~ **an** шинэ жил , (*lunaire*) цагаан сар
nuage үүл(н)
nuisible хорт ; хортой ; хөнөөлтэй
nuit шөнө ; ~ **et jour** өдөр шөнөгүй
numéro дугаар ; ~ **de téléphone** утасны дугаар

- O -

obéir үгэнд оро- ; дагаж яв-
occuliste нүдний эмч
océan далай ; тэнгис
octobre аравдугаар сар
odeur үнэр
oeil нүд(н)
oeuf өндөг
offrir бари- ; дайла- ; зочло- ; мялаа-
oignon сонгино
oiseau шувуу(н) ; жигүүртэн
ombre сүүдэр
oncle ах ; авга ; авга ах

oncle maternel нагац ах

opinion санал ; үзэл санаа ; санал бодол

or алт(н)

oral *adj.* аман

ordinateur тооцоолуур ; компьютер

oreille чих(н)

oreiller дэр

organe эрхтэн ; **~ des sens** мэдрэл

organisation *dispositif* зохион байгуулалт ; *groupe* байгууллага

organiser байгуул- ; явуул-

orient дорно

oriental дорнод ; зүүн

origine үүсвэр ; үүсэл ; уг ; угсаа ; гарал ; гарал үүсэл ; язгуур угсаа

ornement *motif* хээ ; угалз ; хээ хуар ; хээ угалз ; *objet décoratif* гоёл ; чимэг ; чимэглэл

orphelin өнчин ; өнчин хүүхэд

orthographe зөв бичгийн дүрэм

os яс(н)

oser зүрхлэ- ; зоригло-

ou ~ *bien* буюу ; юмуу ; эсвэл

où хаа / хаана ; (*avec mouvement*) хааш(аа)

oublier марта-

ouest баруун ; баруун тал ; өрнө

oui тийм

ouïe *audition* сонор

ourga *perche-lasso* уурга

ours баавгай

outil багаж ; зэвсэг

outre *subst.* хөхүүр

outre (en ~) үүнээс гадна

ouvrier ажилчин

ouvrir нээ- ; онгой- ; (*trans.*) нээлгэ- ; онгойлго- ; *vêtement* дэлгэ- ; *dénouer* тайл-

- P -

pain талх

paire хос ; **~ de chaussures** хос гутал

paix энх ; энх тайван ; энх амгалан

palais ордон ; өргөө ; *anatom.* тагнай

panne осол ; осол гэмтэл

pantalon өмд

papa аав

papier цаас(н)

papillon эрвэхэй

paquet боодол ; илгээлт

parachute шүхэр

parachutiste шүхэрчин

parapluie халх ; шүхэр

pardon уучлал ; **~ !** уучлаарай ! ; өршөөгөөрэй !

pardonner уучла- ; өршөө-

parent хамаатан ; төрөл

; *paternel* садан ; *maternel* нагац ; *père et mère* эцэг эх

parenté төрөл ; ураг ; садан

paresseux залхуу ; хойрго ; (*fam.*) лазан

parfois хааяа ; заримдаа

parfum үнэртэн

pari мөрий

parier мөрийцө-

parler яри- ; хэлэ- ; ~ **mongol** монголоор яри-

partager хуваарила- ; хуваа- ; хуваалца- ; хэсэглэ- ; *en deux* хагасла- ; талла-

parti нам

partie хэсэг ; салбар ; анги ; *jurid.* этгээд

partir ява- ; очи- ; од- ; мордо-

partout хаа́ хаагүй

passager зорчигч

passer *traverser* өнгөрө- ; шилжи- ; *éviter* алгаса- ; *franchir* дава- ; гатал- ; *filtrer* шүү- ; **faire** ~ өнгөрөө- ; дамжуул- ; ~ **l'été** зунжи- ; ~ **l'hiver** өвөлжи- ; ~ **la nuit** хоно- ; хоногло- ; ~ **la nuit à la belle étoile** хээр хоно- ; ногтло-

patrie эх орон

patriote эх оронч

patte савар

pâturage бэлчээр ; отор

paume алга

paupière зовхи

pause завсар ; завсарлага

pauvre *miséreux* ядуу ; хохь ; хоосон ; зүдүү ; *malheureux* хөөрхий ; зайлуул

payer төлө-

pays орон ; нутаг ; орон нутаг

paysan тариачин

peau арьс(н) ; шир(н) ; хальс

pêcher загас бари-

pêcheur загасчин

pédiatrie хүүхдийн эмнэлэг

peigne сам; сам шүүр ; хяр

peine *chagrin* уйтгар ; зовлон ; гаслан ; *sanction* ял

peintre *artiste* уран зураач ; ~ **en bâtiment** будагчин

peinture *art* уран зураг ; *substance* будаг

pensée бодол ; санаа(н) ; сэтгэхүй

penser бодо- ; сана- ; сэтгэ-

pension тэтгэвэр

percer өрөмдө- ; цоо хатга- ; цоол-

perdre хая- ; гээ- ; алда- ; гарзда- ; **connaissance** ухаан алда- ; мэдрэл алда- ;

se ~ төөрө- ; эндүүрэ- ; хаягда-

père эцэг

perfectionné боловсронгуй

période үе ; улирал / ; цаг

petit бага ; жижиг ; бяцхан ; өчүүхэн ; ~ *d'animal* зулзага ; ~ **enfant** нялх ; маамуу

petit pois вандуй

petite-fille ач охин ; зээ охин

petit-fils ач ; зээ

peu хомс бага ; ; цөөн ; цөөхөн ; хомсхон

peuple ард ; ард түмэн ; олон түмэн

peur аймшиг ; айдас / ; **avoir** ~ ай- ; хулчий- ; **faire** ~ айлга- –

pharmacie эмийн сан

philosophe гүн ухаанч ; философич

philosophie гүн ухаан ; философи

photographe зурагчин

photographie гэрэл зураг ; сүүдэр ; зураг

phrase өгүүлбэр

pic-vert тоншуул

pie шаазгай

pied хөл

pierre чулуу(н) ; ~ **précieuse** эрдэнэ ; эрдэнийн чулуу

piéton явган ; явган хүн

pigeon тагтаа

pilote нисгэгч

piloter *avion* нисгэ- ; *voiture* жолоод-

pin нарс(н)

pinceau бийр

pipe гаанс

piquer хава- ; хатга- / ; шивэ- ; тари- ; чичи-

place *lieu* газар ; байр ; суурь ; *en ville* талбай

plafond тааз

plaine тал

plaisir таатламж

planche банз ; самбар

plancher шал

planète хорвоо ; гариг ; од гариг

plante ургамал

planter хада- ; шаа- / ; суулга- ; тари- ; ~ **un clou** хадаас хада- ; хадаас шаа- ; ~ **des fleurs** цэцэг суулга- ; цэцэг тари- ; ~ **une tente** майхан бари-

pleurer уйла-

pluie бороо(н) ; хур

plus илүү ; улам ; гаруй ; нэн

plusieurs олон ; хэд хэдэн

poche халаас(н) ; өвөр ; хүүдий

poésie *poème* шүлэг ; *genre* яруу найраг

poète яруу найрагч

poids жин

poil үс(н) ; ноос(н)

poing нударга

point тэмдэг ; цэг ; ~ **d'exclamation** анхаарлын тэмдэг ; ~ **d'interrogation** асуултын тэмдэг

pointu хурц ; шовгор ; шөвгөр

poison хор

poisson загас(н)

pôle туйл ; ~ **nord** хойт туйл ; умард туйл ; ~ **sud** өмнөд туйл

poli эелдэг ; хүмүүжилтэй

police цагдаа ; цагдан сэргийлэх

police *contrat* гэрээ

policier цагдаа ; сэргийлэгч

politesse эелдэг зан

politique *une* ~ бодлого ; *la* ~ улс төр

pomme алим

pomme de terre төмс

population *démogr.* хүн ам ; өрх ам ; *la* ~ хүмүүс

porcelaine шаазан /

porte хаалга ; үүд(н)

porter зүү- ; чирэ- ; ~ **plainte** зарга мэдүүл- ; ~ **la responsabilité** хариуца-

poser тави- ; хий- ; өрө-

possibilité бололцоо ; боломж

poste *fonction* албан тушаал ; *courrier* шуудан ; *hist.* өртөө улаа ; ~ **de radio** хүлээн авагч ; ~ **frontière** хилийн боомт

pouce эрхий хуруу ; *mesure* ямх

poulain унага(н)

poule тахиа(н)

poumon уушги(н)

poupée хүүхэлдэй

pourcentage хувь

pourquoi яагаад

poussière тоос(н) ; шорой / шороо(н)

pouvoir *verbe* чада- ; бол- ; *nom* төр ; засаг ; эрх ; мэдэл ; эрх мэдэл ; чадал

précis оновчтой ; лав ; тодорхой ; зөв ; нямбай

premier анх(н) ; анхдугаар ; тэргүүн ; нэгдүгээр ; ~ **ministre** ерөнхий сайд

prendre ав- ; бари-

préparer бэлтгэ- ; болго- ; бэлэд- ; зэхэ-

près ойр ; ойрхон ; орчим ; дэргэд

président тэргүүлэгч ; ерөнхийлөгч ; дарга

présider толгойло- ; ерөнхийлө-

presque бараг ; шахуу ; шахам

presse хэвлэл

presse *machine* шахуур

pression дарлал ; хавчлага

; шахалт

prier *demander* гуй- ; захи- ; *relig.* мөргө-

principal гол ; ерөнхий ; жанжин

printemps хавар

prise *lutte* мэх ; ~ **électrique** залгуур

prison шорон ; гяндан ; хар гэр ; хорих анги

privé хувийн

prix үнэ ; хөлс ; *récompense* шагнал

proche ойр ; ойрхон ; ойролцоо ; шадар ; орчин ; *intime* дотно

procureur яллагч ; ~ **général** улсын яллагч

producteur үйлдвэрчин

production *produits* бүтээгдэхүүн ; *action* үйлдвэрлэл

productivité бүтээмж ; ашиг шим

produire үйлдвэрлэ- ; хий- ; гарга-

produit бараа ; эдлэл

professeur багш ; профессор

profession мэргэжил

profit хонжоо ; ашиг ; ач

profond гүн ; гүнзгий

programme хөтөлбөр

progrès дэвшил ; дэвшилт / давшилт ; ахиц

projet төсөл ; төлөв

promener se ~ зугаала-

promesse амлалт ; өчиг

promettre амла- ; ам өг-

promouvoir хөхүүлэн дэмжи-

promulguer буулга-

pronom төлөөний үг

prononciation аялгуу ; дуудлага

propagande ухуулга

propre цэвэр ; **sens** ~ шууд утга ; *personnel* хувийн ; амины

propriétaire эзэн ; эзэмшигч

propriété *biens* өмч ; эзэмшил ; *qualité* шинж ; чанар

protection хамгаалалт ; сэргийлэл

protéger хамгаала- ; өмгөөлө-

proverbe цэцэн үг ; зүйр үг

province аймаг ; муж ; *la ~, en ~* хөдөө(н)

provisoire түр

puis дараа

puits худаг

punir ялла- ; залхаа- ; *amende* торго-

pur ариун ; цэвэр ; ариун цэвэр ; *ciel* цэлмэг

purger une peine ял эдлэ-

- Q -

qualité чанар ; шинж чанар ; яс чанар

; *nutritive* шим

quand хэзээ(н)

quarante дөч(н) /

quart d'heure мөч

quartier хороо(н) / ; хороолол

quatre дөрөв(н) /

quatre-vingt-dix ер(н)

quatre-vingts ная(н)

quatrième дөрөвдүгээр

quelqu'un хэн нэг хүн

quelque аливаа ; зарим

quelques хэд хэдэн ; ~ **mots** хос үг

question асуулт ; асуудал

queue сүүл ; ~ **leu leu** цуваа(н)

qui хэн

quoi юу(н) /

- R -

racine үндэс(н) ; үг ; язгуур

raconter хэлэ- ; хэлж өг- ; тоочи-

radiologie гэрэлд харуулах ; рентген зураг

radis улаан лууван

ragot сураг ; цуурхал

raisin усан үзэм ; ~ **sec** үзэм

raison *cause* учир / ; учир байдал ; үндэслэл ; *sagesse* оюун билиг ; оюун ухаан

ramasser хураа- ; түү- ; цуглуул- ; хама- ; *replier* хуми-

rapide хурдан ; түргэн

rappeler (se) дурс- ; дурд- ; санагда- ; нэхэн сана- ; эргэн сана-

rare ховор ; ховор нандин ; ховорхон

rassemblement цуглаан

rassembler хураа- ; цуглуул- ; эмхтгэ-

rassembler (se ~) хура- ; цугла- ; цуглара-

rat оготно

ravioli банш

rayon илч(н) ; туяа ; цацраг ; ~ **X** рентгений цацраг ; ~ *de magasin* тасаг ; *étagère* тавиур

recevoir *accueillir* хүлээ-; хүлээн ав- ; *être atteint* оногдо-; ногдо-

réchaud зуух ; ~ **à gaz** хийн зуух

recherche scientifique эрдэм шинжилгээ

récipient сав ; авдар

récit тууж ; өгүүллэг

récolte хураалт ; ургац

récompense шагнал ; шан

récréation завсарлага

rectifier зөвтгө- ; залруул-

réfrigérateur хөргөгч

refroidir хөргө-

refuser татгалза-

regard харц

regarder хара- ; үзэ-

région *province* аймаг ; *zone* муж ; *circonscription* тойрог

règle дүрэм ; хэв ; журам ; ёс(н) ; *relig.* ёс(н) ; ном

réglement дүрэм ; заавар

regret харамсал

regretter харамса- ; хайрла- ; өрөвдө- ; гасла-

réincarnation хувилгаан

réjouir (se ~) баярла- ; баяс- ; найрла- ; хөөр- ; хөгжилдө- ; цэнгэ-

relais (poste) өртөө(н)

relation харьцаа(н) ; харилцаа(н) ; хамаа ; хандлага ; *connaissance* танил ; танил тал

religion шашин ; шашин шүтлэг

reliure хавтас

rembourser хариул-

remerciement талархал

remercier талархa- ; талархал илэрхийлэ-

rencontre уулзалт ; учрал

rencontrer уулза- ; дайралда- ; угта- ; учра- ; таара- ; тааралда- ; тосо-

rendre өг-- ; буцааж өг-- ; **~ la monnaie** хариулт өг- ; **~ la liberté** суллаж тави- ; **~ les honneurs** ёсло- ; **~ public** нийтлүүл- ; **~ service** ач тус хүргэ- ; тусламж үзүүл-

réparateur засварчин

réparation засвар ; залруулга

réparer заса- ; засварла- ; сэлбэ- ; ~ *une erreur* залруул-

repas хоол(н)

repasser индүүдэ-

répondre хариул- ; өчи-

réponse хариу ; хариулт

repos амралт ; тав

reposer (se ~) амра- ; яс амра-

représentant төлөөлөгч

république бүгд найрамдах

réputation алдар ; нэр хүнд ; нэр сүр ; нэр алдар ; нэр төр

réservoir сан

résidence орон байр ; орон сууц ; өргөө ; **~ d'été** зуслан

résident суурин суугч

résidu үлдэгдэл

résistance *opposition* эсэргүүцэл ; няцаалт ; *endurance* тэсвэр ; *tech.* **~ électrique** цахилгаан эсэргүүцэл

résister эсэргүүцэ-

résolument шууд

résolution шийдвэр ; тогтоол

résoudre бодо- ; шийдвэрлэ- ; **~ un problème** бодлого бодо- ; **~ une énigme** оньсого таа-

respect хүндлэл

respecté хүндэт ; эрхэм

responsabilité хариуцлага

responsable хариуцлагатай

résultat үр ; үр дүн ; дүн

résumé товч ; товчлол

retard хоцрогдол ; саатал

retourner хари- ; буца- ; эргэ-

retraite *recul* ухралт ; **battre en ~** ухра- ; *pension* тэтгэвэр

réunion хурал ; хуралдаан ; цуглаан

réunir хураа- ; хуралдуул- ; цуглуул- ; хуми- ; эвлүүл- ; нийлүүл- ; **se ~** хура- ; нийлэ- ; хуралда- ; цугла- ; цуглара-

réussi бүтэмжтэй ; бүтэлтэй ; амжилттай

réussir амжи- ; бүтэ-

rêve *vision* зүүд ; *espoir* хүсэл мөрөөдөл ; горьдлого

réveiller сэрээ- ; сэргээ-

réveiller (se ~) сэрэ- ; сэргэ- ; нойр сэргэ-

revenir хари- ; буца- ; эргэ- ; **~ à soi** сэхээрэ-

revenu орлого ; ашиг

rêver *voir en rêve* зүүдлэ- ; *espérer* эрмэлзэ- ; мөрөөдө-

révolte самуун ; эгдүү ; эгдүүцэл

révolution хувьсгал ; эргэлт

riche баян

rire инээ- ; *nom* инээд

rivière гол ; мөрөн

riz цагаан будаа

robe mongole дээл ; *vêt. fémin* хувцас хунар ; **~ des** *animaux* зүс

rond дугуй

rôtir хуура- ; хайра- ; шар-

roue дугуй

rouge улаан

route зам ; зам харгуй

rue гудамж

ruisseau горхи

russe; **Russie** орос

- S -

sable элс(н) ; элс шороо

sabot туурай

sabre сэлэм

sac хүүдий ; уут ;

шуудай ; цүнх(н)

sacoche цүнх(н)

sage мэргэн ; цэцэн /

sagesse оюун ; ухаан

saison улирал /

salaire цалин ; ажлын хөлс

sale хиртэй ; халтар ; бузар ; бохир

salir (se ~) хиртэ- – ; шавар бол- –

salive шүлс(н)

salle танхим/тэнхим / ; өрөө(н) ; ~ **d'attente** хүлээх танхим ; ~ **de bain** угаалгын өрөө ; халуун усны өрөө ; ~ **de classe** хичээлийн танхим

salon зочлох өрөө(н) ; зочдын өрөө

saluer мэндлэ- –; ёсло- –; мэнд хүргэ- –; золго- –; ёслон хүндэтгэ- –

salut мэнд ; мэндчилгээ

samedi хагас сайн өдөр ; бямба ; бямба гариг

sang цус(н)

sanglier зэрлэг гахай

santé эрүүл мэнд ; мэнд ; бие тэнхээ ; лагшин ; **à votre** ~ танай эрүүл мэндийн төлөө !

saoul согтуу

satellite дагуул

satisfaisant хангалттай

satisfait хангалуун ; **être** ~ хан- –

saucisson хиам

saut харайлт ; ~ **à la perche** тулгуууртай харайлт ; ~ **en hauteur** өндрийн харайлт ; ~ **en longueur** уртын харайлт

sauter харай- – ; үсэр- – ; *éviter* алгаса- –

sautiller ухасхий- – ; дэвхцэ- – ; цовхор- –

sauvage *animal* зэрлэг ; *lieu* бөглүү ; *caractère* догшин

sauver авра- – ; ~ **la vie** амь авра- –

sauveteur аврагч

savant эрдэмтэн

saveur амт ; амт шимт

savoir (*verbe*) мэдэ- – ; ~ **par coeur** тогтоо- – ; цээжээр мэдэ- –

savoir (*nom*) эрдэм ; мэдлэг ; мэдлэг боловсрол

savoir-faire чадвар

savon саван

scie хөрөө(н)

science ухаан ; шинжлэх ухаан ; эрдэм ; эрдэм шинжилгээ ; ~ **humaines** нийгмийн шинжлэх ухаан ; ~ **de la nature** байгалийн шинжлэх ухаан

scier хөрөөдө- –

scrutin санал хураалт ; **~ à bulletins secrets** нууцаар санал хураалт

sculpteur уран барималч

sculpture баримал ; уран баримал

seau хувин

sec хуурай

second дэд

secret нууц ; сэм ; далд ; **~ d'Etat** улсын нууц

secrétaire нарийн бичгийн дарга

secteur салбар ; тойрог

section *subdivision* хэлтэс ; салбар ; анги ; тасаг ; *diamètre* голч

sel давс(н)

selle эмээл

seller тохо- ; эмээллэ-

semaine долоо хоног

sens *signification* утга ; ач холбогдол ; зөн ; мэдрэл ; *direction* зүг ; чиг

sentier зөрөг ; явган хүний зам ; нарийн харгуй

sentir *dégager une odeur* ханхал- ; үнэртэ- ; *percevoir une odeur* үнэрлэ- ; *ressentir* мэдрэ- ; зөгнө-

sécurité аюулгүй байдал ; **le Conseil de ~** Аюулгүйн зөвлөл

séparer салга- ; тусгаарла- ; заагла- ; **se ~** хагаца- ; хөндийрө- ; салбарла- ; сала- ; тусгаарла- ; ялгара-

sept долоо(н) /

septembre есдүгээр сар

septième долдугаар

sergent ахлагч

serpent могой

serré *dense* шигүү(н) ; нягт ; *étroit* нарийн

serrer бари-

serrure цоож

serveur хоол зөөгч ; үйлчлэгч

service үйлчилгээ(н) ; **~ public** алба(н) ; **~ militaire** цэргийн алба ; *tour de ~* жижүүр

seul ганц ; дан / ; өнчин ; нэгдмэл

signal дохио ; тэмдэг ; **~ d'alarme** түгшүүрийн дохио

signature гарын үсэг

signe тэмдэг ; шинж ; шинж тэмдэг ; дохио(н)

signer зура- ; гарын үсэг зура-

signification утга ; ач холбогдол

situation байдал ; аж байдал ; нөхцөл байдал ; шинж байдал ; аяг

six зургаа(н) /

sixième зургаадугаар

ski цана

skier цанаар гулга-

skieur цаначин

société нийгэм ; нийгэмлэг

soeur *aînée* эгч ; ~ *cadette* эмэгтэй дүү

soie торго(н)

soif цангаа

soigner анагаа- ; эмчлэ- ; эмнэ-

soir орой ; үдэш

soixante жар(н)

soixante-dix дал(н)

sol хөрс(н) ; шороо(н)

soldat цэрэг

soleil нар(н)

somme дүн ; нийлбэр ; ~ **versée** төлбөр ; хөлс

sommet оргил ; орой

sorte төрөл ; зэрэг

sortir гар-

soudain гэнэт ; цочир ; цочмог

souffle амь(н) ; амьсгал

souhait дур хүсэл ; ерөөл

souhaiter хүсэ-

soupe шөл

source булаг ; эх(н) ; (*figuré*) эх үүсвэр ; эх үндэс

sourire инээмсэглэ-

sourire инээмсэглэл

souris хулгана ; оготно

sous дор/доор

souvenir дурсгал

souvenir (se ~) дурс- ; дурд- ; нэхэн сана- ; санаанд оро- ; санагда- ; эргэн сана-

souvent голдуу

spécialiser (se) мэргэжи-

spécialiste мэргэжилтэн

spécialité мэргэжил

spectacle үзвэр ; жүжиг ; тоглолт

spectaculaire үзэсгэлэнт

spectateur үзэгч

sport биеийн тамир

sportif тамирчин

squelette араг яс ; хэлхээ яс

station буудал ; өртөө(н)

statistique тоо бүртгэл

statut дүрэм

steppe хээр ; хээр тал ; тал газар

steward үйлчлэгч

structure хэвшил ; бүтэц ; байгууламж

style найруулга

stylo үзэг

suc шүүс ; шим ; ~ **gastrique** ходоодын шүүс

succéder уламжла- ; өвлө- ; залгамжла-

succès амжилт ; хийморь ; ахиц ; ололт ; завшаан

sucre чихэр ; ёотон ; ~ **en poudre** элсэн чихэр

sud урд ; өвөр ; өмнө

sueur хөлс ; шивэр
suffixe дагавар
support суурь ; түшиг ; тулгуур/тулгуурь /
sur дээр
sûr итгэлтэй ; аюулгүй ; шилдэг ; лав ; түшигтэй
surface талбай ; гадаргуу / гадарга ; **eaux de ~** гадаргын ус
syndicat үйлдвэрчний эвлэл

- T -

tabac тамхи(н)
table ширээ(н) ; хүснэгт
tableau *table* хүснэгт ; ~ noir самбар ; *peinture* зураг
tailler эсгэ- – ; **~ un vêtement** хувцас эсгэ- – ; **~ un crayon** харандаа үзүүрлэ- –
talon өсгий ; ~ *anat.* хөлийн өсгий ; **~ de chaussure** гутлын өсгий
tampon тамга ; тэмдэг
tant өдий ; төдий
tant bien que mal чадан ядан
tante авга ; эгч ; авга эгч
tapis хивс(н)
tard хожуу ; орой
tas бөөн ; овоо
taux ханш
technologie боловсруулах арга ; технологи
teindre буда- –
teinture будаг
télégramme цахилгаан мэдээ
téléphone утас(н)
téléphoner утасда- –
téléviseur зурагт ; **~ couleur** өнгөт зурагт
télévision зурагт радио ; зурагт
tempête шуурга
temple сүм
temps цаг ; **~ libre** зав ; сул цаг
tenir бари- – ; **~ parole** үгэндээ хүр- – ; амандаа хүр- – ; **~ sa langue** амаа хамхи- – ; амаа тата- – ; **~ un pari** мөрийцө- – ; **~ une conversation** ярилца- –; хөөр- –; хүүрнэ- –
tennis de table одон бөмбөг
tension хүчдэл ; **haute ~** өндөр хүчдэл
tente асар ; майхан
tenter *essayer* хичээ- –; сори- –; оролдо- – ; *séduire* ятга- –; дур булаа- –
terminer хаа- –; дуусга- –; төгсгө- – ; **se ~** бара- –; төгс- –; дуус- –; эцэслэ- –
terre шорой / шороо(н) ; газар ; **la ~** дэлхий
territoire нутаг ; дэвсгэр ; нутаг дэвсгэр

terrorisme алан хядлага

tête толгой(н) ; тархи

têter хөхө- ; шимэ-

têtu хөшүүн ; зөрүүд ; муйхар

textile нэхмэл

thé цай ; **~ au lait** сүүтэй цай

théière данх ; домбо

théoricien онолч

théorie онол

thermale (source ~) рашаан

thermique илчит

thermos халуун сав

tibia шилбэ(н)

tiède бүлээн

tiens ! май !

timbre хонх(н)

timbre-poste марк

timide хулчгар ; ичимхий ; зүрхгүй

tirer *traîner* тата- ; сунга- ; соро- ; чангаа- ; **~ à l'arc** сур харва- ; *arme à feu* бууда-

tiroir хайрцаг

tisser нэхэ-

tissu бараа ; даавуу ; нэхмэл

toilettes бие засах газар

toit дээвэр

tomate улаан лооль ; лооль

tomber уна- ; ойчи-

tome боть

tondre хярга- ; **~ les moutons** хонь хярга-

tonnerre аянга

torrent урсгал ; уулын урсгал

tôt эрт(н) ; урьд

total дүүрэн ; дүн ; нийлбэр ; цул

toujours дандаа ; хэзээд ; ямагт ; үргэлж ; **pour ~** эгнэгт

tour *nom fém.* цамхаг

tour *nom masc.* ээлж ; **à ~ de rôle** ээлжит ; *sport* даваа

tourisme аялал

touriste жуулчин

tournée эргүүл

tourner орчи- ; эргэ- ; эргэлдэ- ; ороо-

tousser ханиа-

tout хамаг ; бүгд ; бүхэн ; бүтэн ; нийт ; цөм ; **pas du ~** огт …гүй ; **~ à coup** гэнэт ; **~ à fait** бүрмөсөн ; шал ; тун ; тас

toux ханиад

toxique хорон ; хорт ; хортой

trace ор ; мөр

tracer зура- ; шугамда-

tradition уламжлал ; заншил ; ёс заншил

traditionnel уламжлалт ; ер

traducteur орчуулагч

traduction орчуулга

traduire орчуул-

train галт тэрэг

traîneau чарга

traîner тата- ; зөө- ; чирэ- ; чангаа-

traire саа-

trait *ligne* зураас ; *flèche* сум ; **décocher un ~** сум орхи-

traite *du lait* сааль

traite *financ.* төлөөс

traité гэрээ

traitement *médical* эмчилгээ(н) ; *salaire* цалин

tranquille амар / ; тавтай ; нам ; намуун ; номхон

transformer хувилга- ; боловсруул- ; **se ~** хувил- ; өөрчлө-

transmettre дамжуул- ; шилжүүл- ; хүлээлгэн өг-

transparent тунгалаг

transport тээвэр ; **~ aérien** агаарын тээвэр ; **~ ferroviaire** төмөр замын тээвэр ; **~ routier** авто тээвэр ; **moyen de ~** хөлөг ; **~ urbains** хотын тээвэр

transporteur тээвэрчин

travail ажил ; хөдөлмөр ; **~ intellectuel** оюуны хөдөлмөр ; **~ manuel** гар ажил

travailler ажилла- ; хөдөлмөрлө- ; (*transitif*) боловсруул-

travailleur хөдөлмөрчин ; ажилтан ; **~** (*adjectif*) хөдөлмөрч ; ажилсаг

travers (à ~) нэвт ; цоо

traverser шилжи- ; өнгөрө- ; дава- ; дамжи-

trente гуч(н) /

très их ; ихэд ; маш ; үлэмж ; асар ; тун ; гойд ; нэн

trésor сан ; эрдэнэ

trésorerie сан ; санхүү

trésorier нярав

tribunal шүүх

tribune индэр

triste уйтгартай ; зовлонтой ; гунигт

tristesse сэтгэлийн зовлон ; уйтгар ; гуниг ; гашуудал

trois гурав(н) /

troisième гуравдугаар ; гутгаар ; гурав дахь

tromper хуура- ; залила- ; малла- ; мэхлэ- ; **se ~** алда- ; самуура- ; төөрө- ; эндүүрэ-

trompette бүрээ

trône ширээ(н) ; **accéder au ~** ширээнд суу-

trop хэт ; хэтэрхий ; даанч ; дэндүү

trou нүх(н) ; сүв ; онгорхой ; цоорхой

troupeau сүрэг

trouver ол- ; оно- ;

таара- ; нээ-

tuer ала-

tumeur хавдар ; ~ **maligne** хорт хавдар

tumulte үймээн шуугиан

tuyau хоолой ; цорго

type хэв шинж ; дүр ; маяг ; ~ (*péjor.*) этгээд

- U -

un нэг(н) ; ~ **et demi** бүтэн хагас ; ~ **peu** бага зэрэг ; жаахан / жоохон ; ~ **tout petit peu** өчүүхэн төдий

unanime эвтэй ; нэг саналтай

uniforme дүрэмт хувцас

union хослол ; холбоо(н) ; эвлэл ; нэгдэл

unité *cohésion* нэгдэл нягтрал ; *dénombrement* нэгж ; ~ **de mesure** хэмжүүрийн нэгж ; ~ **monétaire** мөнгөний нэгж ; ~ *milit.* анги

univers ертөнц ; огторгуй ; хорвоо ; орчлон

universel түгээмэл ; нийт даяар

université их сургууль

urgence яарал

urgent яаралтай ; хойшлуулашгүй

usage *utilisation* ашиглалт ; ~ *coutume* заншил ; ёс(н) ; хэв заншил ; ёс заншил

utile ашигт ; ашигтай

utilisation ашиглалт

utiliser хэрэгсэ- ; хэрэглэ- ; ашигла- ; эдлэ-

utilité ач тус ; тус

- V -

vacances амралт

vacant сул ; чөлөөт

vacarme шуугиан ; үймээн шуугиан ; чимээ

vache үнээ(н) ; *bovin en général* үхэр

vaisseau *embarcation* хөлөг ; **spatial** сансрын хөлөг ; **sanguin** судас

vaisselle хувин сав ; сав

valeur үнэ ; өртөг

vallée хөндий

vapeur уур

varicelle салхин цэцэг

variété янз(н) ; *biol.* үүлдэр

variole цэцэг өвчин

vase сав ; ваар

vase *fange* замаг

vasistas салхивч

vaste уудам ; уужим ; дэлгэр ; зайтай ; цэлгэр

veau тугал

végétation ургамал

velours хилэн
vendeur худалдагч
vendre худалда-
vendredi баасан ; баасан гариг ; тав дахь өдөр
vengeance өшөө ; хонзон ; өс
venger (se ~) хонзогно- ; өс ав-
venir ирэ- ; морило-
vent салхи(н)
ventre гэдэс
verdict шийтгэл ; ял
véritable жинхэнэ ; ёстой
vérité үнэн ; **en ~** үнэхээр
verre шил(н) ; *récipient* хундага(н)
verrou түгжээ
vers *poésie* шүлэг
vers *en direction de* тийш ; **~ le haut** дээш ; өөд ; **~ ici** нааш ; **~ l'extérieur** гадагш ; **~ le bas** доош
verser хий-
vert ногоон
vertèbre сээрийн үе
vertébré сээр нуруутан
vêtement хувцас
vétérinaire малын эмч
viande мах(н)
vice-ministre орлогч сайд ; **~-président** дэд ерөнхийлөгч
victoire ялалт
vide хий ; хоосон ; хөндий ; сул ; ханхай ; *vain* дэмий
vie амь(н) ; амьдрал ; аж байдал ; аж амьдрал
vieillard өвгөн ; **les ~** хөгшид ; өвгөд хөгшид
vieille femme эмгэн ; чавганц
vieillir хуучра- ; өвгөрө- ; өтлө- ; зөнөглө-
vièle хуур
vieux хуучин ; хөгшин ; хуучирсан
vigile манаач
vigoureux хүчит ; чийрэг ; чанга
vigueur *force physique* тамир ; *validité* хүчин төгөлдөр ; **entrer en ~** хүчин төгөлдөр бол-
village хот тосгон ; тосгон
ville хот
villégiature зуслан
vin дарс(н)
vinaigre цуу
vingt хорь(н)
vingtième хорьдугаар
violent балмад ; агсам
violon хийл
virer *tourner* эргэ- ; **~ de l'argent** мөнгө шилжүүл-
virgule таслал
vis сэнс ; эрэг
visage нүүр ; царай ; нүүр царай
visite үзлэг ; айлчлал ; эргүүл ; **~ médi-**

cale эмчийн (эмнэлгийн) үзлэг

visser эрэгдэ- –

vital амин

vite хурдан

vitesse хурд

vitre шил(н)

vivant амьд

vive ! мандтугай

vivre амьдра- –; аж төр- –; насла- – ; (*résider*) суу- –; оршин суу- –; нутагла- –

vodka цагаан (хар) архи ( )

voeu ерөөл

voie lactée тэнгэрийн заадас

voir үзэ- – ; хара- –

voisin хамар ; саахалт ; ойролцоо ; зэргэлдээ ; зэрэгцээ

voisinage айл зэргэлдээ ; залгаа

voiture тэрэг(н) ; машин ; (суудлын) тэрэг(н) ; ~ **à cheval** морин тэрэг

voix дуу(н) / ; хоолой

vol *délit* хулгай

vol нислэг ; ~ **spatial** сансрын нислэг ; ~ **d'oiseaux migrateurs** цуваа

volaille тахиа(н) ; гэрийн шувуу

volcan галт уул

voler *commettre un vol* хулгай хий- – ; хулгайла- –

voler нис- –

voleur хулгайч

volume *capacité* багтаамж ; ~ *sonore* дууны хэмжээ(н) ; *livre* боть

vote санал хураалт

voter санал өг- –

vous та ; (*pluriel*) та нар

voyage айлчлал ; аялал ; аян ; жуулчлал

voyager айлчла- – ; аяла- – ; жуулчла- – ; хэсэ- –

voyageur жуулчин ; зорчигч

voyelle эгшиг

vue *sens* хараа ; нүдний хараа ; *aspect* үзэмж ; овор ; дүр

- W -

watt лаа(н)

-Y -

yack сарлаг

yourte гэр ; эсгий гэр

- Z -

zèle хичээл ; зүтгэл ; чармайлт

zéro тэг

zibeline булга

zone муж ; зурвас

Eléments de bibliographie

La littérature consacrée à la langue mongole et à la Mongolie en général est abondante, mais l'essentiel en reste inaccessible au non-spécialiste, que l'obstacle soit la langue, la dispersion dans des revues parfois confidentielles ou l'ancienneté des publications. L'amateur ne trouvera guère plus de quelques dizaines de titres sur les rayons des librairies françaises les plus complètes. Les indications qui suivent rassemblent quelques titres importants, même anciens, ainsi que quelques publications récentes.

Outre les mises au point indispensables apportées par Françoise Aubin dans l'**Encyclopedia Universalis**, on lira avec profit les nombreuses chroniques de cet auteur dans maintes revues comme **L'Année sociologique**. Signalons un article plus directement proche d'un des sujets abordés ici : *L'art du cheval*, **Production pastorale et société** n°19 (Automne 1986), pp. 129-149 ;

Desjacques A., Sükhbaatar C. *trad.,* **Contes et récits de Mongolie**, Nathan, P. 1991

Desjacques A., Sükhbaatar C. *trad.,* **La geste de Ghesar**, Casterman, P. 1991 (Epopées, n° 16)

Grousset R., **Le conquérant du Monde** : Vie de Gengis khan, Le livre de poche, P. 1983 (éd. originale Albin Michel, P. 1944)

Grousset R., **L'Empire des steppes** : Attila, Gengis khan, Tamerlan, Payot, P. 1985 (éd. originale Payot, P. 1939)

Hamayon R., **La chasse à l'âme**, Esquisse d'une théorie du chamanisme sibérien, Société d'ethnologie, Nanterre 1990

Heissig W., Les religions de la Mongolie, dans Tucci, G., Heissig W., **Les religions du Tibet et de la Mongolie**, Payot, P. 1973

Heissig W., **Les Mongols : un peuple à la recherche de son histoire**, Lattès, P. 1982

Histoire secrète des Mongols, Even M.D., Pop R., *trad.*, Gallimard, P. 1994

Huc E., **Souvenirs d'un voyage en Tartarie et au Tibet**, L'Astrolabe, P. 1992

Humphrey C. with Urgunge Onon, **Shamans and Elders**, Experience, Knowledge, and Power among the Daur Mongols, Clarendon Press, Oxford 1996

Kabzinska-Stawarz I., **Games of Mongolian Shepherds**, IHKM PAN, Warsaw 1991

Kara G., **Chants d'un barde mongol**, Akademiai Kiado, Budapest 1970

Lattimore O., **Studies in Frontier History**, Collected papers 1928-1958, Mouton, P.-La Haye 1962

Legrand J., **La Mongolie**, PUF, P. 1976 (*Que sais-je ? 1663*)

Legrand J., **Vents d'herbe et de feutre**, Ecrits et dits de Mongolie, Findakly, P. 1993

Marco Polo, **La description du monde**, Klincksieck, P. 1955

Plan Carpin J. de, **Histoire des Mongols**, Editions franciscaines, P. 1961

Rubrouck G. de, **Voyage dans l'Empire mongol**, 1253-1255, Imprimerie nationale, P. 1993

Thévenet J., **Les Mongols de Gengis khan et d'aujourd'hui**, A.Colin, P. 1986

Weiers M. *édit.*, **Die Mongolen**, Beiträge zu ihrer Geschichte und Kultur, Wissenschaftliche Buchgesellschaft, Darmstadt 1986

Signalons enfin quelques dictionnaires

Altangerel D., **A new English-Mongolian dictionary**, "Krasnoyarsky Rabochy", Ulaanbaatar-Krasnoyarsk 1993

Hangin J.G., **A concise English-Mongolian dictionary**, Kökeqota, 1986

Kowalewski J., **Dictionnaire mongol-russe-français**, Kazan 1844-1848

Legrand J., Sükhbaatar C., **Dictionnaire mongol-français**, L'Asiathèque, P. 1992

Lessing F., **Mongolian-English dictionary**, UCLA Press, Berkeley 1960, 2ème édition, The Mongolia Society, Bloomington 1973

Vietze H.P., Damdinsüren C., Luwsan G., Nagy G., **Wörterbuch Deutsch-Mongolisch**, Enzyklopädie Verlag, Leipzig 1984

Vietze H.P., Koppe K., Nagy G., Daschzeden T., **Wörterbuch Mongolisch-Deutsch**, Enzyklopädie Verlag, Leipzig 1988

TABLE DES MATIERES

LA MONGOLIE ET LES MONGOLS 5

Le monde mongol 7
Les cadres naturels 8
L'espace 8
Le climat 9
Le pastoralisme nomade 11
L'histoire 16
Gengis khan et l'empire 19
La Mongolie après l'empire 21
La Mongolie au XXème siècle 23

LA LANGUE MONGOLE 29

Les sons 31
Le mot : deux zones distinctes 32
Les voyelles 33
Voyelles initiales 33
Voyelles non-initiales 36
L'harmonie vocalique 37
Les consonnes 41
Consonnes initiales 41
Consonnes non-initiales 43

Les écritures 47
Aperçu historique 47
Origines de l'écriture uigur-mongole 48
L'adoption de l'écriture cyrillique 50
L'écriture mongole-uigur 54
Les traits graphiques élémentaires 57
Alphabet 60
Voyelles 60
Voyelles en contexte initial 61
Voyelles en contexte non-initial 64
Consonnes 66
Diphtongues 71
Ordre alphabétique 72

L'écriture cyrillique 74
Alphabet 74
Ordre alphabétique 78
Orthographe des voyelles 79
Orthographe des consonnes 81

Radicaux, suffixes et lexique 82

Un système économique et rigoureux 85
Radicaux monosyllabiques : une liste restreinte 87
La dérivation 91
Les unités élémentaires 91
Formation des suffixes 95
Suffixes de création lexicale 104
La création lexicale 138
Les paires lexicales 140
Les mots d'emprunt 143
Unités grammaticales 146
Unités d'actualisation 146
Actualisation nominale 148
Pluriel 148
Actualisation verbale 153
Factitifs 154
Passifs 156
Alternatifs et rythmiques 157
Collectif 159
Participes 161
Participe fini 161
Participe futur 162
Participe infinitif 162
Participe répétitif 163
Participe exécutif 163
Lexicalisation des participe 164
Indicatifs 165
Indicatif accompli 165
Indicatif non-accompli 166
Indicatif immédiat 166
Indicatif présent-futur 167
Impératifs 168
Impératifs de deuxième personne 168
Impératifs de troisième personne 170
Impératifs de première personne 171

La phrase 172
- Le prédicat 174
  - Prédicat verbal 175
  - Prédicat nominal 175
    - Copules 176
- L'expansion et la détermination 178
  - Unités spécialisées de détermination 181
  - Unités de détermination nominale (cas) 183
    - Détermination d'un nom par un nom : génitif 184
    - Détermination d'un verbe par un nom 186
      - accusatif 186
    - Cas à contenu sémantique spécifique 187
      - Datif-locatif 187
      - Locatif archaïque 190
      - Directionnel 190
      - Origine : ablatif 191
      - Accompagnement : comitatif 192
      - Comitatif archaïque 193
      - Exclusivité : instrumental 194
  - Unités autonomes : les "postpositions" 196
  - Unités de détermination verbale (gérondifs) 200
      - Détermination directe : [-n] 201
      - Détermination directe : [-ž] 202
    - Gérondifs à contenu sémantique spécifique 203
      - Succession : [-ad] 204
      - Immédiateté : [-m^{ə}gc] 206
      - Durée : [-sar] 207
      - Interférence : [-t^{ə}l] 208
      - Occasion : [-nga], [-ngut] 209
      - Cause : [-snar] 210
      - But : [-xar] 210
      - Condition (1) : [-w^{ə}l] 211
      - Condition (2) : [-was] 212
      - Condition (3) : [-x^{u}l] 212
      - Condition (4) : [-xlar] 213
      - Concession : [-wč] 213
- Les pronoms 215
  - Pronoms personnels 215
  - Pronoms possessifs 218
  - Pronom réfléchi 220
  - Pronoms démonstratifs 222

pronoms interrogatifs 223
pronoms indéfinis 224

Structure de la phrase 225

Phrase à expansions nominales (phrase simple) 226
phrase simple à prédicat nominal 226
phrase simple à prédicat verbal 228
Le sujet 232
La phrase à expansions verbales (phrase complexe) 235

L'interrogation 241

Interrogation hypothétique 241
Interrogation pronominale 243

La négation 245

Négation absolue 245
Suffixation négative [üg^{əi}/-g^{üi}] 245
Négation infinitive [-ad^{üi}] 247
Déterminants négatifs 248
Interdiction, prohibition 249
Négation relative 250
Phrases interro-négatives 251

Conduite du discours 252

Niveaux de langue 254
Discours rapporté 255

LANGUE ET CULTURE 262

Conversation courante 263

Les formules de politesse 263
Les noms propres 267
Quelques tournures quotidiennes 270
Chiffres et nombres 272
A l'hôtel, au restaurant 275
En voyage 277
Le corps, la santé, la maladie 279
Au magasin, à la poste 281
Au spectacle 283

Du quotidien à la culture 285

Le temps qui passe 287
Le temps qu'il fait 293
L'espace et l'orientation 295
L'élevage nomade 297
Les pâturages 297
Le bétail 299
La capture : le *lasso* et l'*urga* 305
La nomadisation 307
La yourte 309
La cuisine mongole 315
Fêtes, sports et jeux 328
Les fêtes 328
Les sports 331
La lutte mongole 331
Le tir à l'arc 333
La course de chevaux 334
Les jeux 336
La littérature 339
Un exemple : le conte *Le loup idiot* 345
Les beaux-arts 347
La musique 348

Croyances et Religions 350

LEXIQUE FRANCAIS-MONGOL 354

ELEMENTS DE BIBLIOGRAPHIE 407

Table des matières 409

Collection **Parlons**
dirigée par Michel Malherbe

Déjà parus :

Parlons coréen, 1986, M. MALHERBE, O. TELLIER, CHOE JUNG WHA.
Parlons hongrois, 1988, CAVALIEROS, M. MALHERBE.
Parlons wolof, 1989, M. MALHERBE, CHEIKH SALL.
Parlons roumain, 1991, G. FABRE.
Parlons swahili, 1992, A. CROZON, A. POLOMACK.
Parlons kinyarwanda-kirundi, 1992, E. GASARABWE.
Parlons ourdou, 1993, M. ASLAM YOUSUF, M. MALHERBE.
Parlons estonien, 1993, F. DE SIVERS.
Parlons birman, 1993, M. H. CARDINAUD, YIN XIN MYINT.
Parlons lao, 1994, C. NORINDR.
Parlons tsigane, 1994, M. KOCHANOWSKI
Parlons bengali, 1994, J. CLÉMENT .
Parlons pashto, 1994, L. DESSART.
Parlons telougou, 1994, O. et D. BOSSÉ.
Parlons ukrainien, 1995, V. KOPTILOV
Parlons euskara, 1995, T. PEILLEN
Parlons bulgare, 1995, M. VASSILEVA.
Parlons népali, 1996, P. ET E. CHAZOT
Parlons soninké, 1995, CH. GIRIER
Parlons somali, 1996, M. D. ABDULLAHI
Parlons indonésien, 1997, A.-M. VAN DIJCK, V. MALHERBE
Parlons géorgien, 1997, I. ASSIATIANI, M. MALHERBE.
Parlons japonais,1997, P. PIGANIOL
Parlons breton, 1997, P. LE BESCO.
Parlons tchétchène - ingouche, 1997, P. PARTCHIEVA ET F. GUÉRIN
Parlons lapon, 1997, J. FERNANDEZ
Parlons quechua, 1997, C. ITIER

À paraître :

Parlons letton, malgache, albanais, kurde etc.

Achevé d'imprimer par Corlet Numérique - 14110 Condé-sur-Noireau
N° d'Imprimeur : 34656 - Dépôt légal : septembre 2006 - *Imprimé en France*